珞珈讲坛

韩德培题

《珞珈讲坛》编委会编

【第七辑】

WUHAN UNIVERSITY PRESS
武汉大学出版社

《珞珈讲坛》编委会

卷首语

在科学与人文光辉的映照下，
讲坛，
是武汉大学最为别致、最为精彩、最为怡人的风景。
或黄钟大吕；
或大音希声；
或龙吟九天；
或凤鸣如皋。
她是皇冠上的明珠，是宫廷里的宝藏；
她是饥饿时的醇饴，是焦渴中的甘冽；
她是展示才华的舞台，是产生大师的摇篮；
她是记忆和想象的延伸，是灵魂升华的神圣殿堂。
这知识之卷将燃起你的激情；
这智慧之书将握紧你的双手；
这哲理之思将开启你的心智；
这科学之光将照亮你的双眸。
走进讲坛，
似春风和畅，如夏琼芬芳；
走进华章，
像秋雨滋润，若冬日煦阳。

目　录

文学的悖论

◎王　蒙

王　蒙，河北南皮人，当代著名作家和学者，曾任文化部部长、中国作协副主席，中共第十二届、十三届中央委员，中华人民共和国第八、九、十届政协常委。

王蒙著有长篇小说《青春万岁》、《活动变人形》及中篇小说《组织部来了个年轻人》等近百部小说，其作品反映了中国人民在前进道路上的坎坷历程。他乐观向上、激情充沛，在新时期首开中国意识流小说创作先河，倡导作家学者化、学者作家化，掀起人文精神大讨论，成为当代文坛上创作最为丰硕、始终保持创作活力的作家之一。

本文是作者2011年11月30日在武汉大学老图书馆所作的珞珈讲坛第三十八讲学术报告。

大家好：

今天有机会在著名的武汉大学跟大家交流一下对文学的看法，十分高兴。但是来的人太多，我看到这种场面就想到了一幅苏联油画《列宁在斯莫尔尼宫》，热烈的场面需要热烈的讲话，需要煽情，需要说："工人同志们，让我们向着冬宫，出发!"但是又不能讲这个，今天讲的是比较"洋"的题目。不知道这个话题是不是能称得起这个热烈的场面。

为什么要讲文学的悖论呢？就因为我深深体会：你要想跟谁抬杠，就跟他谈文学。数学很难抬杠，政治也很难，抬杠了惹麻烦。可是文学没事，你说王蒙写的好，他说王蒙写的全是垃圾；你说王蒙是常青树，他说都五十多年了……绝对都是有道理的。也就是说文学的悖论特别多。我先从一个话题说起，文学究竟是一个纯粹的东西还是一个杂糅的东西。为什么说这个话题呢？就是今年的诺贝尔文学奖得主叫托马斯·特兰斯特罗默，一个瑞典诗人。我看到了国内外的一些评论，说此次文学奖回归纯文学。这个说法很有趣，一是说诺贝尔文学奖并不是纯粹考虑文学的，既然有纯文学就还有杂糅的、不纯的文学，说明很多时候我们已经不是纯文学了；第二说明，我们的伟大祖国也承认文学有比较纯的和不纯的区别。从我们的历史来说，尤其是左翼文学运动是否定纯文学的，我们讲文学都是有功利目的的，鲁迅说，"你是不能抓着自己的头发飞到天上去的"，文学和社会、政治、人生、道德、爱憎倾向有关，文学离不开你的见解。所以我觉得可以借着这次诺贝尔奖来讲一下纯文学和不纯文学的问题。

我抄了几句托马斯的诗，这个诗跟今天武汉的天气还有点像。

一棵树在雨中走动，匆匆走过
我们身旁，在这片倾洒着的灰色中，
这棵树急事。
它从雨中汲取生命
犹如果园里黑色的山雀，
雨歇了，树停住了脚步。
它挺拔的躯体在晴朗的夜晚闪现，
和我们一样，它在等待着那瞬间

当雪花在天空中绽开。

——树与天空

诗是翻译的，我没法理解得太清楚，但是模糊的印象，“一棵树在雨中走动，匆匆走过”，我想是讲一个人主观的对宇宙景象的感觉，根据相对运动的原理，雨是固定的，树就算是走来走去；“倾洒着的灰色中”，这个不新鲜，倾洒着的肯定是水，但是把颜色也变得有了动态，有了活力；“这棵树急事。它从雨中汲取生命”、“雨歇了，树停住了脚步”，雨停了就没了参照系统了，树就停了住了；“在晴朗的夜晚闪现”、“等待着那瞬间，当雪花在天空中绽开”，这是一个非常含蓄的比喻，让我解释“雪花在天空中绽开”就是生命的结束，也可能不是这个意思。

为什么说这是纯的文学呢？第一，看不出来他一定是要写什么；第二，看不出来他是倾向于什么，是树、雨还是雪花？第三，表达了一种对生活的凝视，生活很超脱，暂时丧失了自己主观的欲望的情况下对世界有了一种感受，有了一种心情，这种心情用心理学的、社会学的语言是解释不清楚的，但是沉潜到了你自己的精神深处，到了一种说不清楚的另一个世界。

谈到纯诗，我也想到了自己附庸风雅。因为从小喜欢李商隐的诗，所以被拉去参加一些李商隐研究的活动，在一次活动中听到当时《文学遗产》的主编说李商隐的诗是纯诗。我们习惯于在诗中研究真事，跟什么人、什么事相关，比如说《锦瑟》，有的说是抒发在党争之中他的失落，有的说是怀念令狐家的一个婢女，有的说是追悼自己早夭的妻子，“五十弦”是指他妻子25岁去世。但是他说李商隐的诗是纯诗，纯诗是什么呢？它可以不把当时的事件、情景联系起来，就是表达诗人当时的一种情绪。“沧海月明珠有泪，蓝田日暖玉生烟”，你说是表达爱情，表达政事上的失意，表达离愁，甚至钱钟书说是表达写诗的技巧，都对，不同的时期、不同的人都会有不同的感受。比如我就会产生一种人生短暂，很多事弄不清楚的茫然感，一种伤感。如果是一个科学家就可能有另一种想法。所以说，纯文学能引导你进入一个你平常不太熟悉、不容易解释的一个内心世界、精神空间，这是可能的。但是说实话，这种所谓的纯文学在文学中并非主流。主流的还是反映生活，反映老百姓的喜怒哀乐，反映一个时期对某种价值的追求、历史的沧桑变迁的。就是对李白、杜甫、王维、白居易的作品也不太容易用纯文学这样的标尺加以衡量、解读。

毛主席在延安文艺座谈会提出说“文艺为无产阶级的政治服务”，1987年或更早胡乔木一个报告提出“为社会主义服务，为人民服务”这样一些观点。至于说几大名著，更不能说是纯粹的文学，《红楼梦》表现整个没落的贵族家庭的覆亡，《水浒传》写当时所谓的土匪造反，不用一一说了，都不是那么纯粹的文学。恩格斯称颂巴尔扎克的小说给予他的经济学知识超过了他读过的所有经济学著作，列宁称颂托尔斯泰是俄国革命的一面镜子，尤其是18、19世纪的现实主义文学，表现了强烈的对现实的关注、对弱势群体的关怀、对社会的谴责和批判。雨果、狄更斯的作品也都是这样。狄更斯甚至于还有一个贡献，因为在作品中描写的英国早期积累阶段对童工的残酷压榨，国会专门讨论了童工的状况，并通过了保护童工的法规。

1980年我首次去美国，碰到很多台湾背景的教授、留学生、生意人、知识分子等，看到一本台湾的文学刊物，好像是《联合文学》，在封面上是台湾老作家李乔的一段语录，“文学不能从属于政治，也不能脱离政治。文学应该为广大人民的福祉而发出声音”。我一看头几句话，和大陆说的没有区别，文学跟政治又有很密切的关系，尤其是中国有这样的传统。中国有诗官，通过搜集民歌来了解人民对政事的反应，关心人民的痛痒。说到这个我顺便说什么叫“痛痒”，关心人民痛苦就行了，为什么叫“痛痒”呢？现在明白了，2010年12月31日起我患带状孢疹，又名“缠腰龙”，那个痛痒，是不能忍受的，中国古书中说“痛可忍，痒不可忍”。痛是一个直线的刺激，痒是一个对浑身神经内外的一个“挑逗”。我自己痛痒了五个多月，这才明白中国的构词太伟大了。

还有很多说法，说戏剧“不关风化体，纵好也枉然”，我们的戏剧追求的是“忠孝节义”，许许多多反复宣传的就是要“劝善”，善有善报、恶有恶报，讲故事也好、八卦也好，但是离不开“劝善”。这就又扯出一个问题来，文学到底是进行道德教化的利器，还是对道德教化的威胁。说有助于道德教化，马上可以举出很多例子来。但是古今中外又有一种对文学的警惕，就说文学里会有一些跟当时的道德不是完全配合的东西。中国自古对于文学，尤其是对于小说和戏剧，有一个指责，就是“诲淫诲道”。找这样的例子也很多，小说里的比较出格的话，《金瓶梅》、《肉蒲团》这种书里，就是《红楼梦》里也有一些不雅的词，恶搞的一些词。外国也一样，《失乐园》，《包法利夫人的情人》，有些东西是不大适合的，即便是文学名著，家里有未成年子女的，这些书最好也要掩盖起来。也不是这些文学家都是很糟糕的人，但是文学比较注意人的“性情”，人的天然的那些情趣，所以有时候会有很多问题。在《红楼梦》里有一些很重要的细节，关于林黛玉和薛宝钗的关系，最后林黛玉是怎么样被薛宝钗感化，服了薛宝钗了，当然有对她的关心，还有薛姨妈对她的关心，还有重要的一条，就是林黛玉说话中不小心引用了《西厢记》里的话，“银样镴枪头”什么的，后来薛宝钗就找她“个别谈话”，也不是说要汇报给“领导”。林黛玉开始很硬，说“我说什么了”，薛宝钗问“你刚引用的词哪来的”，林黛玉脸一下子就红了。然后薛宝钗说“这些书是不可以看的，看了之后你会移了性情，会失了一个淑女的教养”。林黛玉听了之后就说，“好姐姐你给我的教育太深刻了”。文学又有这一面，所以关于纯文学的问题不好说清楚。

我们的国家，尤其在革命的高潮中，对纯文学，对为艺术而艺术，我们是非常反感的。我们曾经把它批得“狗血喷头”。古代对搞文学的人有一个说法，说他们整天弄的是“风花雪月”，中国人喜欢写月亮，在 20 世纪 30 年代左联时代上海一批左翼的作家曾经签署过不写月亮的“倡议书”，说几千年来月亮写得太多了，不关心人民的痛痒，国家的存亡，领土被占据，不关心民族，因此我们建议有志于文学的朋友们从现在起不写月亮。世界上的事是非常曲折的，就是一个纯文学，为艺术而艺术也会造成很多的矛盾。和这个有关系，我想谈一谈，文学究竟是真实的还是虚构的。我们说现实主义文学强调的是反映社会生活的真实，强调的是典型的真实、本质的真实、性格的真实，我们的作品是从真实的生活中汲取了题材、人物的原型，而且又反过来作用于生活。尤其是对不合理的、不公正的旧社会，对封建社会、资本主义的控诉，这方面杰出的作品太多了。也就是说我们的文学是一个“此岸”的文学，我们说的就是我们一生，我们关心的是此岸的，我们有没有得到尊严，有没有受到压榨和欺辱。所以我们强调的是它的真实性，“写真实”是现实主义的灵魂，包括斯大林都肯定“写真实”这个口号。当然这个口号在中国也不是很快就被人接受，也受到过质疑和批评。譬如说，“真实并不等于真理”，说的很巧妙。

但是文学的特点恰恰是允许虚构，允许想象、夸张、抒情的，允许创建一个想象的世界来与现实的世界相参照、相比较。例子很多。比较起来我的体会，就是外国好像更强调虚构。以小说为例，查词源，说最早是在《庄子》里提出来的，“饰小说以干县令，其于大达亦远矣”，小说是什么意思呢？指的是那些街谈巷议，民间口头的传说，指的是贩夫走卒之流在茶馆酒肆里说的那些故事。中国过去看得起的是诗文，首先最看不起的是小说，然后是戏剧、词。它是作为大说的对立面，大说是策论，给皇帝的报告，论治国平天下之道。用现在的话说，小说是段子，是不能登大雅之堂的。中国也有很多一些有趣的往事，都是些好朋友，80年代初期，《文艺报》的一些老朋友，他们感觉中国的小说格局太小，都是些小男、小女、小河、小桥等，没有写国家、民族、世界、人民、战争的。我个人是不喜欢这些的，所以他们问我的时候我就说你还落了一个小小说，干脆把小说改为大说，那就没有小男小女了。60年代，当时有一大批作家被冻结了，被沉默了，当时上海的茹志娟的小说写得很好，就有人批说他太喜欢写家务事、儿女情了，为此他专门写了两部中篇小说，就叫《家务事》、《儿女情》。另外，铁凝也写了一个小说叫《杯水风波》，因为当时比较牛的评论家动辄教训作家说，你们写来写去都是些杯水风波，都是些一杯水的事儿。不能往小了写，咱中国是这个观念。英语里面和其他一些语言也是这样，英语里分的短篇小说叫 short story，长篇小说叫 novel，而且考证说世界上最早的长篇小说是《源氏物语》，是日本人搞的，这是得到西方世界承认的。我们中国讲中篇小说，英语里没有这个词，有时用 novella，它实际上不是我们中篇小说的意思。非找一个词来贯穿小说的概念是 fiction，是虚构、谎言的意思。所以巴尔扎克有一个名言说“文学是庄严的虚构”。但是这个虚构只能在文学中存在，病历不能虚构、判决书不能虚构、历史不能虚构，很多东西不能虚构。

我看过一个英国女作家的作品，她说“文学是和生活的竞赛”，就说我们都有自己真实的生活，但是文学所写的是人们在探讨一种可能性，能不能虚构一个比现实存在的生活更生活的生活，更生动、更吸引人，这话听着挺玄乎，但是又有一定的道理。比如爱情是很现实的东西，但是我常在想，究竟是爱情创造了爱情诗、爱情故事，还是这些东西创造了爱情呢？如果没有文学的想象力、审美力、感受力，爱情还能那么吸引人吗？记得有一年在浙江大学谈文学，有一个同学问，我是学理工的，对文学实在是没有兴趣，你对我有什么建议吗？我说你实在没兴趣我也没办法，但是我担心一件事儿，你将来怎么写情书？如果情书都不会写，感情不会表达，没有幽默感，这样的话会有女生喜欢吗？虚构的东西有时候又引导着真实的东西。

生活中有许多琐碎的东西、平庸的东西、暗淡的东西，没有那么多浪漫、感性。所以文学和生活不能不保持一些距离。这里面又有一个很复杂的问题，保持距离了怎么来判断文学作品是不是真实的，感动人的，有说服力的。我早在 80 年代就有一个说法，文学的真实包括客观的真实和主观的真实，客观的真实是对事情熟悉的程度，对每一个细节的熟悉程度，主观的真实就是你是不是真诚的，是不是真心实意地来抒发内心感情。客观的真实就是总是有一些事实根据的，拿刚刚念的托马斯的作品，是跟事实沾边的、靠谱的。我昨天晚上跟文学院的朋友一起吃饭有一个收获，我 80 年代很喜欢看美国杜鲁门·卡波特写的一个小说《灾星》，写一个生活有点空虚又非常的敏感、美丽的一个女孩，她每天出卖自己做的梦，里面有一段形容这女孩儿穿着高跟鞋从台阶往下走路的声音像一个人吃完冰激凌后用小勺敲玻璃托盘的声音，我觉得写得特别美。可是我死心眼儿，我从此以后每次吃完冰激凌就用勺子敲，但是敲不出这种声音。昨天在弘毅酒店吃饭，杯子里有一点红酒，我用勺子一敲，他们都说有点像这个声音，这就是我的重大收获，终于承认了是有可能像这种声音的。所以，它既是生活的真实，又是虚构的真实，已经增加了作家自己的独到体会。

还有一个细节给我印象特别深，就是肖洛霍夫的《静静的顿河》。写的是女主角死在男主角格里高利的怀里，格里高利是哥萨克的一员，他终于决定要脱离白匪，他抱着自己的情人阿克希尼亚脱离的时候，被白匪一枪打在阿克希尼亚的身上。格里高利多么痛苦就不用说了，这时候格里高利一抬头，他看到一个黑色的太阳，这太惊人了。我没有抱着情人被打死的经验，但是我有比较不高雅的经验，一次在新疆喝酒喝多了，出来之后看到太阳，它的那种亮给人的感觉是黑的。所以看到一个黑色的太阳，这既是真实的，又是虚构的。

有一些我不细谈，比如说文学的时代性、现代性与经典性、永恒性，这些我永远解释不清楚的问题。马克思说过，文学作品不见得是越来越好的，越来越进步的。比如说中国，21 世纪的人诗写得比唐朝的好？宋朝的好？诗经上的好？我们非常强调文学有时代性，有时间的烙印，有历史感的，但又是永恒的，经典的。再说文学究竟是人民的还是精英的？人民的生活是文学的源泉。谁能够脱离人民，脱离自己的国家、民族呢？但是表达文学的水准的又是一个时期的最优秀的精英的作品。我们再说唐诗伟大，但是很少有人能说出一百个著名的唐朝诗人出来，说来说去基本还是说李杜之类。天津有一个老作家，还是老延安，在 20 世纪 60 年代写了一个文章《创作需要才能》，被斗得不亦乐乎，这个就不再细说了。

我现在谈一个有趣的话题，也是比较敏感的话题，就是文学与民主是什么关系，与独裁又是什么关系。因为世界上有种说法，说文学本身就是一个民主的要素，米兰·昆德拉喜欢说这个，他是一个捷克的作家，他在中国很有名。我 2007 年在布拉格的时候，那时候捷克的东欧式的社会主义已经解体了，一个当地作家跟我讲米

兰·昆德拉在你们中国比在捷克还有名。米兰·昆德拉多次讲过小说本身就意味着民主。因为对小说的解释是可以有很多种的，但是独断论对小说来说就是只能有一种解释。还讲一个例子，就是肖洛霍夫写过一个歌颂斯大林的，描写苏联农业集体化的小说，叫《被开垦的处女地》，里面一个重要的情节就是描写当时混乱的情况：一些富农准备暴动，这个时候斯大林有一篇文章《胜利冲昏头脑》，警告那些搞集体农庄的干部，不要侵犯中农的利益，造成生产力的破坏。后来要搞暴乱的富农和中农读了这个文章就不打算去了。就是因为这么一段情节，被认为是给斯大林拍马屁的，肖洛霍夫曾任苏共中央委员，他曾经作为赫鲁晓夫的随从人员首次访问了美国。但是我国的著名苏俄文学研究专家蓝英年教授就说，现在从头看《被开垦的处女地》，恰恰是写当年农业集体化所造成的一片混乱和胡作非为。所以米兰·昆德拉说作品是可以解释的，是不可能服从一个教条的。还有访问中国的，秘鲁的一个诺贝尔文学奖得主略萨，他也说文学本身强调的是一个个性，创造性，它们和民主是分不开的，因此文学是一个民主的因素。略萨和加西亚·马尔托斯都是诺贝尔文学奖的得主。加西亚·马尔托斯是古巴领导人卡斯特罗的好友，他写过关于卡斯特罗的长篇的报告文学，这篇报告文学的调子和高尔基写列宁是一样的，充满了歌颂、崇拜，所以略萨就攻击他，说加西亚·马尔托斯不过是卡斯特罗豢养的一个太监，然后他回应说对于这种下流的语言我是不会质疑的。所以很复杂，我们也分不清楚到底是怎么回事儿。

另外，我又知道很多的独裁者是很好的文学家。比如说卡扎菲，今年《北京文学》（中篇小说号）五月份，其中有卡扎菲的小说三篇，更像政论，写的是小说，其中有一篇关于城市，他说城市就像一群蛆，个个显得很忙碌，但实际也无事可做，它们破坏着农田，破坏着自然。他说最体现城市混乱的就是一边十几个男人踢一个球，最表现城市生活的混乱、糜烂、无聊。这个快赶上当年的韩复榘了，他是国民党时期山东的头儿，大家编了大量他的故事。其中一个说是最早国民政府时汽车是靠左走，后来抗战胜利后蒋介石请美军协助接收，才改为靠右走。当时韩复榘听说之后大怒，说：

"汽车都靠左走了，那右边空着怎么办?"还有一个是他在讲演，最后是"总理精神不死"（指孙中山)，他最后说："总理不死!"他秘书就提醒他说"精神"，他就说"还有精神!"还有一个故事就是韩复榘看见学生在打篮球，说十个人抢一个球怎么够用呢，就训斥校长，以后一人发一个球。这些不一定是真的，但是他们很巧合。我听李肇星部长给我讲的，卡扎菲他没有名义，不是总统、元首、主席、主任，要求叫什么呢，卡扎菲革命大哥，这大哥的故事就和韩复榘的很接近。但小说写得好的不是卡扎菲，是萨达姆，他写过长篇，1996 年我曾经接到过伊拉克驻华使馆的邀请，参加萨达姆两本小说中文版的首发式。他有篇小说写得实在太好了，他写一个部落首领，这个部落首领听到一个消息说一个军官发动政变把国王推翻了，很兴奋，就想赶紧向这位军官发一个贺电，但是电讯非常不发达，发电报要走出几十公里，赶上下雨，他走了 48 个小时才到，电报发出去，邮局的人吓了一跳，说报纸已经登了，政变已经粉碎了，军官已经枪决了。于是他马上把电报改了一个抬头：热烈祝贺国王陛下粉碎无耻政变，我们将永远忠于您！这个小说有点意思，甚至有点欧亨利的味道。墨索里尼是"二战"轴心国里的重要人物，他有很高的艺术修养，他为什么进入法西斯集团我一直弄不明白，但是看过一些专家的文章，说他一直主张把政治审美化。

旧俄时期一个大作家，可以和托尔斯泰并论的，就是陀思妥耶夫斯基。他本人是贵族，因为反对沙皇，被陪绑处以绞刑，前面已经处死了三个，他是第四个，当时已经精神崩溃了，这时候宣布沙皇对他大赦；他有羊癫疯，每次发作极为痛苦；他好赌，尤其喜欢轮盘赌，每次他和出版商定好合约，要大量的钱，拿着钱就去赌场了。比如规定三年之内交 80 万字的长篇小说初稿，交不上就去坐牢。还剩两个月，他一个字还没写呢，这时候他雇一个速记员，然后就跟疯了一样，抓住自己的头发在屋子里走过来走过去，说得非常快，讲大量的故事。他写作的一大特点，就是你怎么难受，他怎么写，让你看完之后，对你心里、感情的一个蹂躏，讲这个社会是怎样的不公平，怎样让你失去最后一线希望。但是他反对暴力革

命。不知道为什么，高尔基特别反感他，说假如豺狼写作，写出来的就是陀思妥耶夫斯基写的这种东西。在苏联时期他吃不开，但是无法抹杀他。正是在苏联时期，根据他的小说改编了很多著名的电影《白夜》、《白痴》，在苏联解体以后，在莫斯科重新塑起了他的坐像，当时我看到了非常感慨，作为一个作家有这样的命运。这里有一个故事，法国一个大剧院约米兰·昆德拉来把陀思妥耶夫斯基的小说《白痴》改编为话剧，而且已经付了钱，米兰·昆德拉之前没有仔细读过他的书，他读了一遍之后吓坏了，这个作品如此强烈，他决定把定金退回并附上自己的违约金，说这个不干了，陀思妥耶夫斯基太强烈、太鲜明，这样的人得了势只能当法西斯主义者，只能当独裁者。文学中既有民主的因素，又有疯狂自信，居高不下，脱离现实，脱离客观的这种独断主义的因素。是不是这样，咱们大家慢慢研究。

再谈一个，文学究竟是呕心沥血写出来的，还是自然而然的稀里糊涂的就出来了。认为文学是呕心沥血，是十年磨一剑，中国有许多很强烈的说法，说“吟安一个字，捻断数茎须”；还有杜甫的诗“为人性僻耽佳句，语不惊人死不休”；还有有名的故事，贾岛的“鸟宿池边树，僧推月下门”。可是我自幼有一个怀疑，“推”还是“敲”有那么要紧么，可是一直不敢说，因为“推敲”已经被广为接受了，是一个很风雅的词，现在敢说是因为一次跟香港的国学大师饶宗颐聊，没想到他也有这一个观点。这是事情的一面，但是还有另一面也是很玄乎，就是现在有一批作家主张自己写作理论，提出要求：写作之前不得考虑要写什么，不得有任何计划、目的、愿望。一摞稿纸在这儿了。比如说第一句写“天黑了”，第二句“卖菜的声音渐渐小了”，第三句“远方的一颗星模模糊糊显出来了”，就这么写出来了，你完全沉浸在你的下意识里，这样写出的作品才是最好的作品。就这种写作的说法是玄乎又玄。所以你说写作的方法，事先做详细的计划、提纲不一定好，据说茅盾先生是这样的，事先用毛笔就写出提纲来，非常的仔细。但是不是所有人都如此，用爱登堡的说法，作家更像是雕塑家，一边敲打，一边琢磨。所以写作既是当然式的，有意为之的，又是天成的，所谓

“文章本天成，妙手偶得之”。

其他，我们还可以讨论文学是严肃的，还是游戏的；民族的，还是世界的，等等。我说这些的目的是什么呢？就是靠近一下文学，扩大一下我们的精神空间，知道一下文学的各种角度，不同的看法，少一些瞎子摸象式的争论。但是最后我也给不出明确的结论来，要是考文艺理论千万不要引用，不然不及格本人概不负责。

历史与艺术的双重整合

◎二月河

二月河，原名凌解放，1945年出生于山西昔阳，著名的历史小说家，河南省作家协会名誉主席，代表作有“帝王系列”《康熙大帝》、《雍正皇帝》、《乾隆皇帝》。他以国家统一、国泰民安的历史观来处理历史题材，以人物为中心编织故事，将帝王将相当作人来写，塑造了数十个栩栩如生的历史人物，表达了他对历史和历史人物的个人理解，与唐浩明、高阳等作家一起开创了中国历史创作的新阶段。

本文是作者2011年4月25日在武汉大学老图书馆所作的珞珈讲坛第二十二讲学术报告。

尊敬的李健书记，尊敬的谢校长，还有我尊敬的老朋友周百义先生，亲爱的老师和同学们，大家晚上好！

这些年来，从《雍正王朝》第三卷开始，我因为患有脑栓塞，而不能再写大部头作品。主要是写了一些随笔、散文，下棋，打扑克，写诗，作画，偶尔读一点哲学著作。

我们中国人对历史的研究，眼、耳、鼻、舌、身，到了近代开始提第六观感，到了当代又有“潜意识”这第七种提法。古代印度人认为人体里还有第八种意识，这个在现当代汉语里找不到对应的词，只好用音译叫“阿拉耶斯”，这个词在五四运动以后，30年代曾经红极一时，但是现在，即使一个高级知识分子他也会对“阿拉耶斯”一头雾水，什么叫“阿拉耶斯”？红楼梦里贾宝玉、林黛玉初次相遇，林黛玉就产生一个念头：这个人好生面熟，我曾在什么地方见过他呢？没有，两个人在现实生活中没有见过。林黛玉话没说出来，贾宝玉就说这个妹妹我曾经见过，是在大环山下，太虚幻境见过的。这跟我今天讲的历史与艺术的双重整合不相干，这是讲我和大家今天在这里和老师同学们交流，并且我们以后还会深入地进行交流。说明我们前世“阿拉耶斯”有因，今日有此果，读书也是如此，要有缘分。

你们打开网页，有个“二月河吧”，有40%的人是骂我的，60%或者语焉不详，或者赞许。不管骂什么，你找不到一篇文章是我对人家进行反驳的。这就是说读书也有一个“阿拉耶斯”的问题。我在幼年的时候读托尔斯泰的《战争与和平》，读了五次我都没读进去，至今仍没有读进去，这并不能证明托尔斯泰的《战争与和平》写得不好，也不能证明说二月河这个人不会读书，这只能证明我和《战争与和平》这本书没有缘分。那么既然如此，现在别人读不进我的书，或者瞧不起我二月河，也不能证明他不会读书，或者我这个书写得不好，只能证明我和这个人在阅读缘分上“阿拉耶斯“还不到。说不定我们在一块相处会变成很好的哥们儿。但是读书没有缘分，不必为此耿耿于怀。前两年在深圳有个读书会邀请了金庸和我，场面比今天这要小。台上就是金庸、主持人和我，主持人问金庸先生的书我喜欢不喜欢读，我回答说，他的书我有的喜欢读，有的不喜欢。金庸就问我，他的哪些书我不喜欢。我回答说，比如你的《连城诀》，《雪山飞狐》，《碧血剑》，《鹿鼎记》。《鹿鼎记》写的是中国转型期这样一个伟大的波澜壮阔的民族运动，你写了一个小流氓韦小宝，这就有些糟蹋材料。主持人转而问金庸，二月河先生的书你喜不喜欢？金庸想都没想说二月河的书我都喜欢。这让我多少有些狼狈，好像是期望我也说你的书我都喜欢。因为我是军人出身，说话直来直去。经常因为冒失出状况，前年两会时有几个港台记者说，有个德国汉学家说中国的作家都是垃圾，你对此有何看法？我说“你回去告诉他，他也是垃圾”，这个记者接着说“但是这个汉学家对你很推崇”，我说“刚才说的这个不算”。我当着金庸的面说，中国的武侠体小说在一百年里能不能祈求上苍再赐一个金庸。因为金庸、古龙、梁羽生代表了中国几百年来武侠小说的一个突破——新武侠体小说的突破。谈到金庸和王朔，主持人问我的观点，我说金庸是天才，王朔是鬼才，我算是个人才。

人才这个概念就是要想人事。请注意，金庸的书，不考虑人间的烟火事，你问他桃花岛上的人，谁给他们发工资？他不说。小龙女和杨过在古墓里的吃喝拉撒睡，柴米油盐酱醋茶怎么解决？不说，反正就能过。张无忌在蝴蝶谷里穿来穿去，一会儿学会了胡青牛的医术，一会学会了九阳神功，在密道里去，别人一辈子学不到第二层乾坤大挪移，他坐那一会儿就是第七层，他不讲理，讲的完全是情，完全是对人本善的这种理念的捍卫精神。金庸的书有时甚至连语法都不予以考虑，他不是天才吗？但是二月河写这个书就必须从人这个角度讲，要从康熙、雍正、乾隆主体的经济概念、社会概念、人文概念全方位地从人这个角度去剖析。所以细算一下，我认为自己算是一个“人才”。

我写这些书首先要解决的问题是什么？前几年有几位清史专家到南阳拜访我，说是国家在投入大力量修清史。我就问他们“你们修清史的理念是什么”？他们说不出来。我们读史记的时候，后面都有一个“太史公曰”，讲明要说什么。比如说曾国藩是个好人还是个坏人？洪秀全是个好人还是个坏人？你修清史这些问题不要告诉读者吗？你本人对这个问题怎么看？我写这个书也要解决这个问题。《康熙大帝》第一卷出书的时候，我的责任编辑跟我讲，你一定要把康熙这个人的阴险、毒辣、虚伪、残忍写足，我告诉他，我写的是康熙大帝，你让我把他的阴险、毒辣、虚伪、残忍写足，他能大得起来吗？过去的教科书讲，地主阶级的阶级本性和阶级本质，就是阴险、毒辣、虚伪、残忍的，在过去“以阶级斗争为纲”时期出的一些小说，无论是《艳阳天》，无论是《金光大道》，还是《苦菜花》，里面只要是地主，一定是坏人，只要是贫下中农，一定是高大全。康熙是个封建君主，是地主阶级的总代表，在表述这样一个人的时候，就必须要把地主阶级的阴险、毒辣、虚伪、残忍写足。《康熙大帝》第一卷出书是1986年6月份，7月份河南有一家报纸一整版篇幅和通栏的大标题批判“二月河是地主阶级的孝子贤孙”，今天谈到这个就是为了表明当时这样的一种气氛和对整体事物认识的不同。当时我在一个大学讲学，就预言：今天有一个市长把康熙的塑像推倒，将来必定会有另外一个市长把康熙塑像重新塑起来。今天这个预言早已实现。

不用阶级斗争的理念，那么用什么理念呢？我谈三点，第一点：凡是在中国历史上对国家统一，民族团结作出贡献的，我就予以歌颂，反之，凡是分裂国家，危害民族团结的，我就予以鞭斥；第二点：凡是发展当时生产力，调整当时生产关系，改善当时人民生活水平，作出过贡献的，我就予以歌颂；第三点，凡是对科学、技术、教育、文化等方面作出贡献的，我就予以歌颂。当然，没有人能够全部做到这三条，其中做到任意一条，我就给以肯定，违反这些的，我就给以批评。比如蔡伦是个太监，郑和是个太监，毕昇是个平民，黄道婆是个道士，司马迁是个残疾人，康熙是个皇帝，对于在这三条中曾经作出过贡献的，我就给以歌颂，这样就把康熙的位置给确定了。北京的八达岭长城不是秦长城，也不是孟姜女哭倒的长城，那是明代修的长城，因为明代的国策是“高筑墙、广积粮、缓称王”，所以一直就没有停止修长城，长城也可以说是民族文化融合的这样一个载体，但它毕竟是战争的产物，可以说长城的每一块砖石上都带有胡汉人民的鲜血，是谁停止了修长城？是康熙。他甚至提出“朕以人民为长城”这样在今天也不过时的口号，他不修长城了，修了一个避暑山庄，聚齐每个少数民族的头领及宗教领袖在这里进行文化交流，不再以战争来解决问题了。明代中央政府控制的版图是350万平方公里，到了康熙中叶，中国版图达到了1300万至1400万平方公里。谈到版图，谈到今天的民族团结，是无法避开康熙这个人的。

康熙8岁登基，15岁擒鳌拜，亲修帝权，19岁决意治藩，撤掉吴三桂、耿精忠、尚可喜，平息三藩之乱，到23岁开博学弘武科举，一网打尽天下英雄。三次亲征准噶尔，六次南巡，29岁解决台湾问题，就是当时的"台独"问题。这是康熙一生的主要功业。一些次要的东西也跟大家提一下，我们数学里讲的元、次、根，这几个数学术语是康熙发明的。康熙懂七门外语，同时还是数学家、医学家、文学家。他在长江以北、辽宁以南种出了双季稻，培育出良种水稻。他巡视河工，用的测量仪器都是他自制的。他成立了中国第一个皇家科学院，地址就在现在的圆明园附近。

所以我说康熙是中国的"潘多拉"，康熙曾经停过三次科举考试，开过二十年海禁，但很遗憾。有人问我我的书为什么是叫"落霞系列"，明明是"帝王系列"嘛！取自《腾王阁序》"落霞与孤鹜齐飞，秋水共长天一色"。但是那是晚霞，因为那是中国封建社会最后的辉煌，从秦始皇到宣统皇帝、大概二百七十多个皇帝，为什么不写其他皇帝比如顺治皇帝、嘉庆皇帝？因为康熙、雍正、乾隆在这二百七十六个皇帝中，如果按照门捷列夫的元素分期方法，他们是一个族的，叫回光返照族，通过对这一段中国政治、经济、军事、人文达到极为成熟的时期，到这一滴水可以更多地折射出封建社会的文化特色：灿烂性，迷人，具有强大凝聚力；落后性，我们的文化中存在一些极为落后、腐朽的东西。夕阳无限好，只是近黄昏。黑暗即将到来。这些因素导致在后来的两次鸦片战争中东方文明在本土被西方文明撞得粉碎。

比如中国的重量单位"两"其实在先秦时期就已经是"十三两"了，为什么是"十三两"呢？北斗七星，南斗六星，主"生"，因为称秤的东西关系到人的生死，因此一斤就是十三两。但是人们发现这样计算不方便，就变成十六两，加了哪三颗星呢？就是福星、禄星、寿星。这也是有含义的，就是说，在称秤的时候，少给一两就折你的福，少给二两就折禄，少给三两就折寿。这就是经济与整体的人文和一些哲学的东西融为一体。但是这不方便在实际生活中的运用，所以就改成了十两。我们文化中类似的东西今天不一一列举。

在康熙、雍正、乾隆之后，以至后来发生鸦片战争，落后一百多年，康熙、雍正、乾隆应当负一定的历史责任。康熙其人，现在的学界已经承认他在当时的第一学者的地位，但是他也使我们错过了一次早期与工业革命接触的机会，开放了二十多年的海禁，当时的贸易情况是：我们出口的是一般般的瓷器、茶叶、丝绸、香料和染料，运进来的是清一色的一船船的银子。但是为什么在开放了二十多年海禁后突然停止了呢？因为康熙虽然对西方科技有极强的兴趣，但始终不把个人兴趣应用到其施政当中，如果他走出了这一步，历史还会是后来那样的吗？红楼梦里的王熙凤，是中国小说里一个最具有特色的女性，唯一神、鬼、佛和因缘报应的一个妇女，放高利贷，主张金钱的流通，有时她表现出极端自私、残忍，有时她并不那么讨厌，是极富于个人魅力和人情味一个女人。比如宝黛爱情，王熙凤对此很动情。请注意这样一个女人，她的娘家是做什么的？是四省海关总督。这个衙门只有康熙时有，等于是中国最早的外交官的女儿跑到了大观园。曹雪芹本人可能都没意识到王熙凤的个人特征里带有早期资本主义的性质，那种生命力和早期资本家的那种积极向上的精神在王熙凤身上都有体现。他只是如实地把这个女人展现出来。这就是康熙开二十年海禁在红楼梦中展现的社会和人文的蛛丝马迹。为什么突然停止海禁呢？

1944 年郭沫若先生曾发表过一篇文章《甲申三百年记》，1644 年 3 月 19，李自成部队进北京，崇祯皇帝主政，召集文武百官准备进行一次集体自杀，没有一个官员听从。于是他给东厂、锦衣卫下令杀人，然后召集儿子，让他们逃亡，然后开始杀女儿，说出千古名言，“谁叫你生在我家”，然后从东华门外逃出，到了朝阳门，唯独东华门有 8 排钉子，那个门没有负起责任，崇祯一家家去敲这些大臣的门，希望有人收留或者保护他。在这种情况下，崇祯皇帝到景山自杀，留下最后一封遗诏：诏李自成“百官任尔杀，不可害百姓”。我讲这些是想说崇祯皇帝并非一个很糟的皇帝，崇祯的领袖魅力和领导能力都是上层的。中国的领袖人物有两个是因为没有一个像样的秘书而丢掉了江山甚至性命的，一个是陈胜，另一个就是崇祯。陈胜是被自己的司机庄贾给杀的，如果有一个哪怕是二流的秘书对他身边的司机进行严格的政审，陈胜就不会被杀；第二个是崇祯，他当时已经逃出了朝阳门，如果有一个头脑稍微清醒的秘书，在旁边提个醒："皇上，咱们已经出了朝阳门，再往东走一百多里地，那就是吴三桂的防地，何必寻短见?"满洲人入关的时候总兵力是八万五千人，加上吴三桂在山海关的三万五千驻军总共就是十二万左右，汉族兵力是多少呢？李自成有一百多万，南明唐王在福建即位有二百多万，再加上散处全国的地主阶级兵力应该共有四百多万。满洲人进关的时候并没有打算在关内建立大清王朝，因为他的兵力太少。但是满洲人进关后军事上出奇地顺利，十二万人把汉人四百多万人摧枯拉朽地打败。原因就在于汉族的腐败以及并发症。这就是气、命、运、数。前年我去山西五台山，阎锡山故居工作人员给我打电话，让我去题字。就像之前《山西日报》让我题词，我题了五个字"好好过日子"一样，我题了"一代兴亡关气数，万古首秋望乡梓"。以崇祯当时的威望和汉族的兵力，满洲人当时没有觊觎中原的想法。因此满洲人当时入关的口号是"为民复仇"，按照汉族人思考习惯，报完仇怎么不走了呢？满洲人入关后有个微妙的心理变化，好比一个壮汉进了一个五星级宾馆，进了宾馆后，只要他说这宾馆是他的就是他的。入关前满洲人过的是游牧生活，入关后物质活动和精神活动都极大丰富。有一种席面叫"满汉全席"最能体现满洲人入关后的那种"暴发户心理"，因为真正的满汉全席要吃七天七夜。整个顺治王朝对这种口号都讳莫如深，到康熙前期才有少数汉族知识分子作出这样的解释，少数民族也可以入主中原，因为尧、舜都是少数民族，因此少数民族统治中国也是合理合法的。但是汉族知识分子对这一点不能接受。为了解决这个问题，康熙六次南巡，包括拜朱元璋的墓，去拜孔子庙，中国皇帝都拜孔子庙，但进庙后行的礼不一样，汉族皇帝进庙行的是"师礼"，即二跪六叩首礼，康熙行的是君臣大礼，父子大礼即三跪九叩首大礼，他在拜朱元璋墓时哭得瘫倒地上。这样讲，康熙绝对不是一个虚伪的人，但是他做的这件事绝对是虚伪的。这个情节我是这样设计的：康熙在进孝陵之前，侍从跟康熙说了这样一个消息，说康熙的老师伍次友昨天在大殿隔壁坐化了，因为伍次友是康熙最敬重的一个启蒙老师，他进了大殿之后想到隔壁就是伍次友坐化的地方，不由悲从中来，放声大哭，当时南京是应天府，聚集了明朝遗老——当时最高级的知识分子。这一批人对康熙是最不满意的，见到康熙在朱元璋面前哭得一瘫泥，大为折服。解决这些问题康熙费了大工夫。

关于中国人恨汉奸的问题，要说洪承畴。他是北京当时的一个市厅级干部，当时的北京，这样的干部几乎满大街都是。在十一年内，崇祯皇帝把他从厅级干部提为天下兵马大元帅。松山明清之战后，洪承畴失踪。其实是被俘。洪承畴一个老朋友叫范文程的向多尔衮提议先让他去探望一下。在探访过程中，范文程回来后对多尔衮讲，洪承畴不是个死节之臣。多尔衮问他何以有此结论，范文程说，我在跟洪承畴聊天过程中，有灰絮落到洪承畴身上，洪承畴很小心地把灰絮掸掉，他连一件衣服都舍不掉，会舍得自己的命吗？对洪承畴的调研结果发现，他不贪财，不受贿，对知识分子和部下很好，自己本身文采和威望很高，但是好色。有两种版本：一种是大玉儿亲自上马，就是孝庄太后；另外一种版本是选了一个漂亮的宫女，给他端了一锅老山参炖鸡汤，第二天洪承畴就精神大振，见了努尔哈赤，投降了。但是当时的崇祯皇帝不知道，正在给洪承畴准备追悼会，在追悼会的前一天得知消息后取消了追悼会。洪承畴带兵一直打到福建仙霞岭，有人在过年的时候给他送了一副对联，上联“一二三四五六七”，下联是“孝悌礼义忠信廉”，上联就是“忘八”，下联是“无耻”。洪承畴是怎样死的？洪承畴是在打下南京后追悼清兵阵亡将士，在南京的秦淮会组建了最大规模的水路大会，他过去的一个学生叫金正熙来见他，带去一篇文章，是崇祯皇帝给他写的追悼词，金正熙当日受难。洪承畴数月而卒。另外一个人叫钱谦益，做了明清两朝的礼部尚书，死法和洪承畴类似，在杭州西湖聚集名士，举办笔会，一个二十多岁的年轻人称他为老兄，表示对钱谦益的蔑视。他也是杭州事件几个月后死的。我说的这些就是当时的手记段子，代表了当时人对汉奸的看法。

康熙是怎么处理这种情况的呢？他开博学弘武科。在三藩之乱没有完全平息，康熙十八年开博学弘武科，因为这批知识分子架子大，不愿去参加清政府的科举考试。全国考试名额是三百六十名，康熙亲自做主考。应征考生成为征军，给予极大的荣耀。即使如此，仍有黄宗羲、顾炎武等名士坚决不参加考试。这些人怎么办呢？绳捆锁绑送往北京参加考试，无论是否考上一律授官，以皇帝亲自赐宴，太子执壶这样的一个规格接待。这些知识分子无法再骂满洲人。可以说康熙开的博学弘武科一网打尽天下英雄。从此以后，汉族知识分子反满复明的主要情绪基本熄灭，到乾隆时期，开博学弘武科的时候情况就发生了变化。

回到海禁问题，开二十多年海禁后，有人提出，朱三太子就在东南亚这一带，如果朱三太子回来，江山让不让？潘多拉的盒子啪地扣上了。本来康熙有机会能够让中国与西方工业革命大致同步，可惜没有。康熙和俄国的彼得大帝基本同步，康熙的执政能力比彼得强，但他有致命的地方不如彼得，彼得很狂热地将西方工业革命理念引入俄国，这不能不说是康熙个人的极大悲哀，也不能不说是华夏民族的极大遗憾。因此说他是中国的“潘多拉”。简要地说，康熙的一生是波澜壮阔的一生，但作为一个皇帝，封建帝皇的弱点他都有。封建制度是虚伪、恶毒、残忍的，但并不是这个制度下的每个人都是这样的。康熙四十年八月十五，康熙在御花园许愿：“总理河山，臣爱新觉罗·玄烨谨告昊天上苍增臣寿算”，到了康熙四十八年，他许愿：“总理河山，臣爱新觉罗·玄烨谨告昊天上苍削臣寿算。”希望以完人的形象见列祖列宗。如果不是制度逼的，怎么会有如此凄凉的心声？《康熙大帝》写到第三卷，我的父亲对我说：“解放，我没有想到你这么残忍。”我问：“怎么了，爸爸？”他说康熙英雄一世，难道死的时候就是这样吗？他的儿子真的是这样吗？我说真的是这样，我因为爱康熙，多少给康熙留了一些面子。康熙曾说过：“齐公子小白英雄一世，春秋五霸第一霸，死的时候五公子自闹朝堂，他的大儿子躲在灵床下，其余儿子把他们的老父亲射得像刺猬一样，一百多天不收尸。朕如果不注意，就会变成齐公子小白第二。”他的儿子有个叫八爷党，八爷有一次给康熙汇报工作，看着老八的背影，康熙说：“此人身有山川之险，心有城府之言，朕见尤畏之。”康熙晚年整整十年不办公，叫“倦政十年”，保全自己。追求《洪范》五福，我们中国最早的一部书叫做《洪范》，里面最重要的一幅叫“终考命”，因此康熙晚年做了一件事，从山东请了一位名师，叫方苞，就是桐城派的代表，不授官职，专门负责料理皇室家务，半夜都可以见康熙。从这件事可以看出，封建社会的虚伪、残忍，血淋淋的父子残杀。康熙一生36个儿子，活下来的是24个。我曾经调侃，“清亡于阳萎”，晚清从乾隆后期开始有个很不好的习惯，清代的10个皇帝没有一个怕老婆的，全部都怕妈。老太后不知道从哪学了一个很不科学的习惯，认为男女之间的交合对男性是绝对不利的，每天早上二三点钟就派一个太监到皇宫外面喊：“奉太后老佛爷懿旨，皇上你当心身子骨。”一直喊到天明，你想想，皇帝在寝宫做爱，他妈在外面喊，皇帝能不阳痿吗？从嘉庆开始，到光绪，没有一个皇帝不阳痿的，就是因为这样一个原因。在当时“家天下”的这种体制下，这就关系到接班人的健康。康熙的这24个儿子，我曾经做过一个估量，如果放在其他朝代，跟其他政治集团较量，他们都能够胜利，偏偏他们都碰到了一起。

这里也要给大家讲一下明清传位制度的不同，明代采取水落石出的传位制度，把太子留在北京，把剩下的兄弟分封到地方，只吃俸禄，不准干涉地方政治。经济待遇空前，但是政治待遇很低。于是就只能游手好闲，不停地繁殖后代，所以后代素质极差。

清政府接受教训，采用水涨船高的办法，没有实行分封。清代是采用“秘书治国”，最初是南书房，后来是军机处，这些皇帝的儿子们每个人都有分工，康熙在位61年，他的这些儿子们都变成这些部门的老领导，既有权，又有工作能力。那这就形成了一个阵容强大的政治集团。所以雍正王朝的第一卷说“九王夺嫡”，实际上康熙的24个儿子全部卷入，各种手段无所不用其极。但是这样去写是不是真实的历史呢？不是，历史的真实决不是历史事件的真实。比方说，我家里有个《康熙起居注》，不可能会像流水账一样的真实。所以说我们要对历史的真实加以艺术的抽象，加以去伪存真，去粗取精，由此即彼，由表即里这样一个加工过程，使其变成个性化、观念形态的东西。所以说要进行历史与艺术的双重整合，只有这样才能让读者喜欢。但是谈到这一点，谈何容易？中央电视台问我能为《雍正王朝》这部电视剧打多少分，我说59.5分，就是说从严格意义上讲，不及格，四舍五入就及格了。举个例子，电视剧里女侠客掏出一锭银子扔到桌上高喊上酒，很多导演、编剧、演员根本对银子没有任何的实际概念，比如价值，比如成色还有计量单位。如果对当时的社会现实、人文现实没有全方位的了解，就无法有效地整合历史与艺术。

2001年美国图书博览会，评了一个奖，叫“海外最受欢迎作家奖”，就颁给了在下，我回想一下，蛮得意的。因为国内评选是专家，但是美国评选是通过图书馆的借阅率和书店的销售数据，还有读者的评选，然后评定出结果，这个奖是美国人民掏出热情与带着体温的工资选出来的。因为他们中有很多是离开我们国家很多年的海外游子，有一种去国还乡的情结，一看二月河的书讲的庙会，冰糖葫芦，各色人等，诗词歌赋，很快就产生共鸣，勾起对故乡的思念情怀。这应该归功于我在书中尽可能引用、移植了许多对华夏民族文化精华的理解。因为我这本书是写给一般普通大众，写给愿意掏出他们带着体温的工资买我书的普通大众。为大众服务这才是我写作的目的所在。非常感谢大家今晚有耐心地听我演讲！

迁徙的经验与现代化的梦想
——从知青下乡到农民工进城的文学叙事

◎陈国恩

陈国恩（1956— ），男，文学博士，现为武汉大学文学院教授，博士生导师，文学院副院长，中文系主任，兼任中国闻一多研究会会长、海峡两岸梁实秋研究会副会长、湖北省鲁迅学会副会长。主要从事中国现当代文学研究，在《文学评论》、《外国文学评论》、《中国现代文学研究丛刊》及高校学报上发表论文200余篇，出版《浪漫主义与20世纪中国文学》等著作10部，主编《中国现代话剧名作导读》，合作主编《闻一多国际学术研讨会论文选》4种、《文学传播与接受论丛》2集和《博士原创学术论丛》15种。已完成国家社科基金重点项目1个、省社科基金项目2个和教育部二期“211”项目1个，目前正主持教育部人文社科项目1项和教育部三期“211”项目2项。先后8次获得省市政府社会科学优秀成果奖，主持国家精品课《中国现当代文学史》，曾获宝钢优秀教师奖。

本文根据作者2010年6月5日在广东中山市图书馆主办“香山

讲坛”上的学术演讲录音整理。

朋友们晚上好，非常荣幸今天能来到这里与大家做一个交流。作家是对生活十分敏感的一个特殊群体，他们的作品虽是虚构的，但他们以自己的经验为基础，反映了社会的真实，尤其是那些伟大的作品，所写的比实际生活更具有典型意义。因此，文学作品既能够供我们欣赏，也可以作为一种社会现象来研究，通过它来思考某些社会问题，包括我们精神世界的一些问题。

今天我讲的题目是“迁徙的经验与现代化的梦想——从知青下乡到农民工进城的文学叙事”。之所以选择这个题目，主要是因为人类的发展，追求一种现代化的梦想，现代化的过程由许多因素决定，其中就有人口迁徙的问题。从农业社会向工业社会发展，避免不了大量的农村人口往城市迁徙。今天在珠江三角地区，就有许多进城来打工的农民工。但是中国的人口迁徙有其特殊性，不仅仅从农村迁往城市，20 世纪的某些时期人口迁徙刚好是相反的，比如 20 世纪 60 年代末，成百万知识青年上山下乡，就是从城市迁到乡村。这种逆向的人口迁徙，跟一般现代化过程中避免不了的从农村到城市的人口迁徙不一样，构成了中国人口迁徙的独特景观。这两种人口迁徙的形式都在中国当代文学作品中有所反映，把它们放在一起研究，可以思考一些很有意思的问题。

下面我主要讲三个问题。

一、“离家”的苦难

文学作品里知青下乡与农民进城的故事都采取了苦难的形式，它是由历史变动造成的。就其深层文化意义而言，这表达了人类的一种共同经验，即离家所遭遇的人与环境的矛盾冲突。20 世纪 80 年代初的知青小说集中反映了知青上山下乡，小说叙事包含了双重内容：一是讲述故事，写城里的青年离开家庭奔赴农村；二是反思性的，表达作家对这一历史事件的重新思考。在后一个视角中，大多数作品给人的印象是，当最初的政治狂热过去，日常生活的真实一面逐渐显露时，知青们发现他们被抛出了生活常轨。他们与插队的地方有很大的文化差距，生活习惯和价值观念与村民都不同。他们在农村举目无亲，十几岁的孩子应付不了日常生活的困难，都要依靠在城里的家长给予援助。更要命的是他们到农村才发现，由于土地资源有限，贫下中农其实并不欢迎他们去接受“再教育”，他们的理想也受到了嘲弄。十几岁的孩子用稚嫩的肩膀扛起了生活重担，时间一久就产生了叛逆心理。这类痛苦在许多作品中都有所表现。比如食指的诗《这是四点零八分的北京》：“一阵阵告别的声浪，/就要卷走车站；/北京在我的脚下，/已经缓缓地移动。//我再次向北京挥动手臂，/想一把抓住她的衣领，/然后对她大声地叫喊：/永远记着我，妈妈啊，北京！”这是孩子与父母分手时的感受，在北京火车站撕心裂肺的那种分别的非常痛苦的场面，很动人。

还有梁晓声的小说《这是一片神奇的土地》、《今夜有暴风雪》等。《这是一片神奇的土地》写十几岁的孩子到北大荒，在极端恶劣的自然条件下，用青春甚至生命的代价开垦了一大片肥沃的土地。《今夜有暴风雪》，写成千上万的知青不顾任何政治阻力，不约而同地汇聚到车站，想返回城里。一面是群体的狂欢，一面是女孩裴晓云死去。裴晓云因出身不好受到歧视，可就在这一天晚上她被派去站岗。她不清楚同伴们都在想办法回城，还以为自己受到了重用，一个人站在冰天雪地里。由于没有人来接替，她又很重视今天的荣誉，不敢轻易下岗，最后被冻死在冰天雪地里了。作品也写了一个政治上比较“成熟”的知青郑亚茹，她思想正统，说话打官腔，表示自己要一辈子扎根边疆，但其实她是想表现自己，等待更好的机会。不过，无论是天真还是所谓的成熟，知青到了农村，都遇到了常人难以想象的困难。裴晓云和郑亚茹的不同，仅仅是她们应对的方式不同，相同的是她们都会往城里走。因而一旦有了回城的机会，就引发了胜利大逃亡。文学作品反映历史事件，并不是简单地描述一些历史细节，而是带有感情的。知青小说，无论是梁晓声的《这是一片神奇的土地》、《今夜有暴风雪》，还是我后面要提到的张承志的一些作品，反映回城的辛苦历程的时候，都会给我们一种很复杂的感受，发现人是充满矛盾的。十几岁的孩子来到荒

凉的边地或者举目无亲的农村，在那里洒下了汗水，度过了他们最美好的青春。当他们可以回家的时候，不少人却是流着眼泪的，不是因为后悔，而是因为留恋，很矛盾的一种心态。如果进一步观察，还可以发现，当知青喜悦地回城后，他们才发现自己已经再也回不去了。

他们成了城里的外乡人，很难找到好的职业，甚至耽误了婚姻，很难融入到正常的城市生活中了。因此，有一些知青后来以不同的方式要重回他们插队的地方，去寻找他们的精神家园，像孔捷生《本次列车的终点》所写的。上面讲的是知青从城里到乡村，这种迁徙是不正常的，造成了许多问题。

到20世纪末，人口迁徙变为从农村向城市，成百上千万的农民工扛着小小的行李卷，来到了他们完全陌生的地方。从某种意义上讲，他们的离家与知青下乡有类似之处，但也有重要的区别。他们的特点是大多没有受过良好的教育，文化不高，只有力气。他们想凭力气来分享现代化的成果，这谈何容易？这些人在农村可能并不缺少生存智慧，可是当他们来到了完全陌生的城市的时候，由离家所带来的问题就显示出来了。如果说知青离家还可以得到城里家人的接济，他们的苦主要还是精神上的折磨，那么农民工的离家所遭遇的问题却是更实在的，比如人格受辱，经济上的极端贫困等。20世纪末开始就有乡村叙事小说反映农民工进城所遭遇的这类问题。作家李锐有一篇小说叫《扁担》，就是人挑东西的那个扁担。农民工带着一根扁担来到了城里打工，但是车祸夺去了他的双腿，他成了残疾，无法维持生计，最后只好用一个车轮和一条扁担做成个垫子，承载着残疾的身子用双手一步一步地爬回自己家里去。后来有人考证，这篇小说跟另一个作家的《回家》都是受到当时一条新闻的启示，这个新闻说的是一个打工仔在城里被撞伤以后被包工头抛弃，他只好用手爬着回家去。李锐的《扁担》要比《回家》写得动人些，实际上也是这么一个故事。另外，东北作家迟子建有一篇小说叫《踏着月光的行板》，是写一对农民夫妇在相隔不远的两个城镇打工。她的丈夫由于接受了一次老板安排好的媒体采访，老板奖励了他一百块钱，而且在中秋节放他一天假。放假了，他的妻子也放假了，夫妻两个都坐火车往对方那里跑，结果丈夫跟妻子各自跑到对方所在地，妻子发现丈夫回家了，丈夫发现妻子到他打工的地方去了。他们两个人又不约而同地往回赶，想见一次面。可是当丈夫回到工地时工友告诉他，你妻子又回去找你去了，而妻子得知丈夫已返回工地去见她时，她也再一次踏上了去看丈夫的旅途。结果可想而知，他们两个又失之交臂，只在对开的列车停靠同一个站点时，才彼此透过车窗看到了对方的身影，第二天他们就要上班了。写了这么一个故事：夫妻恩爱，生活窘迫，但窘迫中也有一种动人的情愫，让人感到温暖。

有些作品写得尖锐些，写农民工在城里当清洁工、搬运工、建筑小工，甚至是捡垃圾的。女孩子，有的当了性工作者，男同胞也好不到那里去。尤凤伟写过一部长篇小说《泥鳅》，是说男主人公当了鸭子。因为人长得英俊，有点像周润发，人家叫他发仔。开始是帮人家搬家，后来同伴中有人受伤，跟老板打官司又打输了，大家散伙，各奔前程，他则被一个富婆看上。这个富婆的丈夫是一个省长的儿子，他在外面沾花惹草，当妻子的非常痛苦，要报复，就找到这条泥鳅，把发仔养起来。她丈夫知道妻子包养小男人，可是不太介意，反而利用这层关系设了圈套——成立个空壳公司，让"泥鳅"当名义上的老总顶在明处，他暗地里则借公司名义从银行贷款1500万元，然后转移资金。东窗事发，蒙在鼓里的"泥鳅"成了替罪羊被枪毙，包养他的富婆也没有伸出援手。发仔是非常惨的，被人害了都不知道是怎么被害的。

我们可以想象，农民工们如果不远离故土，肯定不会遭受进城的这些苦难。把这与知青下乡的经历联系起来，我们发现它们背后其实都是在讲同一个故事，即离家的苦难。农民工其实是知道城市原本不属于他们的，他们再怎么远走他乡，每逢中国人团圆的节日，都会无一例外地扛着大包小包千里迢迢回到自己的故乡去。知青们则更是渴望早日回家，所以当机会来临时要不顾一切蜂拥回城。撇开这些不幸故事背后的社会原因，仅就其文化心理而言，我认为这些特定时期中国人的遭遇反映了人类心灵深处最深刻的一种心结，那就是对故乡的依恋。

人对故乡的依恋有精神方面的原因，也有现实方面的根据。从精神方面讲，人生在世需要有一个精神家园，在那里你的整个身心可以放松，享受到家的温暖。这种安全感，人在家时也许不会感到它的重要，可是一旦离家其重要性就成倍地放大了。家里也许充满矛盾，可是即使离开这样充满矛盾的家，离开以后我们也会感觉到这些矛盾比起在家里所得到的安全感来微不足道，所以家往往成了游子所向往的精神家园的象征。从现实这方面讲，家也是人最重要的生活空间。从小到大我们都生活在这个熟悉的空间面，家庭成员之间互相建立了一种难以拆散的关系，彼此有一种感情上的依靠。一旦离开家就可能遭遇无法预测的挑战，失去了最基本的生活保障。所以关于离家的叙事，离家所带来的种种苦难的后果，不管是知青，还是后来的农民工，对家的精神依恋这种意义不容忽视。正因为包含了这样的意义，这些作品才不是简单地记录某种社会事件的新闻，比如知青下乡，农民工进城，而是包含了情感的艺术品，可以为人们提供长久的审美价值。

但是我们要问的是，既然离家会带来痛苦，这些人，包括知青和农民工，又为什么非要踏上漂泊之路不可呢？接下来要讲第二个问题。

二、理想的追求与务实的选择

为什么要离家？这触及了20世纪中国一个重大的社会问题，也就是如何追求现代化的目标，又如何探索现代化的道路。知青上山下乡的根源，可以作为一个专题来研究，但是我觉得有一点不容忽视，即它是革命现代性政治实践的一个结果。中国社会经历了长期的战乱，1949年以后人们希望在一个新的体制里实现现代化的梦想。由于当时的经济基础比较落后，国际国内的矛盾复杂，也由于当时从上到下都沉浸在英雄主义的激情中，对经济建设缺乏经验，中国民众很容易被引导到一种革命现代性的政治实践中去。

在这种革命现代性的政治实践中，优先的任务是通过革命的方式建立起一种新的生产关系，从而为经济的大跃进乃至社会的现代化开辟道路。因此革命的理想主义成了这个时期的主流意识形态。

革命理想主义的特点是在向人们展现某种美好前景的同时要求人们克服个人的私心和欲望，为这个理想去奋斗。就是说，先解决政治体制问题，然后动员民众为理想而奋斗。在这种条件下，个人被要求为了理想而放弃自己的一些利益，甚至可以献出个人的生命。很显然，这是一种革命理想主义的意识形态，它延续了战争年代的军事共产主义的原则。邓小平讲社会主义有一大优势，能够统一运筹，干大事，其优势就是能够最大限度地动员起拥护这种新体制的民众的力量，把他们配置到按计划设计好了的社会生活各个领域，以取得最快的建设速度和最好的经济效益。这种体制有没有发挥过好的作用？答案是肯定的。50年代前期，它在实践中取得了巨大成就。1949年以前遗留下来的许多问题，在共产党领导下很快都解决了。经济恢复的速度超出人们的预料，西方国家都感到非常惊讶。西方等待中国垮台，但是中国在飞速发展。正因为如此，共产党巩固了执政的道义基础。群众信任共产党，觉得它代表了绝大多数人的利益，做了许多好事。但是问题也在这个时候暴露出来，原因就在于军事共产主义的体制适合于人民战争，却难以长久地支持和平建设时期人们的精神。说起来不难理解，战争中人的注意力高度集中在战争的胜负上，物质的要求可以降到最低限度。在极端的情况下，人们甚至可以仅仅依靠精神力量来维持体能，即所谓"精神变物质"。红军两万五千里长征，在文学作品中经过了典型化处理，但它的基本事实是真的，那就是在极端艰难的情况下，一群人凭着自己的信念，一步一个脚印，用双腿丈量了地球，创造了震惊世界的神话。但是和平时期的经济建设，要遵守经济规律，不能像打仗那样通过几个战役来解决经济建设的问题。最关键的还有你不能以革命的名义剥夺个人的利益，相反要尊重个人的正当权利，保护个人的合法财产。归结为一句话，就是不能像战争年代那样无节制地要求个人为集体作出片面的牺牲。

1949年以后，由于没有抓住适当的时机调整建设方针，不仅沿用了军事共产主义的组织原则，而且连人们的日常生活也被纳入到了人民公社的体制中，从而使经济建设遭到了严重的挫折，造成了与现代化目标背道而驰的后果。这用不着我多说，大家都清楚。

我认为知青运动就是在革命现代性的政治实践遭到严重挫折的时候，为了转移由这一挫折所造成的就业压力和社会问题而发动的，办法就是让他们到农村去。可见这场运动的指导原则仍然是革命现代性的东西，即为了所谓的革命利益，个人必须作出牺牲！成千上万的知青听从领袖的号召，怀着革命的豪情上山下乡了。即使知青运动已经过去，革命理想主义的精神仍然在一个时期里存在。知青的文学叙事在开始时，大多数就包含了英雄主义的主题和浪漫主义的激情。最为典型的是张承志、梁晓声。张承志的《北方的河》、《黑骏马》得过奖。《北方的河》写的是准备报考科学院地理学研究生的一个青年，为了备考，到北方考察六条大河，把考察的过程当作考研的准备过程。他考察了北京附近的永定河，考察了黄河，考察了新疆的湟水。最后他想去黑龙江，可是来不及，但在梦中他见到了黑龙江的解冻，那是春天来临的时候，黑龙江发出了惊心动魄的声响，他的灵魂被解冻后的江水托举着飘向无边无际的太平洋。小说的故事性不强，主要是写人跟自然的对话，写人的精神追求，充满了理想主义的激情。《黑骏马》写的是一个充满温情然而又伴随着巨大痛苦的故事。一对蒙古族的孩子长大后相爱了，可是由于文化观念上的差异，当女孩子被一个流氓强奸后怀了孕，男的就无法接受，要去复仇。但养他们长大的白发老奶奶说出了一句让人非常震撼的话：孩子，知道索米娅能生养，也是一件好事啊，你何苦去拼命呢？

白发老奶奶的话反映了过去蒙古族人民由于自然环境严酷对生命所持的一种极端崇敬的观念，女人能生养就好。但白音宝力格无法接受索米娅受辱这一事实，说明他受到了汉族文化贞操观念的影响。由于这种文化的隔阂，他选择了离开，去上大学。可是他又忘不了养大他的老奶奶，忘不了从童年开始就生活在一起的索米娅，他十几年后又回来了。但是正像蒙古族的一首古歌唱的那样，过去了的事情已无法追回。他骑着黑骏马寻找，每到一个地方他被告知，索米娅已经去了另外的地方。他不断地寻找，最后找到了索米娅，可是索米娅已经不是他梦中的那个少女了。蒙古族的那首古歌是这样唱的：黑骏马跑上山梁哟，那熟悉的身影哟却不是她。是索米亚，可是又不是索米亚——这是个残酷的现实。一个人不可能两次踏进同一条河流，就是说你找到了索米娅，可索米娅已经嫁了人，他们的爱情无法挽回了。他们见面后都不提伤心的往事，硬撑到第二天分手时，索米娅忍不住了，她令人震撼地喊了一声“巴啪”，那是白音宝力格少年时代的昵称，她说你以后结婚了，有了孩子，抱来让我养，养大了我再还你。铭心刻骨的爱情已经永远成为过去，她只能用这个方式，期望与白音宝力格保持一种精神的联系。白音宝力格当然也十分激动，他猛地放马飞驰，后又从马鞍上滚下来亲吻草地。这片草原有他跟索米娅在劳动中建立起来的友谊，洒满了他们青春的汗水。这样的动作，带有某种宗教的意味，也就是说白音宝力格把草地当成了自己的精神家园了。他亲吻这片草地既是怀念青春的岁月，同时又是通过这个仪式要告别过去，走向未来。从这里我们不难发现，张承志的作品是充满崇高感和悲剧感的。说明他写知青岁月，延续的还是理想主义时代的那种精神。梁晓声同样是如此，但比较而言，张承志更注重精神上的完美。张承志另有一篇小说《老桥》，写几个知青们返城时，他们相约十年后回来到一个因为与乡下姑娘结婚所以走不了的同伴家里聚会。十年后的那一天，留在农村的那个知青烧了一大桌菜等着，可是等到灯火阑珊也不见一个人影。就在已经失望的时候，作品的主人公千里辗转来到了这个非常穷困的乡村。

张承志的这个作品表现了一种精神倾向，他想通过“老桥”回到过去。过去虽然贫困，但有青春和梦想。过去已经过去了，他唯一能做的就是以某种仪式跟过去建立起一种联系。这样的精神生活方式，带有一种悲剧的意味，但在悲剧里面有崇高的精神在燃烧。他不是一味地抱怨，而是想在回味过去中找到一种支撑自己面向未来的精神力量。这是一种英雄主义的精神品质，这种品质，我们想一想，是与革命现代性的政治实践中所进行的理想主义教育密切相关的，它同样是革命现代性政治实践的一个成果。总而言之，在知青叙事中，知青下乡是革命现代性政治实践的一个产物，知青回来后反思这一段苦难的生活，仍带有理想主义的特点，青春的理想在燃烧，浪漫的激情依然洋溢着。

与此形成鲜明对比的，是后来乡下人进城的文学叙事。在乡下人进城的文学叙事中，再也见不到英雄主义的精神了，我们看到的只是普通人的故事。农民工从经济文化落后的乡村向正在进行大规模经济建设、社会发展水平大大高过乡村的城市迁徙。在完全陌生的城市一角或者城乡结合部，他们找到一份城里人不愿意干的活计，艰难地生存下来。其中一部分人，甚至放下自己的尊严，像我上面讲的尤凤伟写的《泥鳅》，主人公去从事最低贱的职业。支撑这些人精神的不是知青文学叙事中的那种精神信仰，而是金钱。换言之，推动这一拨人口迁徙的力量不是政治因素，而是经济因素。进城的农民工执着于一个最朴素的道理，就是城里比乡下好，没有了关于革命的浪漫信仰。因而这一拨人口迁徙是自发的，没有从上到下的动员，一切都是在人们不经意时突然出现的一个社会奇观。正因为是人的生存本能在推动着，所以这拨人口迁徙大潮又是持续不断的。生命经受苦难，虽然没有崇高的理想和远大的抱负，但为了平凡的愿望而挣扎，同样具有悲壮的意味。当农民工们前赴后继进城时，当他们经历了常人难以想象的苦难，仍不改初衷、无怨无悔时，就呈现出另类的悲壮了，这种悲壮主要是因为生命的顽强和由于对象的无辜引起我们的同情而产生的。城乡之间存在经济文化上的差距，这不是农民工造成的，现在却要他们来承担后果，付出常人难以想象的代价，所以他们是值得同情的。

从知青下乡到农民工进城，人口迁徙的方向180度逆转，人口迁徙的动力从政治向经济倾斜，这说明什么问题？我觉得挺有意思，它说明中国的社会现代化已经从一种革命的行为转变成一种经济的行为。它的方法不再是通过革命的手段强行改造生产关系来实现经济的大跃进，而是按照经济的规律建立市场，通过市场的力量来推动经济的发展。在市场经济的模式中，革命的理想主义让位给了务实的经济效益的原则。没有效益、不利于经济发展的各种制度被废除或者改造，个人的积极性被充分调动起来，社会趋向多元化，个人选择的自由度提高了。这一种变化为农民工的进城创造了条件，也使关于农民工的文学叙事没有了理想主义和英雄主义的色彩，归回到了平凡，显示出了低层民众生活的本来的样子。比如我上面提到的《扁担》，在北京的金山上捡垃圾，靠这个维持生计，写的就是处于社会低层的乡下人进城的故事。他们义无反顾地进城，是在个人的自由度提高以后所做的一种务实选择，体现的是农民工朴素的人生智慧。什么智慧？人往高处走嘛。我认为这反映了中国民众逐渐地变得成熟，象征了人们经历了青春期的浪漫已进入一个追求实效，从实际出发考虑问题的成熟与理性的年代。我们为此付出的代价是高昂的。为什么？由于城乡发展水平有巨大落差，进城的农民工处境艰难，也由于历史的原因农民工不仅经济贫穷，而且文化素质普遍不高，身上有这样那样的问题，可这毕竟是前进中的问题，是中国农民在改造乡村和改造自我的道路上出现的问题。换一句话讲，落后的乡村要付出这样的代价来完成原始积累，为经济发展创造条件；在进入城市生活的过程中经受了种种磨难的农民工也要通过这种方式得到锻炼，改造自己，提高综合素质，从而最终能分享现代化的成果。我认为这是现代化过程中的题中应有之义，这是我讲的第二个问题。

三、价值差异与道德重建

我们上面讲的，实际上可以进一步追溯到价值与道德的问题。很明显，由于讲述的对象不同，讲述的人所处的年代不同，在上面两种文学叙事中的人口迁徙问题所折射出来的观念是有差异的。这种差异我觉得蛮有意思。知青文学的一个重要内容，一个核心问题，是精神的拯救。当上山下乡的最初激情平息以后，当生活逐渐显露出它平淡的本相以后，成千上万的知青必须寻找新的精神寄托，才能够给人生一个新的支撑点。农村让他们失望，他们回到城市后，事实上又成了流浪者，无法完全跟城市合拍了。怎么办？人总要找到一个精神支撑才能活下去。有的人开始从理想主义转向虚无主义，抱怨这个抱怨那个，也有一部分人坚守着信仰，就像张承志、史铁生以及他们笔下的知青那样。张承志所描写的知青在面对人生的巨大挑战的时候，大多会采取一种方式，就是扩大自我，拓展胸怀，在心中建构起一个精神救助的偶像。这个偶像在他的作品里一般是一个母亲，母亲的形象在张承志早期的作品中是可以等同

于人民的，他以这个方式来解决精神信仰的问题。比如他第一篇有影响的小说叫《骑手为什么歌颂母亲?》，写的是一个知青在草原上遭遇了暴风雪，就在命悬一线时他看到一团雪雾滚到了他前面，是他的白发额吉，蒙古族的一个老妈妈，冒着生命危险救他出来。老奶奶严重冻伤，瘫痪了，主人公的生命得到了拯救。张承志曾在一部小说集的后记中说，有人经历了插队支边的苦难哭哭啼啼，好像是下了油锅似的。但是他却认为他在这一经历中得到了两样无价之宝——人民的养育之恩和人应该怎样生活的宝贵启发。他说我因此一点也不后悔，半点也不遗憾。他用这个方式，找到了一个精神偶像，把自己的胸怀拓展到一个非常开阔的境界中去，在这么一种境界中，个人的青春时代所经受的那一点痛苦或者伤害，就显得微不足道了。通过这么一种精神升华的方式，把自己从苦难的精神泥潭中拯救出来，获得了精神升华。张承志正是顺着这样一种感恩和忏悔的心路，找到了他的信仰。他最后皈依了伊斯兰信仰，其实我觉得他早期的这些知青题材小说，已经表现出来一种精神信仰者的心理特点。精神信仰者最重要的心理特点是，他需要一个远高于自我的强大偶像，在他遇到困境时给他精神支点，使他得到一种精神的力量。额吉母亲的形象，显然就是这么一个偶像的角色。

但是由这么一个世俗母亲的形象来扮演精神救助者的角色，力量毕竟是有限的。真正的信仰者需要一种更为无边的精神存在方式，所以张承志后来不再满足于蒙古族母亲的关照，他找到了伊斯兰教，找到了真主。他后来写出了长篇小说《心灵史》，写的是伊斯兰教的一个教派哲合忍耶，其教徒为了信仰而前赴后继地反抗这么一个故事，充满激情和崇高的理想。故事的背景可能会引起一点争议，因为是回民与清王朝的对抗，一方面要自由，一方面要镇压。在冲突和抗争中，张承志从信仰者的身上体验到了强大的精神力量，他的思想、他的情感，在哲合忍耶教徒的悲壮声音中找到了归属。他在写出《心灵史》后说，我以前的作品不值一提，都只是为《心灵史》所做的准备，可见这部小说对他的重要。但从另一种意义上说，当然这只是我个人的观点，由于过分地强调宗教的标准，张承志后来的作品，尤其是《心灵史》，固然写得激动人心，但是跟世俗的民众拉大了距离。我在一篇文章中说过，《心灵史》的成功是宗教界的盛事，却是文学界的悲哀。我的意思是说，文学需要一种精神的东西在里面燃烧，但是它又必须是跟世俗的民众生活联系在一起的，而张承志后来皈依到宗教，他所写的那些细节，假如没有宗教信仰的人去看，会觉得很艰涩，很难理会，所以也就难以引起张承志所期望的那么一种广泛的精神共鸣了。

史铁生，也是一个非常著名的知青作家。他跟张承志在追求崇高美这一点上有惊人的一致，但是又存在重大的差别。张承志是要从宗教里面找到一种力量，史铁生也试图求助于宗教，但是他转向宗教的原因却与张承志不同。史铁生下肢瘫痪，成了残疾，面对这样一个无法改变的宿命，你总得找到一个活下去的理由。《命若琴弦》等作品，都是为了解决残疾后人怎样活下去、活得有意义这么一个人生哲学的问题。他的答案很简单：活在过程而不求结果。如果强调结果，史铁生永远比不过别人，他的残疾是无法改变的，他甚至不能结婚，怎么跟人家比？所以他强调生命的意义在过程，哪怕这过程充满苦难。他非常欣赏古希腊的一个神话，这个神话是讲西绪弗斯由于犯错被宙斯罚到一个山谷里去推石头。他拼命往山坡上推，但是每一次都快要到山顶的时候这个石头就滚下来了。滚下来了他再继续推，滚下来，滚下来再推。你说生命的意义在哪里？假如说追求的是结果，非要把石头推上山顶不可，那他是要绝望的，甚至会自杀。

但是换一个角度，既然不可能把石头推上山顶，那么不断地推也不失为人生的一种姿态，有其本身的意义。这么一想就有活下去的理由了。史铁生非常欣赏这个神话，他的《命若琴弦》，讲的是两代瞎子弹琴卖唱的故事。当师傅的老瞎子带着一个盲人孩子，给了孩子一个希望，说你若弹琴弹断了一千根琴弦，你的眼睛就会恢复光明。孩子记住了师傅的这一句话，拼命地弹，弹断了一千根琴弦的时候，他兴高采烈地以为可以重见光明，可是光明没有到来。孩子就问师傅，你不是说弹断了一千根我就可以看到光明了吗？师傅说，哦，我记错了，你还得继续弹，你要弹断两千根才能见到光明。孩子又弹下去。这个故事跟上面那个神话的精神是相通的。人

在困境中，在无法改变的残酷现实面前怎么办？改变不了世界，改变不了对象，就改变自己，改变自己的观念。换一种角度，换一种姿态，同样可以活得很精彩。当然大家都可以感觉到，这样的态度里包含着令人很辛酸的无奈。史铁生残废了，这个事实无法改变，他就试图调整自己的人生姿态来找到活下去的理由，找到活得有意义的依据。找到了理由和依据，你活着才会感觉到有价值。他就解决了这个问题。

知青小说的一个重要内容，就是解决精神拯救的问题。这么说，我们不得不承认无论是张承志还是史铁生，他们的精神追求代表的是过渡时期的一种观念。过渡性的特点体现在哪里？就是这些人已经摒弃了教条主义的政治信仰，强调个人主体的自由，但是却延续了在教条主义政治信仰中培养起来的英雄主义精神。从个人崇拜的狂热中解放出来，争取到了独立思考的权利以后，又让这个掌握了自己命运的人自觉地承担起关怀他人的使命。盲目的自我牺牲已经离他们远去了，但他们觉醒后又自觉地承担起了这一崇高的使命，这是早期知青文学中相当普遍的精神现象。北岛有一首非常著名的诗《回答》，也是这样的。在经历“文革”的荒唐后，北岛宣称他不相信天是蓝的，不相信雷的回声，不相信梦是假的，不相信死无报应。他不相信所有一切，但是他又怀着一种承担人类苦难的豪情，是吧？这些人从“文革”过来，已经觉醒了，但是他们又都在那个传统中继承了理想主义的精神，表现出来的是精神上的非常了不起的一种品质。

与此形成鲜明对照的是 20 世纪末农民工进城的文学叙事。由于受到历史条件和现实处境的制约，从小在农村长大的进城农民工一般没有下乡知青那样的文化素质，所以在文学叙事中农民工也就不具有知青那样的自我反思的能力，或者浪漫的激情。写这些故事的作家大多是在人道主义的立场上怀着同情心讲述那些不甘于乡村贫困的农民，他们在进城之后受到城里人的歧视和排挤。农民工的遭遇大多是悲惨的，然而令人惊疑并且值得深思的是，进城的农民工通常是以平常的心态来面对自己所遭遇的不公。我们可以批评说这是农民工的精神缺陷，但是我们也不能不清醒地看到这同时又说明中国当下处在社会低层的农民采取了十分务实的生活态度。为什么？因为在这些农民工看起来，既然城乡之间的差别已经形成，一时又难以改变，与其在清贫中固守乡下人的所谓尊严，还不如到现代城市去寻找机会，即使因此要吃城里人的亏也罢。这种态度包含对城市现代化的认同，对竞争精神的肯定，同时也是对乡村文明的怀疑和扬弃。我觉得这是一个进步，意义是不容小看的。中国古代的一些文学作品，甚至现代文学的许多小说，都喜欢把小农经济条件下的乡村生活理想化，像陶渊明写《桃花源记》那样，沈从文写湘西，也写得多美呀。一旦在城里受到挫折，就想到乡村宁静的诗意环境中去寻找一种精神寄托。但是在20世纪末，农民工叙事的作品就有所不同，反映出了农民工即使遭到城里人的欺侮，吃了大亏，他还是觉得在城里生活好。这种新的观念，就是对现代城市文明的认同，对竞争精神的肯定，也是对乡村文明的一种怀疑。不言而喻，在传统的农业社会中，个体的生存依附于种族和群体，这是与农村社会的生产力水平相协调的。可是城市有城市的规则，城市的生活更能体现人的价值，尤其是现代城市，个体的自主权充分申张，生存的空间扩大了。一个城里人要在经济关系中依附于老板，但他不太需要在日常生活中求助于邻里。于是，在农业社会的人际关系中建立起来的求安稳的价值观在城市里受到了挑战。关于农民工的叙事，作家虽然抱着同情的态度，但是通过那些悲惨的故事，他们实际上告诉我们，看似缺乏温情的城市生活方式如今已在人们心目中慢慢占据了道德上风。

当然，这有一个过程。由于中国城市在相当长的一个时期仍然与乡村保持着密切联系。所以在不少时候，作家讲述到城乡之间关系的时候往往表现出价值取舍上的游移和矛盾。在承认现代化逻辑的时候，在承认城市文明高于乡村文明的同时，有的时候也会呼唤传统道德的回归，尤其是20世纪80年代前期这种现象特别明显。我举两个例子。一个是大家可能不会陌生的路遥，他早期写过一篇非常著名的小说，叫《人生》，里面讲的是一个叫高加林的青年，从农村进城，当了记者，混得相当不错，一个很有背景的干部家庭的女孩黄亚萍还爱上了他。高加林为了前途，选择了黄亚萍，决然

地割断了跟乡下的恋人巧珍的爱情。但是作家最后的安排是高加林彻底失败，因为高加林的行为违背了传统的道德。作为现代版的陈世美他必须受到惩罚，他被单位除名，回到了乡村，城里的黄亚萍也不可能再爱他了。这时候有一个老人叫德林爷爷的告诉他，做人必须脚踏实地，实际上是批评他忘了本。可以看出，作者当时所持的价值观是矛盾的。他肯定了城里比乡下好，所以高加林要到城里去。同时他又坚持一个人不能为了城里的好而忘恩负义，抛弃乡下的恋人。换句话讲，你必须固守传统的德性，否则你即使上去了，也要摔跤，爬得高可能还摔得重。这种人生哲学我们耳熟能详，是从我们上辈人的口中经常听到的。所以说《人生》这个作品，价值观是矛盾的。到底城市文明好，还是乡村文明优秀，作家没有给我们一个明确的答复。其实他的倾向还是回归乡村文明，要你安分守己。

第二个例子，是郑义的《老井》。故事表面看起来与《人生》有点不同，但是基本的价值观念却是一致的。作品的主人公叫孙旺泉，他不像高加林那样一门心思要进城；相反，他放弃了进城的机会，要为乡亲们找到水源，打一口井。那个地方干旱，饮水问题非常严重。最后井打成了，老百姓受益，但是旺泉好像成了井圈里的一块石头，他进不了城。作家对此显然是持肯定态度的。这实际上告诉了我们和《人生》相同的道理，就是说人必须脚踏实地，不能违背传统道德。

不过与《人生》有所不同，郑义对此不那么肯定。他在作品里设计了另外一个人物，是旺泉的恋人，叫巧英，一个高考落第回乡务农的很聪明的姑娘。巧英希望旺泉跟她到城里打拼，但旺泉拒绝了。可以说他是为了理想而作出牺牲，他甚至准备放弃爱情。但是巧英她不同意，她大力支持旺泉打井，但是她又认为打井跟你进城不矛盾。巧英最后发现劝不了旺泉，就一个人走了，到井打成时她回来，已经在城里有了自己的事业。安排这么一条线索，就是留下另外一种人生选择。像巧英这样做也未必不可以，也是一种选择，何苦为了实现自己理想，为了乡亲们的生计问题，要完全彻底地牺牲自己呢？你进城以后同样可以回来，出资帮乡亲们打井嘛！

但是旺泉没有想到这一点，而巧英代表了这么一种新的选择。两条线索、两种观念同时存在于作品中，反映出80年代前期在社会变化中人们的价值选择一种彼此打架的状态，一方面是已经开始突破传统的无条件自我牺牲的精神，另一方面又来不及在完全自主基础上建构起一种新的价值体系。两种不同的价值观并存于作品中，反映了这一过渡时期观念上的不明晰的特点。

但是20世纪之交关于农民工的文学叙事就不再有这种价值观上的徘徊和矛盾了。农民工进城成了不可阻挡的潮流，意味着人们追求物质富裕和生活的改善已被社会广泛认可。这时就不再会出现旺泉式的两难选择了，为了乡亲们未必一定要牺牲自我，进城就为了挣钱嘛！这事实上是把原先的道德标准调整了，调整到符合基本人性的要求，从而使人的平凡性一面得以显现。人就是人，我们不必强人所难，要求他去做可能要牺牲他一切的那种事情。把道德的标准降低到符合基本人性的高度，使人成为一个平凡的人。这样的人追求物质的改善，向日常生活的逻辑顺从，不再有浪漫的幻想了。作者可能并不满意于这样的状况，但对此也是无能为力，他们已经承认这才是生活的本来面目。因此关于农民工的叙事，风格归于平实，不再有知青文学的浪漫激情和英雄主义情怀。这构成了20世纪末世俗化浪潮的一部分，反过来又推动这一世俗化浪潮汹涌向前发展。

于是人们感受到了一种两难的价值选择。什么两难呢？

建立在农业文明基础上的传统道德难以适应现代社会生活，所以从发展的眼光看，乡村道德的逐步退出历史舞台是一个不可逆转的趋势，但问题是城市生活的无情竞争难道就是最为合理的吗？邻里之间互不认识，相互之间缺乏一种温情，只有竞争，这难道就是我们所追求的一种生活吗？人们心有不甘啊！这个问题的答案，我认为正可以从知青文学叙事和农民工文学叙事之间的对照中找到，那就是要建构一种新的道德原则，它不应该是知青文学叙事中所表现的那样强调人在无助中片面地坚守纯粹的信仰，但也不应该像是农民工的文学叙事中那样，在世俗生活当中完全放逐理想和激情，只是为了活着。人应该有更有意义的生活方式，获得与这种生活方式相协调的新的道德原则，应该吸收乡村道德的合理内容，而又能体现现代生活的要求，不是完全放逐理想主义，更不是彻底回归物质主义，而是在肯定追求物质利益正当的同时，重视精神生活的价值，重视道德的自我提升，建立起物质生活与精神生活相协调的新的道德标准。落实到创作中，我觉得就是要求作家以心灵美的现代标准来批判现实生活中的道德的滑坡，批判人性的堕落，呼唤健康的民族德性的重铸。换句话讲，作家既要正视农民工进城所遭遇的不幸和苦难，认识到这是他们“被现代化”过程中难以跳过去的阶段，是他们通向现代的路上不得不付出的代价，意识到社会应该尽最大的努力来改善农民工的待遇，使文学叙事承担起用现代性的标准来对社会进行批判的使命，唤起人们对社会良知和正义的响应，把现代化进程中的负面影响降到最低程度。但同时这一种批判又应该是向前看的，是建设性的，不能走回头保守的路，奢望通过回归农业文明的道德来解决前进中产生的社会问题。简单的一句话，就是作家有责任代表社会的正义与良知，来批判社会的不公，对农民工这些弱势群体伸出援助之手，但同时这种批判又不应该成为讴歌乡村文明如何美丽的理由，不应该指望人们回到桃花源式的生活方式中去。它应该是向前看的，朝着现代化的方向。这是我讲的第三个问题。

最后我有一个想法，可以说是一个结语吧，那就是：曙光在前！

人口迁徙，从乡村到城市，既是一种空间的推移，也是一种时间的发展，即是从农业文明的时代前进到工业文明的时代。通过这种时空的转换可以发现当前中国社会发展的关键词已经发生了根本性变化，从“革命”变为“经济”了。革命所生成的价值体系已经逐渐被经济指导下确立的价值体系所超越，我不是说取代。因为革命现代性实践其实还有我们值得继承的精神遗产，但是很显然它已不能解决当下的经济发展成为社会重心的时代所产生的问题，所以必然要被经济主导下生成的价值体系逐步地超越。现代化建设本来就是一项务实的事业，仅仅因为中国历史的特殊性造成了中国人民追求现代化的道路经历了一个曲折的过程，即由革命现代性的阶段向经济现代性的阶段转移。革命现代性的目标是建立一种新的社会制度，而当新的社会制度建立以后经济建设最终要回到循序渐进的方式。按照狂热的政治热情、主观想象提出来的发展模式到头来还是被证明犯了严重的错误。从革命现代性到经济现代性所经历的矛盾错位和反复，从一个侧面反映了20世纪中国历史处在一个探索过程中，而探索的成果是人们获得了合乎理性的认识。人生是复杂的、社会是复杂的，不仅它的本质构成复杂，而且评价它们也不是一件容易的事情。知识青年上山下乡付出了青春的代价，却有人从中收获了信仰，并且他们因为有了信仰而变得成熟。这个我们似乎很难理解，但我们不能加以简单的否定。农民工进城的文学叙事暴露出了不少社会问题和思想问题，呼唤着社会的良知和正义。但是这些问题的被关注又说明社会的良知和正义并没有消失，问题提了出来，表明离比较妥善地解决它们的时候已经不远了。农民工们也正是在这些成堆的所谓问题中经受了洗礼，使人们有理由相信他们在不久的将来能成为真正的新人，不断地参与到城市建设中去，而且平等分享城市现代化建设的成果。总而言之，问题依然复杂，曙光就在前面。

谢谢大家!

从“心猿”看《西游记》成书过程

◎陈　洪

陈　洪（1948—　），南开大学文学院教授，博士生导师，文学院院长，跨文化交流研究院院长，兼任教育部中文教学指导委员会主任、教育部文化素质教育指导委员会副主任、天津市文学学会会长、加拿大里贾纳大学、华东师范大学、哈尔滨工业大学等校兼职教授，《文学遗产》、《光明日报·文学遗产》、《中国小说研究》等报刊编委。主要研究范围包括中国文学批评史、中国古代小说理论、明清小说、文学与宗教等，著有《中国古代小说艺术论发微》、《中国小说理论史》、《佛教与中国古典文学》、《金圣叹传论》、《李贽》、《漫说水浒》、《画龙点睛》、《浅俗之下的厚重》、《沧海蠡得》、《结缘：文学与宗教》等；整理校注《何氏语林》；主编有《中国小说通史》、《中国古代文学史》、《中国古代文学作品选》、《中国古典文论读本》、《大学语文》、《外国文学通识》等。以上著作先后获教育部、天津市各类社科成果奖多次，本人并获国家级教学名师奖、宝钢奖等荣誉，领衔的团队先后获国家级教学成果一等奖、二等奖各一次。

本文根据作者2009年3月23日在武汉大学文学院的学术报告录音整理。

南开的中文和武大的中文，我们之间的友谊，有着说不清的方方面面。我的导师王达津先生20世纪30年代在武大读过书，现在南开文学院的主要领导乔以钢教授是武大中文78级的校友，如此等等。所以武大有什么邀请，我不能推托。今天下午的时间很紧，我准备的题目呢，可大可小，往从小处讲，就是“心猿”这个词对考察《西游记》成书过程所具有的启发意义；往大处说，可以扯到文学史乃至宗教史上的一些比较大的问题。咱们还是小处入手，看情况再做发挥。

说到“心猿”这个词，大家首先想到的是现在已成流行用语的“心猿意马”，但“心猿意马”成为一个流行的词，恐怕和《西游记》的普及有很大的关系。孙悟空在《西游记》中有多种称谓，如孙悟空（悟空）、孙行者（行者）、孙大圣（大圣）、猴子、猴王以及心猿、金公等。从叙事学的角度看，前面几个与后面两个是功能有明显差异的两组。前者是故事内的称谓，既可以由讲述者使用，也可以由故事中人物（甚或本人）使用；而后者则只能由讲述者使用，而且大多数情况只在某些特定的叙事方式中使用。统计百回本中“心猿”以及衍生出的少量“猿马”、“乖猿”等，共计有35处，主要分为三种情况：第一种是回目。这种最多，共有19条，如“八卦炉中逃大圣　五行山下定心猿”、“心猿归正　六贼无踪”、“邪魔侵正法　意马忆心猿”，等等。第二种是正文里的韵文。这种有13条，如“金性刚强能克木，心猿降得木龙归”、“未炼婴儿邪火胜，心猿木母共扶持”。第三种情况是在故事的叙述中使用。这种情况很少，如“却说唐僧听信狡性，纵放心猿”等。

“心猿”是个外来语。六朝以前的汉语中，似未见有其踪迹。译入中土的佛经，才开始把印度人常用的这个比喻结合着佛理掺入到汉语中。这期间，影响最大的当属十六国时，鸠摩罗什所译《维摩诘所说经》。其《香积佛品》云：“以难化之人，心如猿猴，

故以若干种法，制御其心，乃可调伏。”而讲得更详细的则是稍晚些译出的《正法念处经》，其《生死品》云：

> 次复观察心之猿猴，如见猿猴。如彼猿猴躁扰不停。种种树枝花果林等，山谷岩窟回曲之处，行不障碍。心之猿猴，亦复如是。五道差别，如种种林。地狱畜生饿鬼诸道，犹如彼树。众生无量，如种种枝。爱如花叶，分别爱声诸香味等，以为众果。行三界山，身则如窟行不障礙。是心猿猴。此心猿猴，常行地狱饿鬼畜生生死之地。

显然，这种细微的描写是和印度的生态环境直接有关的。恒河流域多猴，印度人与其朝夕相处，观察、感触深入细致，自然而然写入到了佛典里。其他佛经，如《大日经》分述六十种心相，最后一种为“猿猴心”，比喻这种心态躁动如猿猴。《心地观经》则称：“心如猿猴，游五欲树，暂不住故。”《大乘义章》亦有“六识之心……如一猿猴”之说。可见以猿喻放纵不羁的心灵为佛学常谈。

上面说到的《正法念处经》，有一点很可注意，就是其中描写“心之猿猴”活跃在“花果”之山。应该说，把“心猿”同“花果”之山联系到一起，是这个比喻很自然的延伸。现在有研究者一定要把它落实到某座叫“花果山”的具体地域，这种方法是比较可疑的——当然，为了旅游开发而编故事，那又是另一回事情了。

这一比喻随佛理进入了汉语，由于诗歌的比兴传统，这一比喻性词语很容易与其结缘，如钱起的“客到两忘言，猿心与禅定”之类。而和我们现在讨论的问题直接相关的，有一条很有意思的材料，就是“西游”的真正主角玄奘也曾使用过“心猿”这个词。他在《请入少林寺翻译表》中讲道：“今愿托虑禅门，澄心定水，制情猿之逸躁，絷意马之奔驰。”① 这里的“情猿”就是“心猿”，

① 《中国佛教思想资料选编》第二卷第三册，中华书局 1983 年版，第 19 页。

以“情”代“心”，不过是一个避免重复的小小文字技巧。

不过，使我们稍感意外的是，如果做一下量化的统计工作，看看古代著述中“心猿”使用的频度究竟如何，那么就会发现结果令人吃惊。

如《四库全书》，“经、史、子、集”四类著作计三千五百余部，检索“心猿”一词，共有146条。去除重复、形近而非的9条，仅得137条。而且，几乎没有哪一位作者在自己的著述中，使用过两次或以上的“心猿”这个词。再看《四部丛刊》，这部丛书有初编、续编、三编，包括释典道书在内，共计五百余种。“心猿”一词，检索仅仅得到62条，其中还有一条是“心，猿”，去掉后为61条。尽管其中有若干佛典道书，总体看使用频率同样是相当低的。可见，虽然到了今天，“心猿意马”已是一个常用的成语，但在古代，它的使用频率却并不像我们想象的那么高。

同时，我们也会诧异于相反的情况——《西游记》一部书中使用三、四十次的“记录”。相比之下，《西游记》的作者未免太偏爱“心猿”这个词语了。难道说，这仅仅是作者个人的语言偏爱吗？

对此，比较通行的说法，一是说在《西游记》里，写了《（般若波罗密）多心经》，《心经》与“心猿”有照应的关系。另一种观点认为“心猿”表现了《西游记》的主题，同时反映了当时社会的思想文化背景——这个背景就是阳明心学，驯服“心猿”就是阳明心学所主张的明心见性。也有更推广一步的，比如张锦池教授，他把孙悟空和贾宝玉进行连带性的研究，指出他们都与石头有关，一个是石头化身，一个从石头里蹦出来的，而这和阳明心学有关系。如果再往前追溯，关于“心猿”正面的研究，贡献较大的是柳存仁在20世纪70年代后期的文章《全真教与小说西游记》，其中提到了“心猿”可能和道教的全真教有关，但是他没有展开论述。

为什么在《西游记》里“心猿”出现的次数这么高？《西游记》里对“心猿”一词的“偏爱”由何而来？这是我们现在要进一步研究的。如果我们的视野再宽一点，超出《大正藏》、《四库

全书》和《四部丛刊》，我们会发现还有对这个词更“偏爱”，又超过《西游记》的。这就是全真教的诸位“祖师”，特别是创教祖师王重阳和他的大弟子马丹阳。

据我的统计，在王重阳集子里，出现“心猿”一词38次。在马丹阳的集子里，“心猿”这个词出现竟多达78次。王重阳和马钰生活的时代，早于《西游记》产生的时代，那么他们对“心猿”这个词高频率的使用和《西游记》中“心猿”的大量出现有没有联系？这就是我们探索的关键。

非常巧，在《马钰集》里有这样的例子，“勿令猿马气声粗。昼夜绵绵息，端的好功夫”。这一首词在《西游记》里几乎是全文照录，只改了三个字，“勿令猿马气声粗。昼夜绵绵息，方显是功夫”。也就是说，现在流行的百回本《西游记》里面有原封不动抄录全真教领袖人物的作品，这点是柳存仁先生发现的，但是他指出来了没有往下说，我们还可以进一步说。

还有更有趣的巧合，这却是我发现的。就是《西游记》里在使用“心猿”这个词的时候，某些描写和王重阳、马丹阳的某些描写惊人地相似。王重阳作品现在有个全集，其中《重阳全真集》第十二卷有一《风马令》，里面有这样的描写：

> 意马擒来莫容纵。长堤备、铛滴留玎。被槽头、猢狲相调弄。攒蹄举耳，早临风、铛滴留玎。

马丹阳对这首词很感兴趣，所以在他的集子里便有唱和之作：

> 意马癫狂自由纵，来往走，珰滴留玎，更加之心猿厮调弄。歌迷酒惑财色引，珰滴留玎。

这里面值得注意的是什么呢？是猴子和马之间的关系：在王重阳的笔下，猴子到马厩里来“调弄”马，而在猴子的“调弄”之下，马“攒蹄举耳”变得驯良。马丹阳所写虽稍有不同，但在猴子“调弄”马匹这一点上，却与王重阳并无二致。

我们再来看《西游记》。小说写孙悟空到天宫中做了个“弼马温”，开始十分敬业，书中这样描写：

> 这猴王日夜不睡，滋养马匹，日间舞弄犹可，夜间看管殷勤，但是马睡的，赶起来吃草；走的，捉将来靠槽。那些天马见了他，泯耳攒蹄，都养得肉肥膘满。

这很有意思，一则“猴”和“马”发生了关系；二是猴“调弄”了马——《西游记》是猴“舞弄”了马；三是马被猴驯服了。

而且不仅是意思与前引的王、马之作相近，连用语也类似。“调弄”与“舞弄”，“攒蹄举耳”和“泯耳攒蹄”，这都不是常见的词，而在两个文本里出现，同时语境又是如此相似，这是不是有点趣味？

还有更有意思的巧合。

《马钰集》里《赠曹八先生》描写“心猿”有这么一段：

> 妙玄易解，心意难善，穷究如何长便。牢捉牢擒，争奈马猿跳健。十二时中返倒，斗唆人、生情起念。当发愿，便至死来来，与他征战。饶你十分颠傻，却怎禁、坚志专专锻炼。达悟知空自是，内观不见。才方生育天地，药炉中、日月运转。常清静，圣功生神明出现。

在马丹阳来说，所写是心性修行，是锻炼内丹的过程。不过他没有直接来讲，而是通过一种比喻，一种形象性非常强的比喻。这个形象就是与“心猿”的征战。特别有意思的是，在这段描写中还出现了“达悟知空”这个词。这段文字很容易使人联想到《西游记》“大闹天宫”的情节。

“大闹天宫”与这段文字有哪些交集之处呢。第一，出来了“悟空”的名字，并与“心猿”相关联；第二，“跳健”，《西游记》里孙悟空把部下的猴子头目封了四个号称“健将”，而描写猴子们操练武艺则是“跳斗咆哮”、“咆哮跳跃”，似乎与“跳健”

也有所关联；第三，“擒”、“捉”、“征战”，特别还有把“猿猴”放到“药炉”中“锻炼”的文字。大家熟知，《西游记》中把孙悟空搁到八卦药炉中“锻炼”是个十分奇特的情节构思，岂不知这里竟有如此类似的构想。而且文字上也如此契合——《西游记》两次使用“煅炼”一词，并特意加以解释。在《马钰集》之前没有看到类似描写，而在《西游记》文本中真真确确有移用马丹阳诗词文字的情况，那么这两个相似的情境——“猴驯马”与“药炉炼猿”，就不能简单地以巧合视之。

在此事实的基础上，我们把思路拓宽一些，做一点深入的思考。

第一，全真教从金末到元初，是北方势力最大的，深入民间的一个宗教派别。而王重阳是传教之祖，马丹阳是全真七子之首，所以他们的言论影响很大。

第二，全真教的马丹阳、谭处端、冯尊师等人的作品被抄录到《西游记》中，可以证明《西游记》确实与全真教有关联——不论对此作何解释，作何评价，关联的存在是毋庸置疑的事实。

第三，王重阳的集子和马丹阳的集子是已知使用“心猿”词语最多，且影响很大的两部著作，其后大量使用“心猿”一词的便是《西游记》，而我们统计了可以对比的《四库全书》和《四部丛刊》，甚至包括《大正藏》，“心猿”的使用都极其有限。因此，考察《西游记》受到王重阳与马丹阳著作的影响，当为题中应有之义。

第四，在《西游记》中，“心猿”在什么场合中出现呢？它往往与所谓“婴儿”、“姹女”等道教用语连类并列。也就是说，它是一种修道性的话语。而这点恰好是《王重阳集》和《马钰集》使用“心猿”这个词语的主要方式，《王重阳集》和《马钰集》出现该词时也主要是和“婴儿”、“姹女”等并提。

第五，《西游记》中“心猿”一词大多出现在韵文（广义的韵文，包括回目，回目讲究对仗），而全真道著作中的“心猿”也绝大多数出现在诗词当中，语境和使用的方法也很相似。

第六，如前所说，王重阳和马丹阳的集子里有把“心猿”形象化、生动化的趋势。前面已经讲了两个例子，一个是猴子驯养马匹，用了很多描写的词汇，另一个是和猴子征战，那就写的更生动一些，什么“跳健”、“生死征战”呀，“药炉锻炼呀”。其中猴子“调弄”马匹、“戏要”、“跳健”、“生死征战”、“锻炼”的这些构想以及表现这些构想时所使用的词语，和《西游记》的语汇有相当程度的近似。

这些相互关联的材料叠加到一起，无疑足以说明“心猿”作为孙悟空的代称，频频出现在《西游记》（百回本）的文本中，直接的源头并非佛教，更不是明中后期的阳明心学，这种特色鲜明的话语现象是全真道带来的，更具体一些说，是受到王重阳和马端阳等著作影响的结果。

也许有人马上想出一个问题：这不是在开历史倒车？因为《西游记》和全真道有关，这个话题恰好是明清人的说法，因为明清人认为《西游记》的作者是丘处机，清代刊刻的《西游记》，很多就署名为丘处机。而把《西游记》的著作权从丘处机名下剥夺给了吴承恩，恰好是“新文化运动”中，是胡适和鲁迅他们二位做的事情。其实，这正说明了学术研究的复杂性。

众所周知，明清人指定《西游记》为丘处机所作，实出于一个误会。确实有一本《长春真人西游记》，只不过是记述丘处机西行谒见成吉思汗的经历，与玄奘西行取经毫无关系。胡适、鲁迅在这一点上拨乱反正，学术的贡献是毫无疑问的。不过，他们由此多走了一步，不加分辨地讲“《西游记》被和尚道士讲坏了”，于是也阻碍了进一步学术探讨的道路。

说《西游记》是丘处机所作，自然是误解。但是，这个“误解”由何而来，却不仅仅是对《长春真人西游记》望文生义这一个原因。《长春真人西游记》是一本兼有游记性质和宗教性质的著作，而所记述的既是被教徒崇拜的“祖师”的事迹，又是该教派在元代最可炫耀，甚至可作为“护身符”的“祖师”与“大汗”的交谊。因而，这部“西游记”自然而然地被全真道徒众奉为了经典，“西游”二字也就深入全真教徒心中成了带有神圣意味的情结。这是我们在前面指出的六点文字关联的大的语境背景。

但是，如果对于《西游记》进行“细读”的文本分析，有一个矛盾的现象很难作出圆通的解释。这就是全书的宗教立场与宗教话语之间龃龉。就宗教立场而言，《西游记》在佛教和道教二者之间倾向哪边呢？当然，我们可以含混一点讲，《西游记》是游戏之书嘛，孙悟空对佛教、道教一概不买账，或者就表面文字说“三教合一”嘛。但是，只要稍微认真一点，这本小说在佛教与道教之间的轩轾倾向还是很容易看清楚的。首先看看所写的双方最高神。佛教的如来，在全书中是最具法力神通的，道教的老君就差得多了。老君几次被孙悟空搞得狼狈不堪、束手无策，而如来降伏孙悟空却如弄小儿。再往下说，小说中佛门人物的第一代表是观世音菩萨，她不仅是三藏与悟空的主要“护法神”，而且和蔼可亲，十分有人情味——无怪乎《大话西游》出现了“观音姐姐”的昵称。相形之下，道教同层次的人物则大多法力低下、面目模糊。如果到了“基层”，佛教的负面形象只有一个贪财的老和尚，道教可就“问题严重”了，吃小儿心肝啦、谋权害命啦，可谓作恶多端。

最能说明《西游记》总体宗教偏向的情节无过于“车迟国”一节。这在小说中属于重头戏，整整占了三回书，与“火焰山”等同。这一段的核心内容是妖道们“兴道灭佛”引发的“僧道斗法”。“僧道斗法”在中国历史上出现过多次，往往是决定二教兴衰的关键性事件。《西游记》的这场斗法可注意的有三点：一是道教是挑事儿一方，和尚们百分之百的“正义”；二是道士们不仅法力远不能与僧人（孙悟空）相比，而且吃尽苦头，露乖丢丑；三是让道士们喝了和尚们的尿，还让猪八戒把道教最高神“三清”的像丢到茅坑屎尿之中。作者（或者说“写定者”）对于道教的轻蔑乃至敌视的态度在此表露无遗。

那么，这种情况岂不与前述“心猿”语词来源问题矛盾起来了吗？

事实上，这种矛盾恰好可以引导我们深化对《西游记》成书过程的认识。

现在有两个事实摆在我们面前：一个是，现在看到的百回本《西游记》，其宗教态度明显“扬佛抑道”；另一个是，同一个文本中，存在着大量道教（特别是全真道）的话语，甚至整段文字——“心猿”只是其中较为突出的例证之一。如果我们用“共时”的眼光看，两个事实是冲突的，甚至似乎是不太能调和的。但是如果换一种眼光，用“历时”的眼光来看，矛盾立刻迎刃而解。

所谓“历时”的关键，就是《西游记》不是成书于一人一时，而是“世代累积，一人写定”；而在累积的过程中，曾有过一个重要的“全真化”环节。

我还有一个小小旁证。我们知道有一种曲艺形式，是在五六十年代非常流行的曲种，叫做山东快书。有一位从事这个专业的朋友，他给我看过山东快书历代相传的一个手抄本。据抄本的前言讲，山东快书是全真道龙门派泰山老张门传下来的上面还有世代相传的谱系图，传到现在是“元”字辈当令。这是第十八代。倒溯回去，差不多在元代的后期。我们知道，山东快书是讲说故事的一个艺术形式，也就是说，全真道曾经有一种用说唱故事的方式来传道，而这个方式演化到现在完全变成了讲说故事。

这样，《西游记》中有大量全真教“丹道”的文字夹杂在孙悟空等故事文字之中，就不难理解了。

也就是说，在白话通俗小说《西游记》漫长的累积成书的过程中，曾经有过一段被全真道利用来传教——把玄奘取经的“西游”故事和自己的教义糅到一起，如同糖衣裹药丸，吸引民众来听布道。同时，还通过故事来证明教义。这样就形成了一种全真话语与“西游”故事混杂的文本。这个文本流传到了明代的中后期，有了一个文学跃升的机会。某一位天才作家对“全真本”西游故事发生了兴趣，决心加以改写。这个人或许就是吴承恩（我说或许是吴承恩，因为这在学术界是有争议的。《西游记》作者也许是吴承恩，也许是张承恩、李承恩，而真正可以确定的是，这个人的笔名是华阳洞天主人）。大家知道，明代的嘉靖朝是历史上佞道最厉害的一个朝代，嘉靖皇帝是最迷信道士的一个皇帝。道士在嘉靖皇帝的朝堂上甚至位列三公，而其中有的道士还帮助嘉靖皇帝干了许多坏事。中国历史上仅有的一次宫女集体谋杀皇帝就发生在嘉靖帝身上。三十多个宫女试图乘皇帝睡觉把他勒死，最后失败，她们都受到极刑。为什么会出现这种事情，因为皇帝听了道士的话，把她们当成炼丹的工具，她们不堪其辱，才以年轻的生命为代价进行反抗。嘉靖皇帝佞道贬佛，道教占了上风，把宫廷中的佛像全都毁弃。嘉靖皇帝死后，整个社会的舆论环境有了一百八十度的转变，道教在很大程度上遭到人们的唾弃，那些得势的高层道士纷纷倒霉。也就是说，写定《西游记》百回本的这个人在大家对道教普遍反感的社会舆论中进行写作，于是在宗教倾向上进行了反方向的处理，淘汰掉不少道教的内容，使得我们今天看到的《西游记》里面全真道的话语支离破碎。有的地方连得起来，有的地方连不起来，同时又加进来了较多佛教的内容，甚至还特意重写了一些贬低道教的内容如前面所讲的毁辱三清圣像的车迟国一节、吃小儿心肝的比丘国一节等。有趣的是，整部《西游记》中散布着数以万计的与全真丹道有关的语词，而在这四部分中却几乎绝迹。这只有一种解释：有全真语词的部分与没有的部分不是同时完成的。后者是写定者重写过或是自创增补进去的。

简言之，唐玄奘取经的事迹的传播与演变，从最早的《大唐西域记》到明代中后期的百回本《西游记》，中间是经过若干错综复杂的环节的。而在“诗话”、“平话”环节之后，全真道染指于这一影响广泛的故事。教中某无名氏把已有的素材同自己的教义比附、熔渗，又发挥想象力，增加、丰满了不少情节，使得《西游记》成为辅教、布道的讲唱材料——类同于晚唐五代的变文。其后，又有“华阳洞天主人”——对于道教不那么友好的人士在道教失势的时代背景下，从头整理、加工、定型，从而一定程度削减了全真道的色彩，并转变了全书的宗教立场（由道教辅教转为扬佛抑道），加入了玩世、骂世的内容，于是形成了“世德堂本”。

支持这一见解的论据非止一端，“心猿”的语缘考索之外，“西游”故事在民间宗教中传播的情况、《西游》中诸多情节的演化痕迹、牛魔王故事的考索等，都可以从不同角度提供理由。不过，那些内容只好再找机会来和各位切磋了。

至于为什么会出现“全真化”的环节？换言之，全真教为什么会选择玄奘取经的故事来演唱推广自己的教义？原因可能有以下几个方面：一则这个故事历经七八百年的传播，已有相当广泛的影响，又有神异色彩，本身适合做宗教宣传的材料；二则全真道本身有《长春真人西游记》，相近似的名称自然有移花接木的效果；而第三恐怕就是由于“心猿”这个媒介。众所周知，在北宋、西夏的中期，玄奘取经的队伍中就有了一个猴子成员，而在《取经诗话》中，猴行者的“戏份”已经与玄奘分庭抗礼了。到了明初杨景贤的《西游记》杂剧中，猴子已经俨然是取经故事的主角了。杨氏的杂剧演绎的是纯粹的佛教故事，还没有丝毫全真的色彩。不过，其中写到猴子的时候，已经开始使用“心猿”的称谓。那是第十出“收孙演咒”中，山神的一个唱段：

> （山神）小圣对师父说；前面有一河，名曰流沙河。河内有怪，能伤人。行者，你小心护持师父者。师父，好生加持者。
>
> 【尾】着胡孙将心猿紧紧牢拴系，龙君跟着师父呵把意马频频急控驰。一个走如风疾，一个脚似云飞。到西天取经回来，到大唐方是你。（下）

而全真教的创教祖师以及重要人物的著作中既有大量的“心猿”使用，又开始把它形象化、故事化。于是，猴子取经的故事，与“心猿”这个意象便有了发生联系的可能。这个时候，全真道适有借助讲唱故事来传播教义的需要①，于是取经的猴子与携带了大量全真信息的“心猿”“一拍即合”，成为挽结佛教取经故事与全真道的一个重要因缘。

这里要稍加说明的是，这一因缘之结成，更深层的原因在于全真道的基本教义。全真道教义有两个最重要的支撑点，一是“三教合一”，一是佛禅与全真相通。正如王重阳主张：

---

① 参见拙作《西游记成书过程的假说》，载《浅俗下的厚重》，南开大学出版社2001年版。

儒门释户道相通，三教从来一祖风。(《孙公问三教》《重阳全真集》卷一)

禅道两全为上士，道禅一得自真僧。(《问禅道者何》《重阳全真集》卷一)

丘处机亦云：

仙佛原来共一源，蒙师指破妙中玄。(《证道篇……杂咏》《邱处机集……邱祖全书》)

正是基于这两点，全真道大量剿袭了佛教特别是禅宗的观点、术语，其集子中可谓比比皆是，如：

从此不生应不灭，定归般若与波罗。(《老僧问生死》《重阳全真集》卷一)

色即是空空是色，色空空色两具忘。(《赠耀州梁姑》《洞玄金玉集》卷一)

所以，它对于佛教的理论、术语，乃至人物、故事，不仅绝无排斥之意，而且多方面借重。所以才可能把玄奘取经的故事“全真化”，为我所用。

至于这个“全真化”环节的具体情况，目前我们还没有掌握更直接的材料，但是可以肯定的是：从百回本的文本看，《西游记》存在着多重阐释的空间，其中全真道教义的空间虽然经过“华阳洞天主人”的削减而支离破碎，但仍然不能完全忽视。进一步分析其形态与功能，对于解读《西游记》这部奇书，以及厘清其成书过程、版本间关系，都是不无裨益的。

京剧表演艺术的魅力

◎尚长荣

尚长荣，著名京剧表演艺术家，1940 年出生于梨园世家，为京剧大师尚小云之子。他 5 岁登台表演，自幼打下扎实基础，之后又拜花脸名家陈富瑞、苏连汉、侯喜瑞为师，深得侯派“发于内而形于外”的表演精髓。

尚长荣长期在陕西省京剧团担任主要演员，并任该团团长。1988 年，在新编历史京剧《曹操与杨修》中成功扮演曹操，重新塑造了这个历史人物的“经典”舞台形象。1991 年，他正式加盟上海京剧院。初步完成了由《曹操与杨修》、《贞观盛事》、《廉吏于成龙》构成的京剧艺术“三部曲”。几十年来，他在广泛的艺术实践和艰辛的磨炼中，逐渐成为铜锤、架子“两门抱”的优秀演员。

尚长荣现为中国文联荣誉委员，中国戏剧家协会主席、上海戏剧家协会主席，中国戏曲学院教授，上海戏剧学院教授，上海京剧院领衔主演、艺术指导。

本文是作者 2011 年 11 月 6 日在武汉大学老图书馆所作的珞珈讲坛第三十六讲学术报告。

尊敬的各位学者，尊敬的各位领导，亲爱的同学们，下午好！

武汉大学是我们中国的最高学府之一，享誉世界，为我们民族、为我们国家培养出诸多的精英和栋梁，我作为一个戏曲人，作为一个京剧演员，有机会站在武汉大学珞珈讲坛上，来向学者、领导和同学们介绍一点中国京剧艺术的特色和特点，汇报一下自己从业的心得和体会，对于一个京剧演员来说，是莫大的荣誉。请容许我向在座的诸位尊敬的学者、领导和亲爱的同学们致以崇高的敬意！

这次第六届中国京剧艺术节在湖北武汉举行，前几天已经开幕，在开幕式生动精彩的晚会上，开幕式被命名为“凤环楚天”，再确切不过了。京剧实际才二百多年的历史，它来自于湖北的汉戏、安徽的徽戏。就是在乾隆皇帝祝寿中，四大徽班进京，在四十年之后，于三任先生带领汉剧班进京，于三任也被当时嘉庆皇帝誉为“戏状元”。那么汉徽整合，再加昆曲和梆子诸多兄弟剧种的旋律，在北京清王朝的首都，那个地方，融会出一个新剧种，一个新的艺术形式，也就是皮黄戏、京腔。应该说京剧是顺天应时的一个艺术形式，它不是一个单一徽剧，或单一的汉剧，单一的秦腔，或单一的昆曲，而是把这几个剧种的优点融汇到一起，经过前辈先贤的精心打磨，发挥了他们的聪明才智，以至在一百多年的时间内，把京剧打磨成初步成为非常全面且步入了一个高峰的艺术形式。在1876年，京腔裴、黄二簧到了上海，上海的《申报》刊登了一则消息。自有京班百不如，昆班杂剧盖山出，所以当时在上海的演出，轰动一时。可以说是获得了上海这块特殊的商埠的一个极大的认可和欢迎，以至首次刊登出“京戏”这个名称，取代了皮黄戏和西皮二簧的名称。由于京剧、京戏这个名称是由上海《申报》刊登出来的，所以京剧也是上海申报非物质文化遗产的一个项目。那么就是说京剧出自汉、徽，融会于北京，命名于上海。说起咱们中华民族，文化积淀悠久而深厚，剧种应该说有三百多种，直到现在还保留着二百左右，京剧应该是个小弟弟，无法和秦腔来比，无法和楚剧、汉剧来比，更也比不了百戏之祖的昆曲。可是京剧有一个特点，它能够接纳各个剧种的特点，它融会贯通能力很强。所以它综合诸多剧种的优点，二百年来形成了一个新的剧种。京剧应该来说是不保守的，京剧的历史是这样，它的艺术特点都来源于汉、徽，它的艺术特色：唱、念、做、打，它的行当生、旦、净、丑，原来还有个末，生、旦、净、末、丑，近代以来把末，合为生末，生、旦、净、丑，唱、念、做、打。如果说我们中华戏曲艺术它精湛优美的技艺，在世界艺术之林中是独树一帜，古代希腊的悲喜剧也好，梵剧也好，我们东瀛一衣带水的日本狂言、歌舞伎也好，都比不上我们的戏曲形式是载歌载舞，唱、念、做、打，决非像西方的单一舞，歌剧就是歌剧，绝对没有身段舞蹈；哑剧就是哑剧，其中没有歌唱和朗诵；舞剧就是舞剧，不张嘴。各国民族舞也好，芭蕾也好，是不张嘴歌唱的，唯独我们中国行，叫载歌载舞。

人物生、旦、净、丑，我们回顾这都是我们艺术先贤们从生活当中，提炼出来的打磨塑造出来的生动的艺术形象，源于生活，高于生活。我们经常调侃地回顾，如果拿现代人来分一分行当，我觉得华罗庚教授也好，钱伟长教授也好，杨振宁教授也好，似乎应该是生行，就像诸葛亮，诸葛军师一样，不但有学问，有学识，而且气质肖艺肖贤，如入仙宇一般。如果说我们的将军、战士、优秀的运动员肯定是武生，如赵子龙、黄天霸，郭建光啊，杨子荣啊，这是老生，小生就是像周瑜啊，西厢记的张生啊，《梁山伯与祝英台》中的梁兄啊，这些青年学子，在座的帅哥啊；旦行，是女性，女士。庄重的学者居里夫人，绝对是青衣，如果说邓亚萍我们的奥运冠军，乒乓球运动员肯定是刀马旦，勇敢的中小学的姑娘们肯定是花旦，靓丽活泼；净，是我们这一行的。我是从事京剧花脸的，演的是黑旋风李逵，曹丞相，霸王项羽，廉颇老将，还有铁面无私的包青天，花和尚鲁智深。作为我们演员，要塑众多的古今中外的人物，刚刚我举了很多古代的。外国的戏，我也曾经演过莎翁莎士比亚的《李尔王》，李尔王用中国京剧的花脸来塑造，应该说是太对工了，白胡子，留的红脸，至高无上的君主，最后只落得疯癫，三个女儿都不要他了，这个戏我曾经在十几年前，为北京高校诸多同学们演过两次，大家都很喜欢。现代呢，那就是演李永其，高子

扬，码头工人，好人坏人都能演。上至帝王将相，下至贩夫走卒，学世高官也有，绿林好汉也有，黑社会的大佬也能演，红胡子的，白胡子，黑胡子的，彩胡子的，没胡子的，长胡子的，短胡子的，我们花脸都要脸。古代的坏人，秦桧，张邦昌，包括沙家浜的胡长奎，智取威虎山的座山雕，都是属于我们这个行当。所以这个行当能够塑造诸多的古今中外的历史人物和现代人物。所以净行塑造的人物很广泛，很多；接下来是丑行。丑儿不丑啊，我们湖北，我们武汉，前辈有诸多汉剧、楚剧还有京剧的丑角名家。当今现代，有一出《徐九经升官记》，这位大名家，就是我们湖北省戏曲学校杰出的校友朱世慧先生。丑行并不丑，虽然要在脸上画一块白的脸谱，像豆腐一样，但这是代表了他的幽默。蒋干，蒋先生，鼓上蚤，时迁，这都是丑行中的。所以我们中国的戏曲舞台上，汉剧也好，楚剧也好，京剧也好，在舞台上都以生、旦、净、丑的不同的艺术类别和形象来塑造人物，所以以至在中国戏曲舞台上的，生、旦、净、丑，男男女女的，各种人物有血有肉，栩栩如生，色彩斑斓，动人不已，和世界各国的演出的艺术形式绝对不同。和我们舞台剧，话剧也好，歌剧也好，也不同。举个例子，我们都看过电视连续剧的《三国演义》，有老三国，有新三国，请看，曹操，是鲍国安先生演的，很好，很生动，但是那个画妆，他不往脸上勾脸。周瑜，关羽，脸稍微红一点，胡子长一点。水浒中黑旋风也一样，眉毛粗一点，胡子虬髯多一点，《三国演义》中的张飞也是这样。可是我们在戏曲舞台上，张飞黑脸，画的脸环眼黑，关羽红脸，卧蚕眉，美髯公，黄盖，红黄紫颜色，带着白胡子，三代老将军，多么可敬可爱！曹丞相，白脸曹操，白面红袍，乌须，黑冠，红白黑三个色彩反差最鲜明的色彩，都集中在曹操身上。这种色彩斑斓的展现可以说是五彩缤纷，各个人物身份不同，个性不同，他的行为不同，所以有不同的艺术形象。

现在有一种偏向，在排新的剧目，不要脸谱，脸谱影响表演，不要胡子，脱离现实，没有那么长的胡子。我记得在 1950 年、1951 年的时候，我们在学指示体系，要学现实主义的理论，当时应该说，苏联专家们比较粗暴地在批评和评论我们民族戏曲，说你们太守旧，没有任何一点生活依据，人有那么长的胡子吗，穿那么厚的靴子能够上阵打仗吗？搭那四个靠旗，还要要那个枪，那你不把马头都用枪砍下来了吗？要穿那么长的袖子还能够做事情吗？当时我们听到这样一种批评之后，很不同意，可是当时没有找到准确的语言来诠释我们本民族的戏曲艺术的美学特点，只知道说得太粗暴，这是我们的传统，没有找到准确的语言，只知道肚子生气。那就是说我们古代的艺术先贤，他们把古代生活当中的服饰美术地夸张了，以前穿鞋，清代穿鞋也是有这么厚的底子，但它夸张了。美髯公胡子，没有那么长，但是写意化地夸张了，黄河之水天上来，白发三千丈，这是一种美学的夸张，那个袖子，那个水袖那么长，实际上就是现在的衬衣。我们清代和民国的时候穿长衫，里边还要卷出一个水袖，里边衬衣要弄成卷袖。还有那个铠甲，为什么要起步迈很高的步子，说明在冷兵器时代大将军在上阵之前，他要整理铠甲，看看有没有松懈的地方。不是有一个身段叫整冠，整整帽子，看看我这个钢盔有没有歪；我系一系绦子，看看紧不紧。把这些身段全都美学化，舞蹈化了，形成了一套舞蹈的程式。很沉的步子，要迈大步子才能走动，所以形成了这个腿要抬得很高。你说这个脱离现实，请问芭蕾舞，我们的天鹅也好，胡桃夹子也好，吉赛尔也好，那些王子，那些天鹅，那些公主，那些个靓丽的美女，你们为什么要把脚站起来在舞台上舞来舞去？如果说欧洲的艺术芭蕾舞是用脚尖舞蹈来表达情节，表达人物，给观众以高度美的享受，难道说我们就不能用这么厚的厚底，用很重的服饰，用很长的胡子来表达我们人物的心理，构成一套优美的，感人的，舞台舞蹈来感动观众，传递历史人物的心声吗？

我们这个花脸的脸要抹红，黄，蓝，白，黑，而且要用红，黄，蓝，白，黑在脸上画图案。像姜维、关羽，红表示一种忠勇，表示一种刚毅，蓝和黄表示一种残暴，应该说白似乎是表现一脸奸诈。回头再讲曹操的脸。包公铁面无私，全是黑的，英雄表演，他有一个眉毛，愁眉，看着老是在那凝着眉发愁。这有个月牙，这是浪漫主义色彩，老百姓期盼他：白天他能够断阳，把贪官污吏、恶霸惩治，把这些冤案都能断清楚，也希望他在阴曹地府也能当判官有行私舞弊的，他能都给处理掉，能够铡掉。这是老百姓的企盼！愁眉月牙，全是黑的，为什么要个愁眉呢？包老爷老在发愁，好像个个贪腐大案还没有弄清楚，什么时候才能肃贪啊？什么时候才能把这些人间的丑恶，鞭打，处理清楚呢？他一个愁眉，远看很好看，近看很灵巧，就剩这一点黑眼珠了，黑胡子，黑帽子，黑马袍，全是黑。但是这个黑，他代表一种刚毅，一种硬派刚毅！那么怎么办，演员才能通过你的声音，通过你的形态，通过你的服饰，来传递人物的思想感情的变化？那个水袖，一撩袖子，一拽也好，烦了以后那个陈世美，不许你走，这个水袖是能够说话的！那个马袍全都拽起来了都要跟你拼了，我纱帽一摘，我官不做了，我也要把你这个皇亲国戚按律法杀掉！所有的服饰都能够表达人物情感的，所以我们画脸，就要求你不单要唱得好，要练得好，要表演得好！怎么表演的？形态，你的两只眼睛，眼睛只能看到一点白眼珠，但是那比老生，小生，青衣，花旦，难度似乎是大了点。所以保留了这个行当，保留了静行的脸谱，这是我们戏曲舞台上的一个极大的特色，极大的特点。何况直到现在很多年轻朋友们穿的T恤衫中间有个红胡子蓝脸的窦尔顿，背后也有张飞，有诸多的鞋子，甚至于短裤的旁边啊也都有京剧的脸谱，可以说京剧的脸谱是我们中国古典艺术美学的一个极大的成就！

唱，念，做，打，唱为四功之首。念，千金话白四两茶，所以中国戏曲舞台上的念不是普通话，也不是话剧的朗诵，它是有韵味的。京剧的念离不开咱们湖北的湖广音。（我很喜欢湖北话，就是说不好，我记得我十几岁第一次来武汉的时候就学了几句，第一个是早晨吃饭叫“过早”，有热干面，豆皮，面窝。后来又学了句武汉话叫“谢谢你”。）湖广音的韵味好听，所以京剧他不完全是北京音。湖广音，中州韵。说起中州韵，那天在开幕式酒会上，咱们的省委宣示部长，尹部长，他就介绍于凡生先生的情况，介绍当时元代的中州，就是河南。为什么京剧和河南话有着血缘关系呢？我们都知道这是湖广音，中州韵，河南话的“中”，跟湖北话不一样，而且传统京剧的四声要求很严格，念功非常重要。记得1990年访问即将要解体的苏联，我们演的是几台传统折子戏，其中一台主要的剧目就是新编电视剧《曹操与杨修》。俄罗斯的同行们，他们在研讨会上说中国京戏的道白，朗诵，是可以用五线谱出音符来的，是有音符的，就跟我们上场影子，定长诗，下长顿，这都是传统剧目上下长得的必然的一种形式。比如说，上场影子，你打个影子就能交代出你这个人物身份，像有一出《击鼓骂曹》这都是从汉剧演变过来的。花脸，大影子，就是曹丞相在踌躇满志追杀刘备，赵子龙在长坂坡救阿斗，张飞喝断当阳桥，这出传统系列，曹操有这样一个叫虎头影子：普天韵日，见功勋，四海杨德政，独立扶乾坤，运兵计，拳脚聂震。这个很难唱，因为他没有伴奏，没有中间的过门，但是有旋律，其中我在练一个定场诗，刚才是汉大丞相，念一个定长诗，是传统剧，应该说是公则道戏，大家都知道连环套，窦尔顿，蓝脸红胡子，他是黑社会绿林英雄，但是他这个黑社会只跟官府恶势力做斗争，他为复仇，所以他要去盗御马复仇，铁面雄心胆包天，英雄四海美名传，自恨不属于心头怨，数海冤仇挂心间。传统戏都有个自报家门，姓窦名尔敦，人称铁罗汉，这个是架子花脸，铜锤花脸，都要演的，这里面声音，高音我们叫龙音，要达到帕瓦罗蒂的 High C，有的调门高，High C 就是 E 调的高 So，有的演员唱的调门很高，他不是 E 调，是 F 调的，他能唱 High C，甚至能唱 G 调，并不是说嗓子要比帕瓦罗蒂嗓子要好多少，因为戏曲的发音区和声乐不一样，他借助了假声带的帮助，应该说帕瓦罗蒂的 High C 是声乐最高音了，他是真声的 High C，也是最难的，京剧，戏曲，往往有时最高音也并不容易，咱们东西方的歌唱虽有差距，异曲同工，但是风格不同，这个铁面雄心胆包天，是这样的，可以说花脸要有雄武的声音，有龙音，就是高音，有虎音，虎音就是有点杂的那个，这样才能宣泄内心的复仇心理，来表达人物的一种彪悍的气质。这个铁面雄心胆包天的“心”字是用中州韵，所以京剧的尖团字，次声要求是比较严格的。定场诗，表演，做，必须得练基本功，拿炳，放腰，翻跟头，这是五功。文戏演员从小也得练翻跟头，拿柄，下腰跟虎跳，他可以不翻跟头，基本功像拿柄，下腰，跑圆场，后腿，踢腿，这是必然要做的，这就是要练你的形体动作。比方说站有站像，坐有坐像，比方

说这站，不是说一般站，一定要收腹，立腰，收臀，沉肩，有文职人员的站，有武将的丁字步，有子午式，或称阴阳，子午要靠肩胛骨。

国旗班的正步走，很多鞋子都练烂了，睡觉都得走着。站如松，坐如钟，行如风，卧如弓。还有一个，我们和子午，太阳，阴阳，未曾向右先向左，比如生活中问："武汉大学在哪?"生活语言说："武汉大学在那呢!"但是戏曲中不能这样，要用韵白说道"在东边哪"，这就是未曾向右先向左，所以跟这个太极拳，都是一个原则。特别是花脸，还得练人的云手，不但走的时候太极一样的步子，以前要练一柱香时间，有一个量变到质变的过程，要经过反复的，耐得住辛勤劳苦，还要耐得住寂寞。包括这个打，拿起这个枪，冷兵器，都有一定的要领，枪是左手向前的，右手向后，刀是右手在前，楚霸王拿枪都有一定的程序，有一定的基本功在里面，要成为一个合格的花脸人员必须要耐得住寂寞和辛苦。所以中华戏曲积淀深厚，它的技艺精湛优美，我们要守候，我们要继承和研究，我们更要把它激活融入时代，走向世界。希望我们专业演员，更需要我们学者和青年学子，和戏剧爱好者共同努力。

刚才谈到是戏剧的角色生、旦、净、丑和唱、念、做、打。现在再叙述几句。在80多年前，梅先生第一次把中国京剧和昆曲带到欧美和日本，而且史坦拉夫斯基看完《打渔杀家》，看完了抽象写意的中国戏曲表演，赞不绝口！可以说我们中国的民族戏曲艺术不仅是悠久，不仅是精美，而且确实是独一无二！我们要继承，我们要守候，我们要研究，我们要推动。那么19世纪末叶已经形成了京剧的一个巅峰，20世纪初诸多前辈巨匠大师，特别是1949年以后，受到党和政府的关照，那是一个闪光年代。我记得是1951年是全国戏曲大汇演，群英荟萃，应该说受到了党和政府的扶持、关心和厚爱，已经达到了一个新巅峰，到20世纪后末叶，我们民族戏曲受到了挑战，1957年左右北京才有电视，在此之前，有电子管的收音机就是奢侈品了，那时候半导体还没有，半导体第一次打进国门是1957年的日本展览会。可以说50年代就北京来说，是戏曲的一统天下，那时候北京的京剧团体不少于20个，再加上评剧，曲剧，梆子，每晚至少有30个戏剧剧目，那时候不仅有工人俱乐部，还有各个小的俱乐部。要带着睡袋去排队等北京文艺的戏剧。后来，广播和电视普及了，不仅有了录音带、录影带，我们剧场艺术受到了挑战，青年进剧场少了，有很多深层次的内因我们不得不面对，这是一个残酷的现实，根据这种情况，1996年在我工作的上海京剧院，举行第一次京剧艺术节。完了之后，我们送戏到北京高校，为青年学子去演。这个活动的目的在于让未来的国家栋梁了解中国传统文化，这个活动叫“京剧走近青年”，大学生不花一分钱，请大家坐大巴去剧院，看完之后送问卷和笔，做调研，看青年学子对于京剧发展的意见。当时并不是征求戏迷的意见，而是征求青年学子的意见，因为我们青年学子最真挚，最执着，也最坦诚。当时这个活动第一天见面会在北京理工学院，诸多学生会主席，大家一起开会，大家都面面相觑，京戏，那是祖父祖母的艺术，离我们太古老了，我们就请大家帮助介绍，这些同学们很为难。他们有的说，虽然想看，但不敢公开，觉得太守旧了，太古老了。一毛钱不花，这就是一种推销戏票的形式，第一场1600人，很多同学说是为了礼貌，约好一起半路走。当时我们收到四点忠告：第一在学校演，不要在戏院；第二不要超过两个钟头；第三不要中场休息，免于给抽签和退场休息；第四不要在晚上演，要在白天演。这四个条件都完成不了，因为是上海市委出钱，衣食住行自己出钱。如果要是退场到了三分之一，我们也照演，我们要以最饱满，最洪亮的声音交待清楚，下定决心把戏演好，因为很少有机会给一千五六百学生演戏。第一场《曹操与杨修》，鸦雀无声，第二场开始鼓掌，最后掌声雷动，后来结束后统计，五十次鼓掌，从来没有过这样。谢幕后有一个程序，我和演杨修的老师决定到观众席，和青年学子接近距离，巩固战果，下去就上不来了，同学们很热情，被工作人员“解救”上来了，上来我就说”京剧艺术永远属于青年”，结果第二天，教育报，头版头条“京剧艺术永远属于青年”，有人说“京剧艺术属于博物馆”，或者说“夕阳无限好，只是近黄昏”，我说，任何艺术拥有了青年，就拥有了一切！

从那时起，后来开座谈会，听同学们意见，演十场戏，发了几

千份问卷，有的说没有必要拍新编历史剧，保持原汁原味；有的说京剧艺术要继承，有要失去，也应该推陈出新；有的说京剧的历史就是一个不断发展的历史，要不断地去粗取精，以至推到相当高的巅峰位置。各抒己见，有的说相见恨晚，有的说京剧万岁。从那以后，我们深入到上海各大院校。进京的四个剧目应该说是投石问路，有新编历史剧《曹操与杨修》，西游记的海派神话戏，样板戏，《智取威虎山》，还有根据莎翁的《李尔王》改编的《齐王梦》。四出戏我参加了三出，主演曹操与杨修等三出戏。这个活动后更加激发了我们对于传播京剧艺术的使命感，我们不断地跟同学们讲，甚至帮同学们化妆，宣读生、旦、净、末、丑。以前有句古话，叫“酒香不怕巷子深”，我们有这么美妙、深厚积淀，程式、技巧、艺术不宣讲、不研究推动，是我们的失职。所以从那时起，我们每到一地，都争取跟社区、校园做一点普及和宣读的活动。这一次借六京节的机会到湖北汇报，到武大来作京剧艺术的特点介绍，这是我们的责任。我想我们这么美妙的民族文化艺术有党和政府，师长学者，青年学者的支持鼓励和推动，我们民族戏曲艺术的前景是前途无量的，下一步我们更多的要走出国门，让世界各国更多地了解我们中华民族的戏曲艺术，这有赖于我们戏曲人的职责，也有赖于诸多学子们今后作为民族精英、国家栋梁的努力，让我们共同为中华文化艺术的大发展、大繁荣奉献我们每个人的毕生精力，谢谢！

中国戏曲艺术的当代命运

——戏曲艺术的地域性及问题个案研究

◎邹元江

邹元江，哲学学院教授、博士生导师，兼任艺术学系教授、博士生导师，中国戏曲学会汤显祖研究会副会长。近年来在《哲学研究》、《文艺研究》、《外国文学评论》、《戏剧》、《戏剧艺术》等核心期刊及韩国《东洋文化研究》、台湾《文哲研究通讯》、《哲学与文化》、《戏剧研究》等重要刊物上发表了百余篇论文，在大陆和台湾出版了《汤显祖的情与梦》、《汤显祖新论》、《戏剧“怎是”讲演录》、《行走在审美与艺术之途》、《中西戏剧审美陌生化思维研究》、《论意象与非对象化》等专著。先后主持完成了《丑角意识与丑角美学研究》、《陌生化理论及中国艺术的陌生化倾向研究》和《梅兰芳表演美学体系研究》三个国家课题的研究。曾应邀到德国特里尔（Trier）大学、波恩（Bonn）大学和日本早稻田大学讲学。主要研究领域：中国美学、戏剧美学。

讲座时间：2010 年 12 月 12 日，讲座地点：首届湖北省中青年文艺评论家高级研修班

一

任何文学艺术的发生都会带有它的难以抹杀的浓郁的地域性特征。那么，什么叫文学艺术的地域性呢？班固在《汉书·地理志》中说："凡民函五常之性，而其刚柔缓急，音声不同，系水土之风气。"① 宋代庄绰也在《鸡肋编》中说："大抵人性类其土风。西北多山，故其人重厚朴鲁。荆扬多水，其人亦明惠文巧，而患在轻浅。"② 这就是所谓"一方水土养一方人"。这些"一方人"不仅自然生命受到一方金、木、水、火、土的冶铸、陶养，而且，其心灵世界、精神气质、语气腔调、民俗风气等也受到独特地理环境、物产性能等的涵化、滋养。刘师培为了论证南北文学之不同，首先论证南音北音之不同，然后沿波讨源认为"大抵北方之地土厚水深，民生其间，多尚实际。南方之地水势浩洋，民生其际，多尚虚无。民崇实际，故所著之文不外记事析理二端。民尚虚无，故所作之文或为言志抒情之体。"比如南方楚国八百年文化的形成就是明证："惟荆楚之地僻处南方，故老子之书其说杳冥而深远，及庄、列之徒承之。其旨远，其义隐，其为文也纵，而后反寓实于虚，肆以荒唐谲怪之词，渊乎其有思，茫乎其不可测矣！屈平之文音涉哀思，矢耿介，慕灵修，芳草美人，托词喻物，志洁行芳，符于《二南》之比兴。而叙事纪游遗尘超物荒唐谲怪，复与庄、列相同。"③ 这种将特定地理环境与独特人文精神相对应的思考是否带有地理环境决定论的成分这是可以讨论的，但这其中所包含的中国文化中天人相应、相感通的思想精粹却是值得我们深思，也是有其

---

① 班固撰：《前汉书》二八下《地理志》，见《二十五史》1，上海古籍出版社、上海书店 1995 年版，第 521 页。

② 庄绰撰：《鸡肋编》上卷，中华书局 1983 年版，第 11 页。

③ 刘师培著：《南北文学不同论》，系《南北学派不同论》文最后一部分，原刊于《国粹学报》第 9 期，1905 年 10 月 18 日出版，收入《刘申叔先生遗书》第 15 册，后编入刘师培著：《清儒得失论》，中国人民大学出版社 2004 年版，第 253、254 页。

合理性的。也正是特定的地域性，决定了文化韵味不可复制的独特性、原生性，而不同的文化韵味的独特性、原生性就构成了整体文化样态的多样性、丰富性，也正是整体文化样态的多样性、丰富性成为文化发展健康生态的标志。

中国戏曲，尤其是地方戏正是“具有特殊价值的非物质遗产的高度集中”① 的表演艺术，它以其韵味儿独具的方言念白和纯粹质朴的民间声腔，以及极其丰富、俚趣的调笑、绝艺而凸显出精彩绝艳的地域风情。“地域风情”正是通过非物质文化遗产保护观念所强调的“文化空间”②，即特定非物质文化遗产传承的“文化场所”③ 而呈现出来的。比如江西“广昌孟戏”，又称“盱河戏”，是一种已传承了五百余年的专门演唱孟姜女故事的戏曲。它用高腔演唱，经考证，留有明代四大声腔之一的海盐腔的遗音。“广昌孟戏”戏班在广昌县有三路，即广昌县甘竹镇的赤溪、大路背和捨溪三村，这三个村每年正月春节都要在酬神祭祖活动中在甘竹家族祠堂或当地传习戏台演出一次本村特有的土戏“孟戏”。“孟戏”的剧情和唱腔有两种，赤溪村和捨溪村演唱的属两夜连台本，共六十四出，需九个小时演完。而大路背村演唱的属三夜连台本，共七十出，需十一个小时演完。经考证，赤溪村和捨溪村的孟戏演出活动起源于明正统年间（1436—1449），至今已连演了五百余年。大路背村孟戏戏班形成于明万历年间，至今也有四百余年的演出史。赤溪村和捨溪村的孟戏剧本是元代的《孟姜女千里送寒衣》，来自古南戏中的永嘉杂剧。大路背村孟戏的剧本是明代的传奇本，源于古弋阳腔的《长城记》。这个1980年秋才被江西省戏剧研究所流沙所长首次披露的“广昌孟戏”，就是一个保存完好的特定地域的“文化空间”，这个传承了几百年的“文化空间”奠基于赤溪村、

① 《联合国教科文组织〈宣布人类口头和非物质遗产代表作条例〉》，载王文章主编：《非物质文化遗产概论》，文化艺术出版社2006年版，第415页。

② 《联合国教科文组织〈宣布人类口头和非物质遗产代表作条例〉》，载王文章主编：《非物质文化遗产概论》，文化艺术出版社2006年版，第419页。

③ 《联合国教科文组织〈宣布人类口头和非物质遗产代表作条例〉》，载王文章主编：《非物质文化遗产概论》，文化艺术出版社2006年版，第412页。

捨溪村和大路背村这些几百年一脉相承的“文化场所”而呈现出绵延不绝的“活的文化”气息。而强调对这种“文化场所”所延续的“文化空间”保持其“活的文化”、① 活的整体的呈现这正是非物质文化遗产保护观念的核心。但由于长期以来我们缺乏保护非物质文化遗产意识，中国地方戏曲剧种的地域性特征正在逐步丧失。这从2008年10月15—26日举行的“首届湖北地方戏曲艺术节暨纪念改革开放30周年汇演”中可以非常清晰地看到这种令人担忧的状况。

湖北省的汉剧、楚剧、荆州花鼓戏和黄梅戏已被列入国家级非物质文化遗产名录，山二黄等14个地方戏曲剧种也被列入省级非物质文化遗产名录。② 但列入名录只是一个形式，只有传承人仍能在舞台上表演才是真正的保护。乔晓光说：“非物质遗产申报只是一种价值认同的方式，更重要的是文化健康有生命活力的传承发展，文化的本质意义也正是指对文化生命生存的发展延续。”③ 所谓生命活力指的就是遗产传承人能够有效传承，这才是对非物质文化遗产的最好保护。遗产保护的非博物馆化，这正是非物质文化所强调的“文化空间”，而非“单一的文化样式，强调的是活的整体。”④ 这次参加汇演的十二个非物质文化遗产剧种给人们最大惊喜的是濒危的汉剧仍展现出了极富魅力的行当特色，尤其是武汉汉

---

① 《联合国教科文组织〈宣布人类口头和非物质遗产代表作条例〉》，载王文章主编：《非物质文化遗产概论》，文化艺术出版社2006年版，第415页。

② 据湖北省文联主席、文化厅副厅长沈虹光女士在于2008年11月28日在由湖北省文联和长江大学主办的“荆楚文化研究高峰论坛”的致辞时披露，在湖北省秭归县建都村有一个濒临失传的建都花鼓戏、花鼓调，而这是历次文化普查时都未发现和记录的戏剧文化遗产。2008年奥运会主场馆鸟巢落成演出，全国选出的原生态艺术表演的节目就是建都花鼓戏，但因建都这个地名没有什么名气，就改称为秭归花鼓戏。

③ 乔晓光：《非物质·关于精神遗产的理解——活态文化认知》，载文化部民族民间文化发展中心编：《中国非物质文化遗产保护研究》（2005苏州），第90页。

④ 乔晓光：《非物质·关于精神遗产的理解——活态文化认知》，载文化部民族民间文化发展中心编：《中国非物质文化遗产保护研究》（2005苏州）。

剧院和湖北省地方戏曲艺术剧院汉剧团培养留住了多位年轻拔尖的汉剧人才，这是特别值得欣慰的。但与地方戏的大剧种汉剧相比，地方戏的小剧种却令人担忧。虽然名不见经传的来自大山深处的小剧种“山二黄”也让戏曲界大为惊喜，但是这个“天下第一团”的艰难处境却让人捏着一把汗。毫无疑问，无论是从剧种多样性保护的视角还是从声腔源流研究的维度，对像“山二黄”这样的濒危剧种都是应当特别关注的。但要真正落实这种“关注”和“保护”又谈何容易。“山二黄”又称“汉调二黄”，系湖北十堰地方戏曲剧种。据查清乾隆年间，黄州府一带有众多移民迁徙至鄂西北及陕南等地落户。随着荆、襄移民带进山的楚调与鄂西北方言语音、民间音乐长期流变结合，而形成了独特的山二黄地方剧种，距今已有250余年的历史。一般认为山二黄属皮黄腔系，以唱工见长。始以“坐万字”（即坐堂清唱）而闻名，学唱者众多。清道光年间，开办科班，组班立社，挂衣登台。主要活动区域在郧阳地区（十堰市）及鄂、陕两省毗邻地区的十多个县市，长年盛演不衰。新中国成立后，郧阳地区各县相继建立了山二黄剧团，可在“文革”期间又被全部撤销。十一届三中全会后虽恢复了剧团建制，但各县剧团为了适应社会发展的变化，纷纷改演其他剧种或歌舞节目，唯有竹溪剧团经批准恢复山二黄剧种，并先后招回了一批山二黄老艺人，排练演出山二黄传统剧目。山二黄剧种虽被被载于《中国戏曲音乐集成》湖北卷，并被录入《中国戏曲曲艺词典》存目，也被列入国家、省、市、县级非物质文化遗产保护名录，但作为湖北省地域性的稀有剧种之一其状况却岌岌可危，作为生存最起码的“文化空间”已经十分狭窄。

之所以要强调保护非物质文化遗产的地域特征不仅是因为新中国成立以来很多地方戏曲剧种受到多重因素的影响已濒于灭绝，而且也是基于百年西方话剧传入史同时就是戏曲艺术话剧化的演变史这个令人痛心的现实状况。而且这种状况近十多年来随着话剧导演、舞美等的大举介入戏曲艺术创作领域而更加严重，导致戏曲的剧种地域特征、演唱特色的逐步丧失。我们的一些决策者，在改革发展戏曲的旗帜下，却在做着加速戏曲剧种濒危速度的事。这一次汇演也集中暴露出了非地域化、非戏曲化的诸多问题。有一出七场的戏竟然有六场就是在演话剧，既唱不起来，也舞不起来，连“话剧加唱”都算不上。有的院团鼓励演员歌剧化美声演唱，以西洋乐队伴奏，甚至帮腔也用美声。有的剧种的声腔作曲和演唱有意模糊剧种特点，如荆州花鼓戏。荆州花鼓戏曾称“沔阳花鼓”，后被正式命名为“天沔花鼓”。20 世纪 80 年代初又改称“荆州花鼓戏”，是流行于湖北江汉平原一带备受广大观众喜爱的地方戏曲。荆州花鼓戏发祥于清代沔阳州，即现今的仙桃、天门、潜江一带。闹年的花鼓、采莲船、莲花落、敲碟子等民间歌舞与“一人唱，众人和”的薅草歌为主流的田歌和三棒鼓、渔鼓、道情等民间说唱，共同构成了荆州花鼓戏的源头。这种民间艺术形式随着历史的演变以及民俗文化的延续，逐渐形成为一种谋生手段。农民在农闲时以此作副业，出外跑场赶会，进而以一丑、一旦的踏高跷作平地演出，因此形成剧种的原始形态。后在长期的“平台”演唱以及与其他剧种的交流演出中，吸收了一些“三小戏”的元素，在剧目得以发展的同时，其表演行当也逐步增加。从以往的小丑、小旦行当，增加了小生行当。随着剧目内容的不断丰富，演出形态也更加丰富，规模也不断扩大，一个具有浓郁的地域特色的剧种在广袤的江汉平原上正式诞生！荆州花鼓戏的声腔具有江汉平原鲜明的地域特点，其主要声腔［高腔］是在当地流行的［薅草歌］基础上发展而成的戏曲声腔（并非指习称之戈阳腔系统的高腔）。［高腔］表现力丰富，音乐承载力强，擅于表现多种人物的不同情绪。［圻水腔］凝重、端庄，在表现“大派”人物性格方面有其独有的艺术表现力。［高悲腔］实为高腔的反调，是荆州花鼓戏旦角行当的专用腔，多在戏中劳动妇女倾诉悲伤情绪时使用。［四平］多富于跳跃性，而［还魂腔］和［打锣还魂腔］多反映出悲痛之至的情绪。［小调］则更多地具有一番出神入化的艺术色彩。其［站花墙］、［摘花调］、［绣荷包］等均是广为流传、脍炙人口的代表曲目。所以荆州花鼓戏在民间有着“听了花鼓戏的呦儿呦、害起病来不吃药”的美誉。但令人痛心的是，荆州花鼓戏剧院的演员的演唱惟恐不美声化，完全丧失了荆州花鼓戏的独特韵味。这其中与这些年主持该剧院剧目上演的张曼君导演的戏曲思维偏向有直接的关系（详后）。

这种对戏曲剧种地域性特征的偏离还表现为朝大剧种的腔调上靠，如“麻城东路花鼓”和武穴“文曲戏”。东路花鼓戏起源于鄂东的麻城，已被列为国家第二批非物质文化遗产名录，唱腔有东腔、二高腔、二行、对腔和小调等，在鄂东广泛流传。文曲戏流行于鄂东的黄梅、武穴、蕲春等县及与之邻近的江西、安徽两省部分地区，始称调儿戏，1956 年，黄冈专区戏曲汇演时，改为今称。现武穴市文曲戏剧团系 20 世纪 60 年代初国营广济县文曲戏剧团之沿革。文曲戏系由湖北艺人在当地久已流行的坐唱艺术表演形式的基础上，学习汉剧的行当与表演、音乐并配上锣鼓而逐渐创立和发展起来的地方戏曲剧种。20 世纪 20 年代，调儿老艺人挂衣登台，演出了由调儿曲目脱胎的《金莲调叔》、《苏文表借衣》、《宋江杀惜》、《点药》和由汉剧移植的《游龙戏凤》等小戏，受到群众的欢迎，从而标示着剧种舞台艺术形式的确立。文曲戏的主要声腔有［文词］、［南词］、［四板］、［秋江］、［平板］，另有多种小调。传统唱腔兼有板式变化体与曲牌连缀体两种结构形态。曲调总体风格清雅简洁、清新婉转而引人入胜，音乐的抒情性较为突出。其剧种主奏形式，从初期的一把调儿胡（土制的中音胡琴），到之后加入二胡伴奏，使单一的主奏形式发展到复合的主奏形式，剧种的音乐色彩和表现功能大大提高，起到了很好的“舞台烘托，托腔保调”等艺术作用，具有较强的鄂东地域特色。但这一次汇演无论是“麻城东路花鼓”还是武穴“文曲戏”在声腔上都掺杂有黄梅戏的腔调。凡此种种都反映出目前戏曲的创作生态是不尽如人意的，也是令人担忧的。

二

正是因为我们过去没有“保护非物质文化遗产”的观念，又加之百年来西方话剧观念的浸泅，中国戏曲艺术，尤其是地方戏越来越丧失其自身基于地域性特征的审美趣味。这其中地方戏中的大剧种，如越剧，其百年的发展史其实就是不断话剧化的演变过程。

关于这一点我们通过越剧的领军人物袁雪芬一生的追求和评剧新生代“二度梅”的获得者冯玉萍的追求看得就更清楚。

1938 年，16 岁的袁雪芬随戏班来到上海。演戏之余，她经常去看话剧、昆曲、京剧、沪剧，还有电影等。那时的越剧多为“幕表戏”，即没有剧本，没有舞台布景，没有规定服装，由师傅向演员说一下大致的剧情，演员在台上即兴编造。袁雪芬感到越剧如果能像话剧那样，不仅戏的内容好，演得也真切、自然，必须改革。她说：“要像话剧一样，有固定的剧本，有正规的舞台布景和服装，聘请编导，建立演出制度，用油彩化装。”由此，一批年轻的知识分子被请进袁雪芬的戏社，专事编、导、舞、音等工作。在向话剧和昆曲学习的过程中，袁雪芬越来越感到，越剧原有的音乐唱腔太贫乏，无法表现人物情感和性格，必须创造出更多的本剧种曲调。她在排演《香妃》一剧时创造了哭腔“尺调”，继而加入了丝弦和流水等各种板式。由此，越剧逐渐形成融编、导、舞、音、美为一体的艺术体制。回忆这场改革，袁雪芬曾形象地说：“昆曲和话剧是越剧改革的奶娘。”1946 年当见到鲁迅的小说《祝福》时，她让编剧赶快改编出来，她还曾专门来到霞飞坊许广平的住宅请教。当听说要把《祝福》搬上越剧舞台，许先生有点惊讶，她说：“绍兴越剧演的都是公子小姐，《祝福》没有爱情，又没有好看的打扮，观众要看吗?”袁雪芬说：“只要有意义的戏我们都演。我们改编《祝福》，就是希望祥林嫂的命运在现实社会中绝迹。”一个多月后，《祥林嫂》上演了，田汉、于伶先生还将袁雪芬请到住所，热烈赞扬了这出戏。

> 1949 年，在第一届全国文化会上，《祥林嫂》受到了表扬。回到上海后，主管上海文化工作的夏衍同志向袁雪芬转达了周恩来同志的意见。总理认为，这出戏受到表扬，是因为在国统区改编鲁迅作品很不容易，但是戏本身还有许多缺陷，希望好好改改，要把鲁迅原著的精神体现出来。袁雪芬大受鼓舞，找来鲁迅作品，一本本阅读。1956 年，《祥林嫂》进行较大修改，去掉了当年为迎合观众随意加上去的一些线索，保留

鲁迅名著的原貌。1962 年，《祥林嫂》再度修改进一步提示出夫权、族权、政权、神权对祥林嫂所造成的伤害。1977 年，《祥林嫂》又作了一些修改，第 4 次公演。从“文革”中走出的袁雪芬，对祥林嫂的命运有了更深刻的体会。在演到祥林嫂捐了门槛回来，以为自己又有了做人的权利时，她想到自己所遭受的灾难，泪水夺眶而出，嘴角眉梢处闪现出一丝苦笑。四演祥林嫂，每次都不一样，一次比一次更合乎人物性格，更接近原著精神。

2006 年是越剧诞生一百年。我们通过越剧主要的艺术家的追求不难看出，越剧的一部发展史其实就是以西方近代话剧的思维为主导的。从袁雪芬改革越剧的思路看，就是与同时期在中国文艺界，尤其是戏剧界盛行的斯坦尼表演体系相呼应的。“带戏上场”，这是袁雪芬常说的一句话。这实际上就是斯坦尼体验论思想的体现。袁雪芬也是严格遵循这一思想来演戏的。每次上场，她总是从舞台后侧几米处开始走步。她认为虽然在台内的前几米观众是看不见的，但正是有了台内这几步，等到进入了舞台，她的台步、形体动作就十分自然了。她即便是演后半场，她也不是卡住时间才来，而是在前半场开场时就到了，化好妆后，她就在舞台的一侧静静看前半场的演出，好让自己融入角色之中。她认为这样酝酿好感情后再接戏上场，就能给观众没有换演员的感觉。她说：“演出时一定要集中精力，每一分每一秒都在角色中。”显然，这种“生活在角色中”的思想正是斯坦尼体验论思想的精髓。袁雪芬到了 85 岁的高龄时，她仍在读一些艰涩难懂的戏剧理论书籍。她说：“理论总是落后于实践。而且，现在的理论很混乱。我想多读一些，看看别人是怎么说的。”① 显然，她的艺术“改革”实践更多体现的是斯坦尼的表演体系精神，而这种“改革”竟惊人的与周信芳、梅兰

---

① 以上引文均见赵兰英著：《袁雪芬：此心只为越剧有》，载《光明日报》2006 年 5 月 21 日。另参见应志良著：《中国越剧发展史》，中国戏剧出版社 2002 年版，第 111 ~ 119 页。

芳对京剧的改革一样相互印照。袁雪芬对《祥林嫂》的四次修改，恰恰不是更越剧化、更戏曲化，而是更斯坦尼化、更话剧加唱化。所谓“改革”突出的重点就是人物性格塑造，就是主题思想的凸显，这与梅兰芳四十多年坚守体验式进入《宇宙锋》的表演具有惊人的一致性。① 鲁迅的小说《祝福》也曾被改编成舞剧《祝福》。但舞剧《祝福》显然突出了成熟的形式因的表现，而袁雪芬的《祥林嫂》、梅兰芳的《宇宙锋》却都偏离了戏曲形式因的表现，而走向了非戏曲化的话剧思维之路，这其中可以加以讨论的问题是非常多的。其实，许广平对改编《祝福》为越剧所感到的“惊讶”是非常正常的，因为越剧本来就是女班，以公子、小姐的情爱戏为特色，没有爱情和好看的打扮，观众的审美期待是要落空的。可这种改编却完全不考虑剧种的局限性，而只讲思想内涵性，甚至田汉、于伶从话剧、电影的思维也加以肯定，周恩来又从要体现鲁迅的精神出发提出修改意见。显然，这一系列的思维都是非戏曲化的，而时西方话剧化的。袁雪芬的思想基调就是话剧化、电影化、戏剧化的，这是既令人吃惊也是百年的戏曲改革一切以西方话剧为马首是瞻所导致的必然结果。所以说，《祥林嫂》被誉为越剧“改革顶峰之作”就是极大的误导，是对越剧的审美特征的巨大偏离，是不足为训的。

其实，像袁雪芬这样“话剧+唱”的戏曲改革已成为戏曲界的“共识”，甚至成为大家所共同遵循的“新传统”。沈阳评剧院的二度梅花奖得主冯玉萍1959年出生，15岁时入评剧院，28岁就成为国家一级演员。她擅演现代戏，从艺35年来，排演了原创剧目近四十部，2008年3月被文化部选为国家非物质文化遗产评剧传承人，2007年9月，作为评剧花淑兰派传人，沈阳“花淑兰、冯玉萍艺术馆”落成。她曾以《风流寡妇》一剧，全票第一名获得梅花奖，后又于1999年以《疙瘩屯》中喜莲一角再度获得第17届梅花奖。从这些表面的光环我们似乎看不出什么，但有三点是让我们

① 参见邹元江著：《梅兰芳的“表情”与“京剧精神”》，载《文艺研究》2009年第2期。

感到困惑的，其一是她于1997年到中央戏剧学院学习话剧表演，其二是她排的戏，尤其是获得“梅花奖”的戏都是现代戏，其三是她排现代戏就跑到农村去体验生活，而且，就住在最贫困的农民家里。这里我们无意对她的人品和艺品作什么评价，只是想对我们的梅花奖的评奖目的，尤其是国家授予非物质文化遗产传承人荣誉称号的标准是什么提出一些疑义。戏曲演员、导演到中央戏剧学院学习表演和导演，这带来了表现的深刻和激情，但也由此失去了戏曲艺术的非真实表现的空灵和美感。尤其是冯玉萍以现代戏为主，这就与老一辈的评剧艺术家的声腔和表演的清纯、唯美形成了反差，过于为寻求话剧式的逼真而激昂、投入，这与袁雪芬的表演路数是一致的。

三

其实，西方话剧思维不仅对地方戏的大剧种影响甚深，而且对地域性的小剧种也打上了深刻的烙印，而这种对地方小戏脱胎换骨的“变革”主要是近十多年来随着话剧导演、舞美的强行介入地方小戏而成为可能。如湖北省荆门市艺术剧院上演的荆州花鼓戏《十二月等郎》2005年12月入选2005—2006年度国家舞台艺术精品工程初选剧目，2006年荣获湖北省楚天文华剧目奖、全国地方戏优秀剧目评比展演一等奖第一名，2007年荣获2005—2006年度国家舞台艺术精品工程精品提名剧目、第十届精神文明建设“五个一工程”优秀作品奖、第十二届文华奖文华大奖和文华剧作、导演、音乐、舞美、表演等单项奖，主演曾菊荣获首届中国戏剧奖·梅花表演奖（第二十三届中国戏剧梅花奖）。2007年6月12日，中国现代戏曲研究会在荆门召开了“《十二月等郎》的艺术成就暨现代戏导演艺术学术研讨会”。令人吃惊的是，这次会议完全开成了“表彰会”，而不是“研讨会”，这也就不难理解为什么《十二月等郎》会获得如此之多的奖项了。但也正是这些殊荣本身，表达了一种当前中国现代戏曲学界评价的一个重要尺度和价值倾向，这就令人颇为担忧，甚至有些警觉。由此，我们不能不考虑以下几个问题：

1. 表现与非表现性

任何艺术无论你阐释得多么天花乱坠，都必须赋予这种阐释以表现性外观。这个外观就是形式，这就是所谓美在形式。但任何艺术家的表现都不是无限的，一个成熟的艺术家的表现都是包括着对他所掌握的成熟的形式因的自如化合表现。但这种化合表现不是没有边界的，而是从根本上表现出这一艺术样式的审美规定性，通常的说法即这戏是姓“京”不是姓“楚”。张曼君导演赋予《十二月等郎》一剧的表现形式可谓丰富多彩，令人眼花缭乱。但也正是在这表相的热闹背后却存在着这种“表现”的非意向性。“意向性”是现象学的一个术语，其意为你的任何表现总要指向一个你所能感受到的意象生成域，这就是所谓意识就是你所能意识到的意识。你不能让观众意识到你所要表现的那个特定的意向性的意识，你的表现就是非表现性的。如果我们仍把《十二月等郎》一剧定位为“荆州花鼓戏”，那么，你的所有表现的“意向性”都是能够让观众意识到这是“花鼓”戏，而且是指向“荆州花鼓戏”的意向性。虽然张导通过她的导演阐释也试图反复说明她是如何“贴着地面行走”，如何到百姓中去听、去看，但这些解释在舞台呈现的作品面前却显得很无力。事实上舞台上的荆州花鼓戏的意向性生成是比较弱化的，大概只有几处是可以有一些遗痕，如腊月旭汉妈唱的是原汁原味浓郁的花鼓调。

问题就在于张导过于迷恋她的“鬼搞”① 思维，而忽略了戏曲艺术自身的限制。如果认同戏曲艺术的灵魂是音乐，那么在起点上张导就走错了一步棋，即请了并不熟悉花鼓戏的川剧作曲家来为他并不熟悉的荆州花鼓戏作曲。张导自有她的理由，但戏曲剧种间的巨大差异就在于音乐，这关键一步的偏离，必然导致整出《十二月等郎》在最根本的审美格调上疏远、淡化、甚至消解了花鼓戏的原质审美特征。

---

① “鬼搞”是张曼君的原话，她很得意使用这个词汇，用她的话说“我把‘鬼搞’列入了导演构思大纲”。见张曼君著：《贴着地面行走　让生活放飞吟唱——《十二月等郎》导演综述》，载《艺术》2008 年第 1 期，第 148 页。

当然，像张导和卢昂导演所说的，“这个戏已远远超出了花鼓戏剧种的限制”，“是可当歌剧、民族音乐剧来考虑的，这是大创新，超越了戏曲”，——那又另当别论。如果我们真认同这种评价，那么，这次研讨会的大会主题词就应该修改：中国歌剧《十二月等郎》研讨会。

2. 表演与非表演性

中国戏曲表演与西方话剧很不同，话剧表演是表演者（演员）与被表演者（角色）相统一，这即在体验中表现，“我不是在扮演奥塞罗，我就是奥塞罗”。戏曲表演却是表演者既是表演者（演员），也是评论者和旁观者（观众），即是表演者与被表演者相区分，而其中介就是“行当”。“行当”的间离性就使戏曲演员永远不直接表演角色，而是通过行当的中介性来扮演角色，而“行当”的根本特性也决定了戏曲的审美规定性，即基于童子功的程式性，所以，不能要求戏曲演员来体验式的表现，而是必须让戏曲演员充分通过行当程式、展示行当程式的美来间接的表现人物。所以，张导及查明哲导演、卢昂导演对《十二月等郎》戏的许多分析就显得不着边际。最不可理解的是，张导本来是戏曲出身，但却多次表现出对中央戏剧学院学习经历的特殊偏好，甚至说话剧的这些导演方式对戏曲永远是有用的云云。这实在令人难以苟同（关于此问题笔者有大量的文章在讨论梅兰芳、周信芳的表演时已有论述，可参见①）。

3. 自由与非自由性

何为“自由”？张导的导演阐释的关键词是“自由”，可什么是“自由”？黑格尔讲，自由并不是任意，自由的真正本质是限制，即孔子所云：“从心所欲而不逾矩。”《十二月等郎》中翠翠完

---

① 如《谁是“梅兰芳”?》，载《文艺研究》2010年第2期；《梅兰芳的“表情”与“京剧精神”》，载《文艺研究》2009年第2期；《对“梅兰芳表演体系”的质疑》，载《艺术百家》2009年第2期；《脆弱的张力：体验与表现的统一》，载《戏曲研究》第七十六辑，文化艺术出版社2008年版；《京剧艺术的歧路》，载《中国戏剧·从传统到现代》，中华书局2006年版；《从周信芳与应云卫的合作看“海派京剧”的本质》，载《戏剧艺术》2007年第4期等。

全用美声唱法，这种完全脱离戏曲的声腔唱法的“自由”显然是值得商榷的。剧中的苗苗在唱完“他如果受了处理我就嫁给他”后居然日常生活般走正步下显然也不是“自由”所能解释的。而全剧舞美的生活化、话剧化，也从根本上失去戏曲艺术审美空间、时间营造真正“自由”的意味。

4. 何为“戏曲观众”

卢昂说戏曲导演要有现代剧场思维，《十二月等郎》的创新是观众所需要的。可问题是谁是戏曲观众？谁在看戏曲？谁在训练话剧加唱的观众？剧中真实的船被推（划）出来观众鼓掌就能说明观众欢迎、需要这种非戏曲的赤裸裸地“真实”吗？剧中人周龙走在雪地上音响里发出的踩雪声被观众所欣赏就能说明观众了解戏曲艺术的精髓吗？这个意义上的“观众”是已被误导的观众还是真正懂戏曲艺术的观众呢？

5. 何为“戏曲导演”

查明哲导演说戏曲导演是不可或缺的，可问题就如卢昂导演所说的，谁是戏曲的导演？“导演”又是什么？当年斯坦尼坚持“导演专制……”时是有其特定的原因的。① 难道戏曲艺术一定要像话剧一样由话剧导演来宰制才能有现代性和艺术性吗？

6. 何为“戏曲演员”

张导说，此戏的演员不能像我（示范）一样来表演，他们都很自悲。可为什么戏曲演员会自悲呢？是他们不会话剧式的体验加表现，还是他们根本就缺乏戏曲的童子功，因而无法戏曲化的表现？事实上“导演制”在戏曲界“成了气候”是以戏曲表演难以产生大艺术家为代价的。《十二月等郎》我们只看见了导演、舞美等非表演因素的“出彩”僭越，但却见不到戏曲演员原本就具有的从童子功就练就的唱、念、做、打、手、眼、身、法的魅力。可问题就在于，戏曲艺术在一个没有了演员的魅力，而只有探头探脑逞才能的导演和舞美家的时代是一个多么可悲的时代！

---

① 参见邹元江著：《对“戏曲导演制”存在根据的质疑》，载《戏剧》2005年第1期。

该戏的导演张曼君在会上作了《贴着地面行走　让生活放飞吟唱——〈十二月等郎〉导演综述》报告，这个报告实际上透漏了她是如何以话剧的思维来“鬼搞”戏曲的。在21世纪初年，她曾在中央戏剧学院高级研究生班学习，曾随徐晓钟教授到俄罗斯观摩戏剧节。她说：

在短短的二十天里，我们看了二十二台戏，身临其境地感受到了那块与我们的戏剧文化有着久远历史连接的热土。心灵一次次在观摩中受到撞击，也在一次次的观摩里获悉了新世纪戏剧的信息。在斯坦尼体系中，他们有着坚实的现实主义底蕴，在这深厚的基础上，他们朝着新戏剧文化迈出的脚步不凌乱，不漂浮，有鲜明的发展变化，却没有离开扎实的根基。叙事与叙述的结合，体验与表现的结合，形成了他们开放与恪守高度统一的姿态……毫不掩饰地说，我就此偏爱了俄罗斯的戏剧……我命定与俄罗斯戏剧投缘？正因为如此，我邀请了在那次观摩中同行、并担任我们的翻译的修岩老师，我相信这个留学俄罗斯七年的舞台美术家一定会给《十二月等郎》带来符合此剧的、独到的空间设计。

……是否空无一物就是戏曲呢？传统的戏曲不也有一桌二椅和守旧吗？……湖北花鼓剧种边缘化模糊的特点已没有更多的程式可言……观众需要贴近生活的幻觉化空间来寻找真实的依托，想获得的是具有现代舞台质感振荡出情致意趣的多重审美愉悦……就是既要有意趣诗情，更要有直观真实的新的现代舞台审美形象……如何使写实高度自如地出入于写意，是这次创新舞台空间的主攻方向。很幸运，有着扎实的现实主义功底的修岩老师在我们实现“以局部细节的真实来扩展丰盈写意空灵”的创作方向中，作出了很大的贡献……切割推移的七块台板纵横落差，台板合上是肌理分明、细腻逼真的土地，拉开便是用薄膜制成的水域，地域的状貌特点便显现出来了……及至在处理男人们施工的城市场景时，舞台上再也找不到可以呈现真实的空间了……就在这粗砺的水泥墙上做文章!①

将“直观真实”作为“新的现代(戏曲)舞台审美形象”来追求,这再明白无误的将西方话剧的表现原则作为中国戏曲的呈现方式,甚至舞台上的“草垛、破船、竹椅、芦苇、渔网、竹篙、自行车、基本都是实物,有的干脆就是从农家收购而来”。可问题是当我们看见舞台上的草垛就是从打谷场上直接搬来的时候,我们还能相信这仍是中国戏曲艺术,尤其是原本就极其质朴、空灵的地方戏曲吗?

① 张曼君著:《贴着地面行走 让生活放飞吟唱——〈十二月等郎〉导演综述》,载《艺术》2008 年第 1 期,第 140~159 页。

辛亥革命："革故"与"鼎新"

◎冯天瑜

冯天瑜，武汉大学人文社会科学资深教授，现任教育部人文社会科学重点研究基地武汉大学中国传统文化研究中心主任以及985"中国传统文化及其现代转型"创新基地负责人，任教育部社会科学委员会委员，中国实学会副会长，武汉大学学术委员会副主任，湖北省及武汉市地方志副总纂。

长期从事思想文化史研究，探讨中国文化史框架构筑和明清文化史。研究工作中沿着微观辨析与宏观把握相结合，义理、考据、辞章三者相济的理路，就中国文化生态、中国文化特质、中外文化互动等论题进行考究，在《中国社会科学》、《历史研究》等刊物发表论文百篇，著有《明清文化史散论》、《中国文化史断想》、《中华文化史》（合著）、《中华元典精神》诸书。提出并论证"文化生态"说、"文化元典"说，得到学界充分肯任和大量采用，被前辈学者誉为探讨中国文化的"重要贡献"，认为表现出系统史学的魅力，是对中国文化史研究的一种理论建构。近十余年来，着重研究中国文化的近代转型，发掘中国文化近代转换的自身资源和内在动力，注重探讨中西文化互动在中国文化近代转型中的关键作用，并注目于从概念的古今转换、中外对接考察文化近代转型。

本文为作者 2011 年 9 月 3 日在武汉图书馆“名家讲坛”所做演讲

中国是一个有着悠久革命传统的国度，早在三千多年前，商汤除夏桀、周武灭殷纣，即高张“革命”旗帜，《易传》曾论证其正义性：

汤武革命，顺乎天而应乎人。①

将革除暴君王命、建立新朝，诠释成上顺天意、下应人心的合理行为。以后，历次改朝换代者皆以“替天行道”、“与民更始”宣示天下。然而，中国历史上的多次“革命”，并未改变宗法专制的社会形态，唯由辛亥首义初攀高峰的近代革命，才发生国体、政体变更，社会形态有所兴革。无论就“革故”，还是就“鼎新”而言，辛亥革命堪称历史性的首创之举，吾土吾民至今受其赐。

一、终结两千年专制帝制

中国历史的特色之一，是专制帝制早成（公元前 3 世纪）和长期延续（两千余年）。西欧和日本都是在中世纪晚期，封建贵族制衰微之际，伴随着资本主义生产方式萌芽，专制皇权方得兴起，历经一个较短时期（西欧大约在 16—18 世纪），便向近代民主政体（君主立宪制或民主共和制）转化。中国则不然，商周（尤其是西周）实行的宗法封建制，至晚周，封建制解纽，逐步向宗法君主专制转化。以公元前 221 年嬴政（前 246—前 211 年在位）称制“始皇帝”为端绪，至 1912 年清朝末代皇帝溥仪（1908—1912 年在位，年号宣统）逊位止，专制帝制历时 2132 年，共有 492 个

---

① 《易·革》。

皇帝登极。此间政制起伏跌宕，而大势是君主集权于涨落间愈趋强化。

皇权专制自秦汉以下传承不辍，改朝换代、法有更张而神髓不变，所谓“汉承秦制、宋承唐制、清承明制”，专制帝制及其官僚制度强劲延续。帝王“以制命为职”（朱熹语），反映帝王意志的“诏令”通过垂直的官僚系统布达四方，经由郡县制、流官制，实现中央对广土众民的掌控。朝廷又经由选举、科举，君主与庶民对接，从而扩大了专制政治的社会基础。

男耕女织、土地在王有（国有）名义下私有、城乡一元的自然经济，是宗法制与专制帝制存在的经济基础，又被其反哺并受其保护。

集权而又流动的官僚政治与自在自律的宗族组织形成二重结构：在行政管理上是中央集权的郡县制，而在民间社会又有宗法织造的广大而富于韧性的控制网络，形成国家“专制权力”与“社会基层权力”的彼此分工，“国法”与“人情”相互契合。这种“宗法—专制”二重社会结构与地主、自耕农制的经济形态相互维系。以上诸层面融会成的自足性机体，具有顽强的延传能力。

秦汉至明清两千余年间一以贯之的君主专制政体，对于维护国家统一和社会秩序，促进经济、文化繁荣，曾发挥过积极功能，灿烂的中国古代文明与之相关，然自近古以降，其阻滞社会进步的消极作用日渐昭著，批判君主专制的呼声应运而生。如果说，明清之际《明夷待访录》、《潜书》的“非君”论直称君主为“天下大害”，但此种犀利的揭露却难登大雅之堂，只能隐于潜伏状态，期待未来者的访察，那么，时至至近代，在新的世界条件下，经由工业文明焕发的内外因素的作用，宗法专制帝制的解体提上日程，而这种解体的正式展开，始于戊戌变法，戊戌政变宣告了这样一个时代消息：君主制体制内的改革，难以在中国奏效，于是，体制外的否定君主专制的革命思潮风起云涌。这大约发生在辛亥首义前十年间。

君主专制从庙堂神器被推上历史审判台，可略举几条文献以资佐证：

（一）1901年《国民报》第一期刊发《原国》，以“国民”之名义发表评论，认为以前的“中国”，人民为奴隶，“偷生苟活”，这样的中国“是所谓土地也，非国也。”而“秦、汉、唐、宋、元、明者，一家之谓也”，“是所谓朝代也，非国也”。“是所谓政府也，非国也。”该文指出：

> 然则所谓国者，果谁有之乎？曰：人人有之，即舆夫走卒亦得而有之；人人不能有之，即帝王君主亦不得而之。人人有之者，谓人人对国有应尽之义务，……人人不能有之者，谓人人于国有应得之权利，苟以一人而用其专制之权，是一国之所不容也。①

将批判锋芒直指君主专制，并认为，如果不改变君主专制，便会开除球籍，“而所谓中国者，永无中国人之足迹，而所谓中国人者，地球上永无容身之地”②。

后此，谴责君主专制的檄文屡见报瑞，1906年5月《复报》第一期发表《中国尊君之谬想》，批判“一手掩尽天下目，一人独压万人上”的君主制，认为“我国民有国之名，无国之实”。文章剖析“中国君权所以发达之原因”：

> 一由于圣人教忠之学说。
> 二由于君主利用圣人学说
> 三由于科举之取士

文章号召“铁血男儿”——

---

① 《原国》，《辛亥革命前十年间时论选集》第一卷上册，三联书店1960年版，第64页。

② 《原国》，《辛亥革命前十年间时论选集》第一卷上册，三联书店1960年版，第64页。

直取国中专制魔王之首于百步之外。①

（二）同盟会1906年拟订《军政府宣言》，明确提出推翻帝制、建立共和的政纲，并公示国人：

今者由平民革命以建国民政府，凡为国民皆平等以有参政权。大总统由国民公举。议会以国民公举之议员构成之，制定中华民国宪法，人人共守。敢有帝制自为者，天下共击之!②

此乃不刊之哲言。时过十年，袁世凯于辛亥首义以后，“骗取总统，以此攘窃帝位”③，“以一姓之尊而奴视五族”，成为国民“公敌”,④ 召致“天下共击之”。袁世凯洪宪帝制及张勋复辟丑剧，都立遭国人讨伐，遂旋起旋灭，前者只有83天，后者不足13日。

同盟会1906年的《军政府宣言》公示的“敢有帝制自为者，天下共击之”，真乃一语成谶!

（三）以辛亥革命推翻专制帝制为端绪，中国迈入“共和时代”。首义后，孙中山针对当时汉人取代满人当皇帝的设想，1911年11月布告天下：

倘以一中国君主而易去满洲君主，与近世文明进化相背，决非人民所欲，故惟有共和联邦政体最为美备，舍此别无他法也。⑤

---

① 《中国尊君之谬想》，载《辛亥革命前十年间时论选集》第二卷上册，三联书店1977年版，第543~546页。

② 《孙中山选集》，人民出版社1981年版。

③ 《促袁世凯退位声明电》（1916年5月9日），载《黄兴集》，中华书局1981年版。

④ 《讨袁宣言》（1916年5月9日），载《孙中山选集》，人民出版社1981年版。

⑤ 《孙中山全集》第1卷，中华书局1981年版，第562页。此为共和时代的宣言书。

指出中国政制之进步，决非“排满”、换汉人做皇帝可以了事，根除专制帝制方是希望所在，是近世文明进步的方向。

（四）辛亥首义后，诸省响应，帝制崩坍已成定局，宣统三年十二月十三日（1912 年 2 月 12 日）以隆裕皇太后懿旨名义发布清帝退位诏书，承认“今全国人民心理多倾向共和”，宣布不能“因一姓之尊荣，拂兆民之好恶”。以往的载记称，此一退位诏书，乃胡汉民请张謇拟就，电袁世凯发布。近年披露的《赵凤昌藏札》的原始文献表明，此一退位诏书的起草者是袁世凯的洪姨太的弟弟洪述祖，洪述祖拟出初稿，经张謇修订，然后由袁世凯以内阁总理大臣领衔颁发。胡汉民在张謇处得见诏书，大加称赞，而并非由胡汉民请张謇草拟。由此可见，清末倡导宪政的立宪派在清帝退位、结束帝制中的作用不可小视。

专制帝制的终结，当然不是清朝皇室遵从民意的自愿，也决非袁世凯辈的真实企图（他希望的是取清帝而代之，自己来做专制帝王），但清帝逊位毕竟正式表征了一个历史终结，是近代文明在中国生长发育的产物，代表这种历史态势的，是革命民主派及其各路同盟军（如立宪派）。而对专制帝制给予强力一击，促其终结的，正是辛亥首义。

当然，根除专制帝制及其种种余绪是艰难与漫长的。辛亥首义作为一次城市起义，展现了近代城市文明突破专制帝制的诉求，但这种城市起义尚未触动专制帝制的社会根基——宗法的、自然经济的广大农村。而没有深刻的农村变动，城市起义也只能赢得有限的成就。

孙中山的革命纲领中有“平均地权”一项，显示了革命民主派对农村问题、土地问题的关注。然而，此一重要目标并未引起广大革命者的重视，正如熊十力 1944 年所指出的，辛亥首义——

纯为民族、民权二大思想，而忘生命以图实现。王船山、杜于皇之学说与风节，感人至深，而民生主义，则以无大地主之故，当时似不甚注意。①

如湖北党人孙武等在制定共进会文件时，将“平均地权”改为“平均人权”，而“平均人权”是指满汉平权，与解决农村土地问题无关。可见，包括“平均地权”在内的革命民主主义精神当时尚曲高和寡。

皇权专制的惯性力量决非一场骤起骤落的革命所能荡涤净尽，辛亥后三年，陈独秀说：“吾人于共和国体之下，备受专制政治之痛苦。”② 此为痛切之论。陈氏非但没有失望于共和制，他进而指出：

自经此次之实验，国中贤者，宝爱共和之心，因以勃发；厌弃专制之心，因以明确。③

辛亥首义虽留下种种未竟之业，然其意义却是不同凡响的，这不仅表现为推翻了其末年已严重阻碍中国前进的清王朝，更在于终结了沿袭两千余年、渐成历史桎梏的专制帝制。如果说，战国末年结束了“宗法封建制”，代之以大一统的“宗法皇权专制”，方成就了后来秦汉唐宋的辉煌，王夫之的《读通鉴论》称战国为“古今一大变革之会”，那么，辛亥革命则击碎了近古以降已成历史惰力的“宗法皇权专制”，开辟了近代文明的灿烂途程，故可称为再度的“古今一大变革之会”。

二、开启共和宪政新篇章

与推翻专制帝制互为表里，辛亥革命的另一空前的历史业绩，

---

① 熊十力：《居正辛亥札记序》，作于民国三十三年四月十五日。见《居正集》上册，华中师范大学出版社1989年版，第9页。

② 陈独秀：《吾人最后之觉悟》，载《青年杂志》一卷六号，1916年2月15日。

③ 陈独秀：《吾人最后之觉悟》，载《青年杂志》一卷六号，1916年2月15日。

是建立民主共和政体。

"共和"，在中国古典的本义为"共同协和行政"，近代中国与日本学人用"共和"或"公和"翻译西洋的民主立宪政体（republicanism）①。这种政体的基本形态是：国家权力机关和国家元首由选举产生。与君主制相对，采用这种政体的国家称共和国。"共和"的英文 republic 一词来源于拉丁文 res publica，意即公共事务。②

共和宪政与君主立宪同为西方近代民主政体的两种并列形态，但由于戊戌变法夭折和清末仿行立宪的虚假，表明君主立宪难以在中国实行，共和制成为先进中国人的选择，早在 1895 年，孙中山与日本驻香港领事谈话，论及起义成功后"使两广独立为共和国"的设想。③ 1897 年，孙中山在《与宫崎寅藏平山周的谈话》中，用汉文宣示自己的政治精神：

> 我认为人民自治是政治极则。因此，我的政治主张是共和主义。④

孙中山还批驳那种"共和政体不适支那之野蛮国"的论调。⑤

20 世纪初，邹容的《革命军》称共和为最高、最新的政体形态，高唤"中华共和国万岁！中华共和国四万万同胞的自由万岁！"⑥ 口号。

---

① 见冯天瑜：《"革命""共和"：近代政治中坚概念的形成》，中国史学会编《辛亥革命与 20 世纪的中国》下，中央文献出版社 2002 年版，第 1574 ~ 1575 页，第 1579 ~ 1580 页。

② 见《中国大百科全书·政治学》，中国大百科全书出版社 1992 年版，第 106 页。

③ 见《原敬关系文书》第二卷，日本放送协会 1984 年，第 395 页。

④ 宫崎滔天著，林启彦改译注释《三十三年之梦》，香港花城出版社 1981 年版，第 122 页。

⑤ 《孙中山全集》第 1 卷，中华书局 1981 年版，第 172 ~ 173 页。

⑥ 周永林编《邹容文集》，重庆出版社 1983 年版，第 74 页。

至辛亥首义，革命民主派在观念形态上介绍并倡导民主共和，已历十余年，而践履共和制，使之成为一个鲜活的事实，则开端于辛亥首义，湖北军政府建立、《鄂州约法》制定、中华民国临时政府成立，便是其显在标志。

中国革命民主派坚守共和主义，并强调共和主义乃是继承中国传统精义与借鉴西方近代政体的结合，孙中山说：

> 共和者，我国治世之神髓，先哲之遗业也。我国民之论古者，莫不仰慕三代之治，不知三代之治，岂能得共和之神髓而行之者也。①

孙氏又用林肯所主张的“民有、民治、民享”诠释共和主义。孙氏还说：

> 讲到那政治革命的结果，是建立民主立宪政体……中国革命之后，这种政体最为相宜，这也是人人晓得的。②

民主革命派在辛亥前十年间对民主共和国精义的宣传，是有成效的，而辛亥首义及湖北军政府建立，尤其是中华民国临时政府的缔造，是“尽扫专制之流毒，确定共和”③ 的实践，一时间，“共和”成为国人众口交誉的新政体，湖北的革命传媒《中华民国公报》、《大汉报》等大力弘扬“共和”精神。

革命报人胡石庵主办之《大汉报》，于创刊号（10月15日）发表社说《敬告军政府》，阐发民族民权二大主义，抨击君主专制，赞颂军政府成立，文曰：

---

① 《国父全集》第2册，（台北）中国国民党中央委员会党史委员会编订，1973年版，第775页。

② 《孙中山选集》，人民出版社1981年版。

③ 《中华民国临时大总统宣言书》，载《孙中山选集》，人民出版社1981年版。

> 今者，民国军政府蓦然奋起于鄂垣，葱葱勃勃，伟大昌隆之气象，较前屈伏政府极端压制时，实如自昏沉黑暗忽焉见一光明世界……旋集于善政之下，求有其权利之保障，幸福之源泉，……弃彼异族专制之范围，入我新建设之平民政治、法治国之世界……①

这里所称之“善政”、“平民政治”、“法治国”，即为民主共和政体。

《中华民国公报》10 月 30 日假借“孙中山大总统”名义，发表查光佛所撰《布告大汉同胞》，在谴责清廷，号召“直捣黄龙府”的同时，明确提出“建立共和国”的目标。

至 12 月下旬，《中华民国公报》渐为黎元洪掌握，有“拥袁”倾向，然该报主笔张祝南仍毅然发表《中华民国大总统当推孙逸仙论》，力倡革命军所持之“共和主义”，认为革命在破坏之后“必速谋建设”，而政治建设的中心是“建立共和民国”。②

1912 年 2 月 12 日清帝颁布退位诏书，该谕旨曰：

> 今全国人民心理多倾向共和，南中各省既倡议于前，北方诸将亦主张于后，人心所向，天命可知。予亦何忍因一姓之尊荣，拂兆民之好恶。是用外观大势，内审政情，特率皇帝将统治权公诸全国，定为共和立宪国体，近慰海内厌乱望治之心，远协古圣天下为公之义。③

清帝退位诏书明确宣布，清朝皇帝的统治权移交的对象是“共和立宪国体”，接替清朝的不是新的王朝，而是立宪共和国。

---

① 转引刘望龄《黑血·金鼓——辛亥前后湖北报刊史事长编》，湖北教育出版社 1991 年版，第 257 页。

② 《中华民国公报》1912 年 12 月 29 日。

③ 《清帝退位授袁世凯全权组织临时共和政府谕》，载《中华民国史档案资料汇编》第一、二辑，江苏古籍出版社 1991 年版，第 217 页。

那个以攫取政柄为目标的袁世凯，此刻也赞颂“共和”，袁氏于13日告示国人：

> 共和为最良国体，世界所公认，今由帝政一跃而跻及之，实诸公累年之心血，亦民国无疆之幸福。大清皇帝既明诏辞位——业经世凯署名——刚宣布之日，为帝政之终局，即民国之始基。从此努力进行，务令达到圆满地位，永不使君主政体再行于中国。①

袁世凯于辛亥首义之后不得不发表拥护共和的言论，表明共和已成新时代的正统，袁世凯一时也不敢撄其锋。

1912年2月16日《伦敦泰晤士报》发表一篇时评，论及中国发生的推翻帝制、建立共和国的革命：

> 天子已退位，清朝统治不复存在，世界上最古老的君主国已经正式成为一个共和国。
>
> 历史上很少见到如此惊人的革命，或许可以说，从来没有过一次规模相等的、在各个阶段中流血这样少的革命。革命的最后阶段是否已经达到目的，这是未来的秘密。一些最了解中国情况的人不能不怀疑，在一个拥有四亿人口的国家里，自从最遥远的历史早期以来，皇帝就像神一样统治着他们；在这样的国家里，是否能够突然用一个同东方概念和传统格格不入的共和国政府形式，来代替君主政体？中国，总之就是这个中国，决心要这样做。中国已经高高兴兴地着手做这样伟大的事情。

专制帝制这一历史的册页终于翻过，皇权时代被共和时代取代。民国初年传唱一首题为《中国国体》的歌曲（作词华航琛），

---

① 白蕉：《袁世凯与中华民国》，载《人文月刊》1936年版，第21~22页。

词曰：

中华民族震亚东，创造共和气象雄，
永远民主一统国，追踪欧美表雄风。①

当然，延传两千余年的皇权主义的神髓未灭，影响久远，而“共和精神”尚处开端之际，诚如陈独秀1917年4月所说：“盖共和无止境，非一行共和政体，即共和政治完全告成者。惟其民适于共和者之数加多，则政治上所行共和之量亦自加广耳。”②

尽管“共和”的真实实现，在中国要经历一个起伏跌宕的艰难过程，“共和”的“公”（共和政体是公平、公正政体）、“共”（国权是公民共有事业）、“和”（以和平方式参与政事）三义为国人认识并付诸实施，决非一蹴而就，然而，辛亥首义应该说是中国人追寻共和宪政的第一个高潮。湖北军政府用人“公举”、政事“众议”，《鄂州约法》将主权在民的精义反映在具体的律法条文中，皆体现一种初级的共和精神；军政府宣布废除苛捐杂税、实行司法独立、倡导工商业发展，则显示了共和宪政的进步性与人民性。

那一时期，以共和宪政精神改造国体、政体的言论时见报端，说明追慕、建立民主宪政已成为一种社会公众舆论，向岩自荐总统，为一典型事例。

湖北汉川人向岩（1872—1959），1905年留学日本，入东京陆军东斌学校，次年加入同盟会，1908年回国，任四川陆军速成学堂教官，武昌起义，在川南宣布起义。1912年12月，以“神州大布衣”之名发表《自请为公仆之通告书》，自荐担任民国大总统。通告书把前任临时大总统孙中山、在任大总统袁世凯都评论一番，认为自己比孙、袁皆强，声称：

① 华航琛编《新教育唱歌集》，上海教育促进会1914年版。

② 独秀：《四答常乃悳》，《新青年》第3卷第2号。

> 若以岩为大总统，亦期以十年，民国可必富，民国可必强，民国之风俗可必其淳美。

向岩公开批评在任大总统，自荐担任总统，并公布政纲于天下，反映了辛亥革命后社会某些层面民主气氛的张扬。

另外，民国初年，武汉地区与全国其他大城市一样，建党结社成风，各种政治社会团体犹如雨后春笋。1912 年 4 月，孙中山应邀访问武汉，欢迎团体竟达 13 个之多，其中包括商会、民社、商团、自由党、社会党、义成社、实业团、四川乡会、赤十字会、江北总务厅、武汉报界联合会，甚至还有街巷组织，如华景保安团、小董家巷自治会。因此孙中山在欢迎会上说："近来团体之多，至不可数，此可征民智之发达也。"① 这种现象，与组党结会本身就是一大罪状的传统专制社会相比，无疑是新兴共和政体提供了相对自由、民主的宽松社会环境。

五四新文化运动高张"德""赛"二先生两面旗帜，其"德"先生（德谟克拉西，即民主）这面旗帜，便直接承接了辛亥时期的民主共和精神及其宪政实践。

辛亥革命的一大贡献在于，将共和制的理论与实践（包括其种种不完善乃至扭曲的状态）呈现给中国人民，中国人民也从此认定共和制为正统。尽管共和制的内容有待充实与提升，然其前程无疑是光明壮丽的。

> 辛亥首义精神不朽——
> 推翻专制帝制的革命精神不朽，
> 开创共和宪政的建设精神不朽！

---

① 《湖北军政府文献资料汇编》，武汉大学出版社 1986 年版，第 258 页。

甲骨文与商代史研究的新进展

◎宋镇豪

宋镇豪，中国社会科学院历史研究所先秦史研究室主任、甲骨学殷商史研究中心主任、历史研究所学术委员会副主任，中国社会科学院学部委员，中国先秦史学会会长，第十一届全国政协委员。

曾在北京大学文博学院、台湾中研院历史语言研究所、日本京都大学人文科学研究所等多所高校和研究机构任客座教授和兼职研究员。

主要从事古文字学、历史文献学、中国古代史研究。在甲骨文研究文献整理、利用甲骨文研究商代历史、商代历史综合系统研究及大型商史编纂方面贡献尤大。

专著有《夏商社会生活史》、《夏商风俗史》、《中国饮食史·夏商卷》、《中国春秋战国习俗史》、《中国真迹大观》(全27卷，日本同朋舍)、《中国法书全集1·先秦秦汉卷》等。主编《商代史》(全11卷)、《云间朱孔阳藏戬寿堂殷虚文字旧拓》、《张世放所藏殷墟甲骨集》、《百年甲骨学论著目》、《甲骨文献集成》(40册)等。现正主持中国社会科学院“十一五”重大规划项目暨国家社科基金重点课题《甲骨文合集三编》的编著。

本文是作者2011年10月28日在武汉大学老图书馆所作的珞珈讲坛第三十五讲学术报告。

尊敬的谢校长、武汉大学的各位同仁、各位同学们：

大家晚上好！

这次有幸地从北京来到武汉大学这个非常好的环境中和大家做交流，我感到非常荣幸。为了给大家带来一些感兴趣的、有意义的东西，我演讲的题目是甲骨文与商代史研究的最新进展，主要是汇报一下我们多年来所做的一些事情。我今天主要从两个方面做一些介绍，一是殷墟甲骨文研究给商代史的重建工作带来哪些契机；二是介绍中国社会科学院重大A类课题——十一卷本断代史《商代史》的建设的经过。

下面我先讲甲骨文研究给商代史的研究工作带来的重要契机，我们都知道在20世纪90年代时国家启动的“夏商周断代工程”，当时的目标：一是考订西周每个王的具体的年代；二是解决商代的起点到武王伐纣这一段时间，也就是公元前1600年到公元前1100年这一段时间的框架；三是考订夏的年代的粗线条。经过五年的时间，商的年代给出了一个数据，就是公元前的1600年到公元前1046年这么一个商代的历史年代的框架。这个时间段在中国国史上讲是一个承上启下的时期。中国历史上最早的一个形态比较完整的国家，是从这一时期开始形成，而且对后来国家的发展和社会的进展起了一个发展的先河的作用。我们的中华文明在世界的发展史上是一个独立起源的古文明，而商代是这一个未失落的古文明的早期阶段，中国历史的画卷就是在商代史研究的基础上拉开的。

以史为镜，可知兴替。商代文明的发展时空，上承史前与夏代，下启中华文化演进的先河，通过商代历史与制度名物的审视，可以寻绎中国社会传统文化元素的由来、特征、品格与传承途径，对世界文明发展模式的认识提供可资借鉴的历史资源。

可是对商代研究来说，过去一直存在文献不足，而且真伪难辨，所以我们在商代史这个断代史方面是相当的滞后的。二十四史大家都知道，唐宋元明清很清楚，汉唐以来很清楚，但是在先秦这一部分，也就是夏商周这一部分我们没有独立的像商代史这么一本书。早在两千多年以前，孔夫子就有一个感叹说商代“文献不足徵”。司马迁的《史记》，里面的一篇文章《殷本纪》，就是写商史的，被世人当做研究商史的信史，我曾经数过一共只有 2868 字。五百多年的历史就靠两千多个字是讲不清楚的，所以说它是很不系统的。

特别是 20 世纪 20 年代，国内历史研究中有一些疑古派，对中国的上古史体系认为很多是假的，靠不住的，对有些文献做了一个否定式的批判。当时香港中文大学饶宗颐教授曾经说“伪经疑古之争，本位文化与全盘西化之争，都是走了许多冤枉路”，就是说疑古有点过头。不过我是认为疑古还是一种科学的态度，能够对文献做一个全盘的再检验。

在 1921 年 1 月 28 日国学大师胡适给顾颉刚写了一封信，就是考虑到我们的历史文献，特别是三皇五帝这些记载都靠不住，就提出一个想法，说“现在先把古史缩短二三千年，从《诗三百篇》做起。将来等到金石学、考古学发达上了科学轨道以后，然后用地底下掘出的史料，慢慢拉长东周以前的古史”，胡适的话是很正确的，但是后来有一些误解，认为他是要人为的把中国的古史缩短两三千年，不是这么回事。

与此同时，王国维有一篇著名的文章《最近二三十年中国新发现之学问》，指出“古来新学问之起，大多由于新发现”。这是基于当时 1899 年的时候地下发现甲骨文，这一发现使我们能穿越三千年的时空，近距离的观察商代社会，为我们研究商史提供了一个新的体系。王国维所讲的新学问里就有一个是甲骨文，除此之外还有敦煌的文书、清宫大内档案等，就不展开讲开了。

《商代史》重建工作的性质属于“新学问”、“新建设”范畴，大量甲骨文金文资料还在整理解读，相关历史文献记述需要疏证，地下考古新发现又不断刷新着人们的视野，一批专题性分支课题还在研讨或开拓中，重建工作十分艰巨，撰述难度相当大，启动的条件长期不能具备。从甲骨文发现到1999年，一百多年里人们前赴后继的进行研究，可是要通过地下的东西来拉长古史，来填补商代史这个空白，条件始终不够成熟。可是我们回顾一下，海内外学者很早就开始利用地下出土甲骨文等材料开启商代史研究途径。据我们编纂的《百年甲骨学论著目》统计，自1899年甲骨文发现，百年内海内外发表的甲骨学殷商史论著超过1万3千多种，国外有美、日、英、韩、法、德、加、俄、瑞典、瑞士、澳、意、匈、新等14国学者500余人涉足斯学。1999年到现在，十多年时间每年平均200篇左右的文章发表。这一工作是长期不断的，我们可以回顾一下商史研究一些非常著名的文章：

王国维《殷礼征文》（1927）

郭沫若《卜辞中之古代社会》（1930）

刘盼遂《甲骨文中殷商庙制征》（1930）

束世澂《殷商制度考》（1930）

陈邦怀《续殷礼征文》（1931）

萧炳实《以甲骨文证商代历史》（1932）

徐中舒《殷周史料考订大纲》（1933）

胡厚宣《甲骨学商史论丛》（1944）

吴泽著《中国历史大系——殷代奴隶社会史》（1949）

李亚农《殷代社会生活》（1955）

陈梦家《殷虚卜辞综述》（1956）等论著

同时对《史记》中《殷本纪》的考订也有许多文章：

1930年王晋祥有《殷本纪研究》；

1940年丁山有《新殷本纪》；

1975年台湾李寿林有《史记殷本纪疏证》；

1978年杨天宇、程有为、郑慧生校补《殷本纪汇注》等。

关于商代世系，《殷本纪》给商代定了三十一王，我们根据甲骨文对其进行验证，验证的过程是很繁长的，最早的20世纪初王国维《殷卜辞中所见先公先王考》、《殷卜辞中所见先公先王续考》，考订《殷本纪》世系，结论大致认为是可信的，其中也有不

完全一样的。1933 年吴其昌《卜辞所见先公先王三续考》，1947 年朱芳圃《殷卜辞中所见先公先王再续考》，丁山遗作《卜辞所见先帝高祖六宗考》，1963 年张光直《商王庙号新考》，1981 年台湾王仲孚《殷先公先王与成汤传说试释》等，皆为继王氏的同类题作。我们现在经过汇总以后可以得到《殷本纪》讲到的三十一位先王大致准确，但是有两位不见于甲骨文，所以在甲骨文反映的商王世系是二十九位。我们认为谁正确呢？当然是甲骨文为主，因为甲骨文是当时人直接记录下来的文字。

这里举一片，上面是三报二主，三报就是报乙、报丙、报丁，二主就是主壬、主癸，这跟《殷本纪》的记载是一致的。

对于商代历史地理的研究也在展开，还是以王国维为先导，1915 年王国维《殷虚卜辞中所见地名考》，把他所能见到的甲骨文中所有的地名做了汇总考订；1923 年王国维《三代地理小记》，把甲骨文商代地理扩展到夏商周三代做了小记。1937 年陈梦家《商代地理小记》、1959 年李学勤《殷代地理简论》、1989 年钟柏生《殷商卜辞地理论丛》、1994 年郑杰祥《商代地理概论》，皆为商代史地研究的名著。但是由于他们所处时代、所见材料的限制，有些地名考订不是很准确。

关于商史研究，我们还要看海外的情况。

台湾中研院史语所在 20 世纪 50 年代初曾发起由资深学者推动《中国上古史》编撰，拟定一百个题目，分属史前部分、殷商篇、两周篇，“敦请海内外硕学之士，专门名家，认题分撰”。到 1972 年出了第一本后（史前部分），数位参与工作之前辈先后谢世，出版计划遂致停顿。直到 1985 年才推出第二本殷商篇和第三本两周篇之一“史实与演变”与第四本两周篇之二“思想与文化”，由 53 篇单篇论文汇成，加上第一本史前部分 13 篇，总共为 66 篇，相当于4部论文集，称为《中国上古史》，有点名不副实，故特标名“待定稿”。1998年又全部再版。另外，1958年美国华裔学者周鸿翔著《商殷帝王本纪》(香港出版)，“本诸史籍，旁及契文经书”，考证商殷先公先王。所涉及的史料多是罗列而未仔细考证，用了一些伪的东西。1988年彭邦炯著《商史探微》，是继1931年张龙炎《殷史蠡测》、1943年纪龢宣《商史征》等之后又一部断代史探讨性质的专著。但还不属于断代史性质的东西。台湾严一萍1987年逝世时留下《殷商史记》遗稿，内容只是几篇商王本纪，几个甲骨文排谱，以及天文、兵、刑法三志与妇好一传，不成体系，缺环甚多。

海外西方学者的商史研究，我们将日本也列在其中。日本学者的早期研究是受我们国内学者影响展开的。日本内藤虎次郎受王国维影响，1916—1917年《艺文》杂志连刊《王亥》、《续王亥》、《再续王亥》三文，是文献与甲骨文相结合讨论商族先公较早的外国学者之一。20世纪50年代日本白川静有《殷の世系——いはゆる六示について》；岛邦男有《殷虚卜辞研究》、《卜辞中的先王称谓》；松丸道雄有《殷代王室的世系》、《甲骨文の实例を通して见た殷代の社会》；伊藤道治《卜辞に见える祖霊観念について》。

贝塚茂树主编的《古代殷帝国》(东京みすず书房1957年)，撰述者皆为著名学者：

大岛利一：　竜骨の秘密

樋口隆康：　殷人の故乡

伊藤道治：　地上と地下

白川静：　卜辞の世界

内藤戊申：　殷人の日日

除此之外，从日本学者所研究的选题来看，都是非常好的。比如1925年日本小岛祐马《殷代的产业》。这个产业的启发，也就是研究经济，他们研究比较早，而我们研究是比较晚的。1961年日本天野元之助写《殷代の遗址矿产と交通》，他通过商代遗址来研究商代的矿产和交通。他对矿产的研究是根据中国古书，特别是地方志里所涉及的矿产的点进行统计。殷墟范围200公里以内有哪

些矿点，300公里以内有哪些矿点，然后在地图上画圈，找出哪些矿点很可能与商代的铜矿有关。我们说有些不太靠谱因为地方志里面比较靠后，也许晚了殷商很久，但是从方法论和思路上来讲是比较可取的，走在前面。我们今天研究殷商矿产有很多方法，比如根据高放射性成因铅的衰减来检测当时的矿产到底来自于哪里。殷墟的青铜器中有一部分含有很高成分的成因铅，因为它衰变很慢，我们根据今天的铜矿的成因铅和殷墟出土的铜器对比看是否一致。很奇怪，殷墟的青铜器成因铅与云南滇东的铜矿一致，三千多年以前交通怎么可能做到呢？所以我们现在在思考是不是研究思路上还有问题，这些情况超出了常理，可能还有一些不到位。

1963年松丸道雄《殷墟卜辞中の田猎地について》，此文主要是针对李学勤，他认为李学勤的方法论存在一些问题。李学勤根据商代的卜辞来确定商代的田猎地的范围，用地名和每个地点的距离来确定商代的田猎地范围很大。而松丸道雄认为当时的战况不一定是第二天实行，有些田猎地到第二天并没有去。具体要看打猎有没有收获，有收获就表明去了，没有收获表明可能没有去。把研究范围缩小，他得到的结论是殷商田猎地的范围不可能太远。同时这里就也涉及当时的生态问题，要打猎就要动物，当时的地理、植被动物是怎么样的一些情况，这些都是需要考虑的。比如说殷墟打猎曾经打到象，最多的一次打到七头象。象是云南才有，可中原是没有的。当时一下子可以打到七头象，可见另外还有犀牛，很多很多今天中原不见的动物当时都有。所以说后续的研究可以做很多。此外还有1965年梅原末治《殷墟》、1967年伊藤道治《古代殷王朝のなぞ》、1975年伊藤道治《中国古代王朝の形成》、1977年赤塚忠《中国古代の宗教と文化—殷王朝の祭祀》、1991年末次信行《殷代气象卜辞の研究》、1978年韩国尹乃铉《商王朝史的研究》。

2000年的时候日本的白川静的也把自己一生对甲骨文的研究进行了汇总，写出了《甲骨文と殷史》这是他长年来殷商史研究方面的论作汇集，成为甲骨文常识，他主要关注的是当时古代殷王朝の构造、殷の社会、中国古代の共同体、殷の族形态、殷の基础社会、殷代の殉葬と奴隶制、殷の王族と政治の形态、殷代奴隶制社会说等。

西方汉学界对商代文化的探讨，大致经历了从早先对地下出土文字材料的热衷，转而分析文字结构、王室谱系，又渐渐扩展到商代史研究诸方面。由于文化背景的不同，他们善于提出问题，热点颇多，视野较宽，撰述的力度和规模在逐步加大，在研究方法上以文献、考古、甲骨文等地下出土文字材料三位一体的趋势日益强化。

回顾一下，1917 年英国驻天津总领事金璋发表《Sovereign of Shang Dynasty》(商代的帝王)、1922 年发表《The Royal Genealogies on the Honan Relics and the Record of the Shang Dynasty》(河南遗物所载王室谱系和商朝的记录)，两文借甲骨文探讨商王世系，途径正确，可惜所据材料有的却是伪片。1925 年英国银格兰姆著《The Civilization and Religion of the Shang Dynasty》(商代的文明和宗教)。1936 年美国芝加哥大学东方语文系主任顾立雅著《The Birth of China：A Survey of the Formative Period of Chinese Civilization》(中国的诞生——中国文明形成时期的观察)，1937 年又出版《Studies in Early Chinese Culture》(古代中国文化研究)。

西方学者的研究特点是早期比较不太关注文献资料，而是很重视地下出土的文字材料来直接探讨中国的古史。所以甲骨文一发现后，很多西方学者就大量介绍甲骨文出土的情况和背景等。一下子把中国的甲骨介绍到世界，带来一些弊病是使甲骨文大量流失到世界。

西方学者直接利用甲骨文资料进行研究，不受文献资料的拘束。20 世纪 30 年代英国吉卜生发表六文：《Hunting During the Shang Period》(商代田猎)、《Animals in the Writting of Shang》(商代文字中之动物)《Agriculture in China During the Shang Period：from Information Collected from the Inscribed Shang Bone》(商代的农业—来自甲骨文的报告)、《Domesticated Animals of Shang and their Sacrifice》(商代的家畜和祭祀)，《Music and Musical Instrument of Shang》(商代的音乐和乐器)，这些均是西方甲骨学具有开启性论著。1937 年吉卜生又发表的《Communication in China During the

Shang Period》(商代的交通)，是第一篇利用甲骨文研究商代交通的论作。1970 年德国华裔张聪东写过《Der Kult der Shang-Dynastie im Spiegel der Orakelinschriften：Eine Paläographische Studie Zur Religion im Archaischen China》(甲骨文所见商朝的祭祀—中国上古宗教之古文字学的研究)。这本书绪论中谈到研究甲骨文的方法论定，第一章是鬼及祖先，第二章是自然神，第三章是最高神帝，第四章是巫术。1977 年法国旺德迈著《Wangdao ou la voie royale：Recherches sur Iésprit des Institutions de la Chine Archaique》(王道—中国古代制度的精神)，1994 年又著有《Etudes Sinologiques》(汉学研究)，由巴黎法兰西大学出版。1980 年美国哈佛大学张光直著《Shang Civilization》(商代文明)，耶鲁大学出版，列为"中国古代文明丛书"第一种。该书提出通向商代的五个门径，即历史文献、青铜器、甲骨文、考古学、理论模式。

1982 美国檀香山召开东西方国际文化商讨会，邀请了大陆很多老学者，是 80 年代以来很难得的一次国际学术会议，会后编辑了《中国文明的起源》。部分论文由张光直编入《Studies of Shang Archaeology：Selected Papers from the International Conference on Shang Civilization》(商代考古学研究：商代文化国际学术研讨会论文精选)，1986 年在美国由耶鲁大学出版。

1997 年美国芝加哥大学夏含夷教授主编《New Sources of Early Chinese History：An Introduction to the Reading of Inscriptions and Manuscripts》(中国古史新资料：铭文、写本释读导论)，由古代中国研究会和加利福尼亚大学伯克利分校东亚研究所出版。

这本书是论文集，共有 9 篇。(1) 夏含夷撰"导论"；(2) 加利福尼亚大学 David N. Keightley 撰《商代甲骨文》；(3) 夏含夷撰《西周金文》；(4) 新泽西州西顿霍尔大学马几道教授撰《东周金文》；(5) 美国哈佛大学罗凤鸣撰《侯马与温县盟书》；(6) 英国剑桥大学鲁惟一教授撰《汉代简牍文书》；(7) 荷兰莱顿大学何四维教授撰《秦汉法律文献》；(8) 美国芝加哥大学夏德安教授撰《简帛数术文献》；(9) 华盛顿大学鲍则岳教授撰《简帛文献与传世典籍》。

2000年美国吉德炜著《The Ancestral Landscape：Time，Space，and Community in Late Shang China（ca. 1200—1045B. C.）》（祖先的景观——晚商之时间、空间和社群）University of California，Berkeley，Center for Chinese Studies，由加利福尼亚大学出版。吉德炜一书共分为八章。第一章讲气候；第二章讲农业（农业时序、虫害）；第三、四章讲时间制度（太阳崇拜、干支记日系统、周祭系统）；第五、六章讲地域制度（统治中心与外围地区、宇宙与方位观）；第七章关于社会群体（土地与居民、人与动物）；第八章讲社会演进与殷遗。

该书有许多颇富启迪的论述。如指出商周文字记载中并没有"奴隶"或"自由人"之类的词汇，没有任何人被买卖的记录。不存在个人权利的法律概念。而试图确定甲骨文中某些集团处于奴隶地位，或把某个字读做"奴"，含着太多的理论介入，而不是古字体的解释；又如殷墟大墓大量殉人及人祭是否是奴隶的问题，吉德炜认为，没有证据能证明殉人在生前曾经固定地从事劳动生产，晚商社会并未大量使用奴隶劳动。殉人及人祭，应属于墓主的依附者，包括亲戚、女人、护卫、仆人、囚犯等；另外甲骨文中的"方"也指存在于商政治范围内外的非商民族及敌对国家；甲骨金文中的复合族名，透露出家族的分裂与联合。

到了1999年鲁维一、夏含夷主编《The Cambridge History of Ancient China：From the Origins of Civilization to 221 B. C.》（剑桥中国古代史—从文明起源到公元前221年），Cambridge University Press. 填补了文明起源到公元前221年的历史，即秦统一前中国的历史，使剑桥中国史成为一个完整体系。

这本书商代部分由三位知名学者著述：第一位是华盛顿大学鲍则岳教授，撰《Language and Writing》，专从有关文献；第二位是普林斯顿大学白格立教授，撰《Shang Archaeology》，专从商代考古学；第三位是加利福尼亚大学吉德炜教授，撰《The Shang：China 's First Historical Dynasty》，则以甲骨文为主要史料，考察商史。由于该书是由西方著名学者写的，剑桥大学出版，显示了西方汉学界研究中国上古史的整体实力与成绩。但此书的某些立场、方法、观点、学说有点偏颇。

有两篇文章大家可以参阅一下，以了解对此书偏颇意见的评价。上海大学谢维扬教授撰有《谁识庐山真面目——〈剑桥中国上古史〉读后》，刊于2001年4月7日《文汇报》，提出商讨意见。中国社科院考古所唐际根在《读书》2002年第1期发表《考古学、证史倾向、民族主义》，专就Bagley（白格立）《Shang Archaeology》所持某些观点作了商榷。

2006年美国圣路易斯市华盛顿大学中国艺术史和考古学专业罗伯特L. 索普教授著《China in the Early Bronze Age — Shang Civilization》（《青铜时代早期的中国——商文明》），由宾夕法尼亚大学（University of Pennsylvania）出版。该书指出，20世纪上半叶汉学研究的重大突破之一是从考古学上确认了中国历史最早的王朝：商（约公元前1300至1050年）。在接下来的五十年里，中国考古学的各个领域都有长足的进展，特别是最近有关商文化、商族的祖先及其同时代文化的研究更为丰富。这本书成为首部综述当前有关商文明知识的英文专著。

为推动断代史著《商代史》重建工作的进行，海内外许多学者对此前赴后继付出了极大心力，做了大量开拓性工作。这些丰富的创造性学术成果，已为我们启动撰述大型《商代史》铺垫了坚实的基础。

第二个环节我们主要是介绍社科院用了十几年的时间完成出版的重大A类课题——十一卷本断代史《商代史》。

《商代史》的撰述，主要是重建中国上古史系统的关键环节，组织科研力量，争取在新世纪之初拿出高档次、整体性的断代史著《商代史》，十分迫切，学术意义是显而易见的。

1999年10月20日，我提出撰述《商代史》课题，被批准为中国社会科学院历史所重点研究课题。第二年《商代史》经院务会议批准，列为2000年度中国社科院A类重大科研项目。同年8月撰述正式启动。到了2001年又被纳为2001年度国家社科基金课题。

这个课题由13人组成，主要为中国社会科学院历史所甲骨文商史研究的学者群，适当吸收外校专家学者。参加者有王宇信研究员、杨升南研究员、罗琨研究员、常玉芝研究员、王震中博士、宫长为博士、马季凡副研究员、徐义华博士、林欢博士（已故）、孙亚冰博士、烟台大学江林昌博士、安阳师范学院韩江苏博士等。

本课题的主要目标是重建商代史，注重学术性、原创性和创新性，填补断代史著上的空白。

经过10多年的磨砺笔耕，这部达700多万字的十一卷本《商代史》结项，最后通过了国家社科基金课题办及中国社会科学院科研局组织的匿名评审。2010年已经由中国社会科学出版社出版了七卷，其余四卷也于2011年出齐。

我们是站在前人探索成绩基础上来架构《商代史》的。架构《商代史》，是一门新学问，不是单纯的文献整合，也不是那种甲骨文金文资料或考古学成果的搜集和堆积。主要是建立一个商代史著述架构的基础性平台，又预留充分的学术探讨空间。

本课题的著述思路，确定《商代史》的体例与目标，必须代表当代商代史研究领域新水准的学术论著，故有三方面的特色：第一是涵盖商代史的主要方面，题内应有者不可或缺，但更注重于研究领域的开拓与填补，成为商代史系统研究工作的新方阵和新结晶，而定位为全方位整体研究多卷本商断代史著；第二是强调以理论与史征相系，多层面多视角勾勒复杂纷纭、生动具体的历史事象，捕捉商代历史流程中的运作系列，解释其社会内在特征和时代演进规律；第三是注重集大成性、多学科性和后续性，在本学科发展的最前沿一线完成著述工作，推动21世纪商代史研究继续向纵深领域发展。

该课题旨在用深刻的历史发展意识和现代认知尺度，会通多学科研究的有效手段，打破传统史著撰述模式，不泥古，不执今，不媚俗，立足于考据和实徵，把握早商、中商、晚商的发展，注意纵向的历史演变，点、线、面结合，全方位、多视角审察商代历史时空，典型分析、取精用宏与综合研究相兼，建立既合乎商代史实，又展示现代史识的可行性著述体例。

采取的研究方法和途径主要有四点：其一，对传世商史文献资

料进行全面搜集、整理、研究和鉴定，给出其真正的史料价值。其二，利用甲骨文、金文、陶文、玉器契刻文字等地下出土的商代文字材料，结合传世商代器物上的文字记录材料，作为研究的重要依据。其三，充分利用当代考古发现材料，进行典型遗址、遗迹、遗存的分析，从历史学视角观察其社会构成场景和文化历史氛围。其四，强调多学科性，整合甲骨金文古文字学、文献学、考古学、民族学、民俗学、人口学、文化人类学、历史地理学、经济学、天文学、古代科学技术史等学科的有效研究手段，集结众家学术研究成果，以获得商代史重建工作的新起点和新认识。

《商代史》较传统断代史著有一些“建设性”的构思，传统断代史编纂体例或以本纪、世家、列传、表志等所谓“纪传体”为著述架构；或按朝代之编年先后，序次兴衰存亡；或以考订典章制度因革损益的“典制体”即所谓“实录”、“学案”、“长编”、“纲目”、“纪事本末”等为编纂义例；或以政治、经济、文化三板块为撰述模式。

《商代史》为十一卷本，各成分册。各分卷在写作风格上基本保持一致，注意“全”与“专”的把握，“全”是题内应有者要设计到，“专”是在一些专门性领域有建树。每卷有自己的中心内容，成为前后相贯的有机整体。

第一卷是商代史论纲，第二卷是殷本纪，文献的通判整理；第三卷是商代起源与先周社会变迁，第四卷是商代社会与国家，第五卷是商代都邑，第六卷是商代经济与科技，第七卷是商代社会生活与风俗，第八卷是商代宗教祭祀，第九卷是商代战争与军制，第十卷是商代地理与方国，第十一卷是殷遗与殷鉴。

卷一商代史论纲概述本书的著述体例，商代史研究的回顾，重建商代史的课题立项与意义，有关商代史的史料问题与研究方法。总论商朝的历史年代、政治地理、社会人口规模与人口构成、国体与政体、行政区划、社会组织、社会形态、经济生活、文化信仰及周边方国等。

卷二由韩江苏、江林昌完成。他们重点从《殷本纪》切入，辨析文献史料的真伪，考覈商代信史成分，结合甲骨文金文材料，研究殷先公远世、先公近世及商王世系、殷王室结构，订补《殷本纪》史事史迹，增补甲骨文中商史人物传。

卷三由王震中主笔。他整合梳理历史文献与甲骨文、考古学材料，借鉴国外人类学的理论及其成果，考订商族的发祥、起源和先商时期的迁徙问题，探析先商文化以及灭夏之前商族社会形态的演变。

卷四由王宇信、徐义华完成。该卷阐述商代社会性质、商王朝国体与政权结构形式、分封制与内外服制相兼的国家政治体制、社会等级分层、族氏家族组织机制，详细考察商代社会不同身份者的阶级属性和阶级矛盾，论述商王朝公共事务管理的具体运作、职官体系、刑狱法律等等。

卷五由王震中完成。他全面搜汇、整理商代考古学材料，进行典型遗址分析和区系文化模拟，结合甲骨金文与文献史料，分析商朝城邑的空间关系及城邑体系的分层结构形态与都邑文明，归纳理论上的把握系列。

卷六杨升南、马季凡两位学者完成。该卷运用经济学理论和方法，采借科技考古研究成果，利用甲骨金文、文献资料与商代考古材料，就商代社会经济形态、经济基础、土地所有制、贫富分层差异等展开论述，考量商朝财政收支、方国经济、商业交换和商品货币状况，缕析商代农业、畜牧业、渔猎业、建筑业、青铜冶铸业、纺织业、陶瓷业、手工业管理，以及有关科技与天文历法等。

卷七由我完成。该卷论述城邑生活与族居形态、家族与亲属制度、住宅与宫室建制、作息习俗、社会风尚等，考察商代衣食住行、农业信仰礼俗、饮食俗尚、婚丧嫁娶、养老教子、生育观念、疾病与医疗俗信等，包括社会礼仪及礼器名物制度、服饰车马制度、文化娱乐、丧葬制度、甲骨占卜制等。

卷八由常玉芝完成。他考察商代图腾残遗信仰，论述上帝及帝廷诸神、自然神、祖先神的三大宗教分野、神灵崇拜的代变、神灵权能和神性、祀所设置、人殉人祭，对甲骨文中的祭仪名进行统计分类，阐述王室周祭祀谱及有关祭仪和庙制，分析商代宗教信仰的社会学意义（如社会凝聚力、情感寄托、宗教功能等）和宗教祭祀活动的性质。

卷九由罗琨完成。该卷论述商人开疆拓土经略、商代前后期战争的性质、战争规模、战争手段。考察重大战争（如商汤灭夏、商代前期的夷夏交争、武丁对多方及拓疆南土的战争、武乙文丁伐召方、帝乙帝辛时伐夷方、牧野之战）的始末过程，甲骨文中几次重要战争行程的排谱。考订商代军制、军法和军礼、国防警卫、武装力量组织、兵种、武器装备、后勤保障、军事训练等。

卷十由林欢、孙亚冰两位学者完成。他们依据甲骨文及考古发现材料，考察商代自然生态和政治经济地理，重在缕述甲骨金文中农业地理、田猎地理、贡纳地理、交通地理史料，对商代诸侯方国资料进行搜汇和考述，与地下出土青铜器“族徽”地望及商代考古遗址相结合，阐述商代政治地理架构、人文地理结构演变和方国地望等。

卷十一是由宫长为、徐义华两位年轻学者完成。该卷论述武王灭商、周公东征前后与商王朝退出历史舞台后有关殷遗民考古发现和文献记述，考察殷遗的遭遇与族组织结构的裂变，殷遗的社会政治地位，对周文化发展的作用。讨论所谓“殷鉴”及周人对商朝得失的评判，商周制度演绎与变革因素、其间的文化异同等。这是断代史著《商代史》的特笔，对于寻绎历史变迁条理，总结历史经验，也保证了断代史著《商代史》的完整性。

十一卷本《商代史》著述的完成，改变了在商断代史专著方面长期滞后的状态，填补了空白。但商代史还有诸多研究分支，限于出土文字数据的不足和考古方面的因素，仍难展开，只能留待他日了，我们更期待得到学界同仁的批评指正。

《商代史》用十几年时间完成，我由一个年轻学者到现在已经进入老年。我不免感慨，兹作小诗。少壮拳拳灯色暗，玄鬓岁月渐疏稀；衡门卷穗吁时彦，两代穷通吟式微。“卷穗”一词取意北宋欧阳修长短句“炉香卷穗灯生晕，急景流年都一瞬，往事前懽，未免萦方寸，腊后花期知渐近，东风已作寒梅信。“两代穷通吟式微”，我们引用《庄子》：“穷亦乐，通亦乐，所乐非穷通也，道德于此。”《吕氏春秋》亦云：“动必缘义，行必诚义，俗虽谓之穷，通也。”十一卷《商代史》的索引大致如此。

学术贵在求真,《商代史》将经受学术的严格检验。我希望得到更多的批评与指正。最后用商代的两件乐器排在这里向大家表以致敬,谢谢大家!

论老子哲学对中国和世界哲学文明的创造性贡献

◎黄　钊

黄钊，武汉大学马克思主义学院教授、博士生导师。1939 年生，曾任武汉大学政治与行政学院副院长兼思政系主任、武汉大学中外德育研究中心主任，兼湖北省孔子学术研究会副会长、湖北省炎黄文化研究会副会长、国际儒学联合会顾问等职。独著或主编学术著作十余部，其中主要有《帛书老子校注析》、《道家思想史纲》、《中国道德文化》、《儒家德育学说论纲》、《中国古代德育思想史论》、《国学与儒道释文化发微》等；另在《光明日报》、《中国教育报》、《中国哲学史研究》、《世界宗教研究》等著名报刊杂志上，发表学术论文 160 余篇，且多次获得省部级优秀著作奖，在海内外学术界享有相应声誉。

该文是作者于 2012 年 8 月 26 日在“中国鹿邑国际老子论坛”作大会主题发言。

老子是中国古代最伟大的思想家、哲学家。他所创立的哲学思想体系，不仅奠定了道家哲学的理论根基，而且预示着整个中国古代哲学发展的历史轨迹和思想历程，成为中国先秦时期哲学发展的最高成就，在中国哲学文明和世界哲学文明史上，都享有十分重要的历史地位，值得我们高度关注，大力弘扬。

（一）老子的本体论学说，奠定了中国古代一元本体论哲学的理论基础

哲学家在探讨世界万物的本原时，创立了哲学本体论学说。哲学本体论所要回答的问题是：世界万物究竟是从哪里来的？或曰它的最终本原是什么？围绕对这一问题的回答，我国哲学史上，先后出现过多元本体论和一元本体论的思想体系。老子在中国哲学史上创立了以“道”为标志的一元本体论的哲学体系，这是一个伟大的学术贡献。

第一，老子用一元本体论代替了历史上种种形式的多元本体论。人所共知，在老子之前，中国古代哲学家在论及世界本原时，尚处于多元本体论阶段。这有三种表现形式：一是关于“八卦”说，即以八种卦名（乾、坤、震、巽、坎、离、艮、兑）分别代表天、地、雷、风、水、火、山、泽八种实物，肯定世间万事万物都由这八种实物演化而成。这是我国最早出现的多元本体论哲学见解；二是关于“五行”说。此说最早见于《尚书·洪范篇》：“五行：一曰水，二曰火，三曰木，四曰金，五曰土。水曰润下，火曰炎上，木曰曲直，金曰从革，土爰（曰）稼穑。润下作咸，炎上作苦，曲直作酸，从革作辛，稼穑作甘。”这里由五行引申出“润下”、“炎上”、“曲直”、“从革”、“稼穑”五种性能，并认为这五种性能乃是“咸”、“苦”、“酸”、“辛”、“甘”五种味道的本原。这里已初步透露了“五行”具有世界本原的属性，但比较粗糙，简单。后来《国语·郑语》将之进一步完善。该书引史伯之语曰：“先王以土与金、木、水、火杂，以成百物。”这里明确把“金、木、水、火、土”五种实物，作为“百物”的生成之本，是较为成熟的以“五行”为世界万物本原的多元本体论哲学见解；三是“阴阳说”，即把阴阳二气看作世界万物的本原。“阴”与“阳”

最早可以追溯到“八卦”中的两个基本符号：即“--”与“—”，其中“--”称为“阴爻”；而“—”，称为阳爻。这两个符号虽然可以指代阴阳，但由于它只是一种符号，人们还不能将之视为阴阳概念。只有到了西周末年，伯阳甫论地震，才第一次涉及阴阳概念，其文曰：“阳伏而不能出，阴迫而不能蒸，于是有地震。”(《国语·周语》) 这里把阴与阳的对立斗争，视为地震发生的根源，已初步表达了以阴与阳作为世界万物本原的哲学见解，但它仍属多元本体论范畴。以上三种多元本体论从不同侧面，反映了我国先哲探索世界万物本原的艰苦历程。从“八卦说”到“五行说”再到“阴阴说”，围绕多元本体论的探索，呈现出由“八”而“五”，由“五”而“二”的递减趋势。这种递减趋势，恰恰反映了我们祖先在探索世界万物本原方面不断进步的发展过程。在“阴阳说”之后，围绕世界万物本原的探讨，出现了一个根本的变化，那就是老子创造出了“道”这个具有一元特色的本体论哲学体系。老子明确指出：“道生一，一生二，二生三，三生万物。”(第四十二章) 这个命题的实质，就是强调“道生万物”，把“道”看作产生世界万物的最后本原。这就用哲学一元本体论代替了以往的种种形式的多元本体论。毫无疑问，这是一个伟大的贡献，它揭开了中国古代哲学一元本体论的新篇章，使我国古代哲学家围绕本体论哲学的思考，向前大大跨进了一步。

第二，老子所创立的以“道”为世界万物本原的一元本体论，决定了中国古代两种互相对立的哲学路线的发展方向。如前所述，老子把“道”作为世界万物的唯一本原，这在理论上是一个伟大的创造。过去，有的论者尝试对老子的“道”作出具体解释，或将“道”释为物质实体，或将“道”释为精神实体。据前者，则把老子奉为唯物主义者；据后者，则把老子称为唯心主义者。其实，这种处理方法是欠妥的。老子的“道”，具有“不可道”、“不可名”的特性，它“惚兮”、“恍兮”，“恍兮”、“惚兮”，表现出“模糊性”的特色，属于模糊哲学构架，我们没有必要对之作具体的解释。恰恰相反，维护老子之道的模糊性特色，才能从本质上体现老子的哲学智慧。正因为老子未对“道”的特性作明确界定，它才能启迪着后人围绕"'道'是什么"这一问题，进行了长期而有意义的学术争鸣，由此，诱发出中国哲学史上关于本体论问题的两种互相对立的思想体系的最后形成。

一是把"道"理解为"无"或"无有"，从而建构起中国哲学史上精神本体论的哲学路线。"无"，作为本体论的基本范畴，原出自老子。他说："天下万物生于有，有生于无。"（第四十章）《庄子》正是以此为依据，把"无有"作为产生世界万物的本原。他说："天门者，无有也，万物出乎无有。"（《庚桑楚篇》）这里的所谓"无有"，乃是他在《大宗师》中所讲的"有情有信，无为无形，可传而不可受，可得而不可见。自本自根，未有天地，自古以固存，神鬼神帝，生天生地"的"道"，亦即精神性本体。后来，晋代王弼沿着《庄子》尚"无"的路线，创造了"贵无"论的思想体系。王弼说："夫物之所生，功之所成，必先乎无形，由乎无名，无名者，万物之宗也。"（《老子旨略》）又说："天下之物，皆以有为生；有之所始，以无为本；将欲全有，以反于无也。"（《老子》四十章注）这就确立了以"无"为本的玄学本体论的思想体系。这个"无"，绝非空无，它乃是精神性的"理"的代名词。后来，宋明理学家所建构的理本体论，正属于此类。它们都是老庄的精神本体论和魏晋玄学的"贵无"论在新的历史条件下的变种。无论是程朱理学的"理"，还是宋明道学的"道"，抑或是陆王心学的"心"，说到底都是道家之"道"在起支撑作用。对此，明代唯物主义思想家王廷相早有所论，他说："老子说道生天地，宋儒谓天地之先只有此理，此乃改易面目立论耳，与老庄之旨何殊！"可谓一针见血。

二是把老子的"道"理解为"精气"、"元气"，从而演生出中国哲学史上气一元论的哲学路线。把"道"理解为"精气"，依据的是《老子》第二十一章"其中有精"一语，此"精"在老子那里是模糊的，后来稷下道家发挥了这一思想。《管子·内业》说："凡物之精，此（按：'此'，乃为'化'之误，据丁士涵说）则为生。下生五谷，上为列星。游于天地之间，谓之鬼神；藏于胸中，谓之圣人。"这里明确把"精"看着产生世界万物的本原。那么，“精”为何物？《管子·内业》又说：“精也者，气之精者也。”明确把“精”释为精气。后来黄老新道家，又将“精气说”，推到“元气说”，《鹖冠子·泰录篇》言：“故天地成于元气，万物乘（按：‘乘’为‘秉’之误）于天地。”这是明确把“元气”看作天地万物的本原。到了汉代，王充继承并发展了这一思想，创立了元气自然论；后来，张载提出“太虚即气”的唯物主义的气本论；王廷相强调“学者必识气本，然后可以论造化”的“气本造化论”；王夫之提出的“絪缊太和，合于一气”的气化论，无不是沿着气一元论的路线，进入中国古代哲学唯物主义的殿堂的。

以上，中国哲学史上两条互相对立的哲学路线的历史形成，追根溯源，无不是从老子哲学中演生出来的，并且都是按照老子创立的道家哲学的格局不断发展演进的。因此，中国古代如果没有老子的哲学智慧，也就没有中国后来哲学发展的客观历程。由此可见，老子的哲学本体论成果，影响多么深远。

（二）《老子》的朴素辩证法理论，对中国乃至世界辩证思维逻辑的建立，影响十分深远

老子是中国古代著名的朴素辩证法大师。人所共知，老子有着无比丰富而深刻的朴素辩证法思想，这集中体现在以下三个命题上：一是强调“有无相生”，二是强调“反者道之动”，三是强调“大小多少”（即大生于小，多起于少）。这三个命题，构成了老子朴素辩证法的思想体系。

第一，老子所讲的“有无相生”，透露了“对立统一”的辩证法原理。其书第二章说：“有无相生，难易相成，长短相形，高下相倾，音声相和，前后相随。”这里说的“有无”、“难易”、“长短”、“高下”、“音声”、“前后”六对矛盾，可以用两个字来概括，叫做“相反”；“相生”、“相成”、“相形”、“相倾”、“相和”、“相随”六个概念，亦可用两个字来概括，叫做“相成”。“相反”，强调的是“对立”；“相成”，突出的是“统一”。不难看出，“相反相成”，乃是《老子》关于“对立统一”思想的表达形式，是中国古代朴素辩证法的深刻流露。

第二，老子所讲的“反者道之动”，透露了“否定之否定”的

辩证法原理。“反者道之动”，意为向相反的方向转化是道的运动。这一命题告诉我们，世间一切事物都要走向自己的对立面，就是说：肯定的东西，终会走向否定；否定的东西也终会走向肯定。这里实际上已出现了一个循环：肯定——否定——肯定。其中，第二次肯定，人们又称之为“否定之否定”。这就不仅揭示了矛盾转化的法则，更为重要的是，其中已内涵着我们今天所说的“否定之否定”原理。

第三，老子所讲的“大小多少”，透露了质量互变的辩证法原理。“大小多少”一语，见于今本《老子》第六十三章，据严灵峰先生考证，说的是“大生于小，多起于少”。老子所谓“天下难事必作于易，天下大事必作于细”（第六十三章），以及“合抱之木，生于毫末；九层之台，起于垒土；千里之行，始于足下”（第六十四章）等，都体现了“大生于小，多起于少”的法则，这一法则同现代辩证法所公认的“质量互变”规律，完全吻合，是有关质量互变规律的表达方式。

以上老子所透露的“相反相成”思想、“反者道之动”思想以及“大小多少”（即大生于小，多起于少）思想，正好同现代辩证法所强调的“对立统一”、“否定之否定”以及“质量互变”三大规律相一致，这无疑是一个很大的贡献，它既规定了中国古代辩证思维模式，也对世界辩证思维的深化发展，产生过重大影响。

首先，它规定了中国古代辩证思维模式。一是老子以“有无相生”为特色的“对立统一”理念，对后来中国思想家启发很大。从《庄子》之“知东西之相反而不可以相无”（《秋水篇》），到《荀子》“善言古者必有节于今，善言天者必有征于人”（《性恶》），再到张载“物无孤立之理，非同异、曲伸以发明之，则虽物非物也”（《正蒙·动物》），以及王夫之“相反而固会其通”（《周易外传·杂卦传》）的论述，都表达了我们的祖先关于“对立统一”的思维模式。这些思维模式，毫无疑义都是渊源于老子。特别值得一提的是，不少思想家以老子“有无相生”的命题为模式，创造出了许多类似的命题，如《黄老帛书》所透露的“柔刚相成”，《鹖冠子》所提出的“生死相摄”、“虚实相因”、“美恶相

饰”，罗隐所谓“上下相制”，王安石所言“刚柔相济”，如此等等，举不胜举，都较好地体现了老子“有无相生”的思维模式，其效法老子不言而喻。二是老子的“反者道之动”理念，启迪了后来思想家关于“矛盾转化”法则的辩证思考。无论是《鹖冠子》所提出的“物极相反”，《黄老帛书》所讲的“极而反，盛而衰”，还是《文子》提出的“物盛则衰”、“乐极而悲”，乃至王夫之的“物极必反”、“乐极生悲”（《老子衍》）等形形色色的各式命题，其本意都在于表达矛盾转化的辩证法则。溯其源，亦出自老子。“矛盾转化”作为一种法则，说到底，必然引出否定之否定规律。三是“大生于小，多起于少”，如前所述，它已猜测到了质量互变法则。正是在老子思想的启迪下，中国古代有关“质量互变”的思想相当丰富。从荀子提出的“不积跬步无以至千里，不积小流无以成大海”（《劝学篇》），到成书于战国末年的《文子》概括的“积德成王，积怨成亡，积石成山，积水成海”、“积薄成厚，积卑成高”、“积柔即刚，积弱即强，观其所积，以知存亡”（《道原》），再到《汉书》“聚蚊成雷”（《中山靖王传》）以及《法华经》所谓“聚沙成佛塔”（《方便品》）等，都从不同侧面深化了质量互变法则。以上可见，中国古代有关辩证法的思维模式，都同老子保存着渊源关系。由此，我们将老子推为中国古代辩证思维的开山祖，他是当之无愧的。

其次，老子的朴素辩证法，对世界的文明进步也作出了重大贡献。据学者考证，德国的古典哲学家黑格尔（1770—1831）曾读过由法国汉学家莱谟萨翻译的《老子》一书。这是一件值得关注的事。据此，我们可以断言，黑格尔的辩证法思想，很可能受到《老子》思想的启示。人所共知，黑格尔曾创立了唯心主义的辩证法的三大规律，即对立统一、质量互变、否定之否定规律①，值得注意的是，黑格尔关于辩证法的这三大规律，恰恰同老子关于辩证法的三大理论贡献，遥相呼应，这决非偶然，很可能黑格尔的辩证

① 后来，马克思对之进行了唯物主义的改造，才使它变成了科学世界观的重要组成部分。

法思想，受过老子思想的启迪。令人遗憾的是，黑格尔对此不但只字未提，而且对《老子》之书大加贬抑，称它“是尚处在初级阶段的著作”，并肯定“真正的哲学是从西方开始的”，“东方思想应排除于哲学史之外”（《黑格尔全集》，俄文1932年版，第九卷，第92页）。这就有失公允。退一步说，即使黑格尔未能因袭老子，那么老子关于辩证法的三大理论创造，至少比黑格尔关于辩证法的三大规律的论述，早问世两千三百余年，这无疑是中华民族对世界哲学文明的重大贡献。据此，东方哲学岂能“排除于哲学史之外”？

（三）老子以“知常”为标志的认知学说，对我们民族确立追求真理的认知取向，影响至深

老子认识论的最卓越成果，是把“知常”作为认识的根本任务，这在认识的发展史上，是一个创造性的贡献。其书第十六章说：“知常曰明，不知常，妄作凶。”所谓“知常”，即把握常道，用今天的话说，叫做认识客观规律，或曰把握真理。在老子看来，不照规律办事，胡作妄为，盲目蛮干，只能陷入凶祸，碰得头破血流。强调遵循规律，这正表现了道家创始人老子对真理的炽热追求。它启迪着后来者在追求真理的道路上，不断进行有效的理论探索。

第一，它启发了战国末年的进步思想家荀子的天道观。在荀子之前，人们往往把“天”视为最高人格神，主张拜倒在天的脚下，一切听天由命，无所作为。荀子则突破了这一神学见解。他以老子关于“知常”的思想为指导，撰著《天论》一文，明确提出“天行有常”的命题，这是用老子所说的“常”，去探究“天之常”。指出：“天行有常，不为尧存，不为桀亡。应之以治则吉，应之以乱则凶。”明确认为，天的运行有自己的常道（即规律），这个常道，不因圣君尧而存在，也不因昏君桀而不存在。关键在于人们应当把握“天之常”，并应之以正确的治理措施，则给人们带来吉祥；反之，如果不懂得天之常，胡作妄为，则必陷入凶祸。这里把老子“不知常，妄作凶”的思想发挥得淋漓尽致。他的结论是：若遵循天之常，坚持“强本而节用，则天不能贫；养备而动时，

则天不能病；修道而不贰，则天不能祸”。反之，如果违背天之常，弄得“本荒而用侈，则天不能使之富；养略而动罕，则天不能使之全；背道而妄行，则天不能使之吉”。这些都从特定角度，把老子“知常曰明”的思想揭示得无比深刻。从一定意义上说，荀子以发挥人的能动作用为特色的天道观理论，同老子强调“知常”的思想，保持着十分亲密的渊源关系。

第二，它启发了韩非重视“缘道理”的理性主义认识论。韩非作为荀子的学生，他继承了荀子重视老子“知常”的思想，也对“常”作出了自己的解释，说：“夫物有常容，因乘以导之，因随物之容。”（《喻老》）文中的“常容”，犹今言“常态”，这个常态，亦近似于固有法则。全句是说，事物有自己的固有法则，我们应当按照它的固有法则，对之治理。这同老子关于“知常”的思想也是一致的。特别值得提出的是，按照老子“知常”的思想，韩非提出了“缘道理”的认知基本任务，他说：“夫缘道理以从事者，无不能成……夫弃道理而妄举动者，虽上有天子诸侯之势尊，而下有猗顿、陶朱、卜祝之富，犹失其民人而亡其财资也。”（《解老》）这段论述，同老子“知常曰明；不知常，妄作凶”的思想，在思维逻辑上也完全一致，可以说，是老子那段论述的注疏。其所谓“缘道理”，也就成为把握常道的代名词。

第三，它启发了唐代刘禹锡对“数”、“势”、“理”诸概念作出理论阐释。到了唐代，唯物主义思想家刘禹锡，继承发挥了荀子“天行有常”的思想，提出了“数”、“势”、“理”诸概念，借以揭示规律的客观性。他说：“夫物之合并，必有数存乎其间焉；数存，然后势形乎其间焉。”“天形恒圆而色恒青。周回可以度得，昼夜可以表候，非数之存乎？恒高而不卑，恒动而不已，非势之乘乎？……又乌能逃乎数而越乎势邪？”（《天论中》）又说：“大凡入乎数者，由小而推大必合，由人而推天必合。以理揆之，万物一贯也。”（《天论下》）这里先后运用了“数”、“势”、“理”诸概念，旨在揭示自然规律的客观性。其所谓“数”、“势”、“理”，乃是对“天之常”的进一步分解，作者主张，通过“推数”、“乘势”、“揆理”，以达到照客观规律办事的目的。这就将“老子”的

“知常”思想，向前大大推进了一步。

刘禹锡之后，陆希声、王夫之等，都对老子知常的思想，有许多新的发挥。例如，陆希声强调“唯能知道之常，则常善救物”；“万物之理得，而天下之事正”；“坐为常理，德之大也；能顺常理，福之首也”。（以上均见《道德真经传》）表现了追求“常理”的理性自觉。王夫之从其朴素的唯物辩证思想出发，正确地揭示了“常”与“变”的辩证关系，提出“奉常以处变”，“变而不失其常”（《周易外传·杂卦传》）的常变观，把老子强调的“知常”理念，引向了深化。由此可见，老子的“知常”观，影响多么深远。

（四）老子以“无为而治”为特色的政治哲学，对我们民族建立完善的治道观，作出了重大理论贡献

在中国政治思想史上，老子的政治谋略自成一家，影响十分深远。其中心内容，就是倡导“无为而治”。老子从“圣人之治，虚其心，实其腹，弱其志，强其骨，常使民无知无欲”（第三章）的策略思想出发，提出了“无为而治”的政治策略。所谓“无为而治”，就是按照“无为”的思想去实现天下大治。老子说：“圣人处无为之事，行不言之教”（第二章）；又说：“我无为而民自化，我好静而民自正，我无事而民自富，我无欲而民自朴。”（第五十七章）这里所谓“我”，指的是最高统治者“王侯”。在老子看来，只要王、侯等统治者坚持“无为而治”的路线，就可以让老百姓“自化”（自然而然地开化）、“自正”（自然而然地端正）、“自富”（自然而然地富足）、“自朴”（自然而然地纯朴），故又说：“为无为，则无不治”（第三章）。“道常无为而无不为，侯王若能守之，万物将自化。”（第三十七章）这些都体现了老子的“无为而治”思想。这一思想，对中国古代政权建设和国家治理，产生了十分深远的理论影响。

第一，“无为而治”的政治谋略，有利于提醒统治者在治民实践中，注重给予老百姓以“休养生息”的机会。“无为而治”思想的核心，在于要求统治者不干扰老百姓的生活，让老百姓靠自己的努力实现“自化”、“自正”、“自富”、“自朴”。所以老子提出

“治大国若烹小鲜”（第六十章）的主张。“小鲜”，即小鱼。烹小鱼不能烧大火，而只能用微火慢烤；烹小鱼也不能在锅里来回搅拌，而只能轻轻翻动。这也就是说，烹小鱼必须十分谨慎，不能搞大动作。用这种“烹小鱼”的方法来治大国，就要求当政者注重安民，让老百姓休养生息，不搞干扰群众生活的政治运动。这一思想在理论和实践上都对后世影响很大。后来的黄老学者，就是按照老子的“无为而治”，创造出“黄老之治”的思想体系，并努力将之付诸政治实践。在我国历史上，无论是汉初的“文景之治”，还是唐初的“贞观之治”，都吸取了“黄老之治”的思想成果，注重让老百姓休养生息，并且都收到良好的治国安民的政治效应。

首先，关于汉初的文景之治。据史学家考证，汉初推行黄老无为之治，“农民得到了五六十年的休养生息，社会经济繁荣了”；“汉景帝末年，地方官府的仓里装满了粮食，库里装满了铜钱，朝廷所藏的钱，积累到好几百万万，钱串子烂了，散钱无法计算。朝廷所藏的粮食，新旧堆积，一直堆到露天地上，让它腐烂”。① 这段活，是史学家范文澜对文景之治的高度评价。

其次，我们再看唐初的“贞观之治”。唐初的“贞观之治”，虽不属纯粹的黄老之治，但它吸取了黄老之治中有关与民休养生息的重要思想，则值得重视。李世民治国，注重儒、道并用，但他十分重视老子的“无为而治”，曾说：“神化潜通，无为而治，德之上也。”② 又说：“往昔初平京师，宫中美女珍玩，无院不满。炀帝意犹不足，征求无已，兼东西征讨，穷兵黩武，百姓不堪，遂致灭亡。此皆朕所目见，故夙夜孜孜，惟欲清静，使天下无事。遂得徭役不兴，年谷丰稔，百姓安乐。”③ 这段论述，通过回忆，将隋王朝与唐初政治作了比较。认为隋代之所以走向灭亡，是因为隋炀帝“征求无已，兼东西征讨，穷兵黩武”，不给百姓休养生息所致；而唐初的贞观之治，“惟欲清静，使天下无事”（这里所谓“清

---

① 范文澜著：《中国通史》第二册，人民出版社1978年版，第47～48页。

② 《贞观政要·君道篇》。

③ 《贞观政要·君道篇》。

静”，指清静无为，与民休息），才使社会出现“徭役不兴，年谷丰稔，百姓安乐”的局面。据史书所载，至贞观四年左右，就出现了“商旅野次，无复盗贼，囹圄常空，马牛布野，外户不闭，又频致丰稔，米斗三、四钱，行旅自京师至于岭表，自山东至于沧海，皆不赍粮，取给于路。入山东村落，行客经过者，必厚加供待，或发时有赠遗，此皆古昔未有也”。① 可见，贞观之治，在与民休养生息方面收到的治国成效，同西汉的文景之治，确有相似之处。

以上说明，老子倡导的“无为而治”，坚持与民休养生息，确实在治国安民中有其独到之功。特别是在封建社会经历改朝换代的大动乱之后，民心思安、民心思治的情况下，按照老子无为之治的要求，让民众休养生息，尤有必要。正是从这个意义上，清代学者魏源曾把《老子》一书，称之为“救世之书”，这确属精辟之见，揭示了老子“无为而治”学说的重大价值。

第二，老子“无为而治”的政治谋略，作为一种治国之道，弥补了“有为之治”的某些不足。中国古代有关治国之道，诸子百家各有所论，综合起来，有两种治国模式，一属无为而治，二属有为而治。如果说道家属无为而治者，那么，儒家、墨家、法家，则均属于有为而治者。儒家讲德治，法家讲法治，墨家讲尚贤之治，这在本质上都属于有为而治。推行有为而治，从本质上说，就是主张发挥“圣人”、“贤人”在治国安民中的能动作用，设计出安民之方，或通过道德教育，来感化民众；或通过法律制约，来规范民众的行为；或通过任用贤材，来为民众造福。毫无疑问，这些有为而治，在安民治国中，都有其合理性。但是，我们也应当看到，实行有为而治，也有其局限性。特别是在封建时代，统治者的有为，常带有主观随意性，难免导致胡作妄为。

例如，儒家的德治，强调以德化民，本有其合理性。但是，若德治变味，或曰异化，就可能出现假仁假义，难以服众。对此，庄子有过揭露与批判。《骈拇篇》说：“今世之仁人蒿目而忧世之患，

---

① 《贞观政要·君道篇》。

不仁之人决性命之情而饕贵富，故意仁义其非人情乎？自三代以下者天下何其嚣嚣也。”这就是说，儒家的仁义道德说教，不合乎人们本来具有的朴真之情，用它来治理社会，只能把人们引上争名夺利的境地。自三代以下有了仁义道德，结果造成天下嚣嚣嚷嚷，不得安宁。《胠箧篇》讲得更尖锐，指出：“圣人不死，大盗不止。虽重圣人而治天下，则是重利盗跖也。为之斗斛以量之，则并与斗斛而窃之；为之权衡以称之，则并与权衡而窃之；为之符玺以信之，则并与符玺而窃之；为之仁义以矫之，则并与仁义而窃之。何以知其然焉？彼窃钩者诛，窃国者为诸候，诸候之门而仁义存焉，则是非窃仁义圣知邪？……此重利盗跖而使不可禁者，是乃圣人之过也。”这些论述明白地告诉人们，儒家的仁义道德不过是那些窃国大盗者们的保护伞。从这个意义上说，按照“圣人”的那套东西治理天下，其结果必然“重利盗跖”！诚然，庄子之论，完全否定儒家德治的价值，确有其过激之处，难免带有片面性；但是，其说也在一定程度上揭露了儒家德治的局限性，值得关注。

再如，法家主张用法律来约束与规范老百姓的言行，也确有其必要性。但是，在封建时代，法律属封建统治者所有，统治者以自己的好恶立法，常常弄得是非颠倒，清浊混淆，罪功不分，因而也不能服众。故老子批评说：“法令滋彰，盗贼多有。”庄子也批评说：“今世殊死者相枕也，桁杨者相推也，刑戮者相望也……故曰绝圣弃智，而天下大治！”这些评述，虽亦过激，但也从一定层面揭露了法治的局限性。

综上所述，无论是儒家的德治，还是法家的法治，都有其不可避免的局限性。故河上公评曰：“欲以有为治民，我见其不得天道人心已明矣。天道恶烦浊，人心恶多欲”；“人乃天下之神物也。神物好安静，不可以有为治。其以有为治之，则败其质朴”。(《〈老子〉河上公章句》第二十九章注）这些评述，可谓深得老旨。正是针对有为之治的局限性，老子开出了自己的“药方”：“无为而治”。这无为而治，就是要求统治者清虚自守，卑弱自持。用司马迁的话说，叫做“无为自化，清静自正”。用河上公的话说，叫做“以清静导化之也”（同上书第三十七章注）。“以清静导化”，可谓“知风化之本，见政理之源”（李世民语），避免了德治、法治之烦民扰民的弊端。故司马谈在《论六家要指》中评道家的“无为”之术时，指出：“道家无为，又曰无不为。其实易行，其辞难知。其术以虚无为本，以因循为用。无成势，无常形，故能究万物之情。不为物先，不为物后，故能为万物主。有法无法，因时为业；有度无度，因物与合。故曰‘圣人不朽（巧），时变是守’。”司马谈的这段评述，从“无为而无不为”的思想立论，有力论证了老子“无为而治”思想的合理性。这些都从特定角度告诉人们，老子的“无为而治”既是对儒、墨、法诸家“有为而治”思想的重要批判，也是对其重要补充，在中国政治思想史上独树一帜，自成一家，值得好好发掘、加以继承。

以上我们从老子的哲学本体论、朴素辩证法和以“知常”为标志的认识论，以及“无为而治”的政治哲学等四个方面，论述了老子哲学对中国乃至世界哲学文明的重大贡献。此外，老子在伦理哲学方面，倡导淳厚真朴、处柔守弱、知荣守辱、与世无争、少私寡欲等道德理念，也从特定角度补充了儒、墨、法诸家的道德追求，对中国古代道德文明作出了自己的特定贡献。这一切，都显示了老子哲学思想的辉煌业迹。19 世纪末俄国汉学家 C. 海奥基也夫斯基，在评价老子的哲学贡献时，曾指出：“古代哲学家老子的学说，是中国一切哲学发展的出发点，所有其他中国哲学家的体系，都是在《道德经》哲学体系的各个部分的基础上，发展起来的。”① 这从一定层面，透视出老子哲学对中华民族哲学文明的重大理论贡献。也正是这位海奥基也夫斯基，曾把老子的学说与古希腊最早的唯物主义者的学说作比较研究，指出：“就思维的深刻性来说，老子远远超过塔利斯和伊阿尼亚学派②的其他哲学家。”③

---

① 转引自杨兴顺著：《中国古代哲学家老子及其学说》，杨超译，科学出版社 1957 年版，第 92 页。

② 伊阿尼亚学派，又译为伊奥尼亚学派。此学派约形成于公元前 6 世纪，是古希腊和欧洲哲学史上最早的哲学派别，对欧洲文明产生了重要影响。

③ 转引自杨兴顺著：《中国古代哲学家老子及其学说》，杨超译，科学出版社 1957 年版，第 91 页。

这一学术见解，肯定了老子的学说比古希腊智者的哲学成就更高一筹。这个结论，实质上是对黑格尔贬低《老子》和东方哲学的有力回击。它从另一侧面，揭示了老子哲学对世界哲学文明的深远影响。

（2012年6月20日于珞珈山“勤补书斋”）

人性神性之间的困惑和徘徊

◎麻天祥

麻天祥，现任武汉大学哲学学院教授（国家二级）、博士生导师（宗教学、国学）、宗教学研究所所长、中国佛学及佛教艺术研究中心主任、基督宗教和西方宗教文化研究中心学术委员会主席。国家马工程《中国哲学史》课题组主要成员、教育部马工程《宗教史》项目首席专家，享受国务院政府特殊津贴。多次赴美国、加拿大、日本、韩国、法国和希腊讲学或学术交流。

已出版学术专著《中国禅宗思想发展史》、《中国近代学术史》、《中国宗教哲学史》等37种59册，在《中国社会科学》等境内外学术刊物发表学术论文200余篇。2007年，修订本大陆简体版《晚清佛学与近代社会思潮》获首届中国出版政府奖（提名奖）。2009年《中国禅宗思想发展史》获教育部高等学校科学研究优秀成果奖二等奖（无一等）。

该文是作者于2009年4月在广州中山图书馆香山讲坛所作的讲座。

主持人：亲爱的观众朋友们大家晚上好，欢迎大家如约来到中山图书馆香山讲坛的现场，一起聆听来自智者的声音，今天作客香山讲坛的是武汉大学哲学学院教授，博士生导师，麻天祥教授，麻教授欢迎您的到来。

首先请允许我简单介绍一下麻天祥教授，麻天祥现任武汉大学哲学学院教授，博士生导师，宗教学研究所所长，中国佛学及佛教艺术研究中心主任，基督宗教和西方宗教文化研究中心学术委员会主席，已出版学术专著有：《晚清佛学与近代社会思潮》、《中国禅宗思想发展史》、《佛学与人生》等，麻教授其实和我们香山讲坛也非常有缘分，在2006年10月份，麻天祥教授曾经作为我们香山讲坛的第一人，为我们讲坛开讲，我相信今天麻教授也将会给我们带来新的收获，让我们用热烈的掌声请出麻教授开始他的讲座。

麻天祥：我今天讲的题目应该说也是还愿。我是我们香山讲坛第一次开讲的，因为我可能涉足佛学比较多一些，上一次讲的是“宗教与人生”，这次索性多讲一些佛学，所以今天就选这个题目，副标题就是“红楼梦对佛教文化的哲学解读”。这个题目可能稍微有一些麻烦，为什么呢？要知道人性的哲学问题，还要知道佛教的哲学问题，因为我们对佛教到底是什么？可能接触的比较少，因此要稍微花一点时间予以说明，但是我尽量把它讲得简化一些，尽量让大家容易接受，然后，如果有不懂的地方，我们再做更多的一些交流。

关于人性问题，其实中国传统文化，讲得很明显，就是《三字经》里面强调的“人之初，性本善”。实际上到底善还是不善呢？西方哲学强调的是性恶，就是人的本性是恶，中国传统哲学强调的是善，当然在中国传统文化当中也不一定完全都是讲善的，但所有这些都是对人性的问题所做的不同的哲学解读。我们今天想一下，如果说人性是善的话，那我们这个社会绝对不会有罪恶、杀戮、冲突和不幸；如果说我们人性是恶的话，那我们这个社会就不可能有互助、关爱，也就不会有繁荣和进化，应该说只有毁灭。所以说人性到底是善的还是恶的，这个问题相当复杂。所以我想是这样，在场的哪位先生或者女士能不能简单谈谈你们对人性的看法。你们自己有什么样的看法，做个互动。听听你们的意见。那位先生。

学生：我个人认为，人性本无善恶，因为从佛学里面讲，“空即是色，色即是空”，因为人走入社会以后，如果是走恶的话，那就以恶为多，如果人走入善良，就是以善为多，谢谢！

学生：我认为人性是丑恶的，然后神性只是人性的一个理想框架，为什么这样说呢？因为人当你饥饿的时候，会出现一种仇杀的情况，就像野人一样，大家会为了争食物而大打出手，所以我认为神性只是人性的一个理想框架的投影，谢谢！

麻天祥：我觉得我们的这位先生、女士对问题都有自己的看法，对问题思考得比较深，其实人性到底是善还是恶，这位先生说人性是无善无恶的，这位女士说人性是恶的，显而易见，这个问题有多种多样的看法，有多种多样的解读。事实上，人性问题在过去也是常谈常新的问题，现在还是如此。到底是善？到底是恶？到底是善中有恶，还是恶中有善？像这位先生说是无善无恶以及其他等。王国维先生曾经说过一句话“人性的问题不是个科学问题”，不好答，其实孔子谈这个问题的时候，也认为很玄远，他的弟子子贡说“夫子之言性与天道不可得而闻”，在孔子那里很难听到些玄虚的理论，或者说听得很少。但是孔子还说了，“性相近，习相远”，就是说人性大致差不多，但是由于人的熏染不一样，接受的文化熏陶和环境熏陶不一样，以致人性就差得很远。所以说起这些问题，我们无论怎样说，都是很难琢磨，很难以把握的。我想讨论这个问题的时候，与其这样空论，还不如说一些实在的话。刚才这位小姐说了，神性是一个人性理想追求的框架，很有些道理。有一个记者曾经在湖北报道过一个老太太，这个老太太75岁，我们有一个概念“人生70古来稀”，应当说她已经是衰迈之年了。就是这个75岁的老太太，每天靠捡废品为生，她骑着一个三轮车，每次拉上500斤重的废品，然后再去卖，用以维系她自己的生活。这个记者碰到她的时候，说我来帮帮你忙，老太太说你恐怕拉不动。500斤，他还真的拉不动。然而她就是用这样的艰苦劳作来过她自己的生活，而且生活得很幸福。可是，记者看到这个老太太 75 岁了还整天拉着 500 斤重的车子，不论刮风下雨，每天如此，记者以为是生活的无奈，所以就想帮帮她，于是呼吁全社会帮助这个老人。很多人听了之后，都觉得这个老太太很值得同情，就伸出手来帮助。可是，记者后来发了一个声明，说不要帮了，实际上是老太太不让帮。老太太说我活得很好，为什么要人帮？我不缺吃不缺穿，当然，从另外一个角度来说，我也不缺劳动。过了一段以后，这个老太太没有再跟这个记者联系。有一天，老太太突然给记者打了一个电话，说希望你赶快过来。这个记者觉得出现了问题，否则老太太轻易不会张口、伸手。记者就赶紧到她家里去，到家里一看，老太太病了，躺在床上，几天没有出门。记者觉得有病了那更应该帮助了，就掏出身上的钱，递了过去。可是老太太说不用帮，我有钱，然后就掏出来 100 块钱一张的，好多张。然后对记者说，我最近病了，出不了门，希望用这几个钱能够帮助更困难的人。因为当时下大雪，有很多人需要帮助度过这困难的日子。我听了这个报道，如果说这个报道没有失真的话，当然，现实生活中肯定有这样事情。我觉得在老太太的心里，没有年龄的差别，没有贫富的差别，没有权势下贵贱的差别，她心想干什么，她看准了一个目标，就认真地去做。她做这些事情不会为什么，也不会有什么。如果说她很有钱，掏出钱来帮助别人，倒也无所谓；或者她很有地位，去帮助别人，这也无所谓；或者她年轻去帮助别人。可是这个老太太就是这样，既无钱，也无权，也不年轻，辛勤劳作，不舍昼夜。深入思考这个问题，我非常受感动。正像孔子说的：富而可为也，虽执鞭之士，吾亦为之，不可，但从所好。我觉得在这个老太太正是如此“但从所好”。在她的身上所闪现的正是神性的光辉。那么什么叫神性呢？

说起神性，好像很遥远，其实就在我们的身边。我觉得，神性是什么呢？中国传统文化讲，“上与造物者游”，上面有一个“造物者”，从哲学上讲就是本体，就是创生万物的神。换句话说，就是与神交流，与神为伍；而“下与外死生，无始终者为友”，上面与造物者游，下面同不计较死生，超越生死者为友，“不谴是非，与世俗处”，但从所好，该怎么生活就怎么生活，该怎么做就怎么做，如此游行自在，独与天地精神相往来，“上与造物者游，下与外死生无始终者为友，不谴是非，与世俗处，独与天地精神之往来”。我觉得这个老太太可能不会这么想，但她表现出来的就是这样的一种精神，应该说就是神性，或者说是在她的人性当中所闪现出来的神性的光辉。

再讲一个故事。在自然灾害的困难时期，有母子俩，儿子大概就是10来岁的样子，饿着肚子没吃的，也没有钱，看样子是孤儿寡母。一天，母亲无奈，就带着他去亲戚家借钱，借了10块钱，很高兴，小孩子也很高兴，觉得有这10块钱就能买一碗饭，买几个馒头，吃饱肚子，于是高高兴兴走在回家的路上。母亲也想解决一些问题，这几天不至于挨饿了，也高高兴兴地回家。回家的路上，突然遇到了一个年轻人，拦路打劫，虽然不说“留下买路钱”，但就是要抢这钱。样子很可怕，要抢钱了。母亲想，好不容易借了10块钱，抢走什么都没有了，还得继续挨饿，但是又不能不给。儿子也想，完了，这个饭也吃不成了。这个时候，母亲只好把钱掏出来递给年轻人。年轻人伸手要抢，母亲突然说，你不能拿，为什么不能拿？他以为她变卦了，马上变得焦躁起来。然而出乎意料，母亲说你现在不能拿，你拿走我的钱，你就是抢劫，你一辈子都抬不起头来，你一辈子翻不了身，即便你逃过了法律的制裁，你的良心也会受到责罚。这个抢劫的人很凶，但是一听到这话，他也马上变了，表情马上变得温顺了。他说怎么办呢？这位母亲说，你这样，给我写个借条，这10块钱算我借给你的，不算你抢的，将来你有钱了再还。儿子看到，心想，我们好不容易借了钱，被抢了，给人家，没办法，可是现在还要说是借给他，还把他当做好人，不可理解。无论怎样，事实上他们把钱给了那个年轻人，他们也就没有了钱，两手空空。当然他们还是度过了最艰难、最困苦的岁月，这个抢劫他们的人到底怎么样，不知道，也早已淡忘了。可是十几年后，这位母亲突然收到了一封信。我每次说到这儿，非常受感动，就是当年抢劫他们的年轻人写的。他说当时实在是需要这个钱，之后他用这个钱解决了困难；并且说正是这位母亲

的宽容，教他从中受到一次深刻的教育，让他走过了他自己最艰难的人生。如今，他不仅物质生活得到了改善，而且在工作上也取得了很大的成绩。但是令他最难忘记的是，当他抢劫你们的时候，我还在为他的将来考虑。我怕他犯罪，用这样特殊的方法给他以保护，挽救了一个失足的青年。我想在这个母亲的身上我们到底看到了什么？她自己身处危难，还处处为他人设想。这正体现了人性的善一面，而且能够以德报怨，以直抱怨。本来抢劫是坏事，但是她还要保护他，她甚至把他看作自己儿子一样，要保护他，虽然阻止不了他的抢劫，但还是要拯救他于万劫不复。你不要抢，然后就用这个方法来引导他走上正路。当然走上正路走不上正路，是另外一回事，但是最起码这位母亲身上闪现的正是“泛爱众生”的人性的光辉，也就是我刚才讲的，“不谴是非，与世俗处”的精神，也是人性当中最积极的、最好的、值得肯定的一面。

那么再说第三个故事。哈尔滨有一个人，应该说年纪也算不小了，买彩票，当然不算穷，也不算太富，买彩票，买了很多次，也中过3块、5块、10块、8块，几百块的都有。突然有一次就中了500万，一次中500万，这个500万是个什么概念？我们工薪阶层的连想都不敢想。500万，我现在想不出来够我花多长时间。他应当心满意足了。然而，隔一段时间，他又中了500万。1000万，这1000万我相信足够他这一辈子用的，不用干别的，就是坐吃都不一定山空，连下辈子都够用了。可是最后这个人却进了监狱。为什么进监狱？诈骗罪。奇怪了，为什么会诈骗呢？因为他买了彩票，中了500万，再中500万，1000万他还嫌少，他再去买，还想着中彩，而且手脚胃口都变大了。把1000万花完了以后，他还想买，然后就借钱。别人觉得他很有钱，能借就借给他，有1000万，我还怕你欠钱？实际上他已经没钱了，借了很多钱，最后都还不了，终于犯了诈骗罪，那只好蹲监狱了。所以说“金满箱，银满箱，转眼乞丐人皆谤”。其实还不止如此，“金满箱，银满箱，转眼囚衣着身上”。从这个事件里面可以看出，人性当中的一个最大的弱点，就是经不起诱惑。我们这个世界现在诱惑太多，物质也丰富，外界花花绿绿的世界，确实能使一些人纸醉金迷。其实有很多人原本不见得不好，所谓人性恶，其实就是经不起诱惑。人性当中的弱点在这里体现太明显了。所以说到人性的问题，到底是什么？单纯说是善或者是恶，未免太简单了，也不准确。其实人性是多元的。我同意王国维的说法，它不是一个科学的问题。我的意思是，人性其实是一个文化熏染的过程，它是在整个社会生活当中不断熏染的过程，塑造的过程。所以说人性是多元的，各式各样的，而且是变异的。比如，像这个男孩子抢劫，他很饿，为了自己的生存而不顾别人的死活，明显是恶。但是他也会变，也会变得善良。人性是多元的，变异的，还有一条是不可说的。我们通常说人性，很难说清楚这个问题。事实上我们很多东西都是不可说的，比如老子里面讲“道可道，非常道，名可名，非常名”，很多东西是不可说，就像刚才那位小姐说的，是一个超越追求的理想的框架。可是人性它不像道，也不像其他玄而又玄的东西，这些玄虚的东西离我们太远，比如终极的追求，终极的关怀，上帝啊，都离我们太远。人性问题恰恰离我们不远，就在我们身上，我们必须关注人性的问题。所以说人性的问题，不仅是多元的，变异的，不可说的，然而它又不像其他形而上的东西那么玄远，而是与我们现实生活非常贴近的，也就是非常现实的一个东西。从这一点可以看出一个问题：人性的问题看起来是一个事实的判断，是善还是恶，是事实的判断，其实不是一个事实判断，而是一个价值的判断——应该是什么，不应该是什么。其实神性和人性的关系也是错综复杂的，神性实质上是理想的追求，在某种意义上讲是对人性的一种肯定；可是从另外一个方面说，神性又是对人性的一种否定。当然神性和人性，像那个老太太，她并认为我多么高尚，我多么伟大，我怎么样怎么样，我要干什么，我要获得什么。她没有这些概念，她就是这个样子，她就能够独与天地精神相往来，她就能够不谴是非，与世俗处。所以说在她的身上人性和神性是吻合的，那就是对人性的肯定。可是，另一方面，一旦人性表现出恶的一面的时候，人性就背离了神性，二者就产生了距离，产生了分离，那么神性就是对人性的一种否定。这种人性和神性之间的复杂关系，所以我说，我们每个人都在神性和人性之间，经常处于困惑状态和徘徊状态。当然，你可以

说达到神性，既不彷徨，也不徘徊，也不会有什么困惑。我说这么多有什么用意？其实就是想说明，一个作品伟大不伟大，更重要的是能不能反映这个社会的真实。一般作品常常偏离真实，要说这个人好就好得不得了。他是一个大英雄，甚至连肚脐眼都没长，完美无缺！其实不是那样的。我经常说，毛泽东特别像神，可是毛泽东也要拉屎，拉屎的时候跟着一个警卫员，先在地上刨个坑，人毕竟是人，不是神。所以人性和神性，在作品中也是这样，要如实表现。《红楼梦》之所以伟大，就是能够如实的，充分的，揭示了人性和神性之间复杂的关系，充分表现了人性和神性之间复杂的状态。所以说，无论过去，还是现在，《红楼梦》都是一部伟大的现实主义的文学巨著。人们常说，人类生活当中爱情是永恒的主题，其实我觉得，与其这样说，倒不如说，揭示人性才是人类社会，文艺作品永恒的主题。

谈到《红楼梦》，其实《红楼梦》大家都看，影响太大了，所谓“开篇不说《红楼梦》，纵读诗书也枉然”。《红楼梦》一出现就风靡全国，并引起普遍的关注，马上就有人研究，“传神文笔足千秋，不是情人不泪流”，所以就出现了各种各样的态度，各式各样的红学家。《红楼梦》到底谁写的？写的到底是什么？他的思想是什么？认识各不相同，于是就分了许多派。一般有这几派，一派就是索隐派，一派是新红学派，还有一派当然没有这样叫，实际上是马克思主义学派。这三大派，最早的是索隐派。索隐派的意思是，《红楼梦》这本书，通过对贾府的描写，实际上是“吊明之亡，揭清之失”，意思就是说实际上是批判清王朝，隐含着对明王朝的怀念，有反清复明的倾向，当然这是索隐派的一种说法。鲁迅先生说得更多。他说，单从命意上讲，经学家看见《易》，道学家看到的是淫，才子看见缠绵，革命家看到的是排满，流言家看到的就是宫廷秘事，而他自己看到的却是许多的死亡；当然也有的看到了农民起义的革命烈火；实质上跟索隐派的“吊明之亡，揭清之失”是一样的。说到排满，与我们中山县有很大关系。孙中山先生接下了这面旗子，就是“驱逐鞑虏，恢复中华”，驱逐鞑虏，就是排满，也可以这样说。特别是毛泽东，从《红楼梦》中看到的就是阶级和阶级斗争，并指出第四回是全书的纲，四大家族盘根错节，一荣俱荣、一损俱损，都是阶级和阶级斗争的具体表现。我从小就看《红楼梦》，上中学的时候，那时候买不起书，课后就跑到书店，蹲在书架下面，把《红楼梦》抽出来看，看了以后，懵懵懂懂。总的感觉是，我看到的更多的是第一回和第五回揭示的人生因果。

这里的“因”就是人性，作为人性这个“因”，而导致的这个社会和对人生造成的痛苦，也就是出现一种什么现象，也就是果，所以说我看到的是人生的因果。我们一说到佛教的时候，就是因果报应，叫善有善报，恶有恶报，不是不报，时候不到，实际上这个观念不完全是佛教的观念，这是中国传统文化观念，叫承负说，所谓“积善之家，必有余庆，积不善之家，必有余殃”。每当说到因果的时候，好像只是佛家的观念，其实所有人的思维，很多的理论家，很多的哲学都是讲因果，即使是我们现在的思维方式也都是因果性思维，比如说我今天为什么会来到这儿，为什么？就是要找原因，再比如说出现了一个案件，这边杀了一个人，公安局破案，杀人这个事就是果，那一定要找因，是谁杀的呢？杀人动机又是什么？这里同样涉及人性的问题，一定要找杀人动机，不然的话，找不出合理的解释，就有问题，就是漏洞。只要有因就有果，有果一定有因。对不对呢？估计你们没想过，你有什么证据能证明这个因果的必然性是正确的呢？其实我们每个人都是因果性思维，因果论就是有因必有果——这实际上是一个习惯性的思维，对不对我们没法证明，但是每个人的思维方式，就是因果性思维！佛教也讲因果，佛教强调的因果是什么呢？最近刚举办了第二届世界佛教论坛，口号就叫“和谐世界，众缘和合”，“众缘和合”什么意思呢？就是“缘生”的因果论。佛家认为世界上的一切事物，都是因缘和合而生的，都是因缘而生的，很多人认为佛教是有神的，其实佛教恰恰和其他思维不一样，它是无神的。为什么呢？因为它没有一个造物主，它认为世界上一切事物的生成，都是因缘生成的，有一个因，至少还得有一个缘，这个跟一般的因果思维不一样，不仅强调“因”，而且突出“缘”。什么叫缘？缘就是条件，如果单有因，

就生不成果，必须有缘，缘是什么呢？翻译成英语就 condition，就是条件，缘就是条件。比如你在种一个棉花，把一粒棉籽种到地里，这个棉籽能不能长出棉花？当然不能。必须有条件，条件就是土壤、水分、阳光，这就是“众缘和合”。因此佛教的因果论不是单因论，而是多因论，除了因之外，至少还要有一个缘才能开花结果。这是佛教哲学的一个很重要的特点，就是“遇缘成果”！就像在一个家庭，两个孩子一模一样，但是两个孩子的发展却不尽相同，为什么？缘不一样，他们的条件不一样，机会不一样，也许把机会错过去了，或者机会没有抓住等。佛教相信，事物的生成是由因缘生成的，不是由神创造出来的，不是由一个本体创造出来的，因此，绝对是无神的，缘聚则生，缘散则灭，就是说因缘聚集到一块，事物就生成；缘分散以后，事物就坏灭。正因为如此，佛家称之为“空”。我们都知道佛家是谈“空”的，就是因为缘生，因为缘生，所以事物是不真实的。举个例子，比如说水是两个氢原子和一个氧原子，如果离开了氢原子，离开了氧原子，水也就没有了，所以说水本身就是一种幻相。因此，刚才说的意思就是一切如梦幻泡影，如雷如电，应作如是观：你不能把它执着是有。但是从另外一个角度还可以说，单纯认识到事物是空的，这还不对，它也不是空的，它还是存在，所以说它不是有，也不是空。对事物的正确判断，它不是有，所以你不能执着；它不是空，你不能认为它没有，毕竟还存在。也就是说，这是一种完全的否定性的思维。中国有一位伟大的思想家，著名的僧人叫僧肇，讲的就是“不真空”。他说，若言其有，你如果说他有，有非真生，它不是真的生成的；若言其无，事相既形，如果你说他没有，他还是有相。所以说“不真空”，因为不真，所以为空。这是佛家最基本的思想。实际上是否定，是超越，就是不能执着于空或有。《心经》里面强调的就是“色不异空，空不异色，色即是空，空即是色”，就是这个意思。就是说你不能够执着，执着于色不对，执着于空也不对。我们广东有个大思想家慧能对这个问题谈得很好，就是离相、离念，不落两边。拐回头来再说佛教，佛是什么呢？佛好像就是神，我们说人性、神性，或者佛性，实际上我们通常说佛性，在某种意义上就是神性。其实佛，用梵语讲，是 Buhhda（布达），就是觉悟，觉悟就是佛，佛就是觉悟。觉悟是什么呢？刚才我说的那些，只要觉悟了那些就是佛，这些事实都不是空。比如刚才说的 1000 万，他很执着，那 1000 万是多还是少呢？在他看来不多，但是比原来有的看来很多。到底是多还是少呢？实际上这是相对的，多是对少而言，少是对多而言，如果没有少就没有多，因此你执着于少或多，肯定会出问题。应当把它看成是因缘和合，不能执着，这才能超越。其实很多人出问题，都是在这个问题上。

我记得过去有一个山东省委书记曾经说过一句话，批评当时的干部，你们这些人坐的汽车是国家的，司机是国家的，吃的是国家的，用的国家的，你的房子也是国家的，你还嫌少？其实有些人就是嫌少，我们最近又有两个省级大官被双规了。他们的钱比我们多，但是他们总觉得少，不像那个老太太知足常乐，所以就贪得无厌，经不起外界的诱惑，所以不是被钱打倒，就是被色打倒。佛教强调的就是觉悟，首先是自觉，自己要觉；不仅自己要觉，而且要使别人觉，觉他；最高的境界就是觉行圆满。如果觉行圆满，那就是神，人性也就升华到了神性。实际上要真能看透这些，就能放下，就能够超越利害，游行自在，就是与天地精神相往来。所以说佛性、觉性、善性，实际上是一致的，实质上就是一种无适无莫，无私无畏的纯然本心。当然，佛教说众生皆有佛性，就是要肯定众生都有一种能够使自己觉悟的本性，都能够成佛，如果没有这个因的话，你也不能结这个佛果。但是单有这个因还不行，一定要有缘，才能成佛，也就是达到神性，或者通向觉悟之路。所以说佛教哲学，总而言之就是缘生。实际上佛要告诉我们的就是万境皆空，人生如梦，从梦开始到梦结束，告诉人类你不能执着这个，如何能摆脱诱惑，摆脱自己的执着，破除了自我，减少了冲突，社会变得和谐，到处充满了爱而不是怨，人才会感到自在幸福。

最近读书，有一个叫倓虚的僧人曾经说过，他说，我一辈子学佛，所有的心得就是三句话 6 个字，第一句就是“看破”，第二句“放下”，第三句就是“自在”。看破就是要看破这些东西不值得执着，它都是虚幻的；只有看破了，你才能放下。实际上人们整天什

么事情都想抓在自己手里，有些人错就错在这里。社会上的物质利益很多，外界的诱惑也很多，但不是你的不能要。把自己的手伸得很长，伸到别人兜里，伸到国库里面，伸到那些永远回不来的地方，就完了。《红楼梦》里面说“身后有余忘缩手，眼前无路想回头”，讲的就是这个道理。有人说，我们人活着的时候，手都是抓得很紧的，什么都想抓在手里，其实对人来说，更多的意味着放弃，人死的时候手就伸开了，叫撒手西归。《红楼梦》就揭示了这个问题，只有这样，才能使人性回归到神性，或者升华到神性，或者由神性揭示出来人性。佛教讲缘生，说“诸法因缘生，我说即是空，我说是假名，我说是中道”，叫假、空、中。什么意思？都是因缘生出来的，所以说它是空的，但是这个“空”可以说是假的。为什么说假？因为这个词汇常常很难用语言表述它的准确意思，所以从各种不同角度去描述；所谓空，就是它是缘生的；所谓的假，意味着虚幻，不实；中是什么呢？就是告诉你，任何一个偏于一边的东西是不能执着的，也就是真的不能执着，假的不能执着，色不能执着，空不能执着，大不能执着，小不能执着，生不能执着，死不能执着。就是一定要超越对立的一个中道的思维。当然中国传统讲，“极高明而道中庸”，其实也是这个意思。比如我刚才说的 1000 万，那是多还是少？所以有的时候就说，你必须放下，必须看破。当然说到看破放下，好象有点出世，和忘世的意思。我给它做了一个解释，所谓看破，就是要看得透，看得深，看得远，你看不透看不深，你不知道怎么回事，有了 1000 万还老想着再得 1000 万，为了能再得 1000 万，迟早要掉进去，进到监狱里；看不透，就放不下；实际上对人来说不仅要放下，更重要拿得起，其实我们很多人能拿得起，但是常常放不下。拿得起要放得下，只有拿得起，放得下，才能够得大自在。我经常跟他们讲，人就是这样，当然是从学问上来讲的，就是要啃硬骨头，坐冷板凳；从做人来讲，就是要有热心肠，才能得大自在。实际上我们所谓的热心肠，就是你看透了，你不只是为了自己，常常是把自己不是献给某一个人，某一个团体，而是献给整个社会，就像那个老太太一样，无牵无挂，与天地精神独相往来，要的就是这样一种境界！当然佛教里面还讲“三法印”，还讲“无常无我”，我在这里就不再说了，基本观点就是做到“缘生”，“故空”，所以不能够执着。

其实人性的问题，刚才那两位也说过，说到人性，也是很难以说清楚的，刚才我说不可说，就是这个意思。其实人性应该分两个方面，从传统意义上讲，所谓“食色，性也”，人要吃饭，饮食男女，这些是本性，无所谓善和恶。比如我们的心脏跳动，比如说我们的胰岛素的分泌，我们的胃进行消化，都属这一类。实质上就是人的自然本性，生理属性，无所谓恶、善。比如说只有饿了才要吃饭，你们眼睛能看到东西，我的耳朵能听到声音，这都是本性。还有我们通常说的性又是什么？指的是道德的属性，比如孟子说的人有四心“恻隐之心，羞恶之心”等，一般人，再坏的人，都有羞耻之心，知廉耻。比如，王阳明有一个弟子，在一个月黑风高的夜里，碰到小偷光顾其家。他一进门不慌不忙坐在床上，说，我知道你来了，就躲在屋梁上，你下来吧。梁上君子无奈，只好下来，站在床前。王阳明的这位弟子就跟他讲，善呀、恶呀，良知啊，无善无恶心之体，有善有恶意之动，等等。说半天小偷转忧为喜，心想：你抓住我，不打我，不骂我，给我讲这个道理，我也不懂，什么心之体，意之动的，就笑着说：“你看你讲的我不懂，我就是个小偷，还有什么良知？”他听了以后说：“你没良知？你就把衣服脱了。这小偷心想：脱就脱吧。然后又让他脱裤子，小偷稍有迟疑，也只好脱了；接着又让他把大裤衩脱了，小偷就有点不好意思了，说：”这不好吧？”于是那人就说：“这就是你的良知！”意思就是说，任何人都有羞恶之心，都有廉耻。实际上谈的是人在社会生活当中的一种道理。通常，上述这两个心——自然之心和人的道德之心，常常分不清楚。但在中国哲学中，无论是佛家、道家，或者是儒家，比如说佛儒家强调的，刚才我说的“性相近，习相远”，这还是分的比较清楚的——人的本性相近，人的后天习染之性差别可就大了。可是这里有一个问题，儒家强调，“天命之谓性，率性之谓道”，说天命就是人性。然而，所谓“天命玄鸟，降而生商”，天命是最高的，是上帝的意志，显然与人性不同。这里说的天命实际上还是一个道德属性，天命就是性，那性还是道德的属性，所以说“率性之谓道”。率性是什么？随顺你的性就是道，实际上说的还是这个道理。中国哲学解释说，本性，人的自然本性是最纯洁的，没有善，没有恶，超越善恶，没有分别和对立，因此是最好的。这就把人的道德属性和人的自然本性，常常混淆在一起而扯不断，理还乱了。所以说当我们谈到人性的时候，一定要把二者分的清楚。后来的儒家也发现这个问题，理学家就强调要人欲、天理之辨，要存天理，制人欲。其实人欲的问题是指生理的自然属性，即恶的一面，就是欲望，所以善恶，也就是人性问题，便成为哲学的主要问题。说到《红楼梦》，首先说一下大家都很熟悉的是《枉凝眉》：

> “一个是阆苑仙葩，一个是美玉无瑕，若说没奇缘，今生偏又遇着他，若说有奇缘，如何心事终虚话？一个是水中月，一个是镜中花，一个枉自嗟呀，一个空劳牵挂，想眼中能有多少泪珠儿，怎禁得秋流到冬尽，春流到夏”。

我们一听就是一个缠绵悱恻的爱情故事，是缠绵悱恻的爱情歌曲，其实我看到的更多的是反映人的欲望和现实之间的对比而造成的一种无奈的背离，实际上反映了人性的脆弱。在这个社会当中，人的欲望和现实之间总是有一定距离，这种距离你采取什么方法去消除它，也就是实现自己的欲望？当然取决于人性。反过来讲，也可以塑造人性。天理、人欲之辨实质上就是神性和人性问题。在张载那里讲，“天地之性，气质之性”，同样也是如此，意在分清神性和人性。前面所说明人性的多元性、复杂性、可变性和不可言说性，就是这个意思。但是有一条，无论你强调性善也好，强调性恶也罢，归根结底，关键的问题都是要求善的，没有专门去求恶的。大概也有，有人说恶是社会进步的动力，只有恶才能推动社会的发展，所以这又出现了其他很多问题，当然，也有站在不同角度说的问题，姑且不论。刚才我们说的是儒家。

道家呢？道家都强调人性要合道，当然，他们更多强调的是要返归原始，也就是合道。他们认为人最原初的自然本性是最高境界。这个境界是自然，什么都没有，也无所谓拥有，善恶的分别，恰恰是社会对立斗争的结果。你说你善，我说我善，你说你好，我说你不好，到底谁好呢？此亦一是非，彼亦一是非，不斗才怪呢！就是要斗，就是要冲突。只有人的自然本性才是超然的，最好的。所以道家主张返归原始，返璞归真，所以要强调无为、清静、柔弱，甚至强调要“反动”。“人之生也柔弱，其死也坚强；百花草木生也柔脆，其死也枯槁”，突出的恰恰是柔弱和相反的一面。但是，不管怎么说，只要强调善的，都是返回本性的。道家说，“绝圣弃知，民利百倍”，你有智慧，不一定是好事，因为智慧是恶的渊薮；而圣人是天下之利器，就是治祸乱之首，所以从这个意义上看，只有断绝所谓的圣人，丢弃智慧，才能使百姓得到安宁，也就是民利百倍。不仅要“绝圣弃知”，而且说“圣人不死，大盗不止”，这都是老子的话。因为有了圣人，天下才会有治乱，才会有出现金戈铁马，视对方为寇仇的英雄，才会有杀戮，老百姓才会被当做炮灰战死沙场。所以于右任尝改杜诗曰：“江山代有英雄出，各苦生民数十年”（原诗是“江山代有才人出，各领风骚数百年”）。就是说要绝圣弃知，“绝仁弃义，民复孝慈，绝巧弃利，盗贼无有”。道家的最高境界，或者说神性，就是要去圣、去智、去义、更要去巧、去利。我是很欣赏道家的，我出了一套书，名字就叫“三宝斋”，听着跟八宝粥差不多，实际上我说的“三宝”就是老子说的，“曰慈、曰俭、曰不敢为天下先”。这就是道家人性和神性的观念。

佛家呢？当然他要谈人性和觉性，佛性就是觉悟之人性。佛说“心佛众生三无差别”，就是说众生都有佛性，即使是最坏的人也有佛性，但是有佛性能不能成佛呢？有佛性就一定能成佛吗？到底是成佛之后才有佛性呢？还是原来就有佛性而成佛呢？这些都是形而上的哲学问题，实际上说起来很简单。佛家强调“见性成佛”，只要识得本性便能成佛。然而什么是本性？又如何去见性？这都是一些问题。毛泽东曾经在广东召开政治局会议，问参加的人，广东有一个大思想家，你们知道是谁？大家都想不出来是谁，后来只有陶铸说是慧能。实际上，是慧能创立了中国禅宗思想，当然我对禅宗思想的界定是大众化的庄老哲学。他强调的就是如何去见性，所谓顿悟成佛，好像是一下子就能成佛，说起来容易，做起来却很难。怎么去成佛呢？而佛性这种东西又不可言说，如何去见性，何谓佛性？什么是佛祖的西来意？如何能达到佛性都不是用语言能说得清楚的，因此必须借助一种方法，禅宗采用了很多方法，所谓单刀直入、截断众流等。所以我认为禅宗不仅要见性成佛，主要讲的还是见性的方法，即通向佛性即神性的道路。方法的不同，于是有一花五叶、五家七宗。

举个例子说，佛祖拈花，迦叶微笑，这就是禅宗最典型的故事。佛祖在灵山会上手拈一枝鲜花，什么也不说，下面的所有弟子大眼瞪小眼，谁也不知道什么意思，只有迦叶笑了。佛祖说他得了我的心意，因此这叫以心传心。这就是“佛祖拈花，迦叶微笑”，就是心心相印，用心来领会。到底什么是佛性？什么是觉性？什么是超越之性？什么是神性？都在这无言的心领神会之中。以后禅宗也是这样，用胡适的话来说，传道的人，传法的人，不能说透，不说破，说破了，实际就错了，你只要一说就不对，叫做“不落言语”，“说似一物即不中”。所以就不可说、不能说，不说破才是最高的境界。对于受道的人而言，就是“贵在自得”，不是说我教你什么就是什么，全是靠你的悟性自得，因此使用很多方法启发或者激发“自得”。你问什么是佛？他给你一耳光，你说什么是佛性？我给你读一首诗，毫不相干，莫名其妙，关键是靠你自己领会。你问什么是佛祖西来意？有的人举起一指头，这就是佛，这一下就悟了；另一个人比葫芦画瓢，也举一个指头，实际上他什么都不知道。以后再问他什么是佛性，他又竖起一只头，于是禅师举刀，啪的一声剁掉这一竖起的手指，再问：什么是佛性？当他下意识地再去竖他的手指的时候，什么是没有，恍然间，他一下就知道了。这就是贵在自得。我为什么要说这些？实质上，就是人性的问题的不可说，也不能说。但是它又很现实，还必须去说。关于佛性，佛家强调的是本性、本心、自心、清静心，到底指什么？后来有人称之为平常心，那平常心又是什么呢？我记得在四川的一次会上，我跟他们说，这个很难说清楚，但又必须得说。我不能不说，像今天，我往这儿一站，然后掉头就走了，你们都领会了，悟了？那是不可能的。所以，我举个例子说，比如看到地下掉一分钱，包括所有的人看到一分钱掉到地上是什么感觉，什么心态？大概什么都没有。从佛家来说这就叫平常心。如果是10块钱呢？100块钱呢？10000块钱？如果是10万块钱？麻烦了，如果看见10万块钱，你能把它像一分钱一样看待的话，那就是佛家说的平常心。可在通常，看见10万块钱不动心，那才怪呢，那叫不平常心。这个话有些颠倒，说不清楚。所以，世俗的人看到10万块钱动了心，那是世俗的平常心。其实佛家讲，你看到10万块钱不动心，那才是平常心。有一个老先生说，你讲得太复杂了，想干什么就干什么。我说要那样就无所谓平常心了，你还成什么佛，还有什么佛性？这个问题，也是关涉人性的问题。不管怎么说，佛家强调的见性，就是借助各种各样的手段——这叫做“见”——认识事物本来的面貌，认识到人性当中本质性的东西。基督教也一样。基督教强调的人性，实际上是和神性背离的，人性是人性，神性是神性，像刚才那位女士说的，人性是恶的，神性是好的，人性和神性互不交涉，这是基本观点。因为亚当夏娃受不起诱惑，实际上跟我们现在社会一样，受不起花花绿绿世界的诱惑，就偷吃了禁果。偷吃了禁果，人和神就分离了，人性和神性也就分离了。但是也不尽然，总是把人性升华到神性，转变人性进至神性。特别是基督教学者，不断地诠释，也同样展现了人性和神性的一致与背离，也认为神性存在于人性之中，神性就是人性的升华，取决的是救赎，靠的复活，就是基督的复活。基督是人，他表现了人性，但是他的人性恰恰体现的是神性。“道成肉身”也好，“救赎”也罢，以此实现人性和神性的合一。刚才我说了，凡是强调性善的，都是要回归本性，凡是强调性恶的，都要使人性得以升华而为神性，使人性神性合一。好了，我们说得够多了。

谈到《红楼梦》，关于人性神性，有一段“贾雨村风尘怀闺秀”，其中有这样一段话，大家不太理解，因为太枯燥，而且没有逻辑，你不能也不必仔细推敲。这里谈到冷子兴说到贾府有个贾宝玉，古灵精怪的，专门吃女孩子唇上的胭脂，喜欢跟女孩在一块厮混等，所以说他是个色魔。贾雨村说，不对的，其实大家都认识不了这个现象，这是关于人性的。于是他就讲了一番道理，他说只有格物致知、参禅悟道，才能真正认识到贾宝玉这种社会现象和人性的本质。他指出，天地生人，大仁大恶者实在是少数，大多数人都差不多。大仁是应运而生的，禀的是天地的正气，所以能修治天下；大恶是应劫而生的，禀承的是邪气，由是扰乱天下。除去大仁大恶以外，余下的正气没有地方归附，就在天地之间到处游荡，游荡到哪儿，哪儿就是月白风清，那里就是清明显赫。可是恶气、邪气也有一部分剩下没地方去，到处游荡，游荡的地方就变得很污浊。如果正气和邪气相交，这也是《红楼梦》里说贾雨村说不清的地方，实际上他说是邪气发泄，必赋之于人，于是就生出来一部分人来。这部分人聪明灵秀在千万人之上，怪僻、邪谬又在千万人之下。生于宫侯富贵之家，那就是情痴、情种，生于诗书清贫之族，那就是逸士高人。即使生在最贫穷的人家，也绝对不会是贩夫走卒，一定是奇优名娼。换句现在的话说，就是歌星、明星。其实他这个说法没有逻辑，你不需要仔细推敲他。这说的是人性是由天赋而成的，没有什么逻辑，像宝玉这样人“无才可去补苍天”，因为他荒谬、怪僻，聪明灵秀，所以说两个方面都有，干大事干不成，干小事也干不了，所以说“无才可去补苍天，枉入红尘若许年”。这就是《红楼梦》告诉我们的道理。我刚才说了索隐派，其实无论是索隐派、新红学派，都有各自的贡献，他们主要考证作者是谁？作者写的是哪一家？哪一派？哪个地方的人，哪个地方的事？《红楼梦》是曹雪芹的作品，后来40回是高鹗续写的，思想不一样等。其实我觉得这些都不重要，特别是索隐派，马克思主义学派对他们做了很多的批判，认为胡适很反动，实际上胡适也是考证的。索隐派说作者是曹雪芹，贾宝玉是纳兰容若，林黛玉是某某，一个一个都要对号入座，带猜谜的性质。胡适就举了例子，“无边落木箫箫下”，这是什么字？估计谁也猜不到。“无边落木箫箫下”，“箫箫下”是什么意思呢？魏晋南北朝的时候有几个朝代，宋、齐、梁、陈。齐、梁当代都姓萧，所以它的下面就是陈，你能想得到“箫箫下”就是陈？无边落木呢？“无边”就是没有“陈”

旁边的耳朵，那不就变成“东”了吗？那再把“木”落掉了，就变成“日”了，所以说“无边落木箫箫下”就是日字。这个很难猜，但没有意义。其实我觉得作者是谁，写的是谁，这都不重要，不必要像猜谜一样费尽心思，重要的是它到底反映的是什么？描写的是什么？思想是什么？它的思想更多的是对人性的揭示，表现了人性和神性之间的徘徊与困惑。它揭示了社会的真实，人性的真实。“满纸荒唐言，一把辛酸泪，都云作者痴，谁解其中味？”什么味呢？就是人性到底是什么？只有把握住这个，你才能体会到《红楼梦》的现实意义到底在哪儿，否则还是一盆浆糊。它告诉你什么呢？告诉你在花柳繁华之地，诗礼簪缨之族，温柔富贵之乡，在你把玩这些的同时，你不仅要洗旧翻新，更重要的是不要去谋虚逐妄，整天追求那些灯红酒绿，梦中的繁华没有用。一定要看透它，看破它，放得下，才能实现人性的升华而达神性的最高境界。脂本《红楼梦》卷首有诗一首，通常版本是没有的。

浮生着甚苦奔忙？盛席华筵终散场。
悲喜千般同幻渺，古今一梦尽荒唐。
漫言红袖啼痕重，更有情痴抱恨长。
字字看来皆是血，十年辛苦不寻常。

前一句浮生着甚苦奔忙，写的就是苦；盛席华筵终散场，写的就是空；悲喜千般同幻渺，实际上写的是幻；古今一梦尽荒唐，写的是梦；漫言红袖啼痕重，写的就是痛；更有情痴抱恨长，写的就是悔。所以说苦、空、梦、幻、痛、悔，就是《红楼梦》对人生和人性的揭示，通过人生之苦之痛，如梦如幻，揭示人性问题，所以在他自己看来十年辛苦，字字是血，也才能够流传至今。这里有作者的声音——无奈与痛悔。当然我们说到苦的时候，实际上就是人生之苦，佛家释迦牟尼出家，就是因为看到了人生皆苦，用鲁迅的话来说，因为看不惯宫女睡态之丑，所以月夜之下，乘着白马，带着车匿就离家出走了。佛家所谓苦一般说有“八苦”，生、老、病、死之四苦：生下来是苦，人的脸长的样子就像“苦”字，所有刚生下来的小孩，没有笑的，都是哭着来到世间的，为什么？因为经受苦的折磨，这也是一种幽默的说法。但是人的出生的确是苦的，特别是母亲，十月怀胎之苦，分娩之苦；人老了也是一样，像我现在就感觉到行动力不从心的艰难；病肯定是苦的；死更是苦，当我们一出生面临的就是死亡，这是人生最大的悖论，对死亡总有一种恐惧。佛教教人就是要看破生死。还有爱别离苦，爱的要分离，所以苦，当然佛家说要有爱，要爱人，否则，怨一定会苦；还有怨憎会苦，讨厌的人甚至仇人总会相聚，也是苦；求不得苦，欲望和现实之间总有距离，想要的得不到自然是苦；最后是五蕴盛苦，就是个人欲望太强烈，欲求太盛，无法满足，这是一切苦的根源。刚才我说了，最重要的是人欲。谈到这里，可以看出，人性到底是什么？如何能够超越这种种苦，乃至超越生死？才能达到一种神性，才能去苦得乐？像那个老太太，她不知道什么是苦，500 斤我照样拉，85 岁照样活，不知老之将至，从不知道艰难、死亡对她的威胁，所以她都能超越。

《红楼梦》一开始就讲，“世人都晓神仙好，惟有功名忘不了”，“唯有财富忘不了”，“唯有儿孙忘不了”，大家都知道，我就不再重复了。甄士隐听了以后说，你这和尚唱的是什么，只听见好啊，了啊的。和尚说听见好了就不错了，人生不是好，就是了；好就是了，了就是好；没有好就没有了，没有了就没有好。好了，也就了了。看来你是懂得了。甄士隐说让我来解读一下。这段解读的词儿很漂亮，实际上反映了一个问题，反映了植根于社会现象的人性，或者植根人性当中而产生的社会现象。“陋室空堂，当年笏满床”，现在是一个很空荡破落的屋子，过去曾经是一个豪华富贵的官宦世家，连床上都放满了上朝奏事用的笏板。“衰草枯杨，曾为歌舞场”，现在荒凉，长满荒草的地方，原来曾是纸醉金迷的歌舞场；“蛛丝儿结满雕梁，绿纱今又糊在蓬窗上，说什么脂正浓，粉正香，如何两鬓又成霜？”看起来很年轻，转眼之间，人老珠黄，两鬓成霜；“昨日黄土垅塚送白骨，今宵红灯帐底卧鸳鸯，金满箱，银满箱，转眼乞丐人皆谤”。时光易逝，世事无常，钱说完就完，富贵之家，转眼沦为乞丐流落街头。“训有方，保不定日后做强梁。择膏粱，谁承望流落在烟花巷，因嫌纱帽小，致使枷锁杠”。很清楚，就是因为嫌纱帽小，才把枷锁扛。“昨怜破袄寒，今嫌紫蟒长”，一下子又身着官服，苦尽甘来，实际上表现了人生无常，一切都在变化，一切如梦幻泡影。所以说佛教说“诸法无我，诸行无常”，强调的就是这样的社会现象。“乱哄哄，你方唱罢我登场，反认他乡是故乡，甚荒唐，到头来都是为他人作嫁衣裳”。他能看透这些问题，并以此作为人生或者说人性的因果。所以我说，《红楼梦》，可以用16个字把它概括起来。“因空见色，由色生情，传情入色，自色悟空。”空生成并表现出色，有了色才有情，情又在声色中恣意发泄，最终还是在迁流变化中觉悟万般皆空。当然这个空还不够准确，必须是悟空，超越空，但更不是有，要超越有。当然我们现有的语言、词汇很难表达，所以他们叫茫茫大师，渺渺真人，空空道人等，都是表现这种思想上不可捉摸的特点，实际上就是我们说的不可道，杳不可及。

> 为官的，家业凋零；富贵的，金银散尽；有恩的，死里逃生；无情的，分明报应；欠命的，命里还；欠泪的，泪已尽；冤冤相报实非轻，分离聚合皆前定，欲知命短问前生，老来富贵也真侥幸，看破的，遁入空门，痴迷的，枉送了性命，好一似食尽鸟投林，落了片白茫茫大地真干净！

看到这里，会觉得很伤感，一切归空！其实表现的是社会和人生的多元性，变易性。显然也是受佛家思想的影响，色空观念的影响，因缘生法的影响，也反映了由人性决定的价值取向。当然，无论是盛，还是衰，分离还是聚合，这一切都是幻相，所谓“假做真时真亦假，无为有处有还无”。这句话是很经典的。如果你把假的当做真的，那么所谓真的就是假；如果以无为有，有也就成了无，所谓“无为有处有还无”，无和有之间的关系，真和假之间的关系都是辩证的关系，既不要以假乱真，以无为有，更不能太执着于有无。特别是这句话，“身后有余忘缩手，眼前无路想回头”，恰恰反映了人性中最大的弱点，你说它是恶也好，或者不是恶的也罢，这是人性中普遍的弱点。一个人身处顺境的时候，就是身后有余的时候，常常把手伸得很长，甚至伸到永远也缩不回来的地方；一旦走到无路可走，就是眼前没有路的时候，才想到回头，难免完了。当然佛家说了，回头是岸，放下屠刀，在现实生活中，当你没有路可走的时候，当然回头毕竟比你往墙上撞好一些，但是，眼前无路再想回头，未必有点太晚了。

贾雨村就是在官场上栽了跟头的，当然他是受了儒家、佛家思想的影响，表现得很洒脱，罢官赋闲之后，游山玩水，走到一个寺院门前，门额上面题名“智通寺”，名字很好，索隐派最会做这个学问，为什么叫“智通”？这个“智”是什么意思？“通”又是什么意思？其实，智通就是一种大智大慧，然而寺里却只有一个又聋又哑的老和尚，也是绝妙的讽刺。寺门两边写了这一副对联。贾雨村就说，“身后有余忘缩手，眼前无路想回头”，真的是至理名言，一定是栽过大跟头的人写的。这里面寓意到底是什么呢？上面是智通，智通大道者也；旁边是栽了大跟头的人写的至理名言，可是里面住着的是一个又聋又哑的老和尚，实际上就是要反衬这个社会的复杂性，反衬人性同现实错综复杂的关系。所以《红楼梦》谈到人性，对人性的刻画，也就有许多现实主义的描写，而不致雷同。

比如说“春恨秋悲皆自惹”，人之所以不高兴，不自在，都是你自己找的。春天落花了感到很悲伤，秋天风凉也感到很凄凉。佛家教人就是要反其道而行之，所谓“若无闲事挂心头，日日都是好时节”。禅师人问，十五以后道一句来，就是要根据这个话头说一句话。说什么呢？谁都说不上来，也有人说十六的。禅师于是说“日日是好日”。关键是心要静，要净！后来有诗说：“春有百花秋有月，夏有凉风冬有雪，若无闲事挂心头，日日都是好时节”，就是这个意思。其实人只要超越得失，只要能够放下，不要太执着那些身外的东西，才能得大自在，而与造物者游。最近有人说，贪官都是短命的，这个也有一定道理，作为事实判断不一定，但作为价值判断无疑是正确的。一个人整天提心吊胆，生怕东窗事发，整天担心，整天算计，你说他想活得长？不可能。

说到妙玉，“欲洁何曾洁，云空未必空。可怜金玉质，终陷淖泥中”。说的就是妙玉。妙玉是一个尼姑，日常显得很清高，实际上“欲洁何曾洁”，你别看她是出家人，表面上她追求要超越，但是事实上她不超越，分别心太重，为什么？刘姥姥拿她杯子喝了一杯水，她就要扔掉，还说幸亏我没用，我要用过了，就是摔了，我都不给。你说刘姥姥怎么了，给谁不一样吗？刘姥姥不就是乡下人，脏一点吗？妙玉虽然出家，却不能看破，这样的人太矫情，所以说“欲洁何曾洁”，她最终还是要陷进去，被人抢走了，实际上动心了。佛家强调，不动心，不动心才能抵制诱惑。刚才说到一分钱，10 万块钱的例子，就是说要破除分别心，才能不动心。经常有这种情况，小偷、骗子经常利用这样的人性当中的弱点来骗人。记得我在火车站候车，有一个小偷走到跟前，啪一包钱给扔过来，一看一包钱，我看了看掉头走了，一会儿，他又跑到我面前再丢下来，我说，哥儿们你少来，他还说对不起。不动心，就不会受诱惑，否则上当受骗，甚至万劫不复。

说到动心不动心，二程的故事很有代表性。

程颢、程颐，兄弟二人都是宋代的哲学家、理学家，两个人有一天到伎院，实际上就像我们现在的卡拉 OK，是歌伎的伎。他们在伎院欣赏音乐，程颢听得很高兴，手舞足蹈，程颐看了很不舒服，说我们是理学家，是正人君子，你来到这不严肃的地方，采取不严肃的态度，成何体统。回家后就责备他的大哥，程颢听了说：“昨日座中有伎，我心中无伎；今日坐中无伎，你心中有伎。”这是一种境界，就是所谓不动心，就是在诱惑的面前，照样洁身自好，独立特行。西方哲学也有的人说最高境界是“不动心”的，比如海边来了海啸，或者出现地震，所有人都很恐怖，很害怕，只有猪不害怕，因为猪没心。这个比喻是胡扯，不动心不是无心。中国哲学也有说是无心，实际上是有心而不为外物所动，姑且称做无心。这里反映了人性的多面性，佛说众生皆有佛性，不动心，在诱惑中不为所动就是佛性。说起来很简单，但是实践却很困难。虽然众生皆有佛性，但是能不能成佛，如何成佛？佛性如何界定？如何实现对自性的超越，这是一个大问题。

《红楼梦》里有很多人物，像黛玉、薛宝钗、惜春、探春、贾

宝玉等，都是围绕着贾宝玉转，而性格各不相同。贾宝玉跟林黛玉经常发生矛盾，两个人本来很好，但是人性的差异，又不能很好地从思想上进行交流，经常发生冲突。冲突是表面现象，反映的主要还是人性的问题，比如猜忌种种。人性当中的弱点导致人与人之间的隔阂。换句话说，因为执着于我，才有了你，有了你我，才有了分别，有了分别就有了冲突，有了冲突就有了痛苦。所以说“心生万法”、“心净则佛土净”，苦的根源不在外境，而在心魔！一次宝玉和袭人闹别扭，宝玉有些失落，青灯独坐，一边饮茶，一边读了《庄子》，书中叫《南华经》，读至外篇《胠箧》，从中悟出来一点道理，于是根据《庄子》写了这个东西。上面一半是《庄子》的，刚才我说过，道家的人性观是“绝圣弃知”，人性有弱点，是因为你有些小聪明，自以为了不起，有了分别心，把人分成各种各样的等级，党同伐异，或同室操戈，所以说“智慧出，有大伪”，唯有“绝圣弃智”，才能“盗贼无有”。如果说你能抛弃这些东西，社会就会变得太平。要“掷玉毁珠”，有玉有珠，才有了小盗，我们经常说的三代，那时天下为公，任人唯贤，老吾老，以至人之老，幼吾幼，以至人之幼，社会和平安详，各方面都很好，道不拾遗，夜不闭户，因此要反归原始。其实不要说三代，我们过去家里也是夜不闭户，闭什么户？屋里根本没东西，三代只是儒家的理想，那时候，犯罪怎么办？自己觉得自己有罪，画个圈站在里面反省，这就叫划地为牢，这样的社会确实很好，道家追求的就是这种追求，庄子和老子讲的就是这种状态，所以说只有把玉和珠都丢掉，那些小混混就没有了。“焚符破玺”，把权利的象征都毁掉了以后，老百姓就变得无拘无束了，就自由了。“掊斗折衡”，就是把你的都衡器都毁掉，人与人之间也就不会锱铢必较，争斗不已了。

不过，像《镜花缘》里面写的，还是争。买东西的说，你卖这个东西为什么这么便宜啊？你为什么不提高价格？卖东西的人说，老兄你怎么回事，你为什么要多出钱？你少出钱不好吗？他说的也是同样的道理，表面看起来是争，本质上是礼让，是不争。“殚残天下之圣法，而民始可与论议。擢乱六律，铄绝竽瑟，塞瞽旷之耳，而天下人始含其聪矣。”瞽旷就是师旷，瞽旷是乐师，你只有把他耳朵塞住了，那就不至于淆乱听觉。所有这些话其实就是要返归原始，就是刚才我说的清净无为，就是老子“反动”的意思。

“灭文章，散五彩，胶离朱之目”，离朱的眼睛是很亮的，很容易辨识别事物，因此只有把他眼睛遮住，“而天下始人含其明矣”，实质上还是要消除差别。“毁绝钩绳，而弃规矩”，这里强调的是，不要规矩、规则，没有衡量事物的标准，才是天下之正道。“攦工倕之指”，工倕是个工匠，手很巧，把他手折断了，“而天下始人含其巧矣”，这里讲的全是反的，意思就是绝圣弃智，绝巧弃利，唯有如此才能使人性返归原始，而与道合。这里是《庄子》的原文。

下面是宝玉自己续的，也是这个意思，只不过他写的是闺阁之情。他说“焚花散麝，而闺阁始人含其劝矣”。“花”指的是袭人，“麝”指的是麝月，当然也借喻女性之美。消除她们的天生丽质，没有她们的照料，也就没有那么多的是非。“戕宝钗之仙姿，灰黛玉之灵窍，丧灭情意，而闺阁之美恶始相类矣。”就是说如果没有宝钗、黛玉端庄之姿容、聪慧之灵意，没有美、丑，大家都一样，消除了这些差别，人就不会有差别心了。

所以他说，“彼含其劝，则无参商之虞矣”，无袭人、麝月之无微不至，则无烦恼纠葛；“戕其仙姿，无恋爱之心矣”，无宝钗之美貌，就无恋爱之情，也就没有美色的诱惑。“灰其灵窍，无才思之情矣”，无黛玉之聪慧，也就没有才情的炫耀。“彼钗、玉、花、麝者，皆张其罗而邃其穴，所以迷眩缠陷天下者也”。总之一句话，这些天生丽质造成的差别，都是人性的销蚀剂，是诱人贪婪堕落的陷阱。

如果消除这些诱惑，人就不会有烦恼了，人与人之间也就不再有冲突和隔阂。用世俗眼光看，这太荒唐，太离谱。所以黛玉读了之后“又气又笑”，对宝玉很担心，于是，黛玉就写了一首诗：“无端弄笔是何人？作践南华庄子文。不谓自家无见识，却将丑语诋他人！”黛玉认为宝玉错误理解了《庄子》，又是对闺阁的亵渎，

其实宝玉只是因为生活中不如意而借《庄子》有所发泄。他希望看破，但是依然是一种徘徊，一种困惑。所以宝玉多次放弃，自嘲不如，说自己并非参禅，只是文字游戏而已，也就是说从来就没有真正摆脱执着的人性的弱点，而达到佛家的“觉悟”。

当然，《红楼梦》不仅仅写人性的弱点，同时也写出了人性当中闪光的一面，超越的一面。林黛玉她动不动生气，动不动闹个小别扭，动不动就变脸，整天对月叹息，临风洒泪，虽然很多人很赞同黛玉，但是我觉得作者更多的意思在于借此反映人性的弱点。与此不同，在宝钗身上则是“好风凭借力，送我上青云”，那种超越与随缘，以及创造条件，实现超越的精神。“好风凭借力，送我上青云”，说的就是这个意思。而且强调她那“任是无情也动人”，超越美丑对立的静态的美感。

像探春，所谓“登利禄之场，处运筹之境，穷尧舜之词，背孔孟之道”。说尽尧舜的话，却连孔孟都背弃了，或许实际上她不能不记着孔孟之道，但却扬言圣人也不能执着，也可以超越。他还真有点禅宗的超越精神。就像那个老太太一样，就是要按照自己的本性实现对神性的超越追求，也就是在无我中实现自我。

“阶下儿童仰面时，清明装点最相宜。游丝一断浑无力，莫向东风怨别离。”这首诗也是反映人性超越的一面，或许，我觉得这首词表现得更明显一些。在宝黛闹矛盾之前，当时贾母看戏，他们都陪着，宝钗就点了一出戏，叫《山门》。宝玉说“你只点这些戏”，意思就是说宝钗很会迎合老太太的口味，点了一出热闹戏。可是宝钗说，你实际上不懂戏，这戏不仅辞藻优美，铿锵顿挫，排场辞藻都好，而且表现了一种耐人寻味的精神。于是，宝玉便要宝钗先给大家读这首词。词写得相当漂亮，写的是鲁智深，一个莽和尚在挫折中的人生态度，同样表现了人性当中宝贵的东西。

漫揾英雄泪，相离处士家。谢慈悲，剃度在莲台下。没缘法，转眼分离乍。赤条条，来去无牵挂。那里讨，烟蓑雨笠卷单行？一任俺芒鞋破钵随缘化！

这里面不仅表现的是英雄末路的苍凉，更多的是在英雄末路的苍凉中，烘托出了个性的超越，以及直面人生、惨淡人生的洒脱和自在。

再比如说像苏轼，他是学佛的，应当说佛学对他的个性渍染很深。虽然他不谈心论性，但是他不执着于得失、贵贱。他也曾在官场上栽了跟头，罢官、放逐，就写了一曲表述他的心境。词曰："心似已灰之木，身如不系之舟。问汝平生功业，黄州，惠州，琼州。"他原身在朝廷，在开封为官，因政见不合，从京城被贬到黄州，然后由黄州又贬到我们广东的惠州，再由惠州贬到海南荒岛上的琼州。一贬再贬，饱经忧患，可是他并不颓废，只是借助文字自我调侃，这种调侃里有某种牢骚，但是在牢骚当中他同样表现出超然的洒脱。很有点"那里讨，烟蓑雨笠卷单行？一任俺芒鞋破钵随缘化"的淡定，以及"赤条条，来去无牵挂"的随缘自在。如此表现人性的空灵，尤其显得语词的漂亮。

正因为如此，对于宝玉显然是一个强烈的震撼，于是写了一个偈子，就是佛教运用的带有韵语性质的文字："你证我证，心证意证，是无有证，斯可云证。无可云证，是立足境。"意思是什么呢？实际上指的是他和黛玉的情感纠葛。你说你正确，我说我正确，都只是自己认为自己正确，实际上谁都不正确；如果不坚持自己正确，才可以说是正确；你认为你正确，他认为他正确，所以不起冲突才怪呢；争个什么呢？只有放弃这个，你不认为你正确了，那才可以谈正确不正确。大家都很谦虚，很包容，有事坐下来好好商量，不然的话，从小的方面说，你争我多，发生冲突还不要紧，那大的方面呢？天无二日，国无二主，中国历史上历来如此，双方打得你死我活，其实死的就是老百姓。所以这个意义讲，分别心造就的，小的冲突是兄弟阋墙，妇姑勃溪，大的就杀人盈野，血流成河。所以说"无可云证"，才"是立足境"。宝钗看了后担心宝玉因此移了性情，黛玉于是自告奋勇，用禅门的方式，以宝玉为话头，问宝玉："至贵者宝，至坚者玉。尔有何贵？尔有何坚？"宝玉一时答不上来，黛玉马上又续了一句："无立足境，方是干净。"没有立足之境，才是干干净净，所谓一了百了。黛玉这里索性否定

了立足之境，意思是说，宝玉你想要获得安身立命之所，也是一个执着，是典型的否定之否定。显然是受了禅宗公案的影响，尽管她执着得厉害。

针对宝黛文字游戏，宝钗就讲了慧能和神秀的故事。“身是菩提树，心是明镜台。时时勤拂拭，莫使有尘埃。”通常人们认为，神秀的这个偈子是执着于有的，不是最高的境界。慧能说，“菩提本无树，明镜亦非台。本来无一物，何处惹尘埃。”都说这个偈很好，千百年来一直引为美谈。刚才我说，执着有是不对，执着色是不对，但是执着于无，执着于空也不对。慧能偈子无疑是执着于空的。听了宝钗的话，宝玉只好说，谁参禅来着，只不过是玩话罢了。当然她讲这个故事就是为了说明黛玉比宝玉高一筹，其实黛玉在某种意义上和宝玉差不多，甚至更差一些，所以我觉得应该说，“无立足境，何来干净”，没有立足之境，无所谓干净不干净，谈这个问题，实际上就是我开头的时候说的，禅是一种方法，借助参禅的方法来实现见性的目的，如何见性才是根本的大问题。其中有很多方法，要么打你一耳光，要么踢你一脚，然后伸出手说这是佛手，伸出脚说这是佛脚，搞得你云里雾里，莫名其妙，就是要斩断逻辑思维。或者，问什么是佛，我会告诉你，吃饭去，什么是佛？吃茶去。就是不让你有通常的逻辑思维，破除习见，于茫然中透见事物的真相。另外还有默照、参话头等。其中用诗来参禅，用典故来启导悟性，这也是一种方法。引经据典，机带双敲，《红楼梦》运用得也是轻车熟路。第 91 回“布疑阵宝玉妄谈禅”说的就是这样的故事。一次，宝玉又发呆，说“天地间如果没有我倒也干净”。黛玉借机说：“原是有了我，便有了人”，有了人我的分别，便有了冲突，生出许多烦恼。宝玉豁然，说“我虽有丈六金身，还借你一茎所化”。黛玉乘机单刀直入，说：我问你一件事情，如何回答？宝玉就学参禅的样子，盘腿一坐，说，讲来。黛玉就说，宝姐姐爱你怎么办？宝姐姐不爱你怎么办？她昨天爱你怎么办？她今天爱你，以后不爱你怎么办？她今天不爱你怎么办？她爱你你不爱她怎么办？你爱她她偏不爱你怎么办？贾宝玉一听，这个问题不复杂，于是笑着说：“任凭弱水三千，我只取一瓢饮。”什么意思？

其实就是说，虽然大千世界有很多很多的水，但只取一瓢饮，有很多很多的女人，但我只爱一人。这话，说得比较清楚，当然我们看起来有一点费劲，他们自己心照不宣，禅的精神就是以心传心的。黛玉继续追问："瓢之漂水，奈何?"瓢随水漂，瓢漂走了怎么办?意思就是说和你爱的人失之交臂怎么办?宝玉马上回答："非瓢漂水，水自流，瓢自漂耳"!就是说你爱不爱我无所谓，我就爱你一个，无论如何，反正就是你了，就是这个意思。黛玉又说："水止珠沉，奈何?"其实只有她自己心里知道，虽然宝玉说得明白，但她还是担心。"水止珠沉"意思是什么?简单地说就是，我死了怎么办?言外之意是，既然你只爱我一个人，那么我要死了你怎么爱呢?宝玉便说"禅心已作沾泥絮，莫向春风舞鹧鸪"。这又是什么意思呢?实际上这是两首诗中的典故。宝玉想说明自己的心迹，意思就是我的心已经像柳絮一样沾上泥了，再也不会在空中飘舞，我的心已经死了，你要是死了的话，我就出家做和尚去，我不会受别人的诱惑，不会受别人的影响。说到这里他们的心事就很清楚了。黛玉还不放心，于是说："禅门第一戒是不打诳语的。"不能说谎话，不能说空话。宝玉就说"有如三宝"。三宝就是"佛、法、僧"这三宝，以三宝为誓!表明他说的不是空话，表明他爱的专一。这样的对话，只有他们自己知道，外人听起来云里雾里，莫名其妙，不知道他们说什么。其实是以禅的形式，借助诗词典故，曲折表达内心世界的方法。以参禅的形式谈情说爱，也是《红楼梦》的创造。

刚才说"禅心已作沾泥絮，莫向春风舞鹧鸪"。其实是两首诗，一首是参寥子写的诗。参寥子叫道宣，跟苏轼是好朋友，他是和尚。苏轼很好玩，找了一些妓女、歌女，陪着他吟诗作赋。歌女们百般挑逗，参寥子就写了一首诗曰："寄语东山窈窕娘，好将幽梦恼襄王。禅心已作沾泥絮，不逐春风上下狂。"意思就是说你们不论怎么诱惑，我都不会动心，我的心已经沾上了泥巴，像柳絮一样，实在飞不起来了。所以我更不会招花引蝶，追逐春风，放浪形骸。显然表达了他的超越世俗的精神。这就是"禅心已作沾泥絮"的典故。

“莫向春风舞鹧鸪”，是郑谷的诗。“花月楼台近九衢，清歌一曲倒金壶。坐中亦有江南客，莫向春风唱鹧鸪。”就是后边那一句。当然把春风唱鹧鸪变成舞鹧鸪，主要是为了同上句对应。意思是什么呢？鹧鸪，是南方的一种鸟，南人北走，南方人到北方去，听见鹧鸪叫，就会引起了思乡之情，有词牌叫《鹧鸪天》，唱了《鹧鸪天》，也会有思乡的情愫。意思就是说，我不会因为鹧鸪的鸣叫，唤起乡愁，也就是心思的改变，表示心意的坚定，所以说“禅心已作沾泥絮，莫向春风舞鹧鸪”。采用禅的方法来谈爱情，互通心曲，沟通他们的心意。这里只是禅的形式，而不是超越人性，使人性升华为神性，不是追求禅最高的境界，或者说实现人性升华为神性的境界，表现的恰恰是执着，恰恰是世俗社会当中的情和爱。也就是说他们的言行看起来是禅，其实不是禅。当然很多禅宗的故事，都是这样，用诗句来烘托开悟的境界，这是一种方法。

我再举一个例子，也是借诗谈禅，有一个叫白云守端的禅师，他曾经给大众讲佛法。他说“乾坤之内，宇宙之间，中有一宝，秘在形山”，弟子们就问他，眼在鼻上，脚在肚下，宝在何处？所谓一宝，指的就是佛性，他们说眼睛在鼻子上，脚在肚下，宝在什么地方？白云守端禅师接着就说，“人面不知何处去，桃花依旧笑春风。”可能大家会知道这首诗，崔护的诗，这首诗原来是“去年今日此门中，人面桃花相映红，人面不知何处去，桃花依旧笑春风。”他用这个来谈什么呢？虽然是时过境迁，物是人非，但是佛性还在，佛性是不变的。当然他不像我这样解释，他是用诗来启发开悟的。这也是后来的禅门公案。因为公案说的都很晦涩，完全靠心灵的感悟，所以人跟人的解释都不太一样。之后，有一个叫林闲遁的禅师解释这则公案时就是这样。他又引诗说：“神仙初不住西东，只在空蒙紫雾中。灵迹深知不可觅，拟相寻即隔千峰。”他这首诗的意思是什么呢？他觉得这个佛性太远了，遥不可及，好像要抓住了却又跑了。所以说“拟相寻即隔千峰”。遥不可及，不可捉摸，好像要抓住了，又没有了，就是说佛性这东西很难以琢磨。实质上更多地表现出人在人性和神性之间的徘徊。

可是又过了很久，到了明代末年和清朝初年，有一个叫拳石沃的禅师，又引了一首诗解释这个公案："清溪流过碧山头，空水澄鲜一色秋。隔断红尘三十里，白云红叶两悠悠。"他的意思是说，这个佛性在，虽然离我们很遥远，但是很清朗，很透明，而且叫我们一眼就能认出来，看得出来，而且给人心灵上一种观照，即便是相隔 30 里，但是红叶白云，清溪碧水等，这一切的一切都在我们心当中，一切一切虽然离我们很遥远，但是就在我们的身边，又远又近。这首诗是谁的诗呢？可能有些人知道，这首诗是著名理学家程颢专门描写秋景的，也就是说，拳石沃不用他自己的话说，而是引用别人的诗句，程颢的诗，表述他自己对禅境的理解。其实，《秋景》这首诗，不一定写的是他想要表达的意思，但是他引用到这里，就是为了表现禅的意境。

不过，我说的意思就是虽然宝玉和黛玉采用了参禅的形式，但是他们并不是为了达到开悟的境界，只是收到了佛教思想的影响，作为文字游戏，"玩话儿"罢了。其实在他们那里更多的是表现了人性的弱点。对此，我也写了一首诗：

髫龄书肆捧红楼，一帘幽梦几度秋？
因缘聚散应无我，生死荣枯总关情。
谈禅非禅色常在，人性佛性空难酬。
是真是幻多不解，请谁再做狮子吼。

谢谢！

提问：首先非常感谢您为我们做了一场非常精彩的演讲，现在我有两个问题想请教一下您，第一个问题，首先今天下午我是花了将近一个小时时间，在网上查阅了您相关的资料和活动，其实我看到《纽约时报》曾经对您的点评当中，是引用了您在某某大学演讲的一段话，是英文的，不知道您是否还记得。我看了这段话当中，其实有几个关键词语，首先是思想，然后第二个是言语，接下来是行动，再接下来是习惯，还有一个是特征，最后一个是命运，大概的意思是有了思想就有了言语，有了言语就有了一个行动，有了一个行动就有了一个习惯，然后习惯会造就成特征，最后就会成我们的命运，我刚才听了您的讲座当中，您提到一个人性和神性，然后神性有因必有果，有果必有因，而除了因之外还有一个缘故，也就是你刚才提到的缘，也就是相当于我们的条件，然后运用神学这方面来讲的话，是怎么去理解这段话，谢谢！

麻天祥：这段话是放在我的网页下面，你把它作为主要的，应当说从潜意识上反映了我的思想。我特别强调的就是思想决定自己的命运，就是这个意思。用今天的话来讲，你的人性造成你自己的行为，你的行为带来了你的后果。当然不叫人性决定论。我刚才强调在《红楼梦》中，其他都不重要，关键是思想，也是这个意思。

提问：还有一个问题，我记得上一周，北京大学（王瀚明）教授说了一句话，他说“爱是快乐与利益的心里反应”，刚才你举了两个例子，一个是老太太的，还有一个就是抢劫的例子，然后我听了之后就觉得其实我们人性是不是自然流露的呢？爱是人性美好的一面，如果照这样说的话，会不会很矛盾呢？既然是自然流露的，那为什么说爱是快乐与利益的心灵反应，如果说没有了快乐和利益，那是否还存在爱呢？是不是矛盾？您怎么理解这句话？

麻天祥：其实是这样，对这个可以有很多答案，就是每一个思想家，对每一个问题，不一定有同一个结论。谈到人性的时候，我刚才少说了一句话，人性是复杂多变的，而且是不可说的，还有一个问题，它又是非常现实的，各式各样的。但是人们力求想要有一个统一的答案，力求找出一个规律，力求找出它的本质。有不同的看法很正常。

提问：那如果按照你这样说，是不是附和了儒家的思想，儒家是提倡中庸，按照您说，我们做人也好，做事也好，是不是也按照这个原则去做呢？

麻天祥：这里面有一个问题，就是关于中庸的问题，其实我更强调的是超越，就是说你不能太执着，但是这是从佛教这个角度看待问题的。有人曾经问我，你是否受佛教思想的影响，我说你看是从哪个什么方面说，可以说，潜移默化的影响并非没有。比如说用儒家的话讲，“极高明而道中庸”，在佛家看来，就是如何去超越，就是否定。毛泽东问过赵朴初，“说是赵朴初，非是赵朴初”，这是不是佛家的公式？赵朴初说是的。毛泽东就说，如果是的话，那么就是说，佛家的公式是先肯定后否定。赵朴初说不是的，是同时肯定，同时否定的。所以日本人听了以后，就觉得毛泽东如果能够按照佛家的思维，同时肯定，同时否定的话，中国的事情可能会更好一些。其实我对赵朴初的话也不是很同意，应该说佛家的思维方式就是否定，否定有，也否定无，否定空，也否定色，否定生，也否定死，有人说，佛家是怕死的哲学，其实它不是怕死的哲学，而是超越生死的哲学。我说的意思是，一切都是否定的，只有否定，才能够超越自我，超越一切。从这个意义上讲，说是中庸也未尝不可。

提问：因为我们是读商务日语专业的，我们现在接触到很多中日文化方面的，其实作为中国人来说，我们都会比较关注以前的，比如南京大屠杀各方面，而且因为这样，我们中国人对日本也很多想法，当然可能作为中国人来说，我是比较讨厌的，因为从神性这方面来说，这个怎么看待？针对日本人方面的思想，或者当时他为什么作出南京大屠杀，如果按照人性性本善，为什么会作出这样的行为呢，其实这里我确实还不是很懂。

麻天祥：这个很好解释，这个正好是我们要说的问题，人的本性就是没有善恶的，善恶实在是后天的习染。日本人侵略中国，他认为他就是最好的，希特勒屠杀犹太人，他不认为那是残忍的，所以有善就必有恶，有善有恶有你有我，就有了分别，有了分别就有了冲突，有了冲突就有了杀戮，有了杀戮这个世界就不会安定。如果大家都认为众缘和合，都认为心佛众生不二，就像那位老太太那样，没有分别心，“不谴是非，与世俗处，与天地精神相往来”，天下也自然就太平了。这才是最高的境界，才是神性。说到老太太，大家觉得老太太是神，其实老太太就没有分别，这种消除分别的人性就是神性。

提问：刚才您讲的确实精彩，而且人性和神性分析得很到位，现在有很多人有这样的心态，比如什么叫成佛，成佛的标准是什么？怎么判断一个人是否成佛，而且成佛是否像佛一样有大智慧是圣人，还是说那种离心见性，存在大圆满的功德，比如说现在像马

克思主义哲学提出的世界是物质的，但是我要讲的一点是万物有心脏，这就带来很强烈的唯心主义的色彩，是不是与马克思主义的唯物主义相矛盾，美国的《探索频道》调查过，实验说明，人类转基因是一种存在的事实，而且佛教还强调精神不灭的现象也是存在的，那这种事实存在的科学根据是什么呢？

麻天祥：我们今天讲佛学只能讲很少的一部分，你刚才说的唯心主义，其实这个很好解释，因为我们过去坚持整齐划一的思维方式，就是唯心主义同唯物主义的对立。有的时候说起来，现在看来是个笑话，什么是唯心主义？其实中国人最唯心，美国人最唯物，在美国人那里物质很重要，你没有钱，就扫地出门。我在美国的时候，牙疼，我没钱治病，看牙病可不得了，我说如果我治不了，就赶紧回国，就是这个意思，其实我们中国人特别强调心力，比如说“人有多大胆，地有多大产”，这个谁都知道，这就是唯心主义！再一个，我们打仗靠什么，靠“气”，“小米加步枪打败了飞机大炮”，那不是唯心主义？其实不存在这个问题。事实上，佛教并不是唯心主义，佛教强调更多的是什么呢？根尘生识。这个说起来话就很长了。简单地说，就是说人有眼根、耳根、鼻根、舌根、身根、意根，叫六根，六根对六尘，就是外境，眼尘等，根和尘结合起来，产生了认识，你说它唯心？也可以称它唯物。所以这个唯心、唯物的划分方法不科学。我们不是说马克思主义不对，实际上是对马克思主义的诠释不对。比如说共产主义，其实共产主义是一个终极的境界，是理想的追求，就像佛教的西方净土，就像儒家的三代，都是人类理想的追求，没有理想追求不行。共产主义的分配原则具体说就是各尽其能，各取所需，后来的改作按需分配，其实这个改动不对。原文应该说各尽其能，各取所需。为什么这么说？改的理由是，各取所需，那不就乱套了吗？可是事实上只要有分配，就一定不是共产主义，因为必须有分配的人，和分配的权利，就不平等，就不是共产主义。所以说这个是认识的问题。再比如，恩格斯说“谋事在人，成事在神”，实际上强调的就是神是由人创造出来的东西，反过来支配人的东西就是神，就是生产关系。人造出来生产关系，但是人必须按照生产关系办事，你不按照生产关系办事，就会一事无成；另外，比如道德伦理，只要人把道德作为不可违背的上帝的命令的话，那么道德就是神！我们觉得很多的人对马克思主义理解上有问题，这是一个方面。还有说生死问题，正是因为有了生，才有死，生死是人之常，人死了到底是什么？佛家告诉我们，生不足恋，死不必惧，因为生死是因缘的聚散，生和死都是一个过程，佛家是不主张灵魂不死之说的，强调的是超越，超越生死。当然，这些目前还不能用科学来证实，其实有的人说泰坦尼克号的船长又回来了，坐在冰山上，还是60年前的样子，还有时间隧道的问题，都是猜测，我们没法证实，但是我相信一点，人类不管它正确与否，总在思索、追寻那些在我们生命长河当中，超越我们生命的东西，而且相信，它也一定存在。

提问：我想请教一个问题，我们能不能把佛家的缘和基督教恩赐理解为一个东西，这两者之间有没有什么关系？

麻天祥：你做这样的对比，我从更大一点的角度说。一般都强调文明的冲突，关于文明的冲突影响很大，特别强调各种文化，不同文明之间的冲突，其实我更多强调的不是冲突，而是融合。为什么会融合？世界上任何一种文明，任何一种文化，面对的是共同的东西，所以从根本上讲，世界文化没有不同。中国的文化和美国的文化的不同，只不过像三明治和西安的肉夹馍一样，看起来有差别，本质上都是一样的，所以它们也必然要融合。比如说我们电灯，西方的还是东方的？过去说蜡烛是洋蜡，火柴是洋火，现在没有人这么说了，因为文明的进步，文化的趋同，世界整个文明是融合的，是谐调的，不是一个冲突的，对任何文化，我们都可以去做这样的理解。佛家传入中国，我不单强调的是佛教自身的移植和发展，更强调的是它的示范作用。佛教传入中国，体现了不同文化，中印文化的融合。印度的佛教传入中国以后，变成了中国的传统文化，在和中国文化接触的过程中，佛教进行了适应性的自身改造。中国文化也接受了它，体现了博大的胸怀，说明不同文化的融合，现在包括西方文化和中国文化的融合，还有马克思主义中国化等，佛教中国化起到了很好的示范作用。我过去在美国的时候，我的朋友说过一句话，美国人过去强调自我，self，person，现在觉得这些

有问题，更多强调的是 identity，communication，并问我用汉语怎么说。我马上回答：应当说是和而不同。这些说起来话长，美国的民主强调的是民有、民治、民享，大家都很欣赏，但是这民治、民享的民主精神，同样造成个人、自我的膨胀，个性的膨胀。其表现有两个方面：一个是无止境地向自然界索取，导致的是自然环境的破坏；另一个是人与人之间的冲突。个性、自我的膨胀导致了环境污染，生态破坏，所以面对这种情况下，佛教、道家的思想在国际上很受到欢迎。基督教原本说人性和神性的分离，但是近现代的神学家的解释，更多的是表现在自心中也包含神性，这和佛家的思想，儒家的思想不谋而合。因此你刚才说的缘和恩赐是否相同也可以从这个方面理解。不同文化的趋同，这个方向我认为应该是肯定的。我曾经提出来 4 个字，叫励操、高蹈，强调人总是要有一点精神，要高洁，要有严格的操守，要有一个节制性的，主要是控制人的欲望。现在人性不光是经不起诱惑，而且是极度的向外扩张，极度的膨胀，所以这个世界也就变得不安宁，变得不和谐了。你看现在世界上到处是冲突，大的冲突虽然没有，小的冲突不断，不该冲突的地方也发生了冲突。我在广东有这个感想，尽管发展得很快，但有的时候地方发展很慢，也很穷困，不均衡。其实我觉得对于中国来说，以至对于全世界来说，不是发展得慢的问题，在某种意义上，是发展得太快了的问题。因此我提出：适度的发展。这话可能说得早了点。现在叫科学发展观，科学发展观，我想就包含这个问题。总之，就是不同文化的融合，就是有利于世界共同发展，人性问题依然是重大的问题。不要把我们自己居住的地方破坏掉，搞得人没有水喝，整个人类连空气都没得吸了，这样很麻烦。

主持人：今天讨论人性的意义，并不在于要分清楚什么是人性，而在于我们人类如何去超越自我，对照人性所拥有的这些闪光点摈弃人性的弱点，从而使人性始终处于自在、自为和自乐的状态，让我们再一次用热烈的掌声感谢麻教授带给我们的讲座。

中国传统哲学与日本的近代化

◎徐水生

徐水生，男，1954年生，湖北省黄石市人。现任武汉大学哲学学院、国学院教授，博士生导师。兼任武汉大学中国传统文化研究中心研究员。

主要研究方向为中日哲学思想交流史、道家哲学思想。主要著作有：《中国古代哲学与日本近代文化》（个人专著）；《近代日本の知識人と中国哲学》（日文专著）；《中国哲学与日本文化》；《熊十力与新儒家哲学》（译著、島田虔次 原著）等。在《中国社会科学》（中、英文版）、《哲学研究》、《国外社会科学》、《鹅湖》（台湾）、《人文学》（日本）、《同志社哲學年報》（日本）等国内外著名杂志上发表中、英、日文学术论文50余篇。

珞源国学讲座第三十七期，此次讲座后被武大学生网站列为2009年最受欢迎的10大讲座之一

中国古典哲学是国学的精髓，是人类精神文明的瑰宝，它不仅

对日本的古代社会发展产生过重要作用，而且也深刻地影响了日本近代化①的各个层面。下面以日本近代化中的几位杰出的哲学家、政治家、企业家、文学家和科学家为例，来谈谈上述问题。

一、中国古代哲学与日本近代哲学
——以西周为例

西周（1829—1897）是第一位较系统地将西方近代哲学介绍到日本的学者，故被称为“日本近代哲学之父”（船山信一语）。② 西周在介绍和创译西方哲学的过程中，始终将儒、道等东方传统思想作为沟通东西文化的重要媒介。下面以他的哲学范畴创译工作为例：

1. “哲学”

在古希腊，哲学原词为“*philosophia*”，音为“斐禄所费亚”意为“爱智”。西周参照中国宋代理学的概念，开始将“*philosophia*”译成汉字“性理学”、“理学”、“穷理学”。关于“理”，张载认为，“万物皆有理”，“理”为物质运动的规律；二程认为，理是事物所以然者；朱熹认为，理是天地万物之“主宰”，是万事万物运动变化的推动者。“穷理”也是宋代的重要哲学思想，二程说：“格犹穷也，物犹理也，若曰穷其理云尔。”朱熹认为，“穷理便是穷究事物之中的理，从而体认本体的理”。随着对近代哲学认识的加深，西周便觉以上译语均不大妥。继之他又说，“斐卤苏比（*philosophia* 之日语音译）之意如周茂叔说的‘圣希天，贤希圣，士希贤’之意，故亦可将斐卤苏比直译为希贤

---

① “近代化”：在日语里，由于“近代”一词具有“近代”和“现代”两种含义，故常用“近代化”一词来表示“现代化”（参见日本《広辞苑》第五版）。故本文的“近代化”一词，采用了日本权威辞典的解释。英语的modernization，意为 tomake modern，即“成为现代的”之意，是一个动态的名词。在西文里，它大致是指从公元1500年左右以后一直到现今的历史时期。

② 船山信一：《日本的观念论者》，日本英宝社1968年版，第36页。

学”。① 后来他又将“斐卤苏比”译为“希哲学”，这可能受中国《尚书》类思想的启示。《尚书·皋陶谟》记载大禹语说：“知人则哲，能官人，安民则惠，黎民怀之。”《孔氏传》解释说：“哲，知是也。无所不知，故能官人、惠，爱也。爱则民归之。”经西周反复思考和进一步推敲，最后他在1874年刊行的《百一新论》中说：“把论明天道人道，兼之教法的斐卤苏比译名哲学。”② 这样与英文原意的“爱智”十分吻合。由此可见，“哲学”一词是经过刻苦磨炼才创译出来的，而西周的中国古代哲学素养在其中起到了不可缺少的重要作用。

2. “理性”

西周也是汉字“理性”范畴的创译者。“理性”原词产生于西方哲学，它一般指概念、判断、推理等思维形式或思维活动。西方理性主义的共同特性是，只承认理性认识的可靠性，否认理性认识依赖于感性经验。西周在1862—1865年留学荷兰期间所写的《开题门》一文中说：“宋儒和理性主义二者在说法上虽有不同，然也有酷似之处。”中国的宋儒们都非常重视理性，如程颐主张，至于物而穷其理，但不能逐物，必须“反躬”。朱熹提出了“即物穷理”的系统方法，认为，穷理多后，便能“豁然贯通”，内外合一。陆九渊强调“反观”，认为心便是理，只须向内反观，不必向外求索。王守仁提出“致良知”说，认为格物致知就是致吾心之良知于事事物物。西方的理性主义者，如以笛卡儿、莱布尼茨等人为代表的大陆理性派，认为感性知识不可靠，强调只有用数学推理方法才能得到真正可靠的知识，并认为观念的清晰明白就是真理的标准。中西二派虽说法有异，但在只承认理性认识是最可靠这点上确实有共同之处。可见西周对西方近代理性主义和中国宋代哲学有深刻的理解。

---

① 大久保利谦编：《西周全集》第四卷，日本宗高书房1950年版，第146页。

② 大久保利谦编：《西周全集》第一卷，日本宗高书房1950年版，第289页。

西周在1870年左右写的《尚白札记》中，又作了如下注释：Reason广义使用时，可译为“道理”；狭义使用时，可译为“理性”。在1873年所写的《生性发蕴》中又解释说：“理性就是理解道理的性能。”他在1884年（56岁）所写的《生性札记》中又指出：“理性，英语Reason是唯吾人因抽象作用而命此名者……理性之作用，亦如记性不特限知感二觉，又并及情欲二动，然其所以异于记性者，在于记性则受而不拒，理性则有时与二动抗衡抵争也。若夫抗争，此心城为之扰乱，是宋儒人心道心之别，独知诚意之工夫，所以陆子便是之说，阳明良知之工夫亦存于此也，盖尝推究其所以然者，理性也者。其质正直贞信，其印象，一踵外界显像极其曲折，无一点矫饰，无毫厘加损，惟纯性精，以奏天君。是以心君虽为情所扰，为欲所扰，理性呈象者依然袭旧，毫无变更，不服从谀君心之非，是其所以为心府之司直，而每与情、欲二动相斗争而不止也。”① 西周对“理性”范畴的创译，虽主要是以西方理性主义哲学为蓝本，但不可否认，他从宋明哲学、尤其是陆九渊、王阳明等人的心学中得到较大的启迪。

3. “归纳”和“演绎”

西周以穆勒的《逻辑学体系》（1843）为基础，在介绍西方的逻辑学同时，用汉字创译了“归纳”和“演绎”一对范畴。西周在《百学连环》中指出：“这里介绍一个新致知学（即逻辑学）的方法，它是英国的约翰·穆勒发明的，其著作《逻辑学体系》大部分内容是谈此的。可以根据它对学域进行重大改革，最终达到兴盛。此改革之法是何？即induction归纳之法，要知此归纳法，必须先了解以前的deduction演绎之法。所谓演绎法，顾名思义，‘演’就是推广、发挥之意，‘绎’就是从线头引出线之意，即从一个重要之处牵出种种。可将此比喻为猫吃老鼠。猫吃老鼠时先从鼠的重要头部开始，然后逐渐吃老鼠之身躯、四足、尾巴。即使在古代圣贤之学那儿，孔子言仁智，孟子说性善，孔子所有论述没有

① 大久保利谦编：《西周全集》第一卷，日本宗高书房1950年版，第144～145页。

离其宗，孟子言必称尧舜说性善。不论是仁智，还是性善，都是他们重要的依据并由此引出各种道理。古代学者的言论大概均同此理，学《孟子》的将《孟子》作依据，学《论语》的以《论语》作依据。总之，从其认为最重要之处引出种种道理，这就是如同猫吃老鼠的演绎法……归纳法与演绎法相反，可将此比喻为人吃鱼。人吃鱼是先一点点吃鱼的最美味之处，然后吃完所有应该吃的部分。从细微处接近全部，由外归到内。懂得了这种归纳法，就可谓真理无二。”西周还概括性地指出：“过去西洋均重演绎之法，近来却趋向归纳之法。”① 西周为了使在“育英舍”私塾的讲课生动形象、通俗易懂，以“猫吃老鼠”和“人吃鱼”比喻演绎法和归纳法，尽管不十分精当，但是他对“induction”和“deduction”的理解是正确的，翻译也是贴切的，从中也可见西周的深厚汉学底蕴。

此外，西周在创译“主观”、“客观”、“悟性”、“现象”、“实在”等近代哲学范畴的过程中，也在不同程度上吸收了中国古代哲学的营养。这些创译对于东西方思想的交流，对于日本和中国哲学的近、现代化作出了积极贡献。日本现代著名哲学家下村寅太郎深刻指出，吸收时代的学者全部以汉学为教养基础，西洋哲学的理解只有将此作为途径才有可能，“哲学用语的翻译就证明了此点。如‘悟性’、‘理性’这类今天均在使用的概念多半是亏了这些人们，尤其是西周”。②

二、中国古代哲学与日本近代政治思想
——以中江兆民为例

中江兆民（1847—1901）被日本学术界称为“自由民权运动的理论家”。他幼名竹马，继而改名笃介，号兆民，有“亿兆之民”之意，以表其民主主义的志向。幼年曾学汉文，16岁时，入著名的土佐藩校文武馆学习汉学，专心习读《周易》、《尚书》、

① 大久保利谦编：《明治启蒙思想集》，日本筑摩书房1967年版，第53、54页。

② 《下村寅太郎著作集》第12卷，日本みすず书房1990年版，第543页。

《春秋》、《左传》、《论语》、《孟子》、《大学》《中庸》、《礼记》等中国古代重要典籍。此外，他尤其爱读《庄子》、《史记》，据说他能把其中某些章节倒背如流。中江 17 岁开始接触洋学，学过英、荷、法等国语言。1971 年至 1974 年他被政府派往法国留学，如饥似渴地学习欧洲近代文化。法国启蒙思想家卢梭的自由、平等学说、18 世纪法国唯物主义的自然观、认识论及无神论思想、达尔文的“确定了物种的变异性和承续性”的生物进化论等，对他产生了重大影响。1882 年他用汉文译出卢梭的《社会契约论》即《民约译解》，该书在日本社会产生极大反响，他因而获得“东洋卢梭”之美称。

中江兆民的特点是，对中国哲学文化酷爱具有前后一贯性。他在法国学习西方文化的紧张日子里，仍不放松汉学的钻研，并进行过将《孟子》等中国古典法译的尝试。留学归国后，在大力介绍西洋哲学文化的同时，也继续学习、研究中国传统文化。他还拜当时的著名汉学家冈松瓮谷为师，努力学习先秦诸子。冈松先生曾著有《庄子注释》，中江兆民爱不释手，反复捧读，通过注释进一步熟悉和掌握了连中国人都颇感费解的庄子哲学思想。他后来开设法学塾时，仍把《庄子》等作为座右之书。对中江兆民读书生活颇为了解的小岛佑马也曾说过，《庄子》是兆民最爱读的书之一，并对他以后的文章和思想产生了颇大影响。如《秋水》，本是《庄子》书中的一篇代表作，它由七组寓言组成，通过对大与小 、天与人、生与死、贵与贱、官与民等问题的论述，突出地表现了庄子超脱世俗、藐视权贵、向往自由的思想。中江非常喜欢此篇，并先以该题作为自己雅号，后将雅号转赠于得意门生幸德传次郎，使其改名为幸德秋水，这也是中江兆民 酷爱中国哲学文化的例证之一。不仅平时如此，而且在他穷困潦倒之际，仍视中国哲学文化为至宝。幸德秋水回忆道，“我开始寄食于大阪曾根崎住所时，先生（指中江兆民——引者注）的西洋书卖了大半，只剩下仅有一点，但汉文书籍还藏有数百卷”。①

① 《幸德秋水》，日本中央公论社 1984 年版，第 172 页。

为什么中江在接受西学之后，仍对汉学表示浓厚的兴趣呢？一是认为要将西方学术著作译成漂亮的日文，没有深厚的汉学素养不行。二是随着视野的开阔、认识的加深，他发现汉学中蕴藏有不少合理的成分。而汉学经过历史的长期积淀，已成为明治时代日本人民的思想之魂、文化之根、为了建立日本新文化，必须振兴其魂，状大其根。所以他对儒、佛、道思想给予了近代的诠释。

1. “一年半是漫长的”

1901年，中江兆民身患重病，4月份医生诊断其疾为喉头癌，并说只能再活一年半左右。然而，中江兆民并不是消极地等待死亡，而是同病魔进行了顽强的搏斗，凭着坚强意志在极其困难的条件下先后写出了《一年有半》和《续一年有半》两书，销售量竟分别达20多万册和10多万册，轰动了当时的日本思想界。但在这一年半中，庄子哲学对中江思想产生了重要影响。

关于生死本是无的新诠释。庄子曾说：“熟能以无为首，以生为脊，以死为尸，孰知死生存亡之一体者，吾与之友矣！”（《大宗师》）庄子认为，人的生命开始是自然所赋予的，最后也要回到大自然，因而人的生命实际上是以无为始，也是以无为终的。这表明了庄子的超脱世俗、“视死如归”的达观态度。中江兆民站在新时代的高度，诠释了庄子以上思想，他说：“生时是有限，死后是无限的。拿有限和无限相比，这不是短，而是根本无。假使有事情可做，并且过得愉快，那么，这一年半岂不是足以充分利用的？啊！所谓一年半也是无，五十年、一百年也是无。就是说，我是虚无海上一虚舟。”① 这个“无”不排除与禅宗的“无”（兆民也读过《碧岩录》之类的书）有一定的关系，但我认为，它更多地是吸取了庄子关于生死之“无”的思想。这既是对庄子思想的吸取，更是对它的改造和诠释。第一，庄子的观点是对生命现象的直观观察，中江兆民则是以达尔文进化论、物种和人类起源说、细胞学和解剖学等自然科学为依据，富有近代感的阐发。第二，庄子只是主

① 中江兆民：《一年有半·续一年有半》，商务印书馆1979年中文版，第8页。

张消极地顺应生死规律，中江兆民则坚持在顺应、尊重自然规律的前提下，提倡积极地工作，在极有限的时间内作出超常的成绩，使生命发出更耀眼的火花。

关于寿与夭的新诠释。庄子说："小年不及大年……上古有大椿树，以八千岁为春，八千岁为秋，（此大年也）而彭祖乃今以久特闻，众人匹之，不亦悲乎。"（《逍遥游》）庄子认为，人们谈起长寿，往往以八百岁的彭祖为例，但彭祖如果和"以八千岁为春"的大椿树相比，只能算夭折。因而，寿与夭不是绝对的。中江兆民吸取了其中的辩证因素，指出"一年半，各位也许要说是短促的，然而我却说是漫长的。如果说短，那么，十年也短，五十年也短，一百年也短"。"一个人假使七、八十岁后才死，可以说是长寿。然而死亡以后，却是永远无限的劫数。假使以七、八十年去和无限作比较，那是多么短促啊！于是乎不能不把彭祖看作夭折，把武内宿弥看作短命。"① 中江认为，寿、夭的标准关键在于是否活得有意义，为人们作出了积极贡献。所以，中江站在日本近代历史的高度，以西方自然科学知识扬弃了庄子的生死观，试图为日本近代文化作出积极的贡献，为人们留下更多的精神遗产，如他又说："我认为至多只能活五、六个月，如果能活一年，那么对我来说，已经是寿命上的丰年。这本书所以题为《一年有半》，就是由于这个缘故。"②

2. "民为贵"与民权说

中江兆民是位坚定的自由民权论思想家，为了推进日本近代的自由和民主进程，他还通过18世纪法国启蒙思想将孟子的某些观点进行了积极改造和诠释，以作为批判封建思想的东方自由民权论。

中江兆民曾写下了"民为重"的汉字横幅，从思想深层来看，

---

① 中江兆民：《一年有半·续一年有半》，商务印书馆1979年中文版，第22页。

② 中江兆民：《一年有半·续一年有半》，商务印书馆1979年中文版，第6页。

这与孟子的思想有着密切的联系。孟子是中国古代著名的民本主义者，他提出了许多深刻的“重民”思想，如：“民为贵，社稷次之，君为轻”；(《尽心下》) “得天下有道，得其民斯得天下矣；得其民有道，得其心斯得其民矣。”(《离娄章句上》唐代思想家、文学家柳宗元也认为，历史的发展，既非天意决定，也非圣人的意志所能左右，决定的因素是“生人之意”即人民的意愿和物质需求，并提出了“官为民役”的观点。总之，孟、柳等中国古代思想家清醒地认识到，人民是国家生存的基础，只有顺民心，国家才能发展、昌盛。这些思想对中江兆民产生了极大影响，故他在晚年说：“民权是个至理；自由平等是个大义。违反了这些理义的人，终究不能不受到这些理义的惩罚。即使有许多帝国主义国家，也终究不能够消灭这些理义。帝王虽说是尊贵的，只有尊重这些理义，才能因此而保持他们的尊贵。中国早已有孟轲和柳宗元看穿了这个道理。这并不是欧美专有的。”① 显然这是对孟、柳思想的近代性诠释，孟子的“民为贵”、“与民同乐”思想，柳宗元的“生人之意”、“官为民役”思想，是对中国早、中期封建社会王朝更叠历史的朴素总结，有一定思想深度，但毕竟是为封建统治者的长治久安提供“良策”，而不是出自保护人民的考虑。至于“民权”、“自由”、“平等”诸思想，它们均产生在近代资本主义发展初期，随后形成了一套理论体系，反映了资产阶级的根本利益和政治要求，批判矛头直指封建主阶级及其思想。前后二者在理论上、政治上均有质的差别。

但中江兆民为什么将孟、柳思想作近代性的诠释呢？这一方面是他本人对中国古代哲学有着特殊的感情，另一方面主要是当时日本政治思想界中有一种论调，说“自由”、“民权”、“平等”产生于欧洲，而不适合日本。中江兆民为了反驳上述说法，激励日本的自由民权主义者与封建主义势力和思想作斗争，故提出“民权”、“自由”、“不是欧美专有的。”中江还用孟子等中国古代的“重

① 中江兆民：《一年有半·续一年有半》，商务印书馆1979年中文版，第32页。

民”思想与西方近代的民权、自由、平等诸新思想直接“嫁接”，为翻译法国自由民权主义者卢梭的名著《社会契约论》创造有利思想条件。如在汉文版《民约译解》序言中说，“盖政也者，与时推移，不逆于人情，斯为美矣。语曰，善者因之、其次利导之，最下者与之争，故唐虞禅而兴，燕哙让而亡、禹传于子，而为万世帝王之法、讼狱讴歌，亦足以见民心之所向焉。”这里特别强调的“民心”，就是对孟子“得其心，便得其民”思想的吸取。

3. “浩然之气”与“心思自由”

此外，中江还对孟子的“浩然之气”思想作了诠释。他在《东洋自由新闻》的社论中，把自由分为“行为的自由”和“心思的自由”。所谓行为的自由，包括人身、思想、言论、集会、出版、结论、从政等方面的自由。所谓心思的自由，“就是我精神心思绝不受其他物之束缚，充分发达而无余地。这也就是古人所谓‘配义与道’的‘浩然之气’”。而且，中江兆民认为，二者比较心思的自由是其根本。孟子提出，“浩然之气”由内心逐步积累道义而成，只要培养得法，这种气就会变得伟大而刚强，并且四处扩散，上下流行，充塞于天地之间。总之，“浩然之气”原指人们在道德意识的支配下产生的一种无所畏惧的心理状态，中江兆民运用法国启蒙思想家卢梭的自由理论对之加以积极改造，以说明精神自由在空间上的无限性和绝对性，表达了日本近代知识分子试图冲破一切封建精神网罗的雄心和大志。

三、中国古代哲学与日本近代企业

——以涩泽荣一为例

孔子思想对日本近代化中的经济和企业有何积极影响呢？被誉为“日本近代企业之父”的涩泽荣一（1840—1931）用其经营的实践对此问题作了肯定性的回答。一生创立了五百多家大型企业的涩泽荣一说：“我常将《论语》看做商业上的圣经。”

涩泽荣一的汉学教育与家庭环境有着密切的关系,。他6岁时就由其父实行启蒙教育，所用教材为《三字经》。在此后1年多的岁月中，他又陆续诵读《孝经》、《小学》、《大学》、《中庸》。其父喜欢《论语》，并是极其严厉之人，涩泽小时稍有过错，就直接引《论语》来批评，如“吾日三省吾身——为人谋而不忠乎？与朋友交而不信乎？传不习乎？”使涩泽受到了耳濡目染之影响。他七岁时又从堂兄尾高兰香学《大学》、《中庸》、《论语》、《孟子》，并决定以《论语》为学习重点。“我确信，遵守《论语》之教，人可很好地修身齐家，安稳无事地度过一生。以《论语》为日常修身方法，便可万事无碍圆通，不论何事有难于判断之处，取《论语》这把尺子加以衡量，必定免过。”①

涩泽荣一的思想发生重大转变的是这样一件事情。1867 年 1 月至 1868 年 11 月，涩泽荣一随幕府使节德川昭武参加巴黎万国博览会后，用近二年的时间对欧洲各先进国进行了详细考察，深入了解了西方近代文明尤其是经济和企业方面情况。在法国，他参观了钢铁厂、造船厂、兵工厂、银行、学校、博物馆、动物园。在意大利，他拜会了贝克特利亚女王，参观了国会议事堂、报社、图书馆、港湾等。尤其是“合资组织”（股份公司）的经营方式、作为国家元首的比利时国王对实业活动的热心支持、欧洲社会的“官民平等”等三件事给他留下了深刻印象和巨大的思想冲击。

1.《论语》之新解

涩泽荣一吸取了西方近代注重物质利益、经济效益的思想，对孔子的“义利观”作了全新的诠释。如孔子说，“富与贵，是人之所欲也；不以其道得之，不处也。贫与贱，是人之所恶也；不以其道得之，不去也”。② 涩泽荣一指出，一般人认为此语有轻视富贵之义，这实际上是片面而论。如仔细地思考，此话没有一点鄙视富贵之义，其旨是告诫人们不要淫于富贵。如直接以此看成孔子厌恶富贵，真可谓荒谬之极，孔子在这里是指不道德地得到富贵，宁可贫穷，如以正当之道得到富贵，绝无妨碍。“对于此句，要得出正

① 涩泽荣一:《论语讲义》第一卷，日本讲谈社 1977 年版，第 19～21 页。
② 《论语·里仁》。

确的解释，关键是要注意‘不以其道得之’。”①

涩泽荣一借用西方近代的商业意识、经济思想，对孔子的“义、利”思想，尤其是对其中长期以来被中、日历代思想家曲解的“利”方面，作了认真的发掘，具有强烈的时代感。当然，涩泽荣一对《论语》的诠释不仅仅是从文字上对孔子思想的考证，更主要地是试图使明治时代的日本人从传统的轻利、鄙利思想的误区中走出来，轻装上阵地投入到日本近代化的经济活动中去。

2. “《论语》和算盘一致”论

涩泽荣一还提出了明治时代的“《论语》和算盘一致”的企业文化论。他说：“以我一个实业家的身份来说，为努力使经济和道德齐头并进，经常以简易的方法向大家说明《论语》与算盘相互调和的重要性。”② “《论语》和算盘，换言之是道德与经济的合一”,③ “义”与“利”的合一。因而，“《论语》和算盘一致”论，实际上指孔子的思想与经济企业发展是相适应的，二者为什么能够“一致”或相适应呢？涩泽荣一认为：第一，《论语》讲了很多修身养性之道，特别是讲了许多关于如何处理“义、利”关系的道理，有利于提高商人或企业家的才干。“至于商才的培养之道，亦全在《论语》之中。有人以为道德之书和商才并无关系……商才不能背离道德而存在，因此论道德之《论语》自当成为培养商才之圭臬。”④ 第二，经济企业的发展，必须有一个好的指导思想作为精神支柱和行动标准。“我之所以爱读《论语》，是因为本来商人是争铢锱之利的，贤者如有一步失误的话，是为利而失道的，更何况商人生活在世俗社会之中，如无防止失误的规矩准绳，那么是很危险的。” “如无仁义道德、正义道理之富，其富便不能持久。”⑤ 第三，二者紧密结合，相得益彰。涩泽指出，“道德

① 涩泽青渊纪念财团龙门社编：《涩泽荣一传记资料》别卷六，日本涩泽荣一传记资料刊行会，1962 年版，第 52 页。

② 涩泽荣一：《论语与算盘》，日本讲谈社 1977 年版，第 86 页。

③ 《涩泽荣一传记资料》41 卷，第 381 页。

④ 涩泽荣一：《论语与算盘》，日本讲谈社 1977 年版，第 5 页。

⑤ 《涩泽荣一传记资料》41 卷，第 390、349 页。

和经济如鸟之双翼车之双轮，缺一不可，换言之《论语》和算盘并不是对立之物，可以右手拿《论语》讲之，左手把算盘计之，退则可利家和富国，进则可理天下之经济。"①

涩泽荣一不仅仅是从理论上阐述"《论语》和算盘一致"的思想，而且更重要的是将之实践在众多的企业管理活动中去。正如他自己所说："我常将《论语》看做是商业上的圣经，在经营时，绝不敢逾越孔子之道一步。"② 涩泽在总结自己办理各种企业的经验时说，"我力量微薄，未干成什么大事，但我坚定地奉事孔子的思想，并体会到它与商业、工业、矿山业、制造业及所有事业毫不抵触"。③

在日本近代的经济发展史上，涩泽荣一确实作出了重要的贡献。他创办了日本的首批银行、造纸、保险、电信、铁道、纺织、电力、煤气、造船、仓库、以及旅馆、剧院等。如：在金融业方面，他首先创立了第一国立银行（今第一劝业银行），随后又帮助建立了一些专业银行、普通银行，组织成立了银行家同业协会——"拓善会"，亲自指导成立了股票交易所，为发展日本的金融事业作出了很大成绩。在企业方面，他先后创立了王子造纸厂（1873）、大阪纺织厂（1879，后改名为东洋纺织厂）、东京海上保险公司（1879）、日本铁道公司（1881）、日本邮船公司、日本人造肥料公司、东京煤气公司、东京电灯公司、石川岛造船所、札幌麦酒厂、东洋玻璃厂、明治制糖厂、帝国饭店等500多家企业。此外，他一生赞助的公益事业达600多项，它包括国际交流、社会事业、福利设施、文化团体、教育设施等。总之，在这些重要的工作中，涩泽荣一认为《论语》是其"精神支柱"。

尤其值得注意的是，涩泽荣一除了以"《论语》和算盘一致"的思想指导其金融实践和企业管理之外，还注意培养孔子思想与企业管理相结合的人才。他坚持多年亲自向所属企业员工讲授《论

---

① 《涩泽荣一传记资料》41卷，第379页。

② 涩泽荣一：《论语与算盘》，日本讲谈社1977年版，第162页。

③ 《涩泽荣一传纪资料》第41卷，第143页。

语》，并著有《论语讲义》（七卷本）和《论语加算盘》等书，以此作为培训教材，使孔子思想深入到他所领导企业的每位员工心中，使“一致”的理念化为全体员工的实际行动。以至“在涩泽身边及其以后，受其感化和影响，接连不断地涌现出一大批精明强干的‘小涩泽’式的企业家”。① 1983 年，日本重要的经济日报——《日经产业新闻》曾对日本企业家最崇拜的人物进行调查，其结果是涩泽荣一名列第二位。由此可见，涩泽荣一的“《论语》和算盘一致”思想的影响，不仅仅是存在于一批企业和一代人之中，而是伴随着整个日本经济现代化的过程。

四、中国古代哲学与日本近代文学

——以夏目漱石为例

夏目漱石（1867—1916）是日本著名文学家。他从小喜爱汉学，又在以中国古代经典为教材的二松学舍学习过，因而有较深厚的中国古代文化基础。学习英语后，于 1890 年进入东京帝国大学英文科学习，1900 年赴英国学习文学，二年后归国。曾任东京帝国大学教授，1907 年辞去大学教授职位，加入《朝日新闻》报社，并成为一名专业作家。他一生写过 15 部中、长篇小说，2 部文学理论著作，此外还有大量的诗歌、评论、书信、日记等。日本学者称之为“日本近代文学的巨匠”。鲁迅对于其创作也给予了相当高的评价：“夏目的著作以想象丰富、文词精美见称。早年所作，登在俳谐杂志《子规》上的《哥儿》、《我是猫》诸篇，轻快洒脱，富于机智，是明治文坛上的新江户艺术的主流，当世无与匹者。”②

1. 与老庄等哲学相遇

夏目的一生与老庄哲学有着密切的关系。他在大学学习期间曾写过《老子的哲学》一文，其文表现了夏目对老子哲学的整体把握和深刻理解，使人对他的中国古代文化功底不得不为之惊叹。

夏目的不幸生活遭遇和孤独性格，使他对庄子哲学也抱有极大

---

① 中井英基：《张謇与涩泽荣一》，日本《一桥论丛》1987 年 12 月号。

② 《鲁迅全集》第 10 卷，人民文学出版社 1981 年版，第 216 ~ 217 页。

的兴趣。这点从他的早期作品中可看出，他在《七草集评》（明治22年5月）诗中写道：“洗尽尘怀忘我物，只看窗外古松郁，乾坤深夜闻无声，默坐空房如古佛。”他在《失题》（明治32年4月）写道“往来暂逍遥，出处唯随缘。”他在“春兴”（明治31年3月）一诗中写道，“寸心何窈窕，缥缈忘是非，三十我欲老，韶光犹依依，逍遥随物化，悠然对芬菲”。这里的“忘我物”、“忘是非”、“逍遥”、“物化”均是庄子《齐物论》和《逍遥游》的思想。

他的文学作品《我是猫》（五、九、十一）、《趣味的遗传》和学术著作《文论》（五编二章）等处中多次引用了庄子的思想、典故和语句。

除老庄哲学外，夏目还受到其他《周易》、孟子等哲学思想的影响。如他在《题自画》（大正三年）诗中写道“起卧乾坤一草亭，眼中唯有四山青，闲来放鹤长松下，又上虚堂读《易经》”。他在《无题》（明治32年）之诗中写道：“眼识东西字，心抱古今忧，廿年愧昏浊，而立才回头，静坐观复剥，虚怀役刚柔”。从这里可以看出，他显然读过《周易》，并接受了《周易》思想的影响。他还在《失题》（明治32年4月）中写道：“仰瞻日月悬，俯瞰河岳连，旷哉天地际，浩气塞大千。”说明他赞同并且接受了孟子的“浩然之气”思想。这些都为夏目的文学作品增加了思想深度和启迪意义。

2. “则天去私”的文学思想

尤其值得注意的是，漱石提出的“则天去私”文学思想与老庄哲学有着密切的联系。20世纪初年至20年代，迅速发展的资本主义工商业给日本带来了繁荣的物质文明，但人的精神生活上却出现了“畸形”。漱石在《三四郎》、《其后》、《门》、《行人》、《路边草》和《心》等作品中，尖锐地揭露与讽刺了隐藏在近代人们内心深处的利己主义。经过多年的思索，漱石在去世前的多次谈话和书写中，提出了“则天去私”的思想。它综合了法国启蒙思想家卢梭的“回复自然”论和中国老庄的“道法自然”思想。漱石试图告诫人们，在较为丰富的物质生活中，一定要抛弃虚伪之心、功名之念，保持人们原有的纯朴和善心。漱石的晚期作品《明与暗》就是“则天去私”思想的重要注解。这一思想在日本近代乃至现代的文学史上产生了重大影响。

五、中国古代哲学与日本近现代科学
——以汤川秀树为例

日本首位诺贝尔奖获得者、著名的物理学家汤川秀树(1907—1981)，1927年毕业于京都大学理学部物理学科，1935年开始发表关于介子理论的系列论文，后任京都大学教授，1948年至1953年任美国普林斯顿、哥伦比亚等大学客座教授，1949年因提出介子理论获诺贝尔物理学奖。汤川秀树在总结其一生的物理学研究时指出：“和其他物理学家不同，对我来说，长年累月吸引我，给我最深影响的是老、庄等人的思想。它虽是一种东方思想，但在我思考有关物理学问题时，它仍不知不觉地进入其中。”①

下面以日本朝日新闻社1971年出版的《汤川秀树自选集》、日本岩波书店1985年出版的《汤川秀树著作集》以及汤川秀树的《创造力和直觉》② 三种原著为基础，来简述汤川秀树关于道家智慧与现代物理学的有机联系思想。

1. 老庄哲学与汤川物理观

汤川秀树认为：道家关于发展、变化的思想与现代物理学发展趋势极为合拍。汤川秀树从积极意义上对老庄哲学加以了肯定，他说，“老庄的思想，既不是宗教，又不是伦理。其特点可用不同于‘到达’的‘通过’或‘一时停止’来表达。所谓‘到达’与目标、终点相联系。相对来说，‘通过’有通过某点，在某点停止一时之意，有不是终点而是中间站的细微差别。就是在这种意义上使用‘到达’和‘通过’的说法”。③ 19世纪末20世纪初，物理学

① 《汤川秀树著作集》第7卷，日本岩波书店1985年版，第20~21页。

② 汤川秀树著，周林东译，戈革校，《创造力和直觉》，复旦大学出版社1987年版。

③ 《汤川秀树著作集》第4卷，日本岩波书店1985年版，第318、319页。

界发生了一次革命性的飞跃。随着生产与实验技术的不断发展，物理学遇到大量新课题，迫使人们认识到旧理论不是那么完善，因为它并不能圆满地解释新发现的一些现象。黑体辐射与迈克尔的实验使经典物理学理论碰到了巨大的困难，微观粒子的发现也提出了新问题，这一切导致物理学理论新的突破。20 世纪以来，相对论、量子论、原子物理学、粒子物理学以及凝聚态物理学等应运而生。新的研究领域不断开拓，物理学的面貌有了根本性的变化。因而，汤川秀树立足于近、现代物理学发展史，进一步解释了为何喜欢具有“通过”特点的老庄思想。他说，在学问上，不可能有“到达”的终点。“普朗克、爱因斯坦几位伟大的物理学家，推翻了牛顿力学。这可能说得有点过头，但总之牛顿不是终点，到达点。似乎应长时间停车，但结果只是应通过的途中一站。至今我还不知哪儿有终点?”“在《老子》、《庄子》那儿，没有明显的到达点。它们是非常独创、有趣的思想。仅此而已，绝无终点的看法是正确的。”① 从此意义上来说，老庄关于变化、发展的思想与自然科学上的没有绝对不变的认识或定理，只有不断发现、不断创新、才能寻得新真理的精神是一致的。汤川秀树认为：

第一，道家关于概念和真理的相对性思想可以获得现代物理学的非凡新意。

《老子》曰：“道可道。非常道，名可名，非常名。”（1 章）汤川指出，我是这样解释《老子》第一章的，“真正的道，即自然法则，不是惯例之道，常识之理。真正的名或概念，不是常见之名、常识性概念”。“变成如此的解释，也许我是物理学家。到 17 世纪伽俐略、牛顿发现新物理学的道之前，亚里士多德的物理学是‘常道’。牛顿力学确立，并被称为正确的道之时，它便成了物理学上唯一的道。‘质心’这种‘新名’，不久成了‘常名’。20 世纪的物理学是从超越‘常道’，发现新道开始的。在今天，狭义相对论、量子力学等形式的新道已成了常道，‘四维时空世界’、‘几率幅’这类奇妙之名，几乎成了‘常名’。因而必须再寻找不是常

① 《汤川秀树著作集》第 4 卷，日本岩波书店 1985 年版，第 320 页。

道之道，不是常名之名。如那样思考的话，二千多年前的老子话使人能获得非凡的新意。”① 关于老子的“道可道，非常道。名可名，非常名”，哲学史界通常是这样解释的：“可以言说的道，就不是恒常的道，可以称呼的名，就不是恒常的名。”汤川秀树的文字解释与此不同，但从思想实质上来说还是与老子哲学精神相通的。如老子说：“道常无名”。② 老子认为名称或概念不是绝对的，具有相对性。自然科学就是在不断淘汰旧概念、旧理论，创造新概念，新理论中发展、前进的，因而二者确有思想上的一致性。

第二，道家“知鱼乐”类的直觉思维“贯穿着现代物理学的精神”。汤川秀树指出：“直觉能力在古代的希腊天才和中国天才那里都是天赋极高的。”③ 直觉是指在已往经验知识积累的基础上突发地把握事物本质的能力以及基于这种能力而产生的思想。直觉思维方法的基本特征之一，是其非逻辑性。道家的直觉思维方法在《庄子·秋水篇》有着生动的展现，“庄子与惠子游于濠梁之上。庄子曰：‘鱼出游从容，是鱼之乐也’。惠子曰：‘子非鱼，安知鱼之乐？’庄子曰：‘子非我，安知我不知鱼之乐？’惠子曰：‘我非子，固不知子矣，子固非鱼也，子之不知鱼之乐，全矣！’庄子曰：‘请循其本’。子曰：‘汝安知鱼乐’云者，既已知吾知之而问我，我知之濠上也。”汤川秀树对此故事表示了浓厚的兴趣，他指出，“此话表面类似禅的问答，实际上很不一样。禅总是把论证进行到科学无能为力之处，但庄子和惠子的问答表现了与科学的合理性和实证性有关的看法。惠子的论证方法看起来似乎比庄子更有逻辑性。一般认为，像鱼之乐这类很难下明确的定义，不承认实证是不可能的看法，接近科学的传统观点。尽管我自己是位科学家，但与庄子所说具有很强的同感”④。故 20 世纪 60 年代有人请汤川秀

---

① 《汤川秀树自选集》第 3 卷，日本朝日新闻社 1971 年版，第 375 页。

② 《道德经》，第三十二章。

③ 汤川秀树著，周林东译，戈革校，《创造力和直觉》，复旦大学出版社 1987 年版，第 5 页。

④ 《汤川秀树自选集》第 3 卷，日本朝日新闻社 1971 年版，第 372 页。

树题字时，他常写“知鱼乐”三字。如日本名古屋大学理学院的物理学会议室墙上曾经长期挂着汤川所写的“知鱼乐”条幅。汤川秀树甚至在1965年9月在京都召开的纪念介子理论提出三十周年的基本粒子国际会议上，将“知鱼乐”的典故英译给外国的物理学家，引起了他们极大的兴趣。

为什么汤川秀树对“知鱼乐”的典故如此钟爱并与庄子颇有同感呢？因为在当时的物理学研究中，逻辑证明和实验的方法在基本粒子探讨中表现了一定的局限。物理学家最感困惑的是所谓基本粒子的真正本性。一个肯定的情况下，基本粒子甚至比原子还要小得多，从更严密的观点来看，基本粒子很可能也具有自己的结构。但实际上，简直很难用实验手段来直接识别这样的细节。所以，汤川秀树又说，“我坚信用某些方法可以合理地把握住基本粒子的结构，而且当然我正在为寻找可能的答案而费脑筋。我相信这样的一天将会到来。那时我们将知道基本粒子的内核，即使这一切不会像庄子知道鱼的内心那样简单，但为了做到这一点，我们也许必须采取冲破现有知识框框的奇妙思维方法”。① 这里的“奇妙思维方法”就是庄子“知鱼乐”一类的直觉思维方法，经过科学地改造、提高，它可以弥补逻辑和实验方法的不足（或产生互补），有助于基本粒子的研究。

汤川的亲密科研助手——著名物理学家坂田昌一也进一步揭示了庄子直觉思维方法的现实意义，他说：“‘知鱼乐’的精神正是贯穿着现代物理学的精神，它把隐藏在现象背后的本质作为问题提出来了。”② 正如汤川秀树指出：“物理学从20世纪初期以来的发展，就是走的这种道路。在这样事例中，单靠逻辑学是什么也干不成的。唯一的道路就是直觉地把握整体，并且洞察到正确的东西。换句话说，这里更重要的与其说是铲除矛盾倒不如说是在整体中发现和谐。”③ 而老庄哲学中的直觉思维，经过科学改造后也能适合

---

① 《汤川秀树自选集》第3卷，日本朝日新闻社1971年版，第374页。

② 《坂田昌一科学哲学论文集》，知识出版社1987年版，第192页。

③ 《创造力和直觉》，复旦大学出版社1987年版，第42页。

现代物理学的需要。汤川秀树还指出："直至今日，有人认为东方的思维方式是非逻辑的，有碍科学的发展。这类意见不少，但我未必同意。"① 如在量子力学中有不确定原理、引进了概率的概念，西方人很难掌握，而东方人极易接受，这不能不说与东方思维方式有关。同时，这在一定程度上也说明了以庄子思想为代表的道家直觉思维的合理性。

2. 老庄哲学与汤川秀树的创造

第一个例子是，汤川物理学的"基元域"概念的形成。汤川秀树说："1950 年，我发表了关于非局域场的理论，想将它作为和实体论、本质论的一种综合统一的第一步。这时，在宇宙线中发现了未被预计到的几种新粒子……然而，再前进一步，希望更大，困难也越大，感到要达到应满足的理论需一个较长的时间，实际从这以后到今天的二十多年，我仍进行着恶战苦斗。其中，我想起了种种东西，成此契机的一个是在基本粒子研究上用新形式恢复的一般相对论精神，还有一个是想起了长期被遗忘的庄子。尽管时代相隔甚远，然而在将哪一方都可兼容时、空（天地）和作为内在东西的物质、能量（万物）的相互关系问题上，二者有共同点。在这里有其他种种思想中所看不到的独特。如我在《基本粒子》中所述，想起了吸取庄子思想营养的诗人——李白在某文开头中的'天地者万物之逆旅，光阴者百代之过客'等句，于是在 1966 年某日终于将我的苦心思索结晶为基元域②的概念。"③

第二个例子是，汤川物理学的"混沌"说的产生。汤川秀树

---

① 《汤川秀树著作集》第 6 卷，日本岩波书店 1985 年版，第 10 页。

② 基元域：汤川解释道，"如果任何形式的能量开始和真空发生联系了，那么，按照这种联系方式的不同，我们就可以把它看成一种物质或粒子式的表现，甚至看成一个基本粒子，如果我们想象这个区域变得无限地小，那么在极限情况下它就将和一个点粒子相当，从而我们的理论表述就会和从前一样地遇到困难。因此，我们就给这个区域的尺寸规定一个下限，即一个对应于最小时空量子的极限，这就是一个不能再进一步有意义地细分的区域。我们可以把它叫做基元域"（《创造力和直觉》，复旦大学出版社 1987 年版，第 143 页）。

③ 《汤川秀树著作集》第 7 卷，日本岩波书店 1985 年版，第 65 页。

说，我在思考基本粒子的过程中突然想起了《庄子》中的“混沌”典故，“我研究基本粒子已有多年，而且，至今已发现了30多种不同的基本粒子，每种基本粒子都带来某种谜一样的问题。当发生这种事情的时候，我们不得不深入一步考虑在这些粒子的背后到底有什么东西。我们想达到最基本的物理形式，但是，如果证明物质竟有30多种的不同形式，那就是很尴尬的。更加可能的是万物中最基本的东西并没有固定的形式而且和我们今天所知的任何基本粒子都不对应，它可能是有着分化为一切种类基本粒子的可能性、但事实上还未分化的某种东西。用所习用的话来说，这种东西也许就是一种‘混沌’。正是当我按这样的思路考虑问题时，我想起了庄子的（混沌）寓言”。“在他的著作(《应帝王篇》）中，‘混沌’是和基本粒子世界很相通的。庄子说，如果企图笨拙地把某种相貌强加给混沌，就意味消灭混沌。虽然这样的一种说法在不同的人看来将有不同的意义。但是在我看来它揭示了我们在基本粒子方面遇到那种形势。”①

第三个例子是，“看不见铸型”的物理法则的确信”。庄子在《大宗师》篇中说，“今大冶铸金，金踊跃曰：‘我且必为镆铘!’，大冶必以为不祥之金。今一犯人之形而曰：‘人耳！人耳!’，夫造化者必以为不祥之人。今一以天地为大炉，以造化为大冶，恶乎往而不可哉！成然寐，蘧然觉”。这里寓有一种自然规律决定一切的天地造化思想。汤川指出：从数年前，我有时将物理法则比喻为“看不见的铸型”。今天，我们知道自然界由若干种类基本粒子组成。例如电子，和同一类型的其他粒子毫无区别。不论在何处、何时形成，各个电子具有完全相同的质量和电荷，这是自然界法则性最基本形态的一种体现。产生这类同一东西的人眼看不见的机构，当然内在于自然界之中。我把它比喻为“人眼看不见的铸型”。但最近在反复读《庄子》中，发现了如此完全相似的比喻，感到大吃一惊，这个比喻就是《大宗师》中的一节。汤川秀树又说：“庄子认为人在巨大的天地之中，是由肉眼看不见的铸型铸出的，到时

① 《创造力与直觉》，复旦大学出版社1987年版，第49、50、145页。

又重铸成别的东西，将此比喻成生死没有什么大的差别，以超越死亡。与其作人类来看，倒不如说将此看成是基本粒子的生死问题。尽管这是古代庄子的思考，但与我的思考极其相似。在我看来，庄子是一位真正了不起的思想家。"① 汤川在这里站在现代物理学的高度诠释了庄子关于天地造化的思想，别有新意。

"汤川现象" 在西方现代科学家中引起了极大震动，使他们重新思考了东方文化及其思维方式。量子力学创始人之一的海森伯教授原将科学研究的理论源泉仅仅放在西方文化上，认为一个人没有希腊自然哲学的知识就很难在现代物理学中作出进展，后补充或纠正性地指出："自从第一次世界大战以来，日本科学研究对于理论物理的巨大贡献可能是一种迹象，它表明在东方传统哲学思想与量子力学的哲学本质之间有着某种确定的联系。"② 应该说，这既是对汤川物理学的深刻认识，也是对东方文化主要是中国古代哲学合理性的充分肯定。

当然，汤川秀树将古老的道家智慧融合在其现代物理学的理论创造之中是有一定条件的：其一是掌握了科学的现代物理学理论，其二是，以大量的物理学试验为基础，其三是熟悉西方的思维方法，其四是对道家哲学有精深的理解并进行了创造性地转换，而绝非是简单的比附和形式上的套用。

综上所述，中国古典哲学经过创造性的转换，在文化、经济、科学诸方面促进了日本近代化的发展。他山之石，可以攻玉。日本近代精英人物在吸收与改造中国古代哲学以运用于日本近代化建设方面所取得的成果，对于我们今天在实现现代化过程中如何使中国传统文化得到创造性的转化，具有重要的借鉴意义。

---

① 《汤川秀树自选集》第 3 卷，日本朝日新闻社 1971 年版，第 369、370 页。

② 灌耕编译：《现代物理学与东方神秘主义》，四川人民出版社 1984 年版，第 5 页。

儒学元典“仁”字之义理讲疏

◎万献初

万献初，武汉大学文学院教授，博士生导师。武汉大学古籍研究所副所长，武汉大学汉语言文学典籍整理与研究中心办公室主任，湖北省古籍保护工作专家委员会委员。

已出版专著《〈经典释文〉音切类目研究》、《汉语构词论》、《音韵学要略》、《词语趣谈百题》等多种。

本文系作者在华中科技大学所作“化成天下”人文讲座。

儒家核心理论的最高境界是“仁”。“仁者，二人也”，“仁”字的左边是“人”右边是“二”，“二人”关系包含人与人所构成的各种关系，构字意图是：着力把人与人的各种关系调整到最佳状态（和、中庸）。

西方文明强调个体，中华文明强调个体与个体的和谐关系。所以，中华文明的优点在其包容性与和谐性，缺点是个性的张力不够大，因而个体的创造性不够凸显。大一统和专制显然不是中华文明的核心，而是治世者对儒家理论的改变和利用。多元与法制显然是优秀的，中西文化的优化组合是“全球一体化”应追求的理想。所谓“中国本位”，不是保守中华传统文化而拒绝一切先进的外来文化因子，而是以传统文化优良的核心价值为本体去广泛吸收外来文化的优秀成分来优化自己，从而加入到全球一体化中去做出自己应有的贡献，故中国的现代化不能舍弃中华文化的根本而全面西化，更不可能全盘美国化。

说到儒家核心理论的价值，首先就需要对“仁”范畴展开系统而深入的讨论。

一

在“仁、义、礼、智、信”五大儒学基本范畴中，“仁”居于首位，宋程颢、程颐《二先生语》（上）云：“仁、义、礼、智、信五者。仁者，全体；四者，四支。”把“仁”比做人的整个身体，而“义、礼、智、信”则只是身体上的四肢，是整体与部分之间的关系。

《说文解字·人部》“仁，亲也。从人从二。忎，古文仁从千、心、尸，古文仁或从尸”。《切韵·真韵》（王三）“人”和“仁”都读“如邻反”日母真韵平声，是同音字，也是同源词，从语源上看，“仁”应该是从原词“人”中派生出来的滋生词（或称孳乳词）。《礼记·中庸》“仁者，人也”孔颖达疏“仁谓仁爱，相亲偶也”。“人、仁”都是指称人事的词，“人”是具象的名物词，用象形字ᖇ来表示一个躬身垂臂讲礼仪的人，《说文·人部》“人，天地之性最贵者也”，《白虎通义·三军》“人者，天之贵物也”。而“仁”是指人与人之间和谐亲密的关系，是较抽象的状态词，音义由“人”派生分化，故字形从“人、二”会意以表人与人之关系。明孙瑴辑《古微书》引《春秋元命苞》“仁者，情志好生爱人，故其为人以仁，其立字二人为仁”，清谭嗣同《仁学》“夫仁者，通人我之谓也”。其形“二人为仁”，其音“人、仁”同音，其义“人与人亲善为仁”，故“人、仁”同源。《广雅·释诂四》“人，仁也”；《释名·释形体》“人，仁也，仁生物也，故《易》曰：立人之道曰仁曰义”；《孟子·尽心下》“仁也者，人也”；

《礼记·表记》“仁者，人也”郑玄注“人也，谓施以人恩也”；《春秋繁露·仁义法》“仁之为言人也”；《论语·颜渊》“与人恭而有礼”皇侃疏“人，犹仁也”；《礼记·表记》“宽身之仁也”朱彬训纂“仁即人字，古通用”；王引之《经义述闻·谷梁》“始人之也”条“仁与人义相通，故字亦通”。可见古来“人、仁”音义同源，互训或通用者甚多。“尸”本是祭祀时由人所扮的神主，篆书像坐于神位的人形，《楚辞·天问》“载尸集战”洪兴祖补注“尸，神象也，以人为之”，所以《说文》谓“古文仁或从尸”，用“尸、二”合成的“尽”所从之“尸”与从“人”的作用相同。

就人际关系而言，人与人（二人）亲密相处就是“仁”，《孟子·尽心下》，“亲亲，仁也”，《大戴礼记·曾子制言中》“虽行不受必忠，曰仁”王聘珍解诂“仁，亲也，谓仁恩相亲偶也”。親（亲），本义指关系密切，《说文·见部》“亲，至也，从见亲声”段玉裁注“《至部》曰：到者，至也。到其地曰至，情意恳到曰至”，亲见恳到方显密切，故字形从“见”，引申指父母亲，段玉裁注“親，父母者，情之最至者也，故谓之親”。偶，本指泥塑木雕的人像，《说文·人部》“偶，桐人也”，后与“耦”通用表示匹配、配偶义，《集韵·厚韵》“偶，俪也”；耦本指二人一组的耕作方法，故字形从耒，《说文·耒部》“耦，耒广五寸为伐，二伐为耦，从耒禺声”，扩展有“成对、成双、配偶、配合、同等、和谐”等词义，如《广雅·释诂三》“耦，谐也”。人与人关系紧密和谐就是“亲耦（偶）”或“人偶（耦）”，也就是“仁”，《礼记·中庸》“仁者，人也”郑玄注“人也读如人偶之人，以人意相存问之言”，《仪礼·聘礼》“每曲揖”郑玄注“以相人偶为敬也”，段玉裁《说文解字注·人部》“仁”字下按“人耦犹言尔我，亲密之词。独则无耦，耦则相亲，故其字从人二”。

就心理感受而言，“仁”是一种心心相通的状态，这种状态是由人心的亲密友善来实现的，故《说文》谓“古文仁从千、心”，多种多样人与人的和谐亲善关系就是“千人同心”的关系，故“从人从二”与“从千从心”的构形意图相同。学界认为《说文》

“古文”多是战国时期六国文字的存留，“人心相亲善为仁”是当时普遍的价值取向，故《说文》释“仁”为“亲也”。《广雅·释诂》“仁，有也”王念孙疏证“古者谓相亲曰有……有，犹友也”，“友”字本是心心相印之人两只手（又）拉在一起，《说文·又部》“友，同志为友，从二又，相交友也”。以人心相亲善为“仁”的训释在传世古文献中比比皆是：《孟子·告子上》“仁，人心也”；《广雅·释诂四》“人，仁也”王念孙疏证引《开元占经·人占篇》引《春秋说题辞》“人者，仁也，以心合也”；《孟子·梁惠王上》“亦有仁义而已矣”朱熹集注“仁者，心之德，爱之理”。

就行为品德而言，施爱心予人才是“仁”。施爱心予人即“爱人”，是个动宾词组，“爱人”是儒学“仁”范畴的核心内容。爱（爱），本是行动迟疑或藏而不行的样子，故字形从夊（脚板），《说文·夊部》“愛，行皃，从夊㤅声”，《诗·邶风·静女》“愛而不见”陈奂注疏“愛而者，隐蔽不见之谓”。施惠心予人本作“㤅”，《说文·心部》“㤅，惠也”高翔麟字通“徐锴曰：古以㤅为慈爱，故以此为行皃。今通用愛字为慈愛意”。检传世文献，“愛”极少用本义“行皃”而多用作“吝惜、爱惜、恩惠、仁爱、亲爱、喜欢”等引申义，《左传·昭公二十年》“古之遗爱者也”王引之《经义述闻》“家大人曰：爱即仁也……《史记·郑世家》集解引贾逵注曰：爱，惠也。惠亦仁也”。《广雅·释诂四》“爱，仁也”；《玉篇·夊部》“爱，仁爱也”。训“仁”为“爱”的文献用例非常多，较典型的如：《荀子·大略》“仁，爱也，故亲”，又《议兵》“仁者，爱人”；《墨子·经说下》“仁，爱也”；《庄子·天地》“爱人利物之谓仁”；《韩非子·解老》“仁者，谓其中心欣然爱人也，其喜人之有福而恶人之有祸也，生心之所不能已也，非求其报也”；《管子·小问》“非其所欲，勿施于人，仁也”；《周礼·地官·司徒》“一曰六德：知、仁、圣、义、忠、和”郑玄注“仁，爱人以及物”；《礼记·丧服四制》“仁者可以观其爱焉”郑玄注“仁，有恩者也”；《释名·释言语》“仁，忍也，好生恶杀，善含忍也”；《汉书·公孙弘传》“仁者，爱也”；《说苑·修文》

“积爱为仁”；《盐铁论·刑德》“仁者，爱之效也”；《韩诗外传》卷四，“爱由情出谓之仁”；《春秋繁露·仁义法》“爱在人谓之仁”，又《必仁且智》“仁者，恻怛爱人，谨翕不争，好恶，敦伦，无伤恶之心，无隐忌之志，无嫉妬之气，无感愁之欲，无险詖之事，无辟违之行，故其心舒，其志平，其气和，其欲节，其事易，其行道，故能平易和理而无事也”；《白虎通·性情》“仁者，不忍也，施生爱人也”；《论衡·本性》“恻隐，不忍；不忍，仁之气也”；《国语·周语下》“言仁必及人”韦昭注“博爱于人为仁”；《庄子·天道》“泽及万世而不为仁”郭象注“仁者，兼爱之名耳”；《新书·道术》“心兼爱人谓之仁”；释玄应《一切经音义》卷二十五“仁孝”注“爱人以及物曰仁，上下相亲曰仁，贵贤亲亲曰仁，杀身成人曰仁”；《礼记·中庸》“仁者，人也”孔颖达疏“仁谓仁爱，相亲偶也”；韩愈《原道》“博爱之谓仁”；《论语·述而》“依于仁”朱熹集注“仁，则私欲尽去而心德之全也”。

就政治理想而言，利民、用贤、和谐、安定谓之“仁”。《国语·周语中》“仁，所以保民也”韦昭注“保，养也”；《逸周书·本典》“与民利者，仁也”；《韩非子·诡使》“宽惠行德，谓之仁”，又《难一》“夫仁义者，忧天下之害，趋一国之患，不避卑辱，谓之仁义”；《管子·戒》“以德予人者，谓之仁”；《庄子·缮性》“德无不容，仁也”；《尹文子·大道下》“故仁者所以博施于物”；《汉书·公孙弘传》“致利除害，兼爱无私谓之仁”；《论语·里仁》“里仁为美”皇侃疏“仁者，博施济众也”；《吕氏春秋·当务》“分均，仁也”；《说苑·至公》“君子以其不杀为仁”。《孟子·滕文公上》“为天下得人者，谓之仁”；《荀子·非十二子》“贵贤，仁也；贱不肖，亦仁也”；《新序·杂事四》“仁人也者，国之宝也”。《礼记·经解》“上下相亲，谓之仁”；《鹖冠子·泰鸿》“同和者，仁也”；《大戴礼记·子张问入官》“仁在身则民显以佚之也”王聘珍解诂“仁，谓躬行调悦也”。《论语·颜渊》“克己复礼为仁，一日克己复礼，天下归仁焉”；《孟子·公孙丑上》“仁，天之尊爵也，人之安宅也”；《谷梁传·僖公二年》“仁不胜道”范宁注“仁，谓存亡国”；《法言·修身》“仁，宅

也”。

由上引可知道，儒学的“仁”是一个基调有定而又不断发展的范畴，历代学者根据各自时代的需要不断更新、拓展该范畴的内涵，使之不断丰富，不断完善，具有一个动态的价值取向系统，以至难于用一个封闭式的单一定义来稳固地界定它。

二

检早期儒家经典中“仁”的用例：十三经中，《仪礼》、《孝经》无“仁”字用例，《周易》11见、《毛诗》2、《尚书》5、《周礼》1、《礼记》128、《左传》39、《公羊传》8、《谷梁传》12、《尔雅》1、《论语》100、《孟子》158，合计465见。这些论述，定下儒家“仁”范畴的基本含义，也反映了“仁”所包含的多种多样的丰富内容。

《论语》、《孟子》、《礼记》三书共有“仁”386见，占十三经总量465见的83%强。这是因为此三书是集中论述儒家思想的，后来宋儒朱熹把《礼记》中的《大学》、《中庸》独立成书，合《论语》、《孟子》为“四书”，作为儒家思想、学说的代表著作，成为历代士子必读的基础课本和科举考试的基本课程。可见“仁”范畴在儒家思想体系中是极受重视的。

（一）八家经典中的“仁”

因或为诗或论卦，或论礼仪或述制度，或记史事或论史实，非主要论儒家的思想道德，故《周易》等八经“仁”的见次都很少，且转述或暗述孔子所言的不少，列出略作类别的交代即可，具体内涵的分析详见后文。

《周易》经文无“仁”，《系辞》“仁者见之谓之仁”、“小人不耻不仁”、“立人之道曰仁与义”，《文言》“君子学以聚之，问以辩之，宽以居之，仁以行之”，《象》“休复之吉，以下仁也”（尊崇仁人），多指的是仁德和有仁德者。《系辞》“安土敦乎仁，故能爱”、“显诸仁，藏诸用”、“圣人之大宝曰位，何以守位曰仁”，《文言》“君子体仁足以长人”，主要指行仁政。

《尚书》5见：《金縢》“予仁若考，能多材多艺，能事鬼神”（仁若，柔顺貌)，《武成》“予小子既获仁人”，《泰誓》“虽有周亲，不如仁人”，指的是仁德与仁人。《仲虺之诰》“克宽克仁，彰信兆民”，《太甲》“民罔常怀，怀于有仁”（怀，归），指的是仁政。

《毛诗·郑风·叔于田》“不如叔也，洵美且仁”、《齐风·卢令》“卢令令，其人美且仁”；《周礼·地官·大司徒》“一曰六德，知、仁、圣、义、忠、和”；《尔雅·释地》“东至日所出为大平……大平之人仁”。三书4见都是指仁德。

《左传》30条39见：《隐公·六年》“亲仁善邻，国之宝也”，《庄二十二》“以君成礼，弗纳于淫，仁也”，《僖八》“目夷长且仁，君其立之”，《僖十四》“幸灾，不仁”，《僖三十》，“因人之力而敝之，不仁”，《僖三十三》“承事如祭，仁之则也”，《文二》“臧文仲其不仁者三……下展禽，废六关，妾织蒲，三不仁也”，《宣四》“仁而不武，无能达也”，《宣十二》，“其佐先縠刚愎不仁”，《成五》“神福仁而祸淫”，《成九》“不背本，仁也……仁以接事”，《襄七》“而曰：好仁……参和为仁……晋侯谓韩无忌仁，使掌公族大夫”，《襄九》“体仁足以长人……固在下位而有不仁，不可谓元”，《襄十一》“信以守之，仁以厉之”，《襄二一》“国多大宠，不仁人间之”，《襄二五》“见不仁者，诛之如鹰鹯之逐鸟雀也”，《襄三一》“人谓子产不仁，吾不信也”，《昭元》“武有仁人之心”，《昭三》“仁人之言，其利博哉”，《昭六》“纠之以政……奉之以仁”，《昭十二》“克己复礼，仁也”，《昭二十》“彼仁，必来……度功而行，仁也”，《昭二十七》“仁者杀人以掩谤，犹弗为也”，《定四》“楚瓦不仁，其臣莫有死志”、“唯仁者能之……乘人之约，非仁也”，《定九》“亲富不亲仁，君焉用之”，《哀七》“大所以保小，仁也……伐小国，不仁”，《哀十六》“与不仁人争明，无不胜”、“周仁之谓信，率义之谓勇”。多论君臣治国、行事，故主要是指仁政。

《公羊传》6条8见：《宣公·六年》“尔为仁为义，人弑尔君，而复国不讨贼，此非弑君而何”、“子诚仁人也”，《成十六》“公子喜时者仁人也”、“仁之也，曰在招丘悕矣。执未有言仁之者，此其言仁之何”，《襄二九》“以其不杀为仁”，《哀十四》，

“麟者仁兽也”。也主要是指行仁政之事。

《谷梁传》8 条 12 见：《隐公·二年》、《桓十八》“义者行，仁者守”，《庄二七》“信其信，仁其仁”，《僖二》“虽通其仁，以义而不与也，故曰仁不胜道”，《僖二二》“爱人而不亲，则反其仁”，《文七》“使仁者佐贤者，不使贤者佐仁者。今赵盾贤，夜姑仁，其不可乎”，《宣九》“使仁人闻之则不可”，《昭八》“是以知古之贵仁义，而贱勇力也”。

《春秋》三传多言征伐、治国之事，故其中的“仁”多用于表仁德之政和行仁德之事，其“仁人”也主要是指“行仁政之人”，与单纯德性仁厚的“仁人”不同。

（二）《论语》中的“仁”100 见次

统观《论语》的“仁”，主要是指个人德行的自我修养。孔子所言仁德修养主要包括“恭、宽、信、敏、惠、刚、毅、讷、智、勇、忠、恕、孝、悌”等内容，而“爱人”是实行仁德的首要方法与途径，具体为“己所不欲，勿施于人”和“己欲立而立人，己欲达而达人”，即“推己及人”乃“可为仁之方也”。

《论语》20 篇，有 59 条共出现“仁”100 见次，有 1 条 1 见的，也有 1 条 4 见 5 见的，最多的 1 条 7 见，如《里仁》“子曰：我未见好仁者，恶不仁者。好仁者，无以尚之；恶不仁者，其为仁矣，不使不仁者加乎其身。有能一日用其力于仁矣乎？我未见力不足者”。

然就《子罕》“子罕言利与命与仁”来看，孔子似乎应少言“仁”才是。检《论语》全文，“利”11 见，“命”24 见，差可谓“罕言”，而“仁”100 见，何以谓“罕言”？金人王若虚《误谬杂辨》认为应句读为“子罕言利，与命，与仁”，其中的“与”是赞成，即少言“利”而赞成“命、仁”。清人阮元《论语论仁篇》则谓“孔子论仁者详矣，曷为曰罕言也？所谓罕言者，孔子每谦不敢自居于仁，亦不轻以仁许人也”。杨树达《论语疏证》也说“所谓罕言仁者，乃不轻许人以仁之意，与罕言利命之义似不同。试以圣人评论仲弓、子路、冉有、公西华、令尹子文、陈文子之为人及克伐怨欲不行之德，皆云不知其仁，更参之以《儒行》之说，可以证明矣”。

检《公冶长》，孔子论其弟子冉雍（仲弓）、子路、冉有、公西华均有特长和贡献，但均谓“不知其仁也”；又评楚国令尹子文“忠”、齐国陈文子（须无）“清”，而都评曰“焉得仁”，认为他们都还够不上“仁”；《宪问》“（原宪问）：克、伐、怨、欲不行焉，可以为仁矣？子曰：可以为难矣，仁则吾不知也”，孔子认为没有好胜、自夸、怨毒、贪欲等毛病的人虽然难能可贵但仍然够不上“仁”；《子张》“子游曰：吾友张也，为难能也，然而未仁”，又“曾子曰：堂堂乎张也！难与并为仁矣”，虽然子张（颛孙师）的为人和学问被子游（言偃）、曾子（曾参）所看重，但都不认可他达到“仁”的标准，说明孔子的弟子与其师一样认为“仁”是很难达到的最高品德，是不轻易许人的。《述而》“子曰：若圣与仁，则吾岂敢？抑为之不厌，诲人不倦，则可谓云尔已矣。公西华曰：正唯弟子不能学也”，而《孟子·公孙丑上》记载子贡评老师曰“学不厌，智也；教不倦，仁也。仁且智，夫子既圣矣”，则学生们认为孔子是具备仁德的圣人，而孔子自己并不自许达到“仁”的高度。

从品德上说，孔子只认为不屈服于暴君纣王的殷三贤是仁人，《微子》“微子去之，箕子为之奴，比干谏而死。孔子曰：殷有三仁焉！”是用“仁”表示有仁德者。又认为早亡的乐于修身的弟子颜渊达到或接近于“仁”，《公冶长》“子曰：回也，其心三月不违仁，其余则日月至焉而已矣”。从治国上讲，孔子只认可管仲是行仁政的，《宪问》“子路曰：桓公杀公子纠，召忽死之，管仲不死。曰：未仁乎！子曰：桓公九合诸侯，不以兵车，管仲之力也。如其仁！如其仁”，又“子贡曰：管仲非仁者与？桓公杀公子纠，不能死，又相之。子曰：管仲相桓公，霸诸侯，一匡天下，民到于今受其赐。微管仲，吾其被发左衽矣！岂若匹夫匹妇之为谅也，自经于沟渎，而莫之知也！”孔子认可管仲为行仁政者，是因为管仲不计个人得失，辅佐齐桓公称霸诸侯，匡正天下，制止战争祸乱，解救人民于苦难，这是当时的君王都没有达到的高度，是儒家的政治理想，故孔子认可管仲为能行仁政的仁人。

《论语》中，孔子及其弟子从多种不同的角度对“仁”范畴进行了定义和描述，绝大多数情况下是在道德修养和品行层面来论述“仁”的内涵的。

《颜渊》“颜渊问仁。子曰：克己复礼为仁。一日克己复礼，天下归仁焉。为仁由己，而由仁乎哉？颜渊曰：请问其目？子曰：非礼勿视，非礼勿听，非礼勿言，非礼勿动。颜渊曰：回虽不敏，请事斯语矣”何晏集解“马（融）曰：克己，约身。孔（安国）曰：复，反也。身能反礼，则为仁矣”，又“子曰：行善在己，不在人也”，克制自己的私欲约束自己的言行，使之合乎礼的要求，这就是“仁”，重在自我的修身养性。《左传·昭公十二年》“仲尼曰：古也有志：克己复礼，仁也”，则“克己复礼为仁”本是古成语，孔子引用并拓展其含义，成为儒家“仁”范畴的总纲。孔子时代，春秋无义战，礼崩乐坏，人与人之间的关系失去和谐，需要从根本上作调整。孔子认为，个人需要自己修身养性，从而使每人的言行品性都返归往古而合于礼，才能达到“仁”的和谐程度。“礼”是社会和谐的准则、尺度，是儒学的另一个范畴（需专文讨论），《春秋繁露·天道施篇》“夫礼，体情而防乱者也。民之情，不能制其欲，使之度礼，目视正色，耳听正声，口食正味，身行正道。非夺其情，所以安其情也”，人的品行合于礼，人心才安稳，社会才安定，人与人的关系才会和谐，才能达到“仁”的程度。“归仁”即是“称仁”，个人一旦做到“克己复礼”，天下人就会称许他是仁德之人。颜渊问老师主要该做哪些，孔子答曰一切思想言行都以礼的要求为准则，颜渊发愿就按这样去做，后来他真的如此实行，故孔子在众多弟子中只称许颜渊为“仁”。可见，孔子认为自身品德言行的修养向善是“仁”的主旨。

要达到“仁”的德行水准，首先要有仁爱之心，《颜渊》“樊迟问仁。子曰：爱人”，又“曾子曰：君子以文会友，以友辅仁”，友爱之心是“仁”的载体。爱他人首先表现为孝顺父母敬爱兄长，《学而》“孝弟也者，其为仁之本与”，即孝、悌是仁德的根本。扩展开来，要以己心度他人心，《颜渊》“仲弓问仁。子曰：出门如见大宾，使民如承大祭；己所不欲，勿施于人；在邦无怨，在家无恕”，即做事认真谨慎，不强加于人，不轻易怨恨他人，以己心度人心，才是“仁”。《雍也》“夫仁者，己欲立而立人，己欲达而达人。能近取譬，可谓仁之方也已”，仁德者要使他人和自己都立得住、行得通，推己及人，就眼前的事踏踏实实地去做。具有仁德的人要有正确的是非喜好，《里仁》“唯仁者能好人，能恶人”，要与有仁德的人相居处或居于有仁德的地方，《里仁》“子曰：里仁为美。择不处仁，焉得知？”又“子曰：不仁者，不可以久处约，不可以长处乐。仁者安仁，知者利仁”，又“子曰：人之过也，各于其党。观过，斯知仁矣”，《学而》“子曰：弟子，入则孝，出则弟，谨而信，凡爱众，而亲仁”，《述而》“子曰：志于道，据于德，依于仁，游于艺”，《卫灵公》“友其士之仁者”。总之，知孝悌、爱他人、亲仁者、居仁地，方能够成就自身的仁德。

修仁德者必须具有高贵的品性，《子路》“刚、毅、木讷，近仁”，有刚强、坚毅、不轻言的好品性；《宪问》“仁者，必有勇”，有勇敢的精神；《子罕》“子曰：知者不惑，仁者不忧，勇者不惧”，有乐观精神；《阳货》“子张问仁于孔子，孔子曰：能行五者于天下，为仁矣……曰：恭、宽、信、敏、惠，恭则不侮，宽则得众，信则人任焉，敏则有功，惠则足以使人”，有端庄、宽厚、诚信、勤敏、慈惠五种品德；《子路》“樊迟问仁。子曰：居处恭，执事敬，与人忠。虽之夷狄，不可弃也”，家居端正庄重、行事认真严肃、待人忠实诚信是永不废弃的仁厚品格；《雍也》“子曰：知者乐水，仁者乐山。知者动，仁者静。知者乐，仁者寿”，仁德者凝重、沉静而长寿；《阳货》“好仁不好学，其蔽也愚”，仁者应该是好学而有智慧的；《学而》、《阳货》“巧言令色，鲜矣仁”，仁者不花言巧语也不伪善。

孔子认为，“仁德”与“仁政”是高而难及的理想，但必须执着追求，至死不渝。《八佾》“子曰：人而不仁，如礼何？人而不仁，如乐何？”仁德是礼、乐的基础；《里仁》“子曰：苟志于仁矣，无恶也”，立志去修养仁德是一定无害处的；《雍也》“（樊迟）问仁。（子）曰：仁者先难而后获，可谓仁矣”，要想修成仁德就一定要付出艰难的努力；《颜渊》“司马牛问仁。子曰：仁者，其言也讱。曰：斯言也讱，其谓之仁矣乎？子曰：为之难，言之得无讱乎？”做一个仁者非常艰难，说起来就自然言语迟钝而不易了；《子路》“如有王者，必世而后仁”，行仁政非易事，假如有王者兴起，也一定要有三十年的努力才能大行仁政；《卫灵公》“子曰：当仁，不让于师”，又“子曰：志士仁人，无求生以害仁，有杀身以成仁”；《泰伯》“曾子曰：士，不可以不弘毅，任重而道远。仁以为己任，不亦重乎，死而后已，不亦远乎”，《里仁》“君子去仁，恶乎成名。君子无终食之间违仁，造次必于是，颠沛必于是”。追求“仁”的理想是很艰难的，是儒者的责任与使命，它比其他的一切都更为重要，用生命作代价都应在所不辞。《述而》“子曰：仁远乎哉？我欲仁，斯仁至矣”，当然，确实真心去追求，“仁”其实离我们并不太远，在死而后已的不懈追求之后，“仁”可能就在蓦然回首处。

（三）《孟子》中的“仁”158见次

孔子去世一百年孟子生，一百多年中，儒家“仁”范畴不断在发展。孟子的时代，战争更为频仍和残酷，灾荒不断，民不聊生。基于时代的迫切需要，孟子首先考虑的不再是个人道德的内修，而是当政者的为政思想和施政策略。《论语·子路》“尧舜之道，不以仁政，不能平治天下”，何晏集解“当行仁恩之政，天下乃可平也”，是孔子已有“仁政”的初步思想。孟子应时代的急需，把这一思想发挥、强化为“仁政”的重要理念，反复论述，教化弟子，使之逐渐成熟，并用以游说多国君王，希望借以息兵养民，实现儒家大同的理想。

这158次中，“仁政”10次，“仁”虽独用而实指仁政的48次，“仁”独用指仁德的57次而多是指具有行仁政之德，“仁义”22次，“仁人”8次，“仁者”8次，“仁心、仁言、仁声、仁闻、仁术”各1次。76条中有1条1见的，更多1条数见的，如《离娄上》“孟子曰：三代之得天下也以仁，其失天下也以不仁。国之所以废兴存亡者亦然。天子不仁，不保四海；诸侯不仁，不保社稷；卿大夫不仁，不保宗庙；士庶人不仁，不保四体。今恶死亡而乐不仁，是由恶醉而强酒”，7次“仁”均指行仁政（事）。又如

《告子下》“孟子曰：……是君臣、父子、兄弟终去仁义，怀利以相接；然而不亡者，未之有也。先生以仁义说秦、楚之王，秦、楚之王悦于仁义，以罢三军之师；是三军之士乐罢而悦于仁义也。为人臣者，怀仁义以事其君，为人子者，怀仁义以事其父，为人弟者，怀仁义以事其兄，是君臣、父子、兄弟去利，怀仁义以相接也；然而不王者，未之有也”，8 次“仁义”指仁爱正义的品德行为。

儒家的“仁政”，是指统治者用广施恩惠的方法来争取民心，以达到国和民安的政治局面。孟子的“仁政”有具体的可操作的内容，《梁惠王上》“王如施仁政于民，省刑罚，薄税敛，深耕易耨；壮者以暇日修其孝悌忠信，入以事其父兄，出以事其长上，可使制梃以挞秦楚之坚甲利兵矣”。治国者的仁政主要是“仁民”，即施仁爱于民，《尽心上》“亲亲而仁民，仁民而爱物”，其核心是以“不忍人之心”来为政待民，即行“不忍人之政”，《尽心下》“仁者，以其所爱及其所不爱；不仁者，以其所不爱及其所爱”，行仁政者是把对待所喜爱者的恩惠推及所有的人，不行仁政者则是把对待所不喜爱者的祸患推及所有的人，《离娄上》“尧舜之道，不以仁政，不能平治天下。今有仁心仁闻而民不被其泽，不可法于后世者，不行先王之道也……既竭心思焉，继之以不忍人之政而仁覆天下矣”，故以己心推人心，不贪私欲，不兴战争，效法前贤，勤政爱民，努力丰富物产，公平分享财物，讲求忠孝信义，一句话，“仁之实，事亲是也”(离娄上)，像对待自己的亲人一样对待天下的百姓，就是仁政。孟子独用的“仁”有 48 次是“仁政”的简用，《梁惠王上》“孟子曰：今王发政施仁，使天下仕者皆欲立于王之朝……”；《公孙丑上》“孟子曰：以力假仁者霸，霸必有大国；以德行仁者王，王不待大”；《滕文公上》“为天下得人者谓之仁”，能施仁恩于民、为天下苍生找到治国的仁德之才的治国者方是行仁政者。

孟子用以表示品德的“仁”有 57 次，使用时多与仁政有勾连。《公孙丑上》“恻隐之心，仁之端也”，同情心是仁德的发端，《尽心下》“人皆有所不忍，达之于其所忍，仁也”，孟子主张人性

本善，善良的本性是仁德的基础，广推善心予他人就是仁德，《告子上》“仁、义、忠、信，乐善不倦，此天爵也”，仁德应该是自然天性，应该长久保持，抛弃行善的仁德去作恶害人，就会自取灭亡。仁德表现为爱心，《尽心上》“亲亲，仁也”，“仁者无不爱也，急亲贤之为务”，首先务必爱亲人和贤者，再仁民爱物，然后行仁政。《公孙丑上》“夫仁，天之尊爵也，人之安宅也”，《尽心下》“居恶在？仁是也”，认为仁德是人们最安适的住宅，人应居于仁德之中，那是最好的归宿，不仅是心灵上的，也是现实上的。君主仁德更能安居众生，《离娄上》“君仁莫不仁，君义莫不义，君正莫不正，一正君而国定矣”，君王的仁德实际上就是仁政，百姓从而受惠，《梁惠王下》“君行仁政，斯民亲其上，死其长矣”，君王有仁德且施仁政予百姓，百姓就会真心拥君报国，人际关系就会和谐，天下人才能安居乐业。

《论语》的“仁”偏重个人内心的品德自修，《孟子》的“仁”转化为偏重于对他人的施予，由道德本体转化为道德施为之术，形式上演变出一批双音词语。如果说“仁政”还较多地单用“仁”来表示的话，22见的“仁义”则是由“仁、义”近义合成双音词而区别于单用的“仁”（“义”须另撰专文讨论）。《孟子》中的“仁义”一般表“仁爱与正义”，有“宽惠、正直”等品德内涵，比单用的“仁”义域宽。仁爱、正义是儒家提倡的基本行为准则，故“仁义”就成为最基本的道德规范，《礼记·曲礼上》“道德仁义，非礼不成”孔颖达疏“仁是施恩及物，义是裁断合宜”，仁重“爱”而义重“正”。《梁惠王上》“未有仁而遗其亲者也，未有义而后其君者也。王亦曰仁义而已矣，何必曰利？”其中“仁义”对“利”（利益）而言，是一个词了，是善待亲人和君主的良好品德，兼有“爱、正（适宜）”的内涵。前引《告子下》一条8用“仁义”一词通指君臣、父子、兄弟等诸多合适的人际关系，可见其义域之宽。《尽心上》“仁义而已矣。杀一无罪，非仁也；非其有而取之，非义也。居恶在？仁是也。路恶在？义是也。居仁由义，大人之事备矣”，“仁义”既成一词，又分开阐释，见出当时虽已结合成词但还不十分紧密。《孟子》之后，“仁义”

逐渐凝固成结构紧密的常用词，而且逐渐超过“仁”而成为儒家乃至中国思想史上最为常见的一个范畴。

《孟子》有双音词“仁人”9见、“仁者”7见，有表示仁德之人的，如《梁惠王下》“惟仁者为能以大事小，是故汤事葛，文王事昆夷”，但更多指在上位能施仁政者，如《梁惠王上》“焉有仁人在位，罔民而可为也”，《离娄上》“是以惟仁者宜在高位，不仁而在高位，是播其恶于众也”。有双音词语“仁心、仁闻”，《离娄上》“今有仁心、仁闻而民不被其泽”，指仁爱之心、仁德之声誉。有“仁言、仁声”，《尽心上》“仁言，不如仁声之入人深也”赵岐注“仁声，乐声雅颂也”，指仁德的言语、仁德的音乐。还有“仁术”，《梁惠王上》“孟子曰：无伤也，是乃仁术也，见牛未见羊也”，指在位者施行仁政的策略和手段，只有到了孟子“引仁入政”全力推行仁政的时代，才会出现“仁术”这样重“术”而不重“道”的词语，这在思想史上是很值得注意的。

（四）《礼记》中的“仁”128见次

《礼记》较《论语》、《孟子》晚出，约在西汉前期，汉儒采选孔子及其后学传述、论说礼义的著述而裒集成书。《汉书·艺文志》“《记》百三十一篇”班固自注“七十子后学者所记也”。《经典释文·叙录》云“《礼记》者，本孔子门徒共撰所闻以为此记，后人通儒各损益。故《中庸》是子思伋所作，《缁衣》是公孙尼子所制。郑玄云：《月令》是吕不韦所撰。卢植云：《王制》是汉时博士所为”。《礼记》在《论语》主言“仁德”、《孟子》主言“仁政”之后，汇集、吸收多家关于“仁”的用度与认识，多所发挥，使“仁”的含义大大丰富，使用面更为宽广，成为儒家思想体系中一个相当完善的范畴。《礼记》59条128见“仁”中，引“子曰、子言之、孔子谓”18次而极少与《论语》重复者，又未见有引孟子之语者。

1. 对“仁”范畴的全面论述

儒家“仁”范畴的含义具有丰富性和复杂性，可从单相认知的角度去认识，也可从综合层面去全面认识。《礼记·儒行》：“温良者，仁之本也；敬慎者，仁之地也；宽裕者，仁之作也；孙接者，仁之能也；礼节者，仁之貌也；言谈者，仁之文也；歌乐者，仁之和也；分散者，仁之施也。儒皆兼此而有之，犹且不敢言仁也。其尊让有如此者”。陆德明释文引郑玄注云“《儒行》之作，盖孔子自卫初反鲁之时也”，托名孔子而“以其记有道德之所行”，也就是儒者的道德行为必须达到这样的高标准才能算得上“仁”。要想成为仁者之儒，首先要从性情温良做起，修养温良敦厚的品性是根本，孔颖达疏“言温良之性，是仁之儒行之本，言仁者之儒，先从温良做起”；行事待人要恭敬谨慎，这是行事的立足点，孔颖达疏“地所以居止万物，仁者之儒亦居止敬慎，故云仁之地”；动作行为要宽松悠裕，不可迫促紧窄；待人接物谦逊而娴熟是必备的技能，孔颖达疏“言孙辞接物是仁儒之技能”；懂礼仪重礼节是一贯性的外在表现，孔颖达疏“言礼仪撙节是仁儒之外貌”；优雅的言辞谈论是应有的风采，孔颖达疏“言语谈说是仁儒之文章也”；熟习歌舞雅乐是和悦内心以及他人的重要手段，孔颖达疏“言歌舞喜乐是仁儒之和悦也”；乐善好施是应有的品行，孔颖达疏“言分散蓄积而振贫穷是仁儒之恩施也”。即便兼有上列诸条，儒者仍“不敢言仁”，孔颖达疏“言儒者既兼有此行，犹尚逊让，不敢自谓己仁也”，何况“兼有此行”本身就是极难达到的高度。由此可见，儒家的“仁”是一个目标甚高的理想范畴，可以追求，很难轻得。

2. “仁”的品质是“温和润泽”

“仁”具有“温和润泽”的品质，这是人与人关系能够达到和谐的前提，即“温良者，仁之本也”。《聘义》“夫昔者君子比德于玉焉：温润而泽，仁也”郑玄注“色柔温润似仁也”孔颖达疏“仁者亦温和润泽”。温润柔和就容易达到关系谐调，《乐记》“仁近于乐，义近于礼”孔颖达疏“仁主仁爱，乐主和同，故仁近于乐也。义主断割，礼为节限，故义近于礼也”。

3. “仁”的基础是“慈爱孝亲”

“爱人”是实行仁德的首要途径，首先从爱自己的亲人做起，也就是“亲亲”，故“孝”为“仁”的基础，《丧服四制》“仁者可以观其爱也”孔颖达疏“若不爱亲，则非仁恩也”，不知亲爱、孝敬父母的人是无仁德的，《中庸》“修道以仁，仁者人也，亲亲为大”孔颖达疏“言行仁之法，在于亲偶。欲亲偶疏人，先亲己亲，然后比亲及疏，故云亲亲为大”。《哀公问》“仁人之事亲也如事天”孔颖达疏“言仁人事亲以敬，如以事天相似，言敬亲与敬天同”，知仁恩者需知孝道重如天。《祭义》“仁者，仁此者也”孔颖达疏“此，谓孝也。言欲行仁者，先仁恩于此孝也。言欲行仁于外，必须行仁恩于父母也”，由行孝于内推及行仁于世。

4.“仁”的表现形式是“报本施恩”

“仁”的施用形式表现为施恩、报恩。《檀弓上》“狐死正首丘，仁也”郑玄注“仁，恩也”孔颖达疏“丘是狐窟穴根本之处，虽狼狈而死，意犹向此丘，是有仁恩之心也”，狐狸死时把头朝向出生时的山丘，这种不忘根本的报恩心就是“仁恩”。《说文·心部》“恩，惠也”，又“惠，仁也”，《广雅·释言》“惠，赐也”，有所赐予就是“惠”，《论语·里仁》“小人怀惠”皇侃疏“惠，恩惠利仁也”，更具体则有：《孟子·滕文公上》“分人以财谓之惠”，《礼记·月令》“行庆施惠”郑玄注“惠，谓恤其不足也”，别人赐予恩惠给你是施恩，你不忘所得的恩惠是存恩和报恩，亲亲之孝就是不忘父母赐予你生命的报恩，是最重要的报恩。施恩、报恩都是仁德的表现，都是“仁恩”，即仁德恩惠。

具有仁恩品德的仁人应该是不贪私利而乐善好施的，《礼运》“用人之仁去其贪”孔颖达疏“仁者好施，不苟求其财，贪者见之，心惭止息也”，仁者好施恩惠使得贪者心惭止贪。所谓“仁君、仁政”，主要是指施仁恩于民，《大学》“仁者以财发身，不仁者以身发财”，孔颖达疏“谓仁德之君，以财散施发起身之令名也……言不仁之人，唯在吝啬，务于积聚，劳役其身，发起其财”，散财于民之君仁，聚财吝啬之君不仁。《檀弓下》“文子曰：见利不顾其君，其仁不足称也”孔颖达疏“舅犯见君反国，恐不与已利禄，遂不顾其君，诈欲奔去，唯求财利，无心念君，无仁爱之心，其仁不足称也”，见利忘君之臣不仁。《乐记》“刑禁暴，爵举贤，则政均矣。仁以爱之，义以正之，如此，则民治行矣”孔颖达疏“言用仁用义，则民行治也”，《祭统》“唯有德之君为能行此，明足以见之，仁足以与之”孔颖达疏“以君有仁恩，足以赐与于下”，此即孟子提倡之“仁政”，只是《礼记》未直接用“仁政”一词。

万物资人所用即施恩于人，人当报恩于物以示仁恩，《大学》“养之、长之、假之，仁也”孔颖达疏“假，大也。谓养育万物，长之使大。仁，恩也……春、夏皆生养万物，俱有仁恩之义”，是物施仁恩于人。《礼器》“故物无不怀仁，鬼神飨德”孔颖达疏“怀，归也。由外内协服，故悉归仁，故云物无不怀仁。鬼神聪明正直，依人而行，物既怀仁，故神亦飨德也”。万物怀仁，人当报恩于物，即所谓“仁是施恩及物”，孔颖达疏《曲礼》“既能推恩济养，恻隐矜恤于物，谓之为仁”。

5. “仁”在“礼”中的体现是“祭祀存念”

《礼记》主要是传述、阐说儒家礼义的，所论之“仁”必然与“礼”紧密相关（“礼”范畴将有专文讨论）。《曲礼》“道德仁义，非礼不成”，孔颖达疏“道者通物之名，德者得理之称，仁是施恩及物，义是裁断合宜，言人欲行四事，不用礼无由得成，故云非礼不成也。道德为万事之本，仁义为群行之大，故举此四者为用礼之主，则馀行须礼可知也”，儒家种种行事必以“礼”来节制或表现，“仁”在施为层面也就“非礼不成”了。《礼运》“修礼以耕之，陈义以种之，讲学以耨之，本仁以聚之……讲之于学而不合之以仁，犹耨而弗获也”，孔颖达疏“治国虽讲之以学，而不聚其仁行者，如农夫虽耘耨成熟，而不收获取之也”，故依礼行仁是治国之必须。

《仲尼燕居》“陈其荐俎，序其礼乐，备其百官，如此，而后君子知仁焉”孔颖达疏“仁，犹存也，君子见上大飨四焉，知礼乐所存在也”，又“子曰：郊社之义，所以仁鬼神也；尝禘之礼，所以仁昭穆也；馈奠之礼，所以仁死丧也；射乡之礼，所以仁乡党也；食飨之礼，所以仁宾客也”郑玄注“仁，犹存也”孔颖达疏“仁，谓仁恩，相存念也。郊社之祭，所以存念鬼神也。谓人之初死，设此馈食之奠，所以存念死丧。此以上皆是存留死事之善者，善事既全，则恶事除去也”。《礼运》“礼者君之大柄也，所以别嫌明微，傧鬼神，考制度，别仁义，所以治政安君也”孔颖达疏“仁生义杀，各使中礼，有分别也”，又“祖庙，所以本仁也”孔颖达疏“王在宗庙，以子礼事尸，是欲使仁义之教达于下也，亦即降于祖庙之谓仁义”。活着的人之间用“慈、爱、忠、孝”等体现“仁恩”，形成和谐的“二人”关系；对于死去的长辈，则用祭祀之礼来存念报本以体现“仁恩”，致思念之情，即《郊特牲》“腊之祭，仁之至、义之尽也”孔颖达疏“不忘恩而报之，是仁”。《礼器》“宗庙之祭，仁之至也。丧礼，忠之至也。备服器，仁之至也。宾客之用币，义之至也。故君子欲观仁义之道，礼其本也”孔颖达疏“宗庙主亲，祭之必极尽于仁爱，故云仁之至也……言君子欲观其人行仁义之道，必须用礼为其本。若行合于礼则有仁义，若不合于礼则无仁义”。《乐记》“父母既没，必求仁者之粟以祀之”郑玄注“喻贫困犹不取恶人物以事亡亲”，祭祀亡亲也必求仁者之物而不用恶人之物，祭死重于事生。总之，祭祀是“礼”之至大至重者，是比忠孝更深远的存仁报恩，祭礼在数量和重要性上都高居“礼”之首，是儒家报本存仁的重要表现形式。

6. “仁”的施用层次和施行难度

《表记》“子曰：仁有三，与仁同功而异情……仁者安仁，知者利仁，畏罪者强仁”孔颖达疏“此明仁道有三，其功虽同，其情则异，以终能泛爱，其功同也。一则无所求为而安静行仁，一则规求其利而行仁，一则畏惧于罪而行仁，是异情也……若天性仁者，非关利害而安仁也；若有知谋者，贪利而行仁，有利则行，无利则止，非本情也；若畏惧于罪者，自强行仁，望免离于罪，若无所畏，则不能行仁也”，无所求而行仁者是高层次的“仁德、仁爱”的施用，求利而行仁者是次一等的“仁政、仁术”的施用，惧罪而行仁是被迫对“仁”的勉强施用，虽然层次差别很大，但都是人际关系和谐及社会大同所需要的，功用是相同的，都是儒家“仁”范畴的必要组成部分。《表记》“子言之：仁有数，义有长短小大。中心憯怛，爱人之仁也；率法而强之，资仁者也……子曰：中心安仁者，天下一人而已矣”郑玄注“性仁义者，其数长大。取仁义者，其数短小”孔颖达疏“行仁之道有度数多少也。……

言仁有数，则义亦有数。义言长短小大，则仁亦有长短小大，互言之也。若天性仁义者，则其数长而大。若强取仁义而行者，则其数短而小。长谓国祚久远，大谓覆养广多，短谓世位浅促，小谓所施狭近也……此明性有仁者，以天性自仁，故中心凄憯伤怛，怜爱于人；率循善法，自强行之，非是天性，直取仁道行之者也。……言中心安静行仁，是天性仁者，天下之间唯一人而已矣，言少也”。天性自仁而爱人行仁者，是高层次的，是恩泽久远而影响宽广的，也是很少的；强自行仁而取利避罪者，是低层次的，是功用短浅而范围狭窄的。

“仁政、仁术”不是天性之仁，应属于趋利避害的强自行仁。《经解》“天子者……其在朝廷，则道仁、圣、礼、义之序”郑玄注“道，犹言也”，帝王天子言说之“仁”是有其用的，又“发号出令而民说，谓之和；上下相亲，谓之仁；民不求其所欲而得之，谓之信；除去天地之害，谓之义。义与信，和与仁，霸王之器也”孔颖达疏“器，谓人所操持以作事物者。欲为其事，必先利其器，言欲作霸王，必须义信和仁，是霸王之器也”，用“仁”来达到“上下相亲”的和谐局面就是行仁政，“仁”是统治者行政的工具，是借以实现王霸之业的“器”。尽管如此，儒家仍然非常重视这种“霸王之器”的“仁”，因为它是实现人际关系、社会关系和谐的重要途径，且因这种“器”掌握在统治者手中，其作用就极其巨大，是儒家“仁”范畴中最具影响力的一部分内容。《大学》“一家仁，一国兴仁；一家让，一国兴让……尧、舜率天下以仁，而民从之；桀、纣率天下以暴，而民从之”孔颖达疏“言人君行善于家，则外人化之，故一家一国皆仁让也”，强调了帝王行仁在治国兴邦上的巨大作用。《缁衣》“子曰：禹立三年，百姓以仁遂焉，岂必尽仁？……上好仁，则下之为仁争先人。故长民者章志、贞教、尊仁，以子爱百姓；民致行己以说其上矣”孔颖达疏“言禹之百姓，岂必本性尽行仁道，只由禹之所化，故此禹立三年，则百姓尽行仁道……上若好仁，则下皆为仁，争欲先他人……为君者当须章明己志，为贞正之教，尊敬仁道，以子爱百姓也”，强调了统治者行仁的示范作用和巨大的影响力。统治者要想兴国安邦，不但自己要笃行仁政，还要真正地重视、尊敬属下有仁德之人，使之成为全民的榜样，《表记》“其君子尊仁畏义”孔颖达疏“（虞朝）君圣臣贤，是由舜而得然也，若民有仁者则尊之，有义者则畏之”。所以儒家认为，求仁人、行仁政应该成为统治者不懈的追求，《表记》“子曰：下之事上也，虽有庇民之大德，不敢有君民之心，仁之厚也。是故君子恭俭以求役仁”孔颖达疏“言君子既有庇民大德，又自谦退不敢有君民之心，是仁爱深厚。以此之故，君子恭敬节俭，以求施为仁道也。役，为也。言以此求施为仁道也”。

行仁有利于兴国安邦，而行仁确为难事。《表记》“仁者其难乎，言行仁之道，其甚难乎为之不易”孔颖达疏“《诗》云：‘凯弟君子，民之父母’者，言仁道为难，若有仁行，可以为民之父母”，又“子曰：仁之难成久矣，惟君子能之”，又“子曰：仁之为器重，其为道远，举者莫能胜也，行者莫能致也，取数多者仁也；夫勉于仁者不亦难乎”孔颖达疏“仁是爱养，非贤圣不能行，故言为器重。以广博覆物，是为道广远也……言仁为爱养，行之不易，故勉力行仁者不亦难乎，言其难也”。“仁”太重要了，实行太难了，能做到的人太少了。

尽管“仁”如此难行，儒者仍须以之为终身追求的理想，应如孔子在《论语·里仁》中所说“君子无终食之间违仁，造次必于是，颠沛必于是”，不但要专注于心，而且要坚行于世，《儒行》“儒有忠信以为甲胄，礼义以为干橹；戴仁而行，抱义而处，虽有暴政，不更其所，其自立有如此者”。可见“毕世行仁”是儒者不可丝毫动摇的信念，只要努力去实行，目标总是可以接近的，《中庸》“力行近乎仁”孔颖达疏“以其勉力行善，故近乎仁也”。

小　结

1. “仁”是儒家思想史上的一个重要范畴，随时代而发展，形成丰富的内容。“仁”也是儒家重要的道德观念，含义极广，其核心是指人与人相亲相爱，“仁”字“从人从二”就是用“二人”来表示各种人际关系的和谐。“仁”包括《左传·昭公二十六年》

“君令臣共（或君仁臣忠）、父慈子孝、兄爱弟敬、夫和妻柔、姑慈妇听”和“长惠幼顺”等多种“二人”和谐关系，是儒家最高的道德境界、为政境界和理想境界。

2. 儒家元典十三经中，“四书”所在之《论语》、《孟子》、《礼记》共有“仁”386见，占总量465见的83%强，分三阶段的不同侧重点系统论述了“仁”范畴的含义与内容。《论语》的“仁”主要在“德”，强调人内心的仁德修养，“德”本字作“悳”，“从直从心”，加半边路形符“彳”成“德”，故“德”是“心之直路”，因而“仁德”在思想本体的“道”的层面，孔子认为人自身良好的品德言行修养是“仁”的主旨，“仁”的理想境界很高，包括“恭、宽、信、敏、惠、刚、毅、讷、智、勇、忠、恕、孝、悌”以及“推己及人”，很难达到，值得毕生不懈追求。《孟子》的“仁”主要在“术”的层面，在行“仁政”上，“術（术）”字“从行术声”，本指都邑中的道路，“仁术、仁政”就是施仁恩于民以求国强民安的治国行事的方法和路径，孟子应时代之急需，发挥、强化孔子已有萌芽的“仁政”思想而成为成熟的政治理念，教化弟子，游说君王，希望借以息兵养民，实现儒家大同的理想。《礼记》的“仁”主要在“用”的层面，是全面的施为与实用，全面继承和发展了孔、孟“仁”的范畴，从品质、基础、表现形式、与礼的关系、施用层次和施行难度等方面全面论述了儒家“仁”范畴的含义和内容，总结前人所用而为后来的儒者提供了“仁”范畴的范式。

3. 以元典“仁”的丰富内涵为基础，后来的儒者发展出很多新的内容，仅从由“仁”构成的词语之多就能窥见一斑：仁人、仁者、仁君、仁士、仁爱、仁恩、仁惠、仁慈、仁善、仁恕、仁孝、仁悌、仁厚、仁信、仁勇、仁柔（仁爱温和）、仁和（仁慈和善）、仁谨（仁厚谨慎）、仁良（仁爱善良）、仁明（仁爱明察）、仁圣（仁德圣明）、仁贤（仁人与贤人）、仁朴（仁爱朴实）、仁笃（仁爱朴实）、仁让（仁爱谦让）、仁恰（仁爱和睦）、仁德、仁闻、仁言、仁体（仁爱的本旨）、仁化（仁慈的教化）、仁育（以仁德教化）、仁风（仁德之政）、仁誉（仁爱的声誉）、仁气

(仁厚之气、仁爱风尚)、仁瑞(仁德的瑞应)、仁声(仁德之乐、仁德之声誉)、仁泽(仁德恩泽)、仁恤(仁爱体恤)、仁矜(仁爱体恤)、仁宥(仁德宽宥)、仁心、仁言、仁民(施仁于民)、仁里(仁德者之居)、仁宇(仁德蔽覆处)、仁寿(仁德而长寿)、仁政、仁术、仁义、仁道、仁智、仁策(施仁政之策略)、仁方(行仁德之方法)。

4. 由“仁”的义理阐释可知，儒家思想尊重人的权利，重视人性和人情，施恩报本，推己及人，亲亲爱人，恤弱保民，诚信廉洁，敬业自律，追求理想，强调人与人的关系和谐，强调社会的同和安定。这些重要的精神资源正是我们建设现代和谐社会需要参考和借鉴的。

德国当代哲学概况

◎沃尔夫冈·顾彬（**Wolfgang Kubin**）

沃尔夫冈·顾彬（Wolfgang Kubin），世界著名的汉学家、翻译家、作家。德国翻译家协会及德国作家协会成员。

顾彬教授1945年12月17日出生于德国下萨克森州策勒市。1973年获波恩大学汉学博士学位。1974年在北京语言学院学习汉语。1977年至1985年间任柏林自由大学东亚学系讲师。1985年起任教于波恩大学东方语言学院中文系。1995年至今任波恩大学汉学系主任，教授。

顾彬以德文、英文、中文出版专著、译著和编著达50多部。近年来已出版的重要著作有《红楼梦研究》、《中国诗歌史——从皇朝的开始到结束》、《20世纪中国文学史》等，重要译作有《鲁迅选集·六卷本》等。

本文是作者2011年6月27日在武汉大学老图书馆所作的珞珈讲坛第二十九讲学术报告。

本文原载于《读书》2011年第2期

面对过去和现在众多的德国哲学家，人们不由得要问，哲学是否只是德语国家的事情。在不涉及古代希腊哲学家，不涉及当代法国哲学家的情况下，人们大致会获得一种印象：哲学家似乎只来自德语国家。不过应该知道，那些在德国研究哲学的人多数是基督教徒（新教徒）或犹太人。只有少数的德国哲学家是天主教徒。信仰天主教的哲学家比较保守，如：瓜尔蒂尼（Romano Guardini，1885—1968），皮柏（Josef Pieper，1904—1997），斯佩曼（Robert Spaemann，1927— ），因此，他们在国际上不太知名。当然，知名的海德格尔（Martin Heidegger，1889—1976），也许还有布鲁门贝格（Hans Blumenberg，1920—1996），是他们中的例外。

如何解释在基督教（新教）和犹太教特殊影响下的德国哲学现象？应该知道，对德意志帝国中各个小国的精神生活产生巨大影响的宗教改革（1517），已远远超出信仰问题。从宗教改革一开始，基督教会（新教教会）就允许人们更自由、更独立地思考。而在天主教会，从过去到现在经常是神父告诉教徒应该怎样思考。天主教徒对上帝创造世界的原始信仰坚信不疑。而基督教徒（新教徒）在认真探讨天主教信仰时，产生了各种疑问，这些疑问使他们内心不得安宁，于是他们反复地对《圣经》进行分析、解释，试图找到自己的答案。从历史来看，没有当时对《圣经》的分析、解释，很难想象会有今天的阐释学。

犹太思想家对德国哲学又产生了哪些影响呢？寻找弥赛亚（Messias）是犹太思想家的特征，他们寻找的是救世主。这个拯救者在马克思那里被世俗化了。从马克思开始，拯救不再是宗教事业，而是社会事业。现在我们还可以从本雅明（Walter Benjamin，1892—1940）的著作中，清楚地看到这种观点。本雅明把历史看做一种“历史神学”。这就是说，他在历史中看到了一种能为拯救社会而发挥作用的力量。因此，只有了解犹太教和《旧约》的背景，才有可能不仅了解马克思、本雅明，而且了解法兰克福学派（die Frankfurter Schule）。在构成法兰克福学派的成员中，除了哈贝马斯（Jürgen Habermas，生于1929年），都是犹太哲学家。

人们会继续问，在德国哲学家中，是否有一个典型的德国哲学

主题？我认为有。这个典型的哲学主题与黑格尔创造的新概念“不幸意识”（unglücklichen Bewusstsein）有关。这个概念以一种内在张力为出发点。也许这种内在的张力可以追溯到基督教（新教）和犹太教。这种不幸意识表现一个人的特征：他是这个人，却想做那个人，他生活在这个世界，却要生活在那个世界，生活在与这个世界不同的、更美好的世界。

因此，绝非偶然，苏联覆灭后，忧郁在德国成为一个哲学主题。不同于美国，但是也不同于当时的东欧集团，同样也不同于毛泽东主义，不同于文化大革命（1966—1976），在德国从未禁止过忧郁。与此完全相反，忧郁在过去和现在经常被看做哲学家的生活态度。所以，哈贝马斯会说：在哲学中，我们是绝望的。为什么会绝望？因为哲学不解决问题，而仅是解释问题。也就是说，哲学提供了一种机会，使人们有可能对自己知识的局限性进行思考。发现自己知识的局限性后，人们可以为此难过或高兴。例如，天主教思想家西蒙（Josef Simon，生于1930年）认为，人在知识上的局限性是令人愉快的一个理由。因为如果人知道一切，那么他就跟上帝一样，也就没必要再研究哲学。

不过，一个典型的德国哲学家不一定或不愿意承认他思想的局限性。这促使他去思索。而倾向实用主义的美国哲学家完全不会这样做。例如，他们说：我们只想提出我们也能回答的问题。人们只能从美国哲学家那里，而绝不可能从德国哲学家这里得到这样的见解。一个德国哲学家不愿提出他能够回答的问题，宁愿提出他无法解答的问题。

在德国哲学与美国哲学之间还存在着一个根本差别。一个美国哲学家一般只掌握一种语言。但是一个德国哲学家不得不掌握多种语言，否则他无法研究哲学。因为希腊文、拉丁文、犹太文及法文的遗产是他从事哲学研究的基础。研究哲学而没有上述外语知识，没有读懂外国哲学原著的能力，这在德国是难以想象的。

尽管德国哲学有抽象推论的特点，但它不是与世隔绝的。虽然有像布鲁门贝格那样的哲学家，他们完全隐退到农村去思索，但是也有像哈贝马斯这样的哲学家宁愿公开说出自己对时代问题的看法。甚至有像斯洛特蒂克（Peter Sloterdijk，生于1947年）这样的哲学家参与电视节目。对这批有代表性的人来说，研究哲学就是作出哲学的解释。

当代德国哲学的三个典型特征是什么？我想试着从义务、形而上学、主题三个方面来介绍。

一

人们经常把哲学家看做生活在象牙塔内，对世界上发生的事不闻不问的思想家。可能有过这类哲学家，但是1945年前后的德国哲学家绝对不会这样。他们无意或有意地被卷入政治。这就是说，不管愿意不愿意，当代德国哲学通常也带有政治的一面。就这一方面来说，哲学和义务经常不是这样就是那样地分不开。众所周知，伽达默尔（Hans Georg Gadamer，1900—2002）与纳粹分子保持距离，但是他的老师海德格尔先与纳粹分子合作，随后既未对此进行反思，也未清除他当时写的那些与纳粹思想有关的著作。1919年在维也纳时，波普尔（Karl Popper，1902—1994）是一个热情的共产主义者，后来他变成一个反共产主义者，最后由于政治局势，他离开维也纳移居英国。约纳斯（Hans Jonas，1903—1992）也是海德格尔的学生，他为了自己的犹太信仰，于1933年移居耶路撒冷。在希特勒时代，布鲁门贝格被看成半个犹太人，不允许他上大学。根据在第三帝国的经历，阿佩尔（Karl-Otto Apel，生于1922年）想创立一种具有普遍性的伦理思想，其中不仅包括道德规范，也包括政治准则。

最有意思的是哈贝马斯的情况。他在波恩大学一名哲学家的指导下读博士。他的导师在一九四五年以前曾是纳粹分子，哈贝马斯原来想留在波恩大学当老师，但是由于政治原因，他最终不仅离开了母校，也同时放弃了哲学，两个具有决定性的原因使他从波恩转到法兰克福，从哲学转向社会学：（1）他认为在波恩教的哲学不承担政治义务。（2）他吃惊地发现，在1945年后，海德格尔将他在纳粹时代写的著作不加任何修改地重新出版。哈贝马斯无疑是第一个向弗赖堡哲学家（海德格尔）公开提出批评的人。做到这一步固然不错，可是人们知道哈贝马斯站在德国社会民主党（SPD）的立场上。强烈的义务感使他一再和党代表们公开露面，只有这样才使他不觉得遗憾。在德国，人们区分政治和政策，政治观点和党派观点。根据德国的历史经验，一个哲学家应该有自己的政治立场。但是不应该为此失去自己的独立性，也不应该让政策取代自己的政治观点。就这点而言，哈贝马斯在为德国社会民主党尽义务时，可能做得过分了一些。

即便如此，哈贝马斯对海德格尔的批评清楚地表明：德国哲学家不是各行其是的独行者，而是处在互相的讨论之中。他们共同思考，互相推荐，他们依据传统。例如，在20世纪60年代末，伽达默尔在反思有关成见的概念时，把这个概念与启蒙运动相互联系。哈贝马斯也同样地援引启蒙运动，认为自己是启蒙运动的继承人。他作为批评性理论的代表与系统论的代表卢曼（Niklas Luhmann，1927—1998）进行讨论。60年代，在波普尔和阿多诺（Theodor W. Adorno，1903—1969）之间发生了一场有关实证论的争论。阿佩尔使当时无名的维特根斯坦（Ludwig Wittgenstein，1889—1951）在60年代的德国引人注目。

二

由此能得出什么结论呢？哲学只有深入研究不同的思想，明辨自己的思想才是哲学。哲学只有以传统为依据，对建立在传统基础上的思想进行研究才是哲学。伽达默尔说得好：没有传统的人注定要扮演小丑。他的这种看法用第三帝国或文化革命的例子很容易得到证实，在中国当代文学的一些典型作品中也能得到证实，不少中国当代作家已不再掌握传统。因此，知识分子，如刘小枫、欧阳江河等人发出的悲叹，不是没有道理。一些属于世界文学的中国诗人也同样不再去触及传统。相比之下，如果想完全看懂德国当代最著名的诗人格林拜因（Durs Grünbein）的作品，人们不但应该学习很多拉丁文，而且应该熟悉古罗马哲学。为什么我突然提到文学？因为德国哲学家经常以诗歌为例来阐述他们的哲学。德国诗人经常用他们的诗歌来思考哲学问题。这方面的两个典型人物是海德格尔和荷尔德林（Friedrich Hölderlin，1770—1843）。

在文化革命时期，人们认为：传统是一座“静止不动的石堆”。但是与此不同的想法是：紧靠这堆石头，人们可以开辟出一个新世界。传统是一切语言和一切思想的源泉，即使在批判过去的情况下，也同样如此。例如，马克思在对黑格尔的批判中，成为一个“马克思主义者”。哈贝马斯在对海德格尔的批判中，成为我们现在所称的“哲学家”。波普尔把柏拉图、黑格尔和马克思称为开放社会的敌人，指控他们主张极权主义，正是在对他们的批判中，波普发展了他有关开放社会的理论。为了了解波普尔的思想，人们应该知道，德国哲学不仅倾向于形而上学，而且也尝试着用另一种思维方式，把一切都放入一个固定的系统里。现在黑格尔几乎不再有影响，这主要与后现代主义对每种系统论的批判有关。后现代主义破坏了把人带回信仰的可能性，即破坏了使人重新信仰整体性、统一性的可能性。在这种情况下，令人吃惊的是，像卢曼这样的思想家仍然敢于建立系统论。他的做法显然只在德语国家得到普遍赞同。与后现代主义在法国的经历相反，后现代主义在德国从未产生过影响。这并不使人特别感到意外。

德国哲学是一种追问为什么的哲学，而不是一种带有破坏性的哲学。它提出疑问，寻根究底，探索我们知道什么，研究我们能思考什么，还为此去引经据典，寻找理论根据。例如，哲学家西蒙在这种情况下会去引用康德的理论。从德国的角度来看，康德是最重要的哲学家。

再举几个例子：约纳斯和布鲁门贝格的哲学起点是晚古时代的神秘直觉（Gnosis）。他们提出了不完美的创造和创造者与创造物之间的特殊关系等问题。阿佩尔批评康德的先验哲学忽视了理性的语言限制，发展了自己的阐释学。卢曼哲学主要是建立在卡西勒哲学的基础上。哈贝马斯对谢林、康德、黑格尔和马克思的思想进行分析讨论。总之，德国当代哲学试图与过去的哲学划清界线。在个别情况下，德国少数哲学家甚至会在美国或法国哲学的影响下，提出形而上学的终结。尽管如此，古老的形而上学和它那些众所周知的主题仍然受到德国哲学的特别关注。

我曾反复地指出，不少人在中国现代性中感觉到无家可归。这种无家可归的感觉始于1919年的五四运动。那时人们认为，可以抛弃所有的传统。当代中国精神缺少的是一种有活力的传统。也就是说，一种既不要盲目地接受，也不要盲目地否定，从批评的角度来继承的传统。历史的不公平在于：那些1919年在中国和1968年在西方批判传统的人，他们本身还掌握传统，因此他们能留下伟大的作品。但是他们的后代不再掌握传统，只能在现代，在现存的事物中生活、思考、存在，同时摹仿意识工厂，也就是，摹仿媒体、百货大楼推荐给他们的生活目的和生活任务。最好的例子是中国和德国的流行文化。这种文化只是一种生活感情的表现方式，不再有历史或不再想有历史。

1989年在世界范围内，The power of now 取代了过去在各个体系中占支配地位的历史神学。过去左派说，我们不再要日常生活。今天的消费者说，我们只要日常生活。与此相关，有人甚至提出了历史终结的理论。未来和过去不再发挥原有的影响。在很大程度上，当代与过去、当代与未来之间的张力在人的意识中已显得不复存在。如此看来。几乎不再可能去想象一种“不幸意识”。目前在德国，基本上只有哲学家会注意到这种情况并发出警告：消费将取代记忆与回忆。

三

当代德国哲学有哪些特别的哲学主题呢？主要有三个主题，其中对语言的讨论可能是最持久的。

随着尼采和维特根斯坦开始了一种对语言的分析批评，1967年，罗蒂（Richard Rorty，1931—2007）把这种对语言的分析批评称作“语言的转向”（linguistic turn）。用伽达默尔的话来说，“语言的转向”意味着“我们对世界的一切认识是通过语言得到的”。根据西蒙的观点，只能借助语言来谈语言的问题。他说：我们正在努力弄清我们使用的那些语言。例如，所有的概念需要解释。在解释这些概念时，我们试着通过其他的词或其他的概念来下定义。结果在原来只有一个词的地方，出现了许多其他的词。这些词也需要有更确切的解释。这就是说，用我们下的定义无法得到最后一种谁都承认的结果。因此，我们必须能够确定自己对事物的理解。不过，对这个在今天被我们下了定义的事物，在明天我们也许会有完全不同的理解。这是一个原因，为什么当代德国哲学如此强调没有最终的知识。为此，波恩大学的哲学家霍格雷贝（Wolfram Hogrebe，1944）一再坚持他的论点，他主张：我们的思路应该多从我们不知道的知识出发，因为我们经常不知道我们到底不知道什么。

简而言之，语言不是简单的工具，它决定我们的世界。世界的大小是由语言的大小决定的。因此语言成为我们存在的条件，它决定我们的存在。在这种意义上，人们经常把语言看做房子或故乡，例如在海德格尔、伽达默尔那里，都能找到同样的观点。阿佩尔发现：人作为会说话的有生命之物，生存在一种交流对话的共同体中，因此也生存在一种世界性的进行论证、论辩的共同体中。

从这方面来看，中国与德国有很大的差别。我对中国当代文学的批评，经常没有被理解成我原来的意思：这个批评同时也是一种对中国当代语言的批评。因为不少中国人认为语言只是一种用来表达内容的工具。但是语言不能像纸包裹面包一样去包裹内容，语言本身就是内容。人们可以在一张纸里包裹不同的东西，但是对同一个东西，却不可能有不同的表达。如果用另外一种说法来表达，那么在语言上它已是别的东西。不仅被我们谈论的物品通过我们的语言会发生变化，而且通过我们使用的语言也会变成不同的人。如果不能说话或不能正确地说话，如果没有人对我们说话，或没有人对我们正确地说话，我们会生病。所以古老的文化总是不断地提到语言的疗效。我们也知道，沉默可以被当做一种惩罚，沉默也可以损害我们的健康。

能为人治病或使人生病的语言也与道德有关。第三帝国滥用语言，使许多人为此受害。至今这种伤害经常还能被感觉到。所以在某种情况之下，对语言的分析批评也是对道德的分析批评。西蒙曾说过，当两个人在一起时，真理才开始出现。他的意思是说：如果独自一人，人可以随意去想，随意去说。但是如果不是独自一人，人就会注意到自己的话语。否则，他对面的人会嘲笑或轻视他。

伦理道德是德国当代哲学的第二个大主题。这一主题与1933年有关系，也与冷战和环境问题有关系。由于认识到法西斯主义、扩充军火、环境破坏对人类文明的威胁，德国哲学从20世纪80年代开始也有了实践性的倾向。所以伦理道德在当代德国大学占有重要的地位。约纳斯可能是哲学伦理学最重要的代表，他面对以工业技术为基础的文化，提出了一个新的道德要求，即：我们的行为应该符合生活的永恒性。

哈贝马斯不会承认自己是哲学家，宁愿把自己看做社会学家。从德国的角度来看，他只是众多哲学家中的一员，他很重要，但不一定是最重要的。尽管如此，他在中国现在是最知名的德国哲学家。他在中国如此受欢迎，肯定不仅与他对社会发展和社会形成的乐观见解有关系，而且也与他系统的思想有关系。我现在提到德国当代哲学的第三个主题，即法律和社会。这个主题当然也和前面提到的伦理道德那个主题有关系。在德国当代哲学探讨法律和社会问题时，值得注意的是他们使用了系统论。两个很有影响的思想家用系统论来抵制当前不要再建立哲学系统的时代潮流。除了多次提到的哈贝马斯，最主要的代表是卢曼。对卢曼来说，社会不是一种存在，而是一种系统。这种系统有互相起作用的固定程序。社会的基础是很多分支系统，比如说，经济或法律。

如果提到有关当代德国哲学的影响和重要性这个问题，应该先谦虚地承认，除了哈贝马斯之外，其他哲学家的影响和重要性只有在德语国家才能感觉到。法国和美国当代哲学，即后现代主义和非形而上学更符合时代的精神。这就是说，后现代主义和非形而上学这两种哲学太强大，也太实际。它们在国际舞台上没有给德国思想家留下足够的空间。与此相反，在德语国家，约纳斯的责任原则，阿佩尔的话语伦理学，卢曼的系统论，布鲁门贝格对神话学的研究或斯洛特蒂克对时代精神的批判都深刻地影响到德国当代的神学、文学理论、政治、宗教和教育。所以，不令人感到奇怪，德语各种日报，也有一些地区报纸经常会有关于哲学讨论的报道。从这方面来看，没有哲学的德国是不堪设想的。也许可以说，哲学在德国有它自己的故乡。

伽达默尔《真理与方法》中的实践哲学

——析此书关于亚里士多德伦理学的解读及意义

◎何卫平

何卫平，哲学博士，现为武汉大学哲学学院教授，博士生导师，外国哲学教研室主任。研究方向为德国哲学，尤专于哲学解释学。主要著作有《通向解释学辩证法之途——伽达默尔哲学思想研究》（上海三联学术文库2001年版）、《高达玛》（伽达默尔）（台湾扬智出版社公司2002年版）《解释学之维：问题与研究》（人民出版社2009年版等，主要译著有《伽达默尔》（张世英、赵敦华主编，世界思想家译丛（第2辑），中华书局2003年版）、《哲学解释学导论》、《存在论：实际性的解释学》等。已在《哲学研究》、《国外社会科学》、《世界哲学》、《哲学动态》、《自然辩证法通讯》、《德国哲学》、《德国哲学论丛》、《中国现象学与哲学评论》、《文艺研究》、《美术学研究》等刊物上发表论文50余篇。

本文是作者2010年6月2日在山东大学哲学与社会发展学院所作的演讲。

伽达默尔的解释学是一个复杂的多面体，我们可以从不同的角度对之加以命名，例如：哲学解释学、普遍解释学、对话解释学、辩证解释学、教化解释学、实践解释学、新亚里士多德主义的解释学，等等，不一而足。伽达默尔的实践解释学或教化解释学在一定的意义上可称为新亚里士多德主义的解释学，因为亚里士多德对伽达默尔最大的影响主要是实践哲学。不过，对于亚里士多德的实践哲学，伽达默尔提得更多的是伦理学，但这里面始终有一个政治学的背景，因为这两者在亚里士多德那里不可分：伦理学是政治学的分支和起点，政治学是伦理学的目标和皈依，它们都在实践哲学的名下。对于亚里士多德的思想，伽达默尔主要是沿着一种社群主义和实践智慧的方向去与解释学相结合。可以说，伽达默尔解释学就贯穿着一种亚里士多德主义，这不仅体现于他的后期，而且在其前期就已经奠定下来了。因此，我们完全有理由说，伽达默尔的解释学是一种新亚里士多德主义，这里的所谓新亚里士多德主义主要指解释学与亚里士多德思想的结合①。受亚里士多德和海德格尔（主要是前期）的影响，在伽达默尔那里，实践哲学似有成为第一哲学的倾向，虽然他没有明确这样讲，例如像列维纳斯所说，“伦理学就是第一哲学”，但他前后期直接或间接谈的主要就是这个东西。而海德格尔有所不同，他前期的此在论具有实践哲学的性质，但“转向”后，就谈不上了。

至于伽达默尔解释学的实践哲学的性质，虽然在他的后期才被强调出来，但其奠基却在前期。然而，他前期最重要的代表作《真理与方法》直接涉及这个方面内容的篇幅却很小，显得很不突出，以致易给人造成这样的印象：光读《真理与方法》很难使人将它与实践哲学联系起来②。也就是说，它的篇幅和它所具有的分量似乎很不协调，但我认为，这只是表面现象，实际上这本书并不外在于实践哲学，而是内在于实践哲学，它里面对亚里士多德伦理

① 参见何卫平：《解释学之维——问题与研究》，人民出版社 2009 年版，第 155 ~ 175 页。

② 参见张汝伦：《历史与实践》，上海人民出版社 1995 年版，第 185 页。

学的解读为解释学的实践哲学（包括解释学的经验理论）奠定了基础①，不过这需要对之作具体的分析和说明。

顺便提一下，学界曾有人批评我所持的这样一种观点：伽达默尔有一个从理论解释学向实践解释学的“转向”②。其实，我在国内较早明确地提出过这样的观点：伽达默尔早中晚期都有一种伦理学思想贯穿于其中，这实际上也就承认了一种实践哲学贯穿于其中，因为伽达默尔所谓的伦理学是古希腊意义上的（亚里士多德），比我们今天理解的要宽泛，它属于实践哲学，我称伽达默尔“是一位伦理学家”③ 也主要是在这个意义上的。至于我用到“转向”这个词主要根据这一事实：伽达默尔前期偏向于以精神科学的文本理解为核心的解释学经验的理论方面的探讨，而后期（尤其是在与哈贝马斯争论的过程中）愈来愈关注现实问题，特别是政治、伦理方面的实践问题，而且不可否认伽达默尔的著名论断——“解释学就是实践哲学”——是在其后期明确提出来的，虽然他的前期思想已经包含这方面的内容。所以我这里所谓的“实践”只是相对于解释学经验的“理论”而言的伦理、道德、政治等社会生活方面的内容④。但是这样表达的确容易产生某种误解，好像伽达默尔前期没有实践哲学，而是后期“转向”了这个方面，对此笔者也想通过对《真理与方法》中实践哲学的内容和性质的揭示来作一些澄清。以上两点是本文写作的主要动机。

---

① 参见伽达默尔、杜特：《解释学 美学 实践哲学：伽达默尔与杜特对谈录》，金惠敏译，商务印书馆 2005 年版，第 67 页。

② 参见彭启福：《解释之思——诠释学初论》，安徽人民出版社 2005 年版，第 107 页。

③ 参见何卫平：《解释学之维——问题与研究》，人民出版社 2009 年版，第 159 页。

④ 正如伽达默尔所说，“关于实践的理论，显然是理论而不是实践”（引自伽达默尔：《诠释学》，载《真理与方法》下卷，洪汉鼎译，上海译文出版社 1999 年版，第 732 页）。

一

伽达默尔曾经告诫他的学生：如果要想进入海德格尔，不能直接从海德格尔开始，而要从亚里士多德开始①。依我看，这话也适合于伽达默尔本人，因为受海德格尔启发，伽达默尔的学术生涯实际上同样是从亚里士多德起步的，例如，他晚年在《自述》中谈到，自己最重要的思想是从海德格尔那里学来的，而首先要提到的是1923年夏季学期在弗莱堡参加海德格尔主持的亚里士多德《尼各马可伦理学》第6卷研讨班，其中的核心概念“实践智慧”（phronesis）作为一种理智德性在这一卷中具有举足轻重的地位，它影响了伽达默尔一生，尤其是海德格尔突出“实践智慧”与“技术”的区别，并同“良知”联系起来，帮助伽达默尔逐步确立了自己的问题意识，从而在海德格尔的引导下走上了一条属于自己的学术道路，这中间他对亚里士多德的研究持续了几十年②，时间比海德格尔还长，我们从他前后期的许多论著中都可以直接或间接看到这个方面的内容。伽达默尔后来说，他对于解释学的结构主要依赖于亚里士多德《尼各马可伦理学》中对“实践智慧”的分析，基本上遵循的是海德格尔弗莱堡早期业已开辟的道路，这是他首次实际地进入到了普遍的解释学，只是那时尚未明确意识到这一点而已③。

如果根据这一说法，我们以往将伽达默尔学术生涯区分为一个前解释学阶段和解释学阶段看来是成问题的，而且也没有必要，至少不存在这样一个泾渭分明的界限。我认为，伽达默尔的真正学术道路，或者说他自己的解释学道路，应该是从1923年夏季学期在

---

① 参见伽达默尔：《哲学生涯》，陈春文译，商务印书馆2003年版，第183～184页。

② 参见伽达默尔：《诠释学Ⅱ：真理与方法》，洪汉鼎译，商务印书馆2007年版，第590～591页；另参见伽达默尔：《哲学生涯》，陈春文译，商务印书馆2003年版，第134页。

③ 参见伽达默尔：《诠释学Ⅱ：真理与方法》，洪汉鼎译，商务印书馆2007年版，第512页、第591～592页。

弗莱堡听了海德格尔课，尤其是参加海德格尔主持的关于亚里士多德《尼各马可伦理学》第6卷的研讨班以后开始的，在此之前22岁的青年伽达默尔只不过是在那托普、哈特曼指导下，完成了一篇他后来很不满意、再也不愿提起的博士论文（1922年）而已①，尚未摆脱新康德主义的影响，真正找到自己的学术道路。所以从1923年至1960年(《真理与方法》出版)，我更愿将其作为一个整体来看待（就像从1919年至1927年——《存在与时间》出版——在海德格尔那里应作为一个整体来看待一样，因为这本书决不是海德格尔为了评职称在短短几个月就能写得出来的，而是之前已有了多年的准备，类似于康德写《纯粹理性批判》一样)，并称之为伽达默尔思想的前期，在此以后伽达默尔仍活了四十多年，写了很多东西，更关注现实问题和解释学的应用问题（“应用”在伽达默尔那里决不是一种机械的对号入座，而是对原有理论的丰富和发展)，所以我将这个阶段称为后期，而放弃以往将伽达默尔学术生涯分为早中晚三个时期的说法。当然这里的前后期分法只是相对的，因为伽达默尔一生的思想没有大起大落，不存在一个类似维特根斯坦I和维特根斯坦II或海德格尔I和海德格尔II那样的“转向”，而是基本平稳地过渡下来的，我们讲其思想的发展也主要是从“丰富”、“完善”和“充实”这个角度讲的，而实践哲学始终是伽达默尔前后期的一个一以贯之的东西。对这一点如果我们的视野不局限于伽达默尔《真理与方法》（1975年）的标准版（一卷本)，而是同时考虑到作者最后的订本——它的扩大版（1986年）(两卷本，第二卷收入“一卷本”之前和之后所发表的31篇论文)便不难理解，扩大版恰恰强调和突出了伽达默尔前后期思想的联系，而不是断裂，伽达默尔自己就指出了这种联系②。尤其值得一提的是，伽达默尔在《真理与方法》的第2版序言中明确地讲：

① 伽达默尔晚年所编纂的著作全集十卷本未将其收入进来，就说明了这一点。

② 参见伽达默尔：《诠释学II：真理与方法》，洪汉鼎译，商务印书馆2007年版，第4页。

此书关注的不是理解的方法论问题，而是“人的世界经验和生活实践的问题”①。这里的“世界经验”和“生活实践”属于同义概念，而后者指的就是“最广泛意义上的生活”②。

据此，《真理与方法》作为伽达默尔前期最成熟的著作，应当包含解释学作为实践哲学的奠基，它集中体现在该书第二部分中的“亚里士多德解释学的现实意义”这一节里，值得注意的是：它被纳入到“解释学基本问题的重新发现”这一章中。我们知道，《真理与方法》整个第二部的一个宗旨就是要将理解的历史性上升为一种解释学原则，这个原则就是他明确提出来的效果历史意识原则。而“亚里士多德的解释学的现实意义”这一节就与之有关，是对这一原则更深入的展开和分析，而且它含有对亚里士多德《尼各马可伦理学》第6卷的解读，其意义之重大我们只有联系伽达默尔前后期思想的相关背景才能真正体会到，否则很难看出来。

首先，如果我们将伽达默尔对海德格尔弗莱堡早期思想——尤其是对后者的“那托普报告”的推崇，以及伽达默尔后期对解释学与实践哲学关系的突出与强调联系起来，我们就会发现《真理与方法》中这一节的分量。

无疑伽达默尔解释学的新亚里士多德主义倾向从一开始就受到他的老师海德格尔的影响，后者从1919年至1927年，对亚里士多德作了持续的关注与研究，尤其是《尼各马可伦理学》，这种痕迹在他的第一部成熟和重要的著作《存在与时间》也保留了下来。关于这方面，国外早已有不少研究③，德国最新的成果有D. 伊凡提斯的《对早期海德格尔沿着亚里士多德方向的分析》（Dimitrios Yfantis, *Die Auseinandersetzung des frühen Heidegger mit Aristoteles*,

---

① 伽达默尔：《诠释学Ⅱ：真理与方法》，洪汉鼎译，商务印书馆2007年版，第533页。着重号为引者所加。

② 伽达默尔：《科学时代的理性》，薛华等译，国际文化出版公司1988年版，第79页。

③ 如John van Burn, *The Yong Heidegger*, Indiana University Press, 1994; IndeWalter A. Brogan, *Heidegger and Aristotle*, State University of New York Press, 2005.

Berlin, 2009)。从伽达默尔的“自述”中，我们得知，伽达默尔最早受海德格尔的影响是从他的老师那托普那里读到海德格尔的《对亚里士多德的现象学的阐释——解释学处境的显示》（俗称“那托普报告”），其中副标题中的“解释学处境”（*der hermeneutischen Situation*）给伽达默尔留下了难忘的印象。直到20世纪80年代中期，这位进入耄耋之年的海德格尔“最老的学生”在60多年后重读这份失而复得的报告时乃作出这样的评价：它属于海德格尔早期最杰出的著作之一①，是“一个真正的事件”②。

本来少年海德格尔对“存在”意义的哲学惊奇产生于布伦塔诺的著作《论亚里士多德的存在概念的多义性》，从此踏上一条探讨存在意义的道路。但1927年以后尤其是思想“转向”后海德格尔很少再谈亚里士多德了（这不难理解），而伽达默尔对亚里士多德的关注是终生的，从这里我们可以在一个深层次上找到他的解释学的一以贯之的一条线索。不过虽然伽达默尔与海德格尔（前期）都特别关注亚里士多德《尼各马可伦理学》第6卷，但两人的侧重点有所不同，海德格尔突出人的生命此在（与基础本体论有关），而伽达默尔则突出解释学的应用，两者从实践哲学的角度可以相通。不过伽达默尔后来发现，海德格尔真正感兴趣的并不是实践知识或实践智慧，而是存在，伽达默尔则牢牢抓住“实践智慧”这个核心概念③，将海德格尔这方面的启发具体引导到哲学解释学的建构上来。他的著作中直接提到亚里士多德的《尼各马可伦理学》很多，除了《真理与方法》外，典型的还有他的思想形成时期的第一篇论文《实践知识》（1930年），它是对《尼各马可伦理

---

① 参见 *Gadamer*, ed. By Robert J. Dostal, Cambridge University Press, 2002, p. 250.

② Gadamer, *Heideggers "theologische" Jugendschrift*, in *Dilthey Jahrbuch*, 1986, S. 229. 在笔者的印象中，伽达默尔还说过海德格尔的《艺术作品的本源》是“一个真正的事件”，尚未见到对其他著作有如此评价。

③ 参见 *A Century of Philosophy*, *Gadamer in Conversation with Riccardo Dottori*, New York, 2004, p. 20.

学》中的“实践智慧”的解释①。再就是伽达默尔后来出版的《亚里士多德的〈尼各马可伦理学〉第6卷》(1998年)②，等。

其次，从更大的背景上，还值得一提的是，伽达默尔的解释学作为一种新亚里士多德主义，是同新康德主义之后的德国本体论的复兴或形而上学的复兴分不开的，他的老师海德格尔从属于这种复兴，只不过走的是一条形而上学的新路子，这同海德格尔弗莱堡早期就明确提出来要重新规定哲学的目标有关，海德格尔认为传统的本体论或形而上学是无根的，正如他在《存在与时间》开篇第一句话就提到：我们的时代把重新肯定形而上学当作自己的进步，但存在的意义问题仍然处于被遗忘和被耽搁中，于是他要建立一种基础本体论去通达，正是这种基础本体论与实践哲学产生了联系。伽达默尔就是沿着海德格尔这一方向走下来的。可见，在当时德国实践哲学的复兴与本体论的复兴、亚里士多德主义的复兴三者之间有着某种内在的联系，它们同时体现了一种时代精神发展的要求。

如果嵌入这种上下文中，伽达默尔的《真理与方法》与亚里士多德伦理学的密切关系及其重要意义就会得到突现，它直接是由解释学的“应用”问题引出来的，而且伽达默尔将其纳入到“解释学基本问题的重新发现”这一章里来讨论的。这里的“重新发现”主要针对解释学的“应用”而言的。伽达默尔后来自己说，在《真理与方法》中，“实践智慧”这个问题占据了中心的地位③，而集中探讨这一点的就是“亚里士多德的解释学的现实意义”这一节。它直接关系到《真理与方法》的实践哲学的性质，因此，我认为，这一节可视为《真理与方法》的核心。

二

既然在伽达默尔《真理与方法》中直接涉及实践哲学的是

---

① 参见伽达默尔：《诠释学Ⅱ：真理与方法》，洪汉鼎译，商务印书馆2007年版，第27页。

② Gadamer, *Aristotoles Nikomachische Ethik VI*, 1998.

③ 参见伽达默尔：《诠释学Ⅱ：真理与方法》，洪汉鼎译，商务印书馆2007年版，第27页。

“解释学基本问题的重新发现”这一章，那么我们有必要从结构上对它作一个总体的把握。这一章分为三节：（1）解释学的应用；（2）亚里士多德解释学的现实意义；（3）法学解释学的典范意义。其中第三节，在我看来，实际上是作为一个典型的例证对第二节的具体发挥和进一步的展开，所以，这一章的基本内容实际上主要是前一、二节，第三节的内容可以并入到第二节中去理解。

如果从这样一种内在联系来看，我发现，伽达默尔《真理与方法》中的这一章有着与海德格尔“那托普报告”相似的结构：第一节伽达默尔实际上提供了一个他下面要阐释的亚里士多德思想的“解释学处境”（解释学视域——视位、视向和视域①），具体来说，引出解释学的“应用”之维，此乃联结伽达默尔解释学与实践哲学之桥梁或中介。这一点可对应于海德格尔“那托普报告”的第一部分。第二节则根据这个解释学处境来解释亚里士多德的实践哲学，主要是《尼各马可伦理学》第6卷中的“实践智慧”，它集中向我们展示出一种新亚里士多德主义的解释学雏形，这一节可对应于海德格尔“那托普报告”的第二部分：对亚里士多德诸文本(《尼各马可伦理学》、《物理学》和《形而上学》）有关章节的解释。

我认为，在那托普报告中，海德格尔谈的“解释学处境”具有两重含义：一是广义上的，指任何理解都必然要有的由之出发的视域；二是狭义上的，指探讨文本主题的出发点和解释方向。这两点在海德格尔的“那托普报告”中经常是交织在一起的，而伽达默尔基本上保持了这种用法。

关于解释学的应用，实际上早在部门解释学（典型的如法学解释学和神学解释学）中已经存在了，只是人们未能把它们纳入到一般解释学的内容中并上升到一种反思的实践哲学的高度来认识，所以伽达默尔将自己意识到这一点视为“解释学问题的重新

---

① 参见海德格尔：《形式显现的现象学——海德格尔早期弗莱堡文选》，孙周兴编译，同济大学出版社2004年版，第76～77页。

发现"①。它也是伽达默尔从其效果历史原则中引出来的必然结论。如果说，施莱尔马赫、狄尔泰和德罗伊森只看到了解释学中的"理解"和"解释"，没有看到"应用"的意义，而德国虔信派的兰巴赫虽然看到了"应用"却未能将它和"理解"与"解释"相联系，那么伽达默尔则自觉地将解释学的这三要素统一起来了。可以说，在伽达默尔以前人们未曾深入到这一层，因而对解释学与实践哲学的关系缺乏深刻的洞察。

伽达默尔这里所突出的解释学的"应用"是基于其解释学的核心——效果历史意识原则的，它牵涉到哲学解释学的基本结构要素及其关系：解释学处境、时间距离、视域融合、效果历史、（从语言角度表现为）对话②，并借助亚里士多德的《尼各马可伦理学》第6卷中的实践智慧来加以理论上的分析和贯通。从这里，人们不难发现，伽达默尔的解释学的应用理论与其效果历史原则是一致的，而且相互蕴含。

我们知道，从解释学史上看，伽达默尔倚重的不是施莱尔马赫的"重构说"，而是黑格尔的"综合说"③，与之相联系，在现象学的视域下，他将传统的历史意识，转化为一种新型的历史意识，即效果历史意识，它体现了一种"向前看"，而不是"向后看"。始终强调理解是将文本的意义"应用"于当下，应用于新的历史情境中，而无论施莱尔马赫还是狄尔泰都没能自觉意识到这一点，虽然狄尔泰已经有了实践哲学的倾向④。而伽达默尔则明确地这样做了，并强调解释学应当向神学解释学和法学解释学学习，因为这

① 伽达默尔：《诠释学I：真理与方法》，洪汉鼎译，商务印书馆2007年版，第417页。

② 伽达默尔说，"在理解中所发生的视域交融乃是语言的真正成就"（引自伽达默尔《诠释学I：真理与方法》，洪汉鼎译，商务印书馆2007年版，第512页；另参见第423页，注240）。

③ 参见何卫平：《通向解释学辩证法——伽达默尔哲学思想研究》，第1章，第2节，上海三联书店2001年版。

④ 参见张汝伦：《二十世纪德国哲学》，人民出版社2008年版，第70～71页。

两门学科注意到了理解与“应用”的关联。

总之，解释学的应用与理解、解释在伽达默尔那里三位一体，“理解总是包含着对被理解的意义的应用”，这种应用同解释学处境分不开，也就是说，理解无非是把被理解者（如文本）应用于理解者的处境中。由于理解总是以一种不同方式去重新理解，所以，理解总已经是应用，因为它要适应各式各样的境遇①。

三

上面我们论述了在伽达默尔那里作为一种解释学处境的“应用”，下面我们再来看一看在这种处境下亚里士多德“实践智慧”所显现出来的一种特别的意义——解释学的意义。既然解释学的应用系指被理解者以不同的方式被理解，它也就是将某个普遍的东西应用于某个具体、个别的处境，因此，这就涉及普遍与特殊的关系。伽达默尔由此切入到解释学与亚里士多德伦理学的联系，从而具体地将解释学亚里士多德主义化了。这里的普遍和个别的关系就是他所谓的解释学的应用关系，由此引出对亚里士多德伦理学的讨论，其主要内容为两个方面：实践知识和实践智慧，正是这两个方面同解释学的应用发生着密切的关系。而伽达默尔在《真理与方法》中主要是围绕应用，通过分析三种知识的区别来揭示这一点的，这三种知识分别是：实践知识、科学知识和技艺知识。我们知道，在《尼各马可伦理学》第6卷中，亚里士多德谈到了人类认识事物、把握真（理）的五种方式：技艺、科学、实践智慧、智慧和努斯，而伽达默尔的论题主要围绕的是前三个方面，其中与“实践智慧”相关联的“实践知识”在亚里士多德伦理学中主要表述为“道德知识”。下面我们就来看一看伽达默尔关于亚里士多德对这三者区别的分析。

首先，道德知识与科学知识之间的区别。在伽达默尔眼里，亚里士多德所理解道德知识不是理论知识，而是实践知识。道德领域

① 参见伽达默尔：《诠释学Ⅰ：真理与方法》，洪汉鼎译，商务印书馆2007年版，第418、420、452页。

属于人的生活实践领域，这里的知识不可能是脱离人的既成存在的理论知识，例如伦理学中善的概念，它并不是苏格拉底简单讲的道德即知识意义上的，也不是柏拉图那种抽象、空洞的共相，而是和人具体的实际活动相联系，同人在现实生活中追求幸福有关。在这里不能应用于具体情况的一般知识是无意义的。亚里士多德将伦理学（Ethik）建立在“习行”和“习俗”的基础上，虽然人的道德行为不能说一点自然秉赋的影响也没有，但那不是主要的，它主要靠后天的实践，也就是说，作为德性的品质乃是通过后天养成的。在伦理领域中，更多是一种习行或习俗的力量，它来自共同体和个人两个方面。虽然这里自然规律并不起什么作用，但又不是完全没有规则，当然，亚里士多德强调实践知识不具有类似数学那样的精确，如果这样去要求实践知识是错误的。

尽管亚里士多德没有笼统地去反对苏格拉底的“道德即知识”的说法，但却意识到这是另一种类型的知识——实践知识。尤其引起伽达默尔特别关注的是：亚里士多德将苏格拉底的“道德即知识”和他自己的“Ethos”(习俗)联系起来，协调起来。这是一种重新理解的道德知识，也就是“实践知识”。这种实践知识和亚里士多德讲的“实践逻各斯”(实践理性)①具有一致性，并同“实践智慧”联系起来②，而对这一点19世纪的浪漫主义解释学和历史学派解释学都没有意识到，它们受科学主义、实证主义的影响，追求某种错误的客观化。伽达默尔认为，借助亚里士多德的伦理学可以帮助人们消除这方面的误解。

道德知识与实践智慧相联系，它与科学知识不同，而精神科学靠近道德知识，德文中的“精神科学”(*Geisteswissenschaften*)这个词

---

① 参见亚里士多德：《尼各马可伦理学》，廖申白译，商务印书馆2004年版，第37页。

② 亚里士多德所谓的“实践智慧”是指导德性的正确的逻各斯，它与后来康德的“实践理性”是一回事。参见汪子嵩等：《希腊哲学史》，第3卷(下)，人民出版社2003年版，第1015页。

就与“道德科学”（moral science）有某种渊源关系①，受亚里士多德的启发，伽达默尔将道德知识扩展到实践知识领域进而覆盖整个精神科学领域。与科学知识所面对不变的事物相反，实践知识领域面对的是可变的事物，这种知识所体现的是实践智慧，它要指导人的具体行动。如前所述，对这个领域中真的追求不能要求像自然科学（如数学）那样的精确，而只要达到与这个领域相容的那种确定性就可以了②。

总之，在亚里士多德那里，不同于科学知识的实践知识主要具有这样一些特点：应用性、具体性、非精确性。精神科学靠近的就是这种类型的知识，解释学主要涉及的也是这种类型的知识。

其次，道德知识与技艺知识的区别。道德知识与技艺知识都涉及应用，它们相似之处更多，例如：两者都同具体活动有关，对于它们来讲，经验不可能是充分的，如古希腊俗语所说：“技艺爱恋着运气，运气爱恋着技艺。”它说明技艺固然需要学习，但其实际成功与否，不能排除运气或偶然的因素。道德知识也有类似之处，虽然道德知识是德性活动的前提，但要作出道德决定，经验不可能是充分的。不过，这两种知识都要求对实际活动指导，经验尽管不充分但却非常重要。这里面实际上包含伽达默尔后期明确谈到的理解作为一种实践具有一定的冒险性或探险性的特点③。

然而，道德知识与技艺知识毕竟不同，按照亚里士多德的表述，道德知识是一种“自我知识”（Sich-wissen），即“自为的知识”（Für-sich-Wissen）。他说，“知道对自己而言的善是什么无疑是一种实践智慧……知道并关心自己的利益的人具有实践智慧”④。

① 参见伽达默尔：《诠释学Ⅰ：真理与方法》，洪汉鼎译，商务印书馆2007年版，第1页。

② 参见亚里士多德：《尼各马可伦理学》，廖申白译，商务印书馆2004年版，第6页、第38页。

③ 参见伽达默尔：《科学时代的理性》，薛华等译，国际文化出版公司1988年版，第97页。

④ 亚里士多德：《尼各马可伦理学》，廖申白译，商务印书馆2004年版，第177～178页。

如果说道德知识区别于一般的科学知识相对来讲比较容易，那么区别于技艺知识则并不那么容易，因为技艺知识也带有某种“自为”的特点。怎样才能真正把握这两者的不同所在呢？伽达默尔认为必须从亚里士多德对“实践智慧”的分析中去寻找答案，这种答案伽达默尔归结为三点：

(1) 我们学习一种技艺，也能遗忘这种技艺。相反，我们并不学习道德知识，我们也不会遗忘道德知识。技艺知识主要通过传授和学习获得，一旦不用就会生疏和遗忘。而道德知识则不然，它是人们在传统和习俗的教化中耳濡目染、身体力行中获得的，它属于我们生活经验的一部分，因而无法忘记。我们只能运用事先已自为地具有的东西，而不是先占有道德知识，然后再去运用它。这里所谓我们并不学习道德知识，是指相对于技艺知识的那种学习而言的，道德主要是在一种共同体内的教化中逐步形成起来的，是通过各种活动学会的，而不是教会的，它从属于人的存在。

道德知识和技艺知识的应用不同在于：道德知识是自为的，而技艺知识不完全是“自为的”，而是包含有“为他的”方面。道德与法律有联系，“因为属于正当的东西是用法律来表述的，并且一般来说也同样包含伦理的行为规则”①。伽达默尔根据亚里士多德，从伦理学中引出法律，进而以法律和技艺对比来说明这一点：技艺有被迫适应具体情况的可能，但其结果多是不完善的。而法律的应用以适应具体的情况则恰恰相反，它是为了发现更好的法律，使法律得到补充、更正、完善，以实现公道。在这里伽达默尔进一步以亚里士多德对自然法的说明来揭示它的解释学意义。从这里突出了一个带根本性的大问题：由自然法和实在法的关系引出“事情的本性”要捍卫自身与人们约定的法律之间是一个什么关系？最后要说明，可变异中仍然有某种事情的本性那样的东西。这里隐含有后来伽达默尔与列奥·斯特劳斯之争的问题（笔者将另文讨论），涉及对自然法或自然权利的捍卫，避免走向相对主义的问题。

---

① 伽达默尔：《诠释学 I：真理与方法》，洪汉鼎译，商务印书馆 2007 年版，第 432 页。

然而伽达默尔这里更感兴趣的是：亚里士多德所谓的自然法并非完全不可改变，它有固定性，但仍留有某种活动的余地或空间。亚里士多德承认有永恒不变的法律，但他只将其归属于神，在人间，不仅实在法可以改变，而且自然法也可以改变。值得注意的是，伽达默尔没有忘记事情的另一面：虽然道德和法的观念在不同的民族和历史存在着变异，但这种变异仍有某种类似事情本性的东西。由此伽达默尔认为，要重新理解事情的本性，而事情的本性经常是由道德意识对它们进行应用所规定的①。从这里我们可以看到，伽达默尔反对解释学的独断论，要避免一个人“从文本所读出的乃是他放入文本中的东西”，因为这是一种主观主义。由此可见，伽达默尔所谓解释学的应用决不可以摆脱文本的制约，这让我们联想到他在《真理与方法》第一部分曾提到过的艺术作品本身的“指令”的说法②。

（2）手段与目的关系：道德知识没有单纯的个别目的，而是关系到整个正确的生活，也就是说，它以整个活动本身为目的；技艺知识则只关注个别目的的实现，即外在于制作活动本身的产品。道德知识可以出现于一切生活领域，而技艺知识只限于一定的生活领域。技艺知识需要学习，而道德知识要求根据经验去进行“自我协商”（Mitsichzurategehen），它需要一种判断力，一种自我决断（自己拿主意），并涉及一种好的考虑、一种慎重的考虑。显然，伽达默尔这里是根据亚里士多德《尼各马可伦理学》第6卷第10章来陈述的。在这里，亚里士多德指出，“考虑得好是一个具有实践智慧的人的特点，好的考虑就是对于达到一个目的手段的正确考虑，这就是实践智慧的观念之所在”。他还说，“实践智慧是与实践相关的，而实践就是要处理具体的事情”③。这里的“自我协

① 参见伽达默尔：《诠释学I：真理与方法》，洪汉鼎译，商务印书馆2007年版，第434、436页。

② 参见伽达默尔：《诠释学I：真理与方法》，洪汉鼎译，商务印书馆2007年版，第451～452、205页。

③ 亚里士多德：《尼各马可伦理学》，廖申白译，商务印书馆2004年版，第182、177页。

商”也就是需要一种类似对中道把握那样的实践智慧。伽达默尔承认亚里士多德关于实践智慧在表达上有模棱两可之处：有时偏向于手段（如上面引用的话），有时偏向于目的，但从亚里士多德思想的总体上看，实践智慧既与手段有关，也与目的有关，对于实践智慧来讲二者是不可分的①。因此从目的和手段这两个方面看，道德知识也是一种不同于技艺知识的类型。

（3）在亚里士多德那里，道德考虑的“自我认识”（Sich-wissen）实际上与自我有独特的关系。这从亚里士多德对实践智慧的分析中就可以知道。实践智慧不仅涉及好的考虑、谨慎的考虑，而且还涉及同情的理解（这一点在《尼各马可伦理学》第6卷第11章“体谅”中讲到），理解与体谅是分不开的，理解不是无动于衷地站在对立面去认识和判断，而是一种休戚相关的共同思考，包含一种宽容和体谅②。这里伽达默尔似乎讲得过于简单，而后来则在谈理解和相互理解的关系时作了进一步的补充。根据亚里士多德，伽达默尔解释和发挥道，理解包含一种共同性，正是这种共同性需要双方进入到商讨和建议，理解就体现为一种相互理解，因为理解包含对他人实际考虑的实践智慧的判断，这一点在伽达默尔看来“具有首要的意义。只有朋友或有友好态度的人才能给出建议。这实际上就完全触及和实践哲学观念相联系的问题的中心”③。如果说上一点讲的是“自我协商”，那么这里讲的则是“共同协商”，它们之间并不是对立的。

通过以上对实践知识与科学知识、技艺知识的区分，我们不难发现，伽达默尔所看重的亚里士多德伦理学揭示出的实践智慧具有以下基本特征：（1）它所针对的是可变的事物，而不是不变的事物；（2）它所探讨的是具体、特殊的知识，而不是普遍、一般的

① 参见伽达默尔：《诠释学Ⅰ：真理与方法》，洪汉鼎译，商务印书馆2007年版，第437页。

② 参见伽达默尔：《诠释学Ⅰ：真理与方法》，洪汉鼎译，商务印书馆2007年版，第439～440页。

③ 伽达默尔：《诠释学Ⅱ：真理与方法》，洪汉鼎译，商务印书馆2007年版，第380页。（译文有改动）

知识；（3）它所把握的真不是精确的，而是非精确的；（4）它不是理论指导下的推理，而是经验积累中的直觉（慧眼）；（5）同制作活动比较起来，它的目的是内在的，而不是外在的；（6）它始终与人的善的活动相联系，并且不是部分的善，而是整体的善，它同好的考虑、谨慎的行动及同情的理解不可分。

四

从上述伽达默尔对亚里士多德的与实践知识相关的实践智慧的分析中我们可以看到它涵盖了《真理与方法》所要表达的主要观点或基本思想：

首先，"实践智慧"在伽达默尔《真理与方法》中被置于一个核心的地位，他揭示了实践智慧与整个现代科学方法把握的对立。伽达默尔牢牢抓住亚里士多德的"实践智慧"作为一种理智德性，属于另一种类型的认识，一种特有的认识方式①。因此，对于他来讲，解释学不是技艺（施莱尔马赫、狄尔泰），也与任何脱离特殊存在的纯粹知识无关，而属于实践智慧（亚里士多德）②。具体来说，伽达默尔这部经典中所谓的"真理"实际上类似亚里士多德在《尼各马可伦理学》中所讲的不是不变事物的永恒的、体现必然性的真，而是相对可变事物、关涉人的具体存在、由人的实践智慧所把握的那种真，一种"意见"意义上的真③。虽然它们不具有放之四海而皆准的刚性，却具有一种适应具体经验境况的柔性，它是一种切近生活经验意义上的真、非精确意义上的真，但其中又不

① 参见伽达默尔：《诠释学Ⅱ：真理与方法》，洪汉鼎译，商务印书馆2007年版，第525页。

② 参见伽达默尔：《诠释学Ⅰ：真理与方法》，洪汉鼎译，商务印书馆2007年版，第426页。另参见伽达默尔：《科学时代的理性》，薛华等译，国际文化出版公司1988年版，第77、93、98页。

③ 参见亚里士多德：《尼各马可伦理学》，廖申白译，商务印书馆2004年版，第174页。

是没有规范性的①，因此它并不导向相对主义和怀疑主义。总之，解释学所体现的不是理论智慧而是实践智慧，所关涉的不是科学知识、技艺知识，而是实践知识，这里已隐含伽达默尔后期明确提出的“解释学就是实践哲学”的思想。虽然在《真理与方法》中伽达默尔没有直接给“真理”下一个明确的定义，但显然他所理解的真理是一种与实践智慧相关的实践知识，并被置于现象学的背景下。

其次，亚里士多德的实践智慧可以用来描述解释学的应用。这种应用不是预先理解一个一般，然后将其应用到特殊，而是应用从一开始就与理解和解释分不开，而且在理解和解释中这种应用不是偶然的，而是必然的，并且它本身就有一种使存在的意义更加丰富的作用。此外，解释学应用所涉及的一般与特殊的关系是辩证的：它们之间相互决定，而不是单方面地受制于对方。不仅特殊纳入一般，一般也纳入特殊②。伽达默尔并不主张理解完全是让文本迁就和囿于理解者的偏见，而是还要受到文本自身的制约，类似法律须能应用到每个人身上，同时每个人又要受法律的制约一样。这实际上就体现于他所提出的时间距离、视域融合所实现出来的效果历史原则③，只不过这里是从“应用”的角度去谈的，它包含有对客观主义和相对主义（怀疑主义）的排斥和超越。可以说，伽达默尔

① 人们常常将亚里士多德看成是德性伦理学的代表，康德是规范伦理学的代表，但亚里士多德的伦理学并不是没有规范的，只是说，从实践智慧出发，而非康德那样的形式主义的。伽达默尔从解释学上充分发挥了这一点，它对实践智慧的强调，可以说明康德的形式主义所不能解决的问题，伽达默尔的解释学包含对之解决的可能性。所以在这个意义上，我认为，伽达默尔可以称为一位伦理学家。而且解释学本身就是实践哲学的传统，施莱尔马赫在《解释学与批判》中就强调，解释学植根于伦理学。这里的伦理学显然不是我们今天所理解的，而是有着自亚里士多德实践哲学的背景在里头，伽达默尔只不过是展开和发展了它而已。

② 参见 Joel C. Weinsheimer, *Gadamer's Hermeutics*, Yale University Press, 1985, p. 192.

③ 参见伽达默尔：《诠释学Ⅰ：真理与方法》，洪汉鼎译，商务印书馆 2007 年版，第 414 ~ 415 页。

的《真理与方法》通过以解释学的应用为中介，将他的效果历史原则与亚里士多德的实践智慧联系起来了。而这包含有他在《真理与方法》第2版序言中的一句名言“理解属于被理解东西的存在”① 所要表达的意思。

最后，伽达默尔强调，解释者的目的只是要理解意义，而这种理解除了将被理解者纳入到理解者的解释学处境之外，别无他途，由此伽达默尔将解释学的应用和自我理解联系起来。与海德格尔一样，他认为，任何理解都是自我理解②，也就是我们反复提到的：任何理解都必须纳入到理解者的解释学处境，因此，对于伽达默尔而言，所谓事情本身的意义乃是效果历史意识中的意义，是一种现象学视野下的事情本身或是其所是，事情本身的意义由这样一种关系所决定。其实，胡塞尔的意向性的理论已克服了内在与超越之间的对立，海德格尔只不过将这种意向性的理论生存论化了，循着这个方向，伽达默尔超越了他以前的浪漫派解释学与历史学派解释学，它们强调回到过去，伽达默尔恰恰相反，强调回到当下。他指出，“自我理解的概念在某种意义上虽说是先验唯心主义的遗产并在当代经由胡塞尔得到扩展，但它只是在海德格尔那儿才第一次获得了它真正的历史性”。伽达默尔接过了这种历史性，并赋予这样的含义：任何理解都是理解者解释学处境下的理解，一种解释学应用意义上的理解，“我们历史地认识的东西其实归根结底就是我们自己。精神科学的认识都带有某种自我认识”③。同时这种理解也不排斥被理解者作为他者之他在性，因而自我理解又是一种共同理解，是一种心心相印、休戚与共的视域融合或共鸣、共振及协调、融贯。

---

① 伽达默尔：《诠释学 II：真理与方法》，洪汉鼎译，商务印书馆 2007 年版，第 535 页。

② 参见伽达默尔：《诠释学 I：真理与方法》，洪汉鼎译，商务印书馆 2007 年版，第 356 页。另参见伽达默尔、杜特：《解释学 美学 实践哲学：伽达默尔与杜特对谈录》，金惠敏译，商务印书馆 2005 年版，第 4 页。

③ 伽达默尔：《诠释学 II：真理与方法》，洪汉鼎译，商务印书馆 2007 年版，第 47 页、第 149 ~ 150 页。

虽然伽达默尔《真理与方法》对实践智慧的突出，似有牺牲科学知识之虞，而在亚里士多德那里，科学知识与实践智慧一样重要，但对此伽达默尔后来作了这样补充：在亚里士多德那里，科学与技艺一样，必须要通过实践智慧纳入到社会的善的生活中去。亚里士多德没有否定科学知识的那种必然性，但善的理念是超越于一切科学范围的①。这无非是对柏拉图观点的继承和发展。况且亚里士多德虽然强调实践智慧与科学的区别在于前者考虑具体事物，后者考虑普遍事物，但他并没有完全否定普遍知识对于实践智慧的意义②。

还需要补充说明的是，解释学应用的内容并非仅仅限于伽达默尔《真理与方法》第二部分，实际上第一部分谈艺术经验时就多有涉及，如表现性的作品，每一次表演对于艺术家来说都是二度创作，都是在确立一种新的现实；还有读者和观众对艺术作品的欣赏也不是原封不动的被动接受，而是有自己的创造和补充，要与自己的情境相结合（接受美学就是从这里发展出来的），等等。更为重要的是《真理与方法》开篇对“教化”（Bildung）、“共通感”、“判断力”和“趣味”这四个人文主义概念的分析，伽达默尔也揉进了亚里士多德《尼各马可伦理学》第6卷中的基本概念：实践知识和实践智慧，以及以此为引导的对康德主体论美学的批判的改造③。他尤其看重亚里士多德的作为一种精神品质或理智德性的“实践智慧”与社会习俗存在的规定性的联系。这让我们看到，伽达默尔的实践解释学、新亚里士多德主义的解释学其实也是一种教化解释学。伽达默尔认为，亚里士多德作为伦理学的创始人，启发了海德格尔弗莱堡早期的“实际性”（Faktizität）这个概念，同时伽达默尔强调了伦理并非与生俱来，它是在与他人的交往中，在共

① 参见施特劳斯等：《回归古典政治哲学》，朱雁冰、何鸿藻译，华夏出版社2006年版，第499页。

② 参见亚里士多德：《尼各马可伦理学》，廖申白译本，商务印书馆2004年版，第177页。

③ 参见伽达默尔：《诠释学Ⅰ：真理与方法》，洪汉鼎译，商务印书馆2007年版，第33、35～39、60页。

同体的教化中实现的，由此而形成的共同信念和决断与随大流或人云亦云并无直接关系，恰恰相反，“它构成了人的自我存在和自我理解的尊严”①。这些与海德格尔早期受克尔恺戈尔的影响过于强调孤独的自我有所不同，并且已涉及解释学的更深层次甚至可以说是带根本性的问题。

如果我们根据上述所展开的视野，那就不难发现，伽达默尔《真理与方法》最后一段带总结性的话背后所隐含的与亚里士多德伦理学的内在联系：

> 我们的整个研究表明，由运用科学方法所提供的确实性并不足以保证真理。这一点特别适合于精神科学，但这并不意味着精神科学的科学性的降低，而是相反地证明了对特定的人类意义之要求的合法性，这种要求正是精神科学自古以来就提出的。在精神科学的认识中，认识者的自我存在也一起发挥作用，虽然这确实标志了“方法”的局限，但并不表明科学的局限②。

综上所述，我们有充分的理由说，伽达默尔的《真理与方法》就是一部实践哲学，它集中表现在“亚里士多德的解释学的现实意义”这一节当中。在这里，伽达默尔依据“应用”的视域，从亚里士多德的实践智慧中看到了一种解释学的本质，同时洞察到一种通向解释学的“应用”问题的方法和途径③。由此我认为，关于亚里士多德这一节不仅在“解释学基本问题的重新发现”这一章中，而且也在《真理与方法》全书中处于一个核心地位。整部《真理与方法》的实践哲学的性质主要是由这一节奠定的。不仅如

---

① 伽达默尔：《赞美理论》，夏镇平译，上海三联书店1988年版，第71～72页。

② 伽达默尔：《诠释学I：真理与方法》，洪汉鼎译，商务印书馆2007年版，第660页。着重号为引者所加。

③ 参见 Joel C. Weinsheimer, *Gadamer's Hermeutics*, Yale University Press, 1985, p. 191.

此，它还从一个特定方向上构成了伽达默尔前后期思想的联系和发展的枢纽，伽达默尔后期更加突显的实践哲学的走势大体上没有偏离此节所给出的方向，只是结合现实更具体、更明确、更丰富地发展了。的确，正如后来伽达默尔所说的那样：亚里士多德的伦理学“减轻了深入理解解释学问题的难度”①。

---

① 伽达默尔：《诠释学Ⅱ：真理与方法》，洪汉鼎译，商务印书馆2007年版，第511～512页。

英国近代城镇医疗空间的话语变化
——一种医患关系史的考察*

◎陈　勇

陈　勇（1946—　），历史学博士，武汉大学历史学院教授，博士生导师，主要从事世界中世纪和近代史研究。代表作有《商品经济与荷兰近代化》、《西方史学思想导论》、《中产阶级文化的起源》（译著）等。中国世界中世纪史研究会、中国英国史研究会常务理事。

报告时间地点　2010年10月杭州师范大学学术报告厅

会议名称　“中国首届世界城市史论坛”，中国社会科学院《世界历史》编辑部与杭州师范大学联合举办

医疗史是近年国内外史学界日益感兴趣的新兴领域，无论从历史和现实角度来看，也无论中外，许多问题都值得深入研究。过去医学学科非常专业化也非常边缘化的分支“医学史”，现在逐步成

---

* 本文系作者2010年10月在《世界历史》编辑部与杭州师范大学联合举办的中国首届世界城市史论坛上所作的大会发言。

为社会、经济、宗教、文化乃至政治法律因素大量渗透其间，诸多学科进行交叉的研究对象，大有成为显学之势。道理不难明白，人类自诞生之日起，便始终存在克服疾病困扰，维护自身健康的问题，这既关系人类“种”的自然繁衍，更关系人类社会的发展进步。世界历史上人类曾经遭遇重大劫难的传染病、流行病，如中世纪后期席卷欧洲的黑死病，近代早期几乎要颠覆伦敦城和肆虐整个英国的大瘟疫，20 世纪多次袭扰世界相当地区的大流感，都在人们的历史记忆中留下了挥之不去的深刻烙印，甚至闻之色变。即便进入 21 世纪，科学技术已经获得突飞猛进的高度发展，但是若干主要的历史疾病，仍不时以新的变种、新的病源的形式出现，给人类的医疗事业带来许多新的重大难题，有的一时还难以迅速找到从病源和病理上予以解决的根本办法。特别值得人们反思的是，人体疾病并没有随着科技和社会经济的显著进步而不可逆转地大幅度减少，反而衍生出一系列与现代经济增长和现代生活方式直接相关的治疗难度更大的疑难病症。

与此紧密相关的是，医疗史上曾经反复出现的医患关系问题，今天依然是世界各国政府和公众最为关注、涉及民生保障和社会公平的焦点问题。正因为如此，医患关系史的研究，从来没有像今天这样彰显出重要的学术价值和社会意义。英国作为第一个工业化国家，其医患关系在 18、19 世纪之交发生了重要变化，突出表现在病人的话语权和地位下降，医生的话语权和地位上升。而这种医患关系的变化，又是与医学的显著进步、近代医院和临床医学的诞生相伴随的。鉴于这一似为“悖论”的现象，有必要对此期医患关系变化的原因和社会影响进行深入探讨。由于英国近代医院和临床医学在 18、19 世纪基本限于城镇地区，因此话题也就置于城镇的医疗空间。

一

20 世纪 70 年代中期，英国莱斯特大学社会学家朱森（N. D. Jewson）先后发表 2 篇论文，涉及 18 世纪西欧医患关系中的话语权变化。① 在《18 世纪英国的医学知识和惠顾体系》一文中，朱森将医学置于医生与病人的互动关系中进行考察，认为两者之间存在着一种“惠顾体系”（patronage system）。所谓“惠顾”，是指 18 世纪上层医生依赖于为贵族乡绅等患者看病来谋取收入，因而也就依赖于这种病人的就医和光顾。② 当时英国的行医者存在着三层式等级结构，即内科医生、外科医生和药剂师。作为上层医生的内科医生以“伦敦皇家内科医生协会”为自己的行业团体，该协会接受拥有指定大学医学博士学位的人入会，并且只有具备牛津大学和剑桥大学研究生学历背景的人才能进入其核心圈，获得评议员职位。内科医生认为内科包含外科，外科医生和药剂师仅仅是他们的帮手，他们与后两者的关系是头与手的关系。他们自恃是整个医疗界最有学问的人，理应监督和管理外科医生和药剂师的工作。③ 内科医生在行医者队伍中属于少数精英，所占比例很低。据 1783 年医疗行业登记簿册显示，当年注册的医疗人员共有 3120 人，其中内科医生 363 人，仅占 11.6%；外科医生兼药剂师 2614 人，占 83.6%，为行医者的大宗成员；另有 79 名药剂师（2.5%）和 64 名外科医生（2.05%）。④ 由于内科医生大多集中于伦敦和郡一级地方城市，极少涉足较小城镇和乡村地区的医疗业务，加之收费昂贵，因此他们所服务的对象多为社会上层的显贵。尽管内科医生在行业内部和社会上都处于上层，但是他们与贵族乡绅相比仍然

---

① N. D. Jewson, “Medical Kowledge and Patronage System in Eighteenth-century England”, *Sociology*, VIII (1974); *idem*, “The Disappearance of the Sick Man from Medical Cosmology, 1770-1870” *Sociology*, X (1976).

② N. D. Jewson, “Medical Kowledge and Patronage System in Eighteenth-Century England”, p. 370.

③ Christopher Lawrence, *Medicine in the Making of Modern Britain*, London: Routledge, 1994, pp. 7-8.

④ Joan Lane, *A social history of Medicine, Health, Healing and Disease in England*, London: Routledge, 2001, p. 15. 1703 年罗斯法案通过后，药剂师获得行医权，文中“外科医生兼药剂师”多由原先单纯的药剂师转化而来。见 Bernice Hamilton, The Medical Professions in the Eighteenth Century, *Economic History*, New Series, Vol. 4, No. 2 (1951), p. 160.

位于末流,① 并且十分羡慕和向往土地贵族的显赫地位和经济实力，希望通过与后者的医疗交往提高自己的社会地位和业务声望，进一步融入上流社会。② 朱森指出，当时医学本身的状况也促成了惠顾关系的形成。18 世纪大部分时间里，英国医疗行业的知识流派林立，在疾病发生的病因解释上缺乏统一的认识甚至相互抵牾。同时，行业内部也缺乏有效的职业规范，医疗市场的竞争激烈。③ 为了争取行业的“客源”即病人，医生往往尽量听取和体味病人的述说，特别顾及病人个体的主观感受，采取病人能够理解接受的话语来解释病情。④ 既然如此，贵族乡绅等上层患者在诊疗过程中就具有最大的发言权。

《1770 年至 1870 年间医学宇宙观中病人的消失》是朱森随后不久发表的另一篇论文，也可以说是与前文相继、进一步深化其观点的续篇。如果说前一篇论文突出强调了病人在 18 世纪医患关系中占主导地位的历史原因，那么后篇则重在分析病人的这种优势、尤其是话语优势，在 18、19 世纪之交是如何消失的。朱森从两个方面加以论述。首先，他从医学知识与医疗关系的改变入手，将 1770—1870 年西欧工业化时期的医学发展与变迁划分为三个阶段：18 世纪后三十年的“床边医学”（bedside medicine），大体以苏格兰爱丁堡大学为中心；19 世纪头三十年的“医院医学”（hospital medicine），以法国巴黎的医院学校为中心；19 世纪中叶的“实验室医学”（laboratory medicine），以德国的大学为中心。⑤ 朱森认

---

① Peter Laslett, *The World We Have Lost*, London: Methuen, 1965, pp. 36-38.

② N. D. Jewson, “Medical Kowledge and Patronage System in Eighteenth-century England”, p. 373.

③ N. D. Jewson, “Medical Kowledge and Patronage System in Eighteenth-century England”, pp. 371, 380.

④ N. D. Jewson, “Medical Kowledge and Patronage System in Eighteenth-century England”, pp. 379-380.

⑤ N. D. Jewson, “The Disappearance of the Sick Man from Medical Cosmology, 1770-1870”, pp. 227-231.

为，医院的兴起使整个医疗行业发生了重大改观。法国大革命后巴黎医院的改革，形成了新的医院医学，理学检查和病理解剖在医疗中占据中心地位，床边医学时期十分注重的病人自述和生活史，不再是诊断和解释疾病发生原因的重要依据。理学检查可以发现病因，病理解剖可以证实身体组织的病变。过去整体而又具有个性的"病人"（sick-man），到了医院医学阶段已经化约为各个器官与组织。① 再到19世纪实验室在德国兴起，疾病的诊断解释更是化约为细胞和生化反应的微观层次，病人的自述和治疗想法在就诊过程中已完全无足轻重，病人的地位进一步显著下降，医生完全掌握了医疗的话语权和处置权。朱森称这种变化为"病人的消失"（disappearance of the sick）。

朱森的观点引发了医疗社会史中有关医患关系（doctor-patient relationship）的历史研究。20世纪90年代初，主要回应者菲瑟（M. Fissell）将朱森医患关系中病人的身份从社会上层引向下层，认为情况同样见于当时英国的平民百姓，包括接受救济的诸多贫民，并且把这种现象改称为"病人话语的消失"（disappearance of the patient's narrative）。② 不过，菲瑟认为病人话语消失的时间实际上更早，从18世纪下半叶英国城镇慈善医院（voluntary hospital）的医疗情况中就已经可以看到这种现象发生。她强调疾病分类学在病人话语消失中所起的作用。认为医生日益采用复杂深奥的疾病分类学术语记录病情，以至于病人难以与医生沟通对话。

"朱森-菲瑟"话题总体上涵盖了社会各阶层患者，然而受"新的从下看的历史"影响，近年来有关西欧近代早期医患关系的研究尤其将重心置于贫民患者（sick poor），医疗史与社会史的交叉结合更加密切。对于病人地位包括话语权的弱化、医生在医疗中

---

① N. D. Jewson, "The Disappearance of the Sick Man from Medical Cosmology, 1770-1870", p. 229.

② Mary E. Fissell, "The Disappearance of the Patient's Narrative and the Invention of Hospital Medicine", in Roger French and Andrew Wear (eds.), *British Medicine in an Age of Reform*, London: Routledge, 1991.

权力地位的强化的考量，已经从医学因素扩大到社会因素，进而与近代社会变迁的大背景联系在一起，彰显出此类研究所具有的学术价值和历史活力。

医患关系变化的程度与变化原因，无疑是史家十分关注和热烈讨论的问题。病人话语是否真的消失，何时消失，原因何在，医学进步是否必然伴随患者的地位下降甚至“失声”，这些问题的思考产生了一批有价值的史学研究成果，其中的分歧和争论又推动了历史上医患关系的进一步探讨。

探讨的基本路径，依然分为医学史家所习称的“内史”和“外史”，即常规意义上的着眼于医学内部发展演变的历史和将医疗作为社会史分支内容的历史。实际上两者之间并无绝对界限可分，即便致力于科学史范畴的医学史家，也越来越多地关注医学变化与社会的关系。①

值得指出的是，无论从床边医学到医院医学、实验室医学的转变，抑或从教区贫民家庭向当地慈善医院的转移，18、19 世纪英国城镇社会各阶层的医疗空间都发生了重要变化。床边医学阶段的医生多半采取上门诊断和治疗的医疗方式，而医院医学阶段的医生则更多采取坐堂行医的方式。不管病人前往门诊或进一步住院治疗，医院均成为他们就医的主要空间。因此，医患关系特别是医生与病人话语权的变化，与这种医疗空间的变化是密切相连的。

二

医案（medical casebook）是记录医生诊断疾病的一手材料，也直接反映其中的医患关系，因而近年来被医学社会史家视为研究珍贵的史料来源。一些欧美史家努力发掘这类医案材料，试图更加

---

① 例如 Lois N. Magner, *A History of Medicine*, Boca Ranton: Taylor & Francis Group, 2005. 中文版见［美］洛伊斯·N. 玛格纳：《医学史》，刘学礼主译，上海人民出版社 2009 年版。该书是美国医学院校广泛使用的教科书。作者在序言中指出，医学史从原来专注于医学理论的演变，转向对社会、文化以及政治等诸多背景中的新问题进行研究，形成了新兴的社会文化医学史。见 Lois N. Magner, *A History of Medicine*, preface, v.

贴近历史，重建当时的医疗场景，已经作出了许多有意义的专题研究成果，包括病人的社会类别和精神世界、医生的医疗观念、医疗的处置过程和医患互动、医生的收入状况，以及疫病流行时期应对疾病的对策和做法，颇具学术价值。① 就本文而言，选择不同时期的医案进行对比考察，可以看出其中医患关系发生的历史变化。18世纪早期，病人话语在英国医案记录中占有相当成分。医生布朗里格（William Brownrigg，1712—1800）曾就读当时欧洲顶尖的医学中心莱登大学，并获医学博士，是科班出身的正宗医生。② 1737年至18世纪60年代晚期，他一直在英格兰北部坎伯兰郡的港口城镇怀特赫文行医，并且留下了一份珍贵的医案记录，时间覆盖了1737—1742年的7年时间。在布朗里格留存的医案簿里，病人的病情陈述往往就是医生诊断记录的主要文字，这种记录甚至包括病人平时的生活习惯和喜好。

不妨照录数例：

> 医案4，1737年6月。托德先生（Mr. Todd），木匠学徒。年轻人，18岁，经常消化不良。近来夏季气候炎热，他喝了大量凉水。一天夜晚，他的腿脚出现大面积水肿，皮肤感染部分扩大，产生许多红斑。微烧，无瘙痒和剧痛。
>
> 医案9，1737年7月。尼科尔森小姐，一个爱尔兰女人，

---

① Guenter B. Risse and John Harley Warner, "Reconstructing Clinical Activities: Patient Records in Medical History", *Social History of Medicine*, Vol. 5 (1992), p. 187. 该文介绍了若干运用医案进行专题研究的代表性成果，颇有启发意义。例如迈克尔·麦克唐纳（Michael MacDonald）利用医案研究英国17世纪的精神病，揭示了当时人们对待疯狂病症的态度。再如罗纳德·索耶（Ronald C. Sawyer）利用17世纪英国牧师、占星家和医师理查德·内皮尔（Richard Napier）留下的近4万宗病历，再现了17世纪早期密德兰地区东南部一个村庄疫病流行和防治的历史情景。

② Jean E. Ward and Joan Yell (des.), The Medical Casebook of William Brownrigg, M. D., F. R. S. (1712-1800) of the Town of Whitehaven in Cumberland, *Medical History*, Supplement No. 13 (1993), Introduction, p. xi.

感染流行性热病。年约20岁的单身女性，漂亮，活泼，好发脾气；罹患乳房硬化；非常爱吃多汁的食物并过着无所事事的生活。

医案11，1737年7月。亨利·马丁（Henry Martin），石匠，死于肠梗阻。30岁的壮汉，平时偶感绞痛，自己多以小豆蔻籽对付，6月3日疼痛又发，用通常的办法处理，但毫无原来的效果，疼痛却越发厉害。6月4日，请了一位药剂师来，他开了一付药性强烈的灌肠剂，用后肠子倒腾四次，但是疼痛依然严重。

医案12，1737年8月。詹姆斯·勒特威奇（James Lutwidge），死于中风。50岁左右的男子，面色红润，头脑硕大。原先是个水手，但多年来受关节炎折磨。他不好动，生活懒散，暴饮暴食。由于便秘，他服用了一些轻微泻药，结果导致腹泻，随后约10天时间里又反过来服用抗泻药，结果情况更糟，逐步陷入轻度昏迷状态。①

上述医案语言显著特色，不少医学史家注意到，医生与病人的语言有极大的相似性。病人对病情的叙述，医生基本照单全收。在诊断治疗中，医生也使用与病人类似的语言，病人的语言往往就是医生的语言。② 这种大量照录病人话语的做法，既反映医生诊断时对于病人自述的重视，也显示病人在就诊过程中具有较大的话语权。

值得指出的是，布朗里格虽为正宗医生，但其接诊的病人在社会来源上却非常广泛，既包括社会上层人物，也包括社会中下层各类成员。从他的医案簿里可以看到，1737—1742年布朗里格记录

---

① 见 The Medical Casebook of William Brownrigg, M. D., F. R. S. (1712-1800) of the Town of Whitehaven in Cumberland, pp. 6, 8, 10, 12. 医案编号为布朗里格书原编号。

② Mary E. Fissell, "The Disappearance of the Patient's Narrative and the Invention of Hospital Medicine", in Roger French and Andrew Wear (eds.), *British Medicine in an Age of Reform*, London, 1991, p. 92.

了127个经手诊断和治疗的病人。其中，可以列入社会上层的病人有6名乡绅和12名商人，占全体病人的8%和16%，他们能够承担昂贵和长期的医疗费用。中层病人的经济状况比较复杂，大体分为两种，收入偏低的有水手和手工匠人，人数各为13人，在医案中的比例均占17%；比较富裕的成员有税务官员，船长，以及包括煤矿管事、技师、律师、教区牧师在内的专业人士，比例分别为8%、11%和16%，这些病人也能够支付较多的医疗费用。真正属于下层贫民的患者只有4名仆人和1名零工，所占比例为5%和1%。① 与那些更多为王室、宫廷显贵以及少数上层富裕人家诊疗的皇家内科医生不同，布朗格里收治的病人具有较大的社会覆盖面，包含了当时英国上、中、下多种阶层和各种不同职业的人员。因此，他记录的医案也就具有更大的代表性。上述含义比较宽泛的社会中层病人尤其引人注目，其比例达到总数的69%，显著超过坎伯兰郡和怀特赫文镇的地方上层病人，他们是布朗格里诊疗的主要对象。实际上，列入中间层的普通水手和手工匠人，在其变换不定的长期生涯中，沦为贫民的可能性随时存在，他们的收入水平至多也就是中间偏下状况，与贫民的界限比较模糊。如果将其比例与贫民患者相加，则合计占医案的40%，反映广大劳动家庭人口在该医案中占有重要分量。②

由此看来，朱森强调医生为谋生计或谋利而取悦讨好上层病人，有意迎合病人话语的理由的确值得修正，至少在解释医患关系的话语互动性和病人的高度参与性方面解释不够充分。18世纪早期医患语言的雷同性不仅仅体现在医生与上层病人之间，也大量体

① Jean E. Ward and Joan Yell (des.), The Medical Casebook of William Brownrigg, M. D., F. R. S. (1712-1800) of the Town of Whitehaven in Cumberland, *Medical History*, Supplement No. 13(1993), Introduction, pp. xvii-xxiii.

② 据医案编订者所言，怀特赫文镇周边地区多煤矿，矿工工伤和职业病数量不少，布朗格里另有单独一卷记录此类医案。尽管笔者未见该项资料，但可以推测他所诊断的下层患者人数必定远不止上述数量。布氏行医之余致力于研究煤矿的瓦斯治理，并于1766年获得英国皇家学会奖励。*Ibid*, Introduction, pp. xvii, xiii.

现在中下层患者与医生的关系之中。其中，医生谋利固然是一个重要的驱动因素，但医学本身发展水平的局限性同样不可忽视。布朗格里的医案表明，在临床医学产生之前，由于缺乏有效的理学检查和病理解剖手段，医生尚只能集中关注病人的疾病体症，而不能深入判断疾病发生的内在机理，形成系统规范和严格科学的医学分析语言，树立具有高度说服力和制约性的医学权威。由是，病人自述病情由来和感受，医生了解患者的病史和表现症状，也就成了接诊和诊断治疗的必要条件，医生与病人语言的雷同性自然不足为怪。加上经济因素的考虑，医患之间的互动协商，甚至医生更多遵从病人自己的判断和想法，必然使得病人有较大的医疗主动权和发言权。

经历逐步变换，及至18、19世纪之交，在英国的许多城镇慈善医院里，病人的语言已不再是医生关注的焦点。原先各具个性特征的病人，在诊疗过程中不再是积极参与的角色，他们成为医生俯视的病理解剖对象。医生所要获取的信息，主要不是病人提供的病情，而是分解为呼吸、脉搏、体温、血液、器官等若干项目的检验参数。英国布里斯托尔慈善医院外科医生兼药剂师詹姆斯·贝丁菲尔德（James Bedingfield）留下的医案，生动反映了这种变化。① 作为前后比照，不妨也照录几例：

> 医案1。1811年1月21日，杰西·克利索德（Jesse Clissold），15岁的小伙，申请成为布里斯托尔慈善医院救济的门诊病人。他的外观表面看来毫无病容，面色红润，肤色健康。患者诉说头部有些疼痛，另外咽喉也感到肿痛。其脉搏强而跳动急剧，舌苔白，扁桃体轻微发炎，腮腺显著肿大，肠道不畅，胸腔略有压迫。鉴于体内腺体肿大特别明显，该症诊断为腮腺炎。
>
> 医案9。1814年12月14日，接收玛格丽特·西梅（Margaret Semay）入院，年龄30岁，病症属常见肺炎。为缓

① James Bedingfield, *A Compendium of Medical Practice*, London, 1816.

解症状实施放血，开具含锑类药物处方，并且采用严格的消炎疗法。

医案14。乔治·卡特（George Carter），40岁，1818年12月6日在糖厂干活时炙热难熬，随后出外呼吸新鲜空气，病症似为肺炎。同月20日申请医疗救济。就许可入院而言，其患病症状如下：胸腔与心窝炎症严重；呼吸困难；不能侧卧或仰卧；在病床上只能采取坐姿，或者低头双手抱膝，上体前屈；病人咳嗽剧烈，带有大量浓痰；尿量极少，脉搏跳动过急过重，其面容显示，浓液已渗入胸腔。①

以上案例反映三种不同的情况。医案1尚有少量病人的病情自述。医案9则完全没有自述。医案14中病人的自述主要是劳动状态，“似为肺炎”的文字更像是出自医生之口的话语。尽管存在不同差异，其共同点却十分明显，三宗医案的主要内容都是理学检查和医生诊断处置的记录，病人的话语或者微弱，或者失声。菲瑟概括了医院诊断过程中病案文字书写方式的三大变化，即病人的叙述被理学检查的指标所取代，诊断的语言变得晦涩深奥，病人的体症表现被疾病起因的病理分析所替代。② 她所说第二项变化中的“文字深奥难懂”，实际包含两层含义。其一是医生书写文字的逐步拉丁化，寻常百姓根本无法识读。其二是指文字用语的医学化、专业术语化，如上引医案案例中提到的“扁桃体”、“腮腺炎”、“心窝炎”、“含锑类药物”等。不要说当时文化水平处在文盲半文盲状态的下层贫民，即便是文化水平较高的社会中上层人士，对于专用性的医学术语也未见得个个在行。在贝丁菲尔德记录的34宗医案里，人们看到的是一幅幅病理分析的图景。偶有病人的形象出现，也往往是只言片语，甚至流露出医生居高临下的轻蔑之态，如斥之

---

① James Bedingfield, *A Compendium of Medical Practice*, pp. 9, 51, 58, 医案编号为贝丁菲尔德书原编号。

② Mary E. Fissell, *Patient, Power, and the Poor in Eighteenth-Century Bristol*, Cambridge: Cambridge University Press, 1991, pp. 148-149.

为“令人讨厌的杂种”云云。① 城镇慈善医院接诊的多为贫困患者，医生傲视病人、出言不逊的情况不足为奇，但是无论何种病人，其自述的话语已越来越多地被医生检验诊断的话语所取代。

贝丁菲尔德医案反映的情况并非孤证，类似情况屡屡可见。例如，1776 年伍斯特郡的纳萨尼尔·贝德福德（Nathniel Bedford）来到伦敦圣乔治医院学习，接受医院的专业训练并在病房实习。在他留下的笔记本里，同样可以看到医患关系的话语变化。例如，他所记录的一份病案写道："约翰·布兰斯科姆（John Branscombe），15 岁男孩，入住圣乔治医院，估计在腹水情况下劳动。他的腹部严重紧绷并且有深度波动感……进一步检查发现，腹部膨胀严重并扩大至脐下两侧，再往下肠部感觉明显。咳嗽时腹肌向内压迫下腹部……"。② 在这份病案里，医生已经根本不记录病人或病人家属的述言，只记载自己对病人进行一系列检查的结果，语言也完全医学化。

三

从病人语言到医生语言的变化原因可以从“内史”和“外史”两方面予以探究。从医学本身的发展来看，18 世纪正是英国医学从近代早期向近代晚期过渡的阶段。医学的科学性和制度性逐步加强，临床医学正在孕育诞生，医院逐渐成为人们就医的主要场所，医生的权威和社会地位明显增强。这种与医学本身发展而形成的权威甚至鲜明地体现在医案的书写文字上，即诊断文字的拉丁化。菲瑟认为，诊断语言自身就有助于将患者与医生分离开来。18 世纪晚期，慈善医院的内科医生和外科医生越来越多地使用拉丁文记录病情，如英文的“咳嗽”（cough）变成同义的拉丁文 *Tussis*，“创

---

① Ibid, James Bedingfield, *A Compendium of Medical Practice*, London, 1816, p. 94. Mary E. Fissell, "The Disappearance of the Patient's Narrative and the Invention of Hospital Medicine", in Roger French and Andrew Wear (eds.), *British Medicine in an Age of Reform*, p. 99.

② Mary E. Fissell, *Patient, Power, and the Poor in Eighteenth-Century Bristol*, p. 152.

伤”（wound）变成*Vulnus*，“腿部溃疡”（leg ulcers）变成*Ulcus cruris*。据她按照布里斯托尔慈善医院的有关样本统计，18世纪70年代约有70%的诊断书是用英文书写的。而到了18、19世纪之交，用拉丁文书写诊断的比例已快速上升到79%。① 就在慈善医院内部，善款捐赠者（拥有按款项金额大小推荐不同数量病人的权力）和接受捐赠、管理开支等日常事务的医院执事，其地位也日渐被更具专业人士自治特质的医生所超越。医生们觉得自己才是医院的真正行家，在医疗问题上最具有发言权，也最懂得医院和病人的管理。

从“外史”来看，英国正向工业化社会迈进，社会财富的增长与社会问题的滋生同样引人注目。富人的健康状况显著改善，贫困人口的患病现象突出。在济贫问题上，医疗救济的比重和负担加重，医生面临着大量的贫困患者。② 18世纪前期医生希望取悦讨好富裕上层病人、迎合病人心态以谋取生计的惯常做法，更多转化为旨在恢复贫困患者的健康、使之成为工业社会合格和可经久使用的劳动力的医疗与规训。在1737年的年度报告中，圣乔治医院的管事们特别强调医院治疗规训贫困患者的重要意义：

> 通过将贫民带入这里的规范社会，还可获得更大的好处：其利益丝毫不亚于他们体内健康的恢复。我们极其愉快地告之捐赠者，他们的善举在这个重要机构里肯定能够发挥极其重大

---

① Mary E. Fissell, “The Disappearance of the Patient's Narrative and the Invention of Hospital Medicine”, in Roger French and Andrew Wear (eds.), *British Medicine in an Age of Reform*, p. 103. 菲瑟采纳的样本，系1770—1805年布里斯托尔慈善医院登记在册的1024名住院病人和门诊病人，*ibid*, p. 109, n. 42.

② 例如，在距离布里斯托尔7英里的小教区Abson and Wick，18世纪晚期的人口仅400到600人，而接受济贫法救济的人数达154人，由于相当部分接受救济者拥有家庭，因此其占教区总人口的比例约为1/4。其中，医疗救济占有重要成分，许多家庭正因为患病而获得受救济资格。见Marie E. Fissell, “The ‘Sick and Drooping Poor’ in Eighteenth-Century Bristol and Its Region”, *Social History of Medicine*, 2, 1 (1989), p. 38.

> 的效用。教诲和奉献，这两方面事务都可以对患者的生活方式产生直接效果；通过大力唤醒对死亡的恐惧之心，或首次打开对仁慈的感激之情，这种关爱的持之以恒……对于那些最受遗忘和抛弃的人产生了非同寻常的影响。他们中许多人过去完全缺乏起码的基督教教育，在住院期间具备了理性和明智的信仰感和责任感。另一些因长期堕落与不安分守己而失去正常健康的人，则被软化到忏悔和从善的状态。①

以上报告内容告诉人们，慈善医院之所以为穷人治病，不仅仅为了恢复他们的身体健康，其最终目的，更在于让贫困患者接受道德规训，使他们满怀感激或悔恨之心规范约束自己，消除下层人的非分之想和不当作为，以利于现有社会秩序的稳定和巩固。因此，慈善医院不仅成为贫民寻医问诊和治疗急重病症的医疗场所，同时在更深层的意义上成为社会上层训导教化贫民顺从统治的样板之地。报告里自诩的医院这一“规范社会”（regular society），正是他们希望扩大到整个大社会的缩微景观。

贫困患者的减少，贫困人口健康状况的好转，从一个方面减轻了济贫法的救济负担，也是被包含在济贫税纳税人之列的医生从自身经济利益出发所乐观其成的。不过，慈善医院医生对贫困患者的文化水平、道德修养、生活规范往往持怀疑和鄙视态度，因而越发不信任他们的自述。医疗过程中出现病人话语到医生话语的历史变化，正是当时医学因素与社会因素结合作用的结果。

病人话语的消失既非是一个绝对的概念，也不是一个瞬间变化的现象。18 世纪英国的贫民患病，首先依靠家庭或求助于邻里，无法解决问题则寻求医疗救济。但他们选择的渠道，又往往先求助于教区济贫提供的合同医生，因为这类医生为获得某一地方稳定的医疗收入而比较善解人意，对病人的诉说具有较大的耐心。这种情

① *An Account of the Proceedings of the Governors of St. George's Hospital*, London, 1737.

况在农村地区表现得尤为明显。如果不得已选择慈善医院，一些贫困患者也在可能条件下尽量争取自己的发言权和参与权。1806 年，约瑟夫·汤恩德（Joseph Townend）生于约克郡斯基普顿附近的一个村庄，7 岁进入棉纺厂当童工。1827 年，已是青年工人的汤恩德因手腕受伤，由厂主找人推荐前往曼彻斯特慈善医院就诊。他首先强调病情的严重性，说服了外科医生兰瑟姆接受他住院治疗，接着又在兰瑟姆与另一名医生索普之间的医疗方案争执中表达自己的意愿，最终促使索普赞同进行外科手术。汤恩德后来成为卫理公会传教士并留下一份自传，其中详细叙述了这一住院治疗过程自己主动的参与行为。① 医疗社会史家霍格斯认为，汤恩德自传的有关情况表明，即便到了 19 世纪初，尽管医生、医院的权威在显著增强，贫困患者在医患关系中也还没有完全下降到像机器齿轮那样被动。②

还有一种下层民众采用互助形式实施就医的情况也有利于病人的参与，即城镇友谊会团体的兴起。这类团体的成员利用内部集资方式形成一笔互助储金，以备有人患病就医而经济拮据时，经过团体商议决定后投入使用。由于对医生支付医疗费用，此类病人较之那些完全靠求助济贫官员和慈善医院而获取救济款项或免费治疗的贫民患者来说，自然具有较大的主动权和发言权。③

就医生方面看，18 世纪英国的疾病分类学大师威廉·库伦（William Cullen）也经常用通信来诊断患者，患者来信的病况诉

---

① Joseph Townend, *Autobiography*, London, 1869, pp. 9, 11.

② Stuart Hogarth, Joseph Townend and the Manchester Infirmary: A Plebeian Patient in the Industrial Revolution, in Anne Borsay and Peter Shapely (eds.), *Medicine, Charity and Mutual Aid, the Consumption of Health and Welfare in Britain, c. 1550-1950*, Aldershort: Ashgate, 2007, p. 109.

③ 牛津大学医疗社会史家希拉里·马兰对此有比较详实的考察，见 Hilary Marland, *Medicine and society in Wakefield and Huddersfield* 1760-1870, Cambridge: Cambridge University Press, 1987, Chapt. 5.

说，仍然是他进行医疗处置的重要依据。① 诚然，上述个案具有多大的代表性，还需要进一步扩大研究。总的看来，英国历史上医患关系在病人话语权方面的变化，用“消失”一词，不如改换为“弱化”或“边缘化”更为合适。

病人话语消失的历史考察留给今人以诸多思考。择其要者，似有以下两点：

首先，医学进步与医患关系的变化值得人们高度关注。医学进步和发展从本质上说应当是人类克服各类疾病困扰，维持身体健康的福音。医学越进步，医疗水平越高，人类社会的持续发展就越有生命科学保障。人们渴望名医，尊重医生，切盼在患病时期得到可靠和温馨的治疗，早日实现康复。但是，英国近代的医学史却凸显了一种似为悖论的现象，即医学进步与病人话语权和参与权的弱化几乎同步出现。特别是医患关系，似乎由原来相对平等和协调，向隔离和疏远方向演变。贫困患者由于社会地位和社会制度的原因而失去话语权，成为医生凝视的病体器官与组织或医院规训教化的对象，这种现象不难理解和解释，是一种特定时期的历史产物。当今人类社会已经取得重大进步，医学的发展呈现近代无法相比的崭新面貌，然而医患关系的改善依然是人们普遍热议的话题。这就表明，医患关系的研究依然具有重要学术价值和社会意义。

其次，病人是否应当参与医疗过程。医学进步包括医疗空间的转移，是否意味病人成为单纯的受动者。医学进步和医院的兴起确实使医疗过程变得更加科学化和专门化，其理论和方法常人往往难以入行。大量专业术语和检验参数，常常使病人成为“医盲”或“药盲”，只知顺从和接受。医院病历诊断文字的拉丁化，本来是医学进步和提升的标志，然而病人多半难以识别，更难以与医生平等沟通交流。菲瑟强调医疗诊断文字的拉丁化是 18 世纪晚期以来

---

① 参见 Wayne Wild, Medicine-by-Post, the Changing Voice of Illness in Eighteenth-Century British Consultation Letters and Literature, chapt. 4, *The Correspondence of Dr William Cullen: Scottish Enlightenment and New Directions in Medicine-by-Post.* , Amsterdam: Rodopi, 2006.

隔离英国医患双方，使病人地位下降的重要因素，那么在医学发达的今天，如何既尊重医学的进步，又发挥患者在医疗过程中与医生的互动作用，重现“病人的声音”，有效提高医疗质量，则同样是不失价值和意义的重要问题。

2009年，《国际流行病学杂志》重登朱森论“病人消失”的文章，并且刊发了一组医学家、历史学家和社会学家围绕该主题讨论的新论文。这一动向表明，朱森话题仍然具有持续的学术魅力和进行深化的研究空间。随着医学科学和人类社会的现代发展，医患关系又以新的形式和新的问题出现在人们面前，病人参与医疗诊治过程、沟通改善医患关系的呼声日趋强烈。参加上述刊物讨论的英国约克大学社会学家萨拉·内特尔顿称之为“病人的再现”（re-appearance of sick men）。① 可见，包括医患关系在内的医疗社会史研究应当予以积极推进。

---

① Sarah Nettleton, “The Appearance of New Medical cosmologies and the Re-Appearance of Sick and Health Men and Women: A Comment on the Merit of Social Theorizing”, *International Journal of Epidemiology*, vol. 38(2009), p. 636.

战时美国对中国抗战地位的认知轨迹考察

◎韩永利　张士伟

韩永利，武汉大学历史学院教授，历史学博士。现为武汉大学历史学院世界历史研究所教授，博士生导师，主要研究领域是第二次世界大战与20世纪世界历史进程，国际关系与中外关系史。

该文是韩永利在2010年8月11日中国社会科学院近代史研究所与中山大学历史学院在广州合办的第三届近代中外关系史国际学术研讨会上的发言稿。

长期以来，国内学者对中国抗战地位的研究集中于中国抗日战场本身，并有大量成果。① 但是，对于战时美国对中国抗战地位是如何认知的问题仍然存在较多的不同意见，美国学界对中国抗战地

① 详见赵文亮：《20余年来中国学术界关于中国抗战在二战中的地位和作用问题的研究》，载《抗日战争研究》2007年第3期。

位的评述也多从中国抗战中所存在的问题分析。① 因此，理清战时美国对中国抗战地位的主流性认识，有利于中国抗战地位研究的深化。

在第二次世界大战中，美国对中国抗战地位的认知是随着法西斯侵略在世界的扩展逐步加深的，经历了观望到战略地位确认的过程：首先是将中国抗战与维护美国自身东亚利益联系起来；其次是逐步将中国抗战纳入到亚太应对日本侵略的战略之中；最后是认定中国战场在反法西斯战争格局中不可忽视的战略地位。

将中国抗战与维护美国东亚利益相联系

中国全面抗战开启初期，美国对中国全面抗战爆发采取观望态度，随着中国抗战的坚持以及两大持久抗日战场格局的建立，美国开始转换观念，将中国抗战与维护自身利益联系起来，其东亚战略也随之发生转变。

“七·七”事变爆发后，1937年7月12日，美国国务院《新闻简报》的说法是：“……日中武装冲突将对世界和平及进步构成重大打击。”② 同日，美国国务卿赫尔在与中日驻美外交人士的谈话中将中日同等对待，发表了同样的言论。③ 在7月16日的声明中，赫尔再次强调：“中日之间的武装冲突，对和平和世界进步事业将是一个重大打击。”要求中日双方停止敌对行动。葡萄牙报刊文章严厉批评说：“（赫尔）声明反映了那种用含糊公式以求得解决严重国际问题的习惯。”④ 对于中国多次要求美英等西方国家援

① 详见韩永利：《中国抗战与美英东亚战略的演变》，武汉大学出版社2010年版，第7～10页。

② U. S. Department of State, *Foreign Relations of United States*（以下简称*FRUS*）, *Japan*: 1931－1941, Volume I, Washington: United States Government Printing Office, 1943, p. 321.

③ *FRUS*, 1937, Volume III, *The Far East*, Washington: United States Government Printing Office, 1954, pp. 147-148.

④ ［美］罗伯特·达莱克著，伊伟等译：《罗斯福与外交政策（1932—1945）》上册，商务印书馆1984年版，第210页。

引《九国公约》与《非战公约》对日本侵略中国行径予以谴责的问题，美国都采取回避了态度。在“八·一三事变”爆发时期，美国同样是对中日双方提出交涉。8 月 23 日，日本大规模进攻上海。8 月 27 日，美国驻日本大使格鲁致电美国国务院，认为美国对中日战事应该采取的政策是：“避免介入……保持中立……维护美日双方的传统友谊。”针对日本封锁中国上海到汕头海岸线的行动，赫尔在声明中称，日本与中国对于封锁给美国利益带来的损失将负同等责任。9 月 2 日，赫尔复电格鲁称：“在目前紧张局势中，美国政府努力遵循一条完全客观的路线……国务卿欣慰地得知日本感到美国的方针旨在公正和无偏见……美国的基本目标应包括：(1) 避免卷入；(2) 保护美国（在华）公民的生命、财产和其他权利。”① 9 月 14 日美国国务院的正式声明指出：“属于美国政府的商船在得到进一步指示之前，不许运送任何种类的军火、军用品和军事装备去中国或日本……其他悬挂美国国旗的商船，在得到进一步指示之前，如企图运送上述物资去中国和日本，一切责任和危险均由自己承担。”对于美国的所谓“中立”态度，日本求之不得。9 月 22 日，格鲁电文报告，日本陆军深切感谢美国在“中国事件”中严格遵守中立。②

鉴于美国表面“中立”实际袒护日本侵略的态度和政策，中国加强了批评抵制的力度。1937 年 7 月 24 日，蒋介石对《纽约时报》记者的谈话中告诫说：“美国之小心翼翼，不欲卷入战争漩涡……但就吾国而言，和平已遭侵略者之魔手所破坏，而美已感受侵略者之影响……妥协与规避，决不能维持和平。”③ 同日，蒋介石在给罗斯福的信中说：“我们为中华民族自由而战，为反抗人类共同威胁而战。我们不仅保卫我们自己，而且捍卫条约，特别是《九国公约》的神圣原则。中国主权、独立与领土行政完整应该受

---

① *FRUS*, *Japan*: 1931-1941, Volume I, pp. 362-363.

② *FRUS*, 1937, Volume III, *The Far East*, p. 543.

③ 章伯锋、庄建平主编：《抗日战争》第 4 卷，《外交》上卷，四川大学出版社 1997 年版，第 284 页。

到日本与其他签字国尊重。我们不会向日本野蛮军队投降，将继续抗战直至日本政府放弃它的侵略政策。"① 7月25日，蒋介石向詹森表示，中国政府不会接受日本解决冲突的条件，希望美英密切关注日本在中国的动向，中日战争的转化有赖于美英采取比目前更为积极的合作行动。中日战争将影响到美英在中国的利益，美英作为《九国公约》的签字国承担着道义义务。美英是两个能使日本停止战争计划的国家，应该立即采取行动。② 11月22日，在回答赫尔关于中国迁都及未来前景问题的询问时，中国驻美大使王正廷表示中国的计划是战斗到最后，唯一的困难就是缺乏军火及其他战争物资。但不知其他国家政府在这一问题上能提供怎样合作。同日，胡适在给汉密尔顿的电文中，谈到罗斯福曾在10月12日询问中国战斗能否渡过冬季，胡适做了肯定的回答。蒋介石在给胡适的电文中也明确表示，中国军队必须战斗到最后，不会对敌人让步。就是首都城市陷落，中国必须继续战斗，不仅在今年冬季，而且在未来会长期战斗。希望胡适将中国这一决心转告给美国。③ 12月31日，转交蒋介石给罗斯福的信，希望美国援助中国并告知美国人民，援助中国是为世界和平而斗争。④

应该注意到的是，在美国政府上层也有敏锐认识到日本侵略的严重后果，认为应将中国抗战与美国利益维护相联系的人士。美国驻华大使詹森曾警告说：日本一旦在太平洋上的亚洲一侧占据统治地位，它就会使用廉价的中国劳动力去生产商品，再用廉价的日本船只运输，"在美国市场向我们发起挑战"。⑤ 美国财政部长摩根索认为日本进攻中国实际上"是法西斯的挑战"；应该"全力支援中国"，"经济制裁日本"。中日全面战争之前，他就向美国国务院大

① 转自 Arthur N. Young, *China and Foreign Help Hand*, Cambridge: Harvard University Press, 1963, p. 29.

② *FRUS*, 1937, Volume III, *The Far East*, pp. 256-258.

③ *FRUS*, 1937, Volume III, *The Far East*, pp. 703-706, 711.

④ *FRUS*, 1937, Volume III, *The Far East*, pp. 832-833.

⑤ Dorothy Borg, *The United States and the Far Eastern Crisis of* 1933-1938, Cambridge: Harvard University Press, 1964, p. 315.

胆提出："联合苏联，组成中、苏、美、英对日统一行动阵线。"① 1937 年 7 月 14 日，美国国务院远东事务司长霍恩贝克在备忘录中较为全面的回顾了日本自"九一八事变"之后对中国华北的渗透，结论是日本是进攻方，而中国是防守方。② 9 月 6 日，美国驻香港领事多诺万转述詹森的观点说，"世界迟早会意识到在中国发生了什么，并开始采取良好的行动。不能否认中国在自己的领土领水保卫自己的权利。日本的行为无疑证明，很大程度上其对华战争是为了实现它替代西方在中国的影响的野心"。③ 11 月 13 日，美国驻广州总领事报告中国表示对日本在华侵略会坚决抵抗，也希望布鲁塞尔会议能对日进行经济制裁。④ 11 月 10 日，参加布鲁塞尔会议的美国代表戴维斯就提出建议，美国应表态不支持日本的军事行动。12 月 2 日，他在电文中转述顾维钧的看法，中国游击战争可以抵御住日本的侵略占领，希望美国对日禁运石油并参与调停中日冲突。⑤ 中国的全面抗战也唤起了美国社会的同情。美国国内成立了大量的援华团体，他们积极宣传中国的抗战情况，要求援助中国并对日本采取强硬政策。据芝加哥大学国际法学者怀特等人 1941 年 5 月 19 日的统计，1937 年 1 月到 1938 年 3 月美国报刊有关中日战争的社论大概有 5 000 篇，其中，无一篇为日本的侵略行为辩护，也无一篇谴责中国的抵抗。无论美国新闻界还是公众舆论，都对中国的抗战表示同情。⑥ 美国这些对中国抗战有客观认识的观点，是推动美国转换政策的国内基础。

1938 年间中国抗战逐渐呈现持久坚持的态势，因此美国对中

---

① Dorothy Borg, Shumpei Okamoto, *Pearl Harbor as History: Japanese-American Relations*, 1931-1941, New York and London: Columbia University Press, 1973, p. 264.

② *FRUS*, 1937, Volume III, *The Far East*, p. 167.

③ *FRUS*, 1937, Volume III, *The Far East*, pp. 513-514.

④ *FRUS*, 1937, Volume III, *The Far East*, p. 679.

⑤ *FRUS*, 1937, Volume III, *The Far East*, pp. 175-177.

⑥ Quincy Wright, Carl J. Nelson, "American Attitudes toward Japan and China, 1937-38", *The Public Opinion Quarterly* 1939(1).

国抗战的认识有了新的表现，并在政策层面开始将中国抗战与美国利益维护联系起来。1月初，罗斯福和赫尔对王正廷明确表示愿意以贷款方式援助中国，“希望中国继续抵抗”，“不愿中国丧失领土、放弃任何权利”的意向。① 7月5日，美国远东司在一份《中日冲突》备忘录中一个部分的题目是《军事物资进入中国》，自中日冲突以来美国通过香港输往中国大陆的军事物资75%已经到达，备忘录还列举了其他供应中国的武器及军事物资。备忘录认为，可以相信正在输入中国的物资与中国储存的物资足够维持中国军队在漫长防线上进行防御作战。中国继续大规模作战需要继续从国外购买武器，需要保持香港的通道直到其他路线建立起来。② 10月10日，已经继任国务院远东事务司长的汉密尔顿在备忘录中也谈到美国海外利益受到严重损害的问题，其中，远东利益受到日本严重侵害是最为迫切的问题。③ 改任远东司顾问的霍恩贝克在11月14日的备忘录中谈道：“日本人正在进行着一项掠夺成性的帝国主义计划。除非日本的进军被中国人或其他一些国家所制止，否则，美国和日本在国际政治舞台上面对面互相对抗的时刻就会到来……美国必须为制止这一发展而采取行动。”④ 12月，美国宣布向中国提供桐油贷款。中国《文汇报》社论认为，英美对华贷款，“足以表明英、美已确切认识中国抗战力量之伟大”。⑤ 1939年1月至4月，中国政府首脑和外交部多次向美方告知日本侵占中国海南岛所表现出来的南进动向，要求中美英法加强军事合作，一致对付日本侵

---

① 秦孝仪主编：《中华民国重要史料初编——对日抗战时期》第三编《战时外交》(一)，台北“中央”文物供应社1981年版，第77页。

② *FRUS*, 1938, Volume III, *The Far East*, Washington: United States Government Printing Office, 1954, pp. 214-215.

③ *FRUS*, 1938, Volume IV, *The Far East*, Washington: United States Government Printing Office, 1955, pp. 62-65.

④ 章伯锋、庄建平主编：《抗日战争》第四卷《外交》(上)，四川大学出版社1997年版，第293、699页。

⑤ 章伯锋、庄建平主编：《抗日战争》第四卷《外交》(上)，四川大学出版社1997年版，第341-346、404页。

略，并在4月14日致美国国务院的备忘录中提出详细的合作原则与事项。9月1日，詹森致电美国国务院，报告说蒋介石表示中国仍然坚守《九国公约》，中国将为抗击日本战斗到哪怕只剩最后一个人。中国可能会被摧毁，但是不会因为投降而被摧毁。蒋介石认为美国未能谴责日本侵略中国、违背《非战公约》、《九国公约》与国际正义的行为是一个失败。中国为了自己的生存而战，但结果则是关乎美国的深远利益。① 可以说，日本南进问题是触动美国转换政策的一个重要因素，也是美国将中国抗战与自身利益联系起来思考的进一步拓展。继桐油贷款后，美国持续地采用了对华贷款方式间接支持中国抗战，以维护其东亚权益。美国对华贷款是日本不愿意看到的。1940年3月24日，格鲁电呈美国国务卿赫尔，报告日本外相对美国给中国贷款的反应：日本外相在下院预算委员会说："说到重庆政府与美国的关系，必须承认的事实是，美国承认重庆政权，间接地在各种贸易领域给该政权提供支持，已经给其2 500万美元的借贷，现在又有2 000万美元可能列入贷款款项。美国正在提供一些类型的物资给蒋政权，而这些物资并不供给日本。换句话说，间接援助蒋政权的后果是对（日本）实行道义禁运。"②

美国对中国抗战认识的变化也反映在反对日本扶植建立"汪伪"政权问题上。1939年11月13日，赫尔致电格鲁，表达美方对日本准备建立汪精卫伪政权的态度时说："……这一政权的存在将依赖于日本的军事支持，这一政权将缺乏中国公众任何自发和真心的广泛支持；这一政权主要被设计为服务于日本的特殊目的，恰如近些年来在日本主持下于满洲、内蒙、北平和南京建立的政权，其结果将是剥夺美国政府和人民、其他第三国政府和人民在华长期建造、合法而公正拥有的平等机会的权利和待遇。我们不能认为建立这样一个政权是证明日本在对华问题上采取了与美国所信奉的基

---

① *FRUS*, 1937, Volume III, *The Far East*, Washington: U. S. Government Printing Office, 1954, p. 504.

② *FRUS*, 1938, Volume III, p. 59.

本原则和政策相一致的路线。”① 1940年3月30日，美国国务卿发表声明，对汪伪南京政权的建立表示立场：“从1931年发生于中国各地的情况看来，在南京建立一个新政权，是一个国家通过武力将自己的愿望强加给邻国的计划中的又一步骤，这一步骤将这一邻国的广大地区与世界其他地区从正常政治和经济关系中割裂开来……美国政府再次声明在国际法和现有条约和协定之下充分保留权利。12年前美国政府和其他国家政府承认中华民国国民政府，美国政府有足够理由相信绝大多数中国人民忠于和支持这一首都现在位于重庆的政府。美国政府继续承认这个政府作为中国的合法政府。”②

综上所述，中国全面抗战的开展和坚持，推动了美国开始将中国抗战与维护自身在亚太的权益联系起来进行考量。其中，对中国坚持抗战现实的观察与客观认识是主要原因。由此，美国政策中也注入了援华制日的初始成分。

视中国抗战为美英应对日本南进的战略因素

1940年6月德国占领西北欧之后，日本开始进行南进的实际准备，9月与德国和意大利建立三国轴心军事同盟。1941年春美英军政首脑共同制定了覆盖欧亚非的战时大战略。这一战略在东亚方面的迅即目标就是如何应对日本南进侵略太平洋地区，美国对中国抗战认识视角也越出中国范围，在政策推行中也不断加强了援华制日的力度。

1940年12月29日，罗斯福在炉边谈话中从世界全局的层面评述中国抗战：“此时，这些联合起来反对全体自由人民的国家的军队正被隔阻于我国疆域之外。德国人和意大利人被英国人……隔阻在大西洋的另一边。在亚洲，日本人则被牵制在中国人所从事的另一场伟大的防御战中。”③ 1941年3月15日，罗斯福再次指出：

---

① *FRUS*, *Japan*: 1931-1941 Volume II, p. 35.

② *FRUS*, *Japan*: 1931-1941 Volume II, p. 60.

③ Hans-Adolf Jacobsen, Arther L. Smith Jr., *World War II*, *Policy and Strategy*: *Selected Documents with Commentary*, Oxford and Santa Barbara: Clio Press, 1979, pp. 132-33.

"中国也同样表现出千百万普通老百姓抵御肢解他们国家的非凡意志力……美国已经说过，中国将得到我们的帮助。" 4 月 25 日，居里在给罗斯福的电文中分析认为，中国是保卫新加坡的最好防线。① 4 月 29 日，中国外交部长郭泰祺自华盛顿致电中国国防最高委员会秘书长王宠惠，报告中谈到罗斯福的战略观点："总统对世界局势，绝不抱悲观，指座前世界大地图，谓祺等云：巴尔干之失败甚或土尔其不支，均不必太重视，最大关键，仍在大西洋海上交通之维持，与中国抗战力量之维持，滇缅交通极为重要。总统对我政府抗战之精神，与蒋公领导之毅力，均表示敬佩……彼观察中国今日抗战力量，实较去年今日更强。"② 5 月 6 日，罗斯福政府正式将援华物资纳入租借法案的范围之内。③

在军事规划方面，1941 年春，美英联合参谋首脑会议订立 ABC-1 战略计划，确定了"先德后日"战略原则。在这一战略框架下，4 月，英荷澳新美在新加坡举行军事会议专门讨论对付日本南进太平洋问题。会议拟就的"ADB"报告在"积极步骤"款项中明确提到支持中国正规军与游击队抗战问题，这是英美军方上层在战略计划中首次比较详尽地列入中国条款。④ 5 月，为了利用中国配合美英太平洋守势，美国联合计划委员会提出"援华飞机短期计划"，并提醒美国陆海军联合署："利用中国能力是重要的，这可支持美英对日施加经济压力的计划，切断日本在中国内地与沿海的交通线，还可威胁日本在中国沿海至东南亚的船运。"作为一般政策，委员会建议：（1）在美国和英国需要的条件下，通过给中国提供歼击机、轰炸机……等援助，使之在数量上足以对付日本

① *FRUS*, 1941, Volume IV, *The Far East*, Washington: United States Government Printing Office, 1956, pp. 168-169.

② 秦孝仪主编：《中华民国重要史料初编——对日抗战时期》第三编《战时外交》(三)，台北"中央"文物供应社 1981 年版，第 707 页。

③ Maurice Matloff, Edwin M. Snell, *Strategic Planning for Coalition Warfare*, 1941-1942, Washington D. C. : Office of the Chief of Military History department of the Army, 1953, p. 56.

④ Maurice Matloff, Edwin M. Snell, *Strategic Planning for Coalition Warfare*, 1941-1942, pp. 66-67.

陆海军在中国和中国近邻的水域作战。(2)美国提供飞机教练员到中国训练驾驶员和地勤人员。派遣军事使团到中国,帮助中国使用美国提供的物资。8月底,美国参谋长联席会议派出首个军事使团就是到中国战场。① 9月25日,美国参谋长联席会议与英国参谋长会议认为:“当认识到新加坡基地的重要之时,远东地区的战略也应通盘考虑。新加坡的坚守,似乎并非是荷属东印度和菲律宾不陷于日本之手的重要因素。进而言之,中国国民党陆军和空军的进攻作战可给予日本进攻马来防线以重要影响。鉴于这个理由,联合部考虑,英国军事当局在分配军事物资之时……应深入考虑分配适量的物资给荷兰和中国军队使用。”② 11月7日,罗斯福回电丘吉尔谈到,美国加强对华租借援助和加强在中国的美国空军志愿军,再加上美国继续增强在菲律宾的防务,英国在新加坡地区的“并行努力”,将可能使日本三思而后行。③ 美国看重中国抗战在于其“有助于制止日本在南面攻击法国、荷兰、英国的领地”。④ 表明了美国此时对中国抗战的重要战略期待。

与美国利用中国制约日本南进有直接关联的问题还有美国在与日本谈判中最后选择了放弃对日妥协。

从1941年4月美国为了使日本脱离轴心同盟不策应欧洲战争,放弃南进维持太平洋现状,开始与日本进行非正式谈判。在谈判中,美国一开始就对日本建议中中国条款有较多的容让。赫尔在5月16日声明中认为,“近卫声明”中的原则,在日本建议的“附录和解释”中做了说明,诸如睦邻友好;共同防共;无经济垄断和限制其他国家利益的经济合作,经过一些更改是可以接受的。⑤

---

① Grace Person Hayes, *The History of the Joint Chiefs of Staff in World War II, The War against Japan*, Maryland: The United States Naval Institute Press, 1982, pp. 20-22.

② Grace Person Hayes, *The History of the Joint Chiefs of Staff in World War* Ⅱ, *The War Against Japan*, p. 15.

③ Francis L. Loewenheim, *Roosevelt and Churchill*: *Secret Wartime Correspondence*, E. P. Dutton and New York: Saturday Review Press, 1975, pp. 163-164.

④ Langer, Gleason, *Undeclared War*, New York, 1953, pp. 298-304.

⑤ *FRUS*, *Japan*: 1931-1941 Volume II, pp. 429-430.

日本侵入印度支那南部后，1941 年 8 月美国对日本实施石油禁运，冻结日本在美国的资产，将对日经济制裁推向了最高峰。但同时，罗斯福也仍然希望维持与日本的谈判，“会谈的现实目标不是根本改变日美关系，而是争取时间。……如果情况允许，就一直延长到把希特勒打败以后”。① 美国准备采取妥协措施的最后阶段是在 11 月。美国陆军参谋总长马歇尔和海军作战部长斯塔克希望将美日战争拖到最后一刻。11 月 3 日，陆军计划署重申“在远东的原则目标是将日本置于战争之外”。11 月 5 日，马歇尔和斯塔克再次向罗斯福申明，德国比日本更危险，必须首先打败。如可能的话，美国应该避免与日本的战争。如果与日本开战，就应该是防御性的战斗，直到大西洋方面的安全得到保证。② 在军方的强烈影响下，11 月 22 日，美国国务院拟就《美日之间协议建议基础草案》，（一般称为《临时协定草案》）。③ 准备对日妥协，暂缓日本南进进程。

《临时协定草案》的最终取舍是考察美国战略选择的一个重要标杆。在美日谈判的过程中，中国从一开始就极为关注。中共与国民政府多次表示反对美日之间可能的谈判妥协。11 月 22 日，美国向英国、中国、荷兰大使通报草案内容，迅即遭到中国的强烈反对，而中国抗战有可能受到重大打击是中方所持的主要观点。中国

---

① *FRUS*, *Japan*: 1931-1941 Volume II, p. 552.

② Robert Wohlstesstter, *Pearl Harbor*: *Warning and Decision*, CA: Stanford University Press, 1962, pp. 172-173.

③ 《美日之间协议建议基础草案》（Draft of Proposed “Modus Vivendi” with Japan）影响到中国的条款主要是：（2）两国都不从自身有军事存在的区域使用武力进行任何进一步的推进，或者用武力威胁进入东南与西南亚，或者太平洋南部与北部地区。（3）日本政府立即从法属印度支那南部撤出现在驻屯的军队并不替换这些军队；削减日本在法属印度支那军队的总数至 1941 年 7 月 26 日的数目，这一数目无论如何不得超过 25 000 人；也不能输送补充军队到印度支那作为替换者，或者用其他方式进行替换。（4）美国政府立即修改现存的冻结项目与出口限制，在必须的范围内允许恢复两国用于两国人民使用与需要的贸易项目……。*FRUS*, 1941, Volume IV, *The Far East*, pp. 645-646。同日，赫尔对日本大使和特使来栖强调，“一旦具有和平理念的日本人能制约日本的局势，”美国“可能考虑供应日本一些石油作为民用。但我们不能供应日本石油用于任何军事目的”。*FRUS*, *Japan*: 1931-1941, Volume II, pp. 367-368。

驻美大使胡适当即指出，允许日本屯兵印度支那北部与放松对日本经济制裁都将给中国抗战造成严重影响。11月24日，蒋介石电示胡适转告赫尔，“此次美日谈判，如果在中国侵略之日军撤退问题没有得到根本解决以前，而美国对日经济封锁政策，无论有任何一点之放松或改变，则中国抗战必见崩溃，以后美国即使对华有任何之援助，皆属虚妄，中国亦决不能再望友邦之援助，从此国际信义与人类道德亦不可复问矣”。① 24日，胡适在与赫尔会谈中，再次明确反对超过25000人以上的日军部队留驻印度支那。② 25日，居里致电赫尔，转告拉铁摩尔转述的蒋介石的观点：强烈反对美日妥协，并将这种妥协比作当年英国关闭滇缅路，而“关闭滇缅路永久地毁坏了英国在中国的声望”。③ 同日，宋子文也向美国陆军部长史汀生转交了蒋介石的电文，认为“美国放松对日本的经济封锁与资产冻结，这将给中国军队在道义上带来严重的打击。过去的两个月日本宣传将与美国在11月达成协议。如果有任何放松禁运和冻结的措施，中国人民将认为中国已经被美国牺牲……这一损失不单单是对中国的。中国在4年多时间里的斗争牺牲了无数生命，中国的牺牲与损失史无前例”。蒋介石最后指出，“中国抗战的崩溃将是世界空前的灾难，我不知道未来的历史将如何记录这一事件”。蒋介石在电文中要求美国宣布：如果日本撤退军队问题没有达成协议，美国就不会考虑放松对日本禁运与冻结的问题。④ 同日，胡适大使将中国外交部长郭泰祺的电文面交赫尔，电文中表示，蒋介石认为美国将中国问题撇在一边与日本寻求协议，仍然是倾向于绥靖日本在中国的扩张。郭泰祺代表中国表示，坚决反对任

---

① 秦孝仪主编：《中华民国重要史料初编——对日抗战时期》第三编《战时外交》（一），台北“中央”文物供应社1981年版，第147～151页。

② *FRUS*, 1941, Volume IV, *The Far East*, pp. 646-647.

③ 章伯锋、庄建平主编：《抗日战争》第四卷《外交》（上），四川大学出版社1997年版，第583～584、586～588、592～593页，居里转拉铁摩尔信给罗斯福，同见*FRUS*, 1941, Volume IV, *The Far East*, p. 652.

④ *FRUS*, 1941, Volume IV, *The Far East*, pp. 660-661.

何增加中国抗战困难，或者加强日本侵略中国力量的措施。① 在强烈的反对声中，11 月 26 日，赫尔致电罗斯福，鉴于中国的反对，英国、荷兰与澳大利亚政府半心半意的支持和实际的反对，也鉴于美国民众普遍的越来越多的反对……我希望并建议此时召见日本大使向其提交为普遍和平协议目的的谅解基本建议，同时搁置《临时协定草案》。②

美国政府内对美日谈判妥协也有较多不同意见，持反对态度的人士所据的重要理由，就是中国抗战战略作用不能减弱。霍恩贝克一直对美日谈判有自己的看法，他在多份备忘录中都认为美日谈判会有诸多的不利因素，并明确地提出了“绥靖”问题。5 月 23 日，他在备忘录中认为，日本进行谈判的实质是为了进一步侵略。24 日，他又提出，不能接受日本关于满洲国独立的条件，否则就是绥靖。③ 7 月 2 日，美国远东事务司官员威利斯·佩克表示应该加紧援助中国制约日本，认为德国攻击苏联初期的成功会导致日本进攻西伯利亚与南进，因此，援助中国为当务之急，援助规模应达到最高水平。④ 7 月 22 日，霍恩贝克发表与佩克同样的看法，即中国有效地制约了日本的南进，应该通过援助中国来发展这种有利形势。⑤ 9 月 5 日，霍恩贝克反对罗斯福与近卫举行会谈，认为此举将导致美国与中俄英荷之间可怕的隔阂。他表示，这一会谈将类似于慕尼黑张伯伦与希特勒的会谈，中国问题是目前问题的核心，不能对中国的观点视而不见。日本正处在中国抗战的深渊之中，对外部资源依赖严重，罗斯福与近卫会谈只会减轻日本的负担。⑥ 11 月 5 日，丘吉尔在给罗斯福的电文中说，如果中国“抵抗一旦崩溃，不但就其本身来说是一场世界悲剧，而且也会让日本人腾出手

---

① *FRUS*, 1941, Volume IV, *The Far East*, p. 654.

② *FRUS*, 1941, Volume IV, *The Far East*, p. 666.

③ *FRUS*, 1941, Volume IV, *The Far East*, pp. 212-215, 219-221.

④ *FRUS*, 1941, Volume IV, *The Far East*, pp. 288-289.

⑤ *FRUS*, 1941, Volume IV, *The Far East*, p. 336.

⑥ *FRUS*, 1941, Volume IV, pp. 425-428.

来向北或向南进攻”。[1] 11月16日，罗斯福在与史汀生谈话中提出与日本“休战六个月”，遭到史汀生的明确反对，认为不仅会捆住美国的手脚，对中国也是一个打击，中国会因为这种协议而感到被抛弃了。史汀生还认为，菲律宾防务的重要性并不比在中国问题上坚持原则大，原则的重要性甚至比延缓日本进攻的重要性还要大。[2] 一些美国官员也不赞成美国的对日妥协，呼吁不要牺牲中国。11月26日，宋子文在与美国财政部长摩根索谈话时，摩根索认为：“……日美妥协，不易实现，对于日本，只有以武力制裁。”27日，摩根索约胡适密谈，表示“中国应取坚决之态度”，美国政府内阁除赫尔外都是同情摩根索的。[3] 可以说，这些美国人士的认识比较准确地点出了美日谈判不可绕开的一个核心问题，即中国抗战是应对日本南进的关键战略因素之一。

从总体上讲，随着日本南进加剧和德意日三国军事同盟的建立，美国在东亚对中国抗战的战略认识得到了重要的提升。因此美国加强援华制日、对日妥协的最终放弃都与不能忽略中国抗战问题相联系，从一个重要方面证明了美国此时已经无法撇开一个基本的战略判断：中国抗战关乎亚洲太平洋地区整体安全。

对中国战场在世界格局中战略地位的认定

美国对中国抗战战略地位进一步提升认识是在太平洋战争初期，并成为整个战争期间恪守的一个基本信条。由于美英太平洋战争初期的重大失利，更加凸显了中国战场关乎东西方战场全局的世界性战略地位，美国对这一问题的表述就是“保持中国于战争之

---

① Warren F. Kimball, *Churchill and Roosevelt: The Complete Correspondence*, Volume I, New Jersey: Princeton University Press, 1984, p. 266.

② Henry L. Stimson, McGeorge Bundy, *On Active Service in Peace and War*, New York: Harper & Brothers, 1948, p. 389.

③ 吴景平、郭岱君编：《宋子文驻美时期电报选（1940—1943）》，复旦大学出版社2008年版，第135页。

中”及其相同意思的提法。①

中国抗战的坚持对美英挽救太平洋危局，继而实施“先打败德国”的计划具有全方位战略意义。② 罗斯福在太平洋战争爆发初期就对中国大使胡适明确表示：“至盼中国在各方面袭击，务使敌军疲于应付，不能抽调大量军力。”③ 1941 年底的美英阿卡迪亚军事会议中的“保卫东方战场的关键利益”的计划中载明：“必须维持澳大利亚、新西兰、印度的安全，支持中国的战争。”④ 在太平洋战争初期美英战况极为不利的情况下，中国军队在第三次长沙会战中取得了胜利，是对各反法西斯盟国的巨大鼓舞，1942 年 1 月，英美媒体和官方都盛赞中国第三次长沙大捷。⑤ 2 月 16 日，霍恩贝克在给副国务卿韦尔斯的备忘录中认为，不要忘记蒋介石已经成功地进行了 4 年半的防御作战，在抗战开始与中间阶段所有大国包括日本的大多数军事专家看法都是，中国坚持不了几个星期最多几个月。在那段时间，蒋介石请求诸大国给中国装备。但是无论英国与荷兰直到它们自己卷入远东战争时都没有给予任何装备。除了苏联与美国，中国从外界得不到什么。但是苏联与美国到今天也没有给予相对大量的物资给中国。中国一直缺乏飞机大炮，这是强有力进攻作战所必需的……所以，“中国政府对在华日军没有任何行动”

---

① 韩永利：《战时美国战略与‘保持中国于战争之中’》，中国社会科学院近代史所编：《中国抗战与世界反法西斯战争》（学术研讨会论文集）下卷，社会科学文献出版社 2009 年版，第 1402 ~ 1424 页。

② 详见韩永利：《战时美国大战略与中国抗日战场》第四、五章，武汉大学出版社 2003 年版，第 100 ~ 171 页。

③ 秦孝仪主编：《中华民国重要史料初编——对日抗战时期》第三编《战时外交》（三），台北“中央”文物供应社 1981 年版，第 43 页。

④ Maurice Matloff, Edwin M. Snell, *Strategic Planning for Coalition Warfare*, 1941-1942, p. 121.

⑤ Christopher Thorne, *Allies of a kind*, *The United States*, *Britain*, *and the War against Japan* 1941-1945, New York: Oxford University Press, 1978, pp. 192-193.

完全是瞎话。最近中国在长沙的胜利足以回应那些外国军事家的批评。①

鉴于中国在太平洋战争初期的杰出表现，美国陆军参谋总长马歇尔认为，在大战略之下，“保持中国于战争之中”的迅即目标就是“装备训练在中国的军队”。② 他在1942年1月9日给财政部长摩根索的备忘录中谈到的，给中国5 000万美元贷款：“将中国拴在我们的战争中。”美国国务院远东司顾问霍恩贝克也认为，“是我们将中国系在我们战争（仍然也是她的战争）之中的时候了，越紧越好”。③ 2月，美英荷澳构筑的ABDA防线已经基本垮掉。罗斯福和美国军方首脑确定了太平洋新的防御战线的底线：澳大利亚主要部分，新西兰全部，中国的巨大团块。2月11日，罗斯福在给丘吉尔的信中就谈到，“我正密切注视着中国”。④ 2月18日罗斯福给丘吉尔的回电中提出，“我们应全力保住我们（英美）在太平洋的两翼，即右翼的基础澳大利亚、新西兰；左翼的基础缅甸、印度、中国。2月22日，罗斯福对丘吉尔重申“两翼”说。⑤美国在太平洋初期受挫后也没有丧失稳住远东太平洋防线的信心，其中重要一条，就是将中国战场计算在内。如美国陆军部长史汀生所说：“如果我们被逐出菲律宾和新加坡，我们仍可退守荷属东印度和澳大利亚，并且与中国合作……就能给予日本极大地反攻打击。”⑥ 在进行北非登陆之前，罗斯福对太平洋战场最大的忧虑就

---

① *FRUS*, 1942, *China*, Washington: United States Government Printing Office, 1956, pp. 20-22.

② Charles F. Romanus, Riley Sunderland, *Stilwell's Mission to China*, Washington D. C. : Office of the Chief of Military History Department of the Army, 1953, pp. 65-68.

③ Michael B. Kublin, *The Role of China in American Military Strategy from Pearl Harbor to the fall of* 1944, Michigan, 1984, pp. 44-45.

④ Warren F. Kimball, *Churchill and Roosevelt*, *The Complete Correspondence*, Volume 1, p. 353.

⑤ Warren F. Kimball, *Churchill and Roosevelt*, *The Complete Correspondence*, Volume I, pp. 360-363, 369.

⑥ Stimson, Bundy, *On Active Service in Peace and war*, pp. 396-397.

是日本是否有能力扩大进攻。5 月，罗斯福写信给麦克阿瑟，要求他谈“自己的猜测”：日本是否将继续对印度和锡兰作战，是否会全面进攻澳大利亚和新西兰。麦克阿瑟作了否定回答，其中重要一点就是，“菲律宾陷落和缅甸陷落之后，日本只能腾出两个师”用于作战。① 麦克阿瑟还认为：“日本在现实不会对印度大举进攻。这一地区无疑是在日本军事野心的范围之内。但是从战略上讲……现在进军印度不是时候……要在印度战役之中致胜，从军事上讲要求投入兵力是很大的。而在目前情况下（日本）不能从事这场战争。”② 6 月，美国全力准备将军队投入到中东。重占缅甸缓解中国外援困境的作战一再被拖延的命运从这一时期就决定了。但是，美国对中国战场战略地位基本认识不变。如罗斯福的参谋长李海所说：“中国抵抗的失败可能导致美国在太平洋战败。”③

太平洋战争初期美国对中国战场战略地位的认定在其后美国及英国的战略计划中没有改变。1943 年 8 月 24 日，魁北克美英联合参谋首脑会议报告“反日战争”第 21 条 A 项：立即扩大盟国在中国的空军力量与用于防卫的地面部队，并以开辟空中航路加以支持。第 40 条 A 项：保持中国于战争之中；C 项：维持在中国的美中空军的增强。④ 12 月 3 日开罗美国参谋长联席会议备忘录“1944 年打败日本的特别作战”第 7 条：中国，我们在中国的努力目标是在中国和从中国进行密集的地面与空中作战，加强美国空军与中国空军和陆军部队。⑤ 罗斯福在德黑兰高峰会中对美参谋长们谈了他

① Grace Person Hayes, *The History of the Joint Chiefs of Staff in World War II*, pp. 126-127.

② Hans-Adolf, *World War II, Policy and Strategy: Selected Documents with Commentary*, p. 209.

③ Grace Person Hayes, *The History of the Joint Chiefs of Staff in World War II*, pp. 229, 230.

④ Hans-Adolff Jacobsen and Arthur L. Smith, *World War II, Policy and Strategy, Selected Documents with Commentary*, pp. 285-287.

⑤ Hans-Adolff Jacobsen, Arthur L. Smith, *World War II, Policy and Strategy, Selected Documents with Commentary*, p. 291.

关于太平洋反攻的看法："美国承担太平洋的主要责任。美国军队从南、东太平洋岛屿向日本挺进。在日本西面，必须积极保持中国于战争之中。"美英联合参谋首脑会议也在"六分仪"会议上确定了对日反攻的主要努力应在太平洋的战略。由中太平洋和西南太平洋轴心进击。为了太平洋反攻，尽力保持中国于战争之中。① 1945年2月9日美英联合参谋首脑会议在雅尔塔会议上给罗斯福、丘吉尔的报告第三部分"支持全面战略概念的基本实施行动"第6条"g"款中载明："采取必须和实际的措施支持中国的战争努力，使之成为有效的盟友和对日作战的基地。"②

就是在战时和战后国际政治的规划和安排中，中国抗战对整个战争的全方位影响作用也是美国对盟国最有说服力的理由。1943年10月苏美英外长会议期间，针对苏英对中国四大国地位的反对态度，美国国务卿赫尔在10月21日苏美英三国外长会议上，以及在会议间歇期间谈了美国对中国作为四强之一的理由，归纳起来是：第一，四强宣言"将中国包括在内是最重要的。因为宣言完全遵照和延续联合国家宣言的原则路线，即联合所有国家从事反法西斯战争。如果我们现在抛弃联合国家事业的这一精神、特征和签字，就会造成观点的分裂从而导致混乱。因为在战争中无论是与我们全面与部分合作的每一个国家，都同样赞赏上述普遍原则。"第二，考虑参战国的心理状态是重要的。"如果一个正在和已经在战争中作出了重大贡献的大国被排除在（四强宣言）之外，将对联合国家的团结产生最为有害的心理影响。"第三，"在战争的运行中，中国已经作为四强之一。如果在四强协议问题上被苏英美排除，将会在太平洋地区引起最为可怕的政治军事反响，极有可能导致我（美）国政府在维持太平洋政治与军事形势方面进行全面地

① Maurice Matloff, *Strategic Planning for Coalition Warfare* 1943-1944, p. 374.

② A. Russell. Buchanan, *The United States and World War II, Military and Diplomatic Documents*, p. 132.

重新评估。英国也将受到同样的影响，将关注点转到太平洋方面”。① 赫尔的这一谈话尽管主要是针对政治层面而言的，但却是非常明确地点出了中国抗战在世界全局战略中的地位。

美国军方一些人士在战争期间确实对中国在较长时间内未能发动大规模进攻战役表示不满，但是这并没有使美国从战略层面放弃对中国战场基本战略地位的肯定。除上述美国及英国在历次军事战略计划中将中国抗战列入战略条款外，也有诸多美国上层人士从战略层面评价中国战场的说法。1942 年 5 月 9 日，针对对中国抗战的批评，赫尔在给马歇尔的电文中，再次重温罗斯福 4 月 28 日的谈话：“日本可能切断缅甸路，但是我要对英勇的中国人民说，日本可能的推进算不了什么，（美国）将寻找出办法将飞机与战争军火输送给蒋介石元帅的军队。我们记得中国人民是在这场战争中第一个站起来与侵略者战斗的，在未来，一个不可征服的中国将在维持不仅东亚而且世界的和平与繁荣中扮演重要的角色。”② 6 月 17 日，汉密尔顿在其长篇备忘录专门就“中国战争潜力”问题做了比较全面的估价：中国有组织的抵抗的崩溃意味着日本战争潜力的增加，在安全、经济、心理、地缘上都将有利于日本而不利于中国。美国在南美与近东的优势地位将严重受损。汉密尔顿分析列举了中国抗战的 9 项贡献，认为殖民宗主国不可能像美国这样认识中国的能力与潜力。结论是，美国必须加大对中国的援助力度，最为现实的就是寻找代替缅甸路援助中国的办法。他指出，鉴于中国全面抗战的潜力与现实对于盟国目前严峻形势的重要性，美国必须保证能从物资上与心理上“保持中国于战争之中”，并为之作出长期特别努力，作为美国的长期政策。③ 6 月 27 日，美国国务院在回应美国军方某些人认为援华无用的意见时指出，中国（抗战）如果崩溃不是说明援华没有用处，而是因为没有援华会导致崩溃，加紧

---

① *FRUS*, 1943, *China*, Washington: United States Government Printing Office, 1957, pp. 824-826.

② *FRUS*, 1942, *China*, pp. 44, 58-59.

③ *FRUS*, 1942, *China*, pp. 71-82.

援华才是避免中国抵抗崩溃的最佳途径。中国抵抗的失败是盟国努力的巨大损失，应该建立足够的空中物资援华线路。① 8月25日，马歇尔在美英联合参谋首脑会议上建议，应从战略高度看待收复缅甸的战役，重开缅甸援华路。并警告说，如果中国抗战崩溃，将使日本在中国和缅甸的军队腾出手来用于入侵印度、澳大利亚和西伯利亚。②

对于中国自身无完备工业基础，外援又因为各种原因受阻的困难，美国也有一些分析。比如，针对拖延全缅作战给援华造成的影响，罗斯福在1943年10月15日给马歇尔的备忘录中就说："……最坏的事情是我们在每一特定时刻都在违背我们的诺言。我们甚至没有兑现一个诺言。"③ 11月开罗会议期间，罗斯福的参谋长李海上将针对英国拒绝履行在是年10月在缅甸孟加拉湾两栖作战问题时就谈到："我们正在制造一个极大的危险，中国将被逐出战争。假如中国撤出战斗，将恶化麦克阿瑟和尼米兹在太平洋地区本来困难的作战局面，日本人的人力资源将被释放出来，阻碍我们进击日本本土。幸运的是，英勇的中国人仍在坚持战斗。④ 1944年初美国约瑟夫·贝勒上校也谈到："……中国过去和现在反日战争中的贡献是被承认的……无论如何，我们采取的最现实的路线就是防止它（中国战场）的崩溃，加强在中国的空军力量，支持太平洋战争。"霍尔将军的说法是："……如果美国希望将中国作为空军基地，保证日本师团在中国受阻，就必须继续支持中国。"⑤ 美国对中国敌后战场也有诸多考察和认识。1943年1月，史迪威的政治顾问谢

---

① *FRUS*, 1942, *China*, pp. 90-91.

② 格雷斯·帕森·海斯：《第二次世界大战时期的联合参谋首脑会议史，抗日战争》，第232页。

③ Maurice Matloff, *Strategic Planning for Coalition Warfare* 1943-1944, Washington D. C.: Office of the Chief of Military History Department of the Army, 1959, p. 323.

④ William. D. *Leahy*, *I was There*, pp. 213-214.

⑤ Maurice Matloff, *Strategic Planning for Coalition Warfare* 1943-1944, pp. 436-437.

伟斯就敦促美国军政首脑注意中共军队的价值。6 月 24 日，戴维斯在长篇备忘录中进一步认为，美国应该建立起与中共的联系共同打击日本。① 11 月 1 日，美国参谋长联席会议在给开罗峰会的报告［附录“C”］“附录”对中国敌后战场的其表述为：“在最近的数月内，这些游击部队从事了大多数的对日作战，分担了正规师抑制大部分日军在华占领军的责任。如果给予足够的空军支持力量，中国就可能能够从事主要战略地区的对日反攻作战，也可能实施比较有限目标的进攻。”② 这些评述尽管还不能准确地说明中国抗战现实，但却一个侧面反映了对中国战场在极其困难条件下仍然坚持的理解。

综上所述，美国战时对中国抗战地位的认识经历了一个发展变化过程，其基本轨迹是随着战争进程的推移而不断深化的战略认识，世界反法西斯战争不能离开中国这一战略认定是其认识的最高端，而中国自身的战时努力和中国抗战的世界性战略贡献则是美国走向战略认识的推动力。

---

① *FRUS*, 1943, *China*, pp. 258-266.

② *FRUS*, 1943, *The Conference of Cairo and Teheran*, p. 242.

创造性人才的心理学研究

◎林崇德

林崇德，男，浙江象山人。现为北京师范大学资深教授，中国心理学会理事长，教育部人文社会科学委员会委员兼教育学·心理学部召集人。

林崇德教授长期致力于思维理论研究。在过去的30余年中，林崇德教授围绕儿童青少年认知能力发展，开展了大量有关中小学生智能促进的研究。这些研究有力地推动了我国基础教育改革，提高了教育质量，也促成了思维理论领域的重大突破。林崇德教授以这些研究为基础，提出了自己的思维（认知）结构理论。

林崇德教授科研成果颇丰。先后主持了10余项国家社会科学和国家自然科学基金等重点项目。

本文是作者2011年5月24日在武汉大学老图书馆所作的珞珈讲坛第二十四讲学术报告。

亲爱的各位老师，各位同学：

晚上好！感谢武汉大学邀请我为珞珈讲坛第24讲奉献我的一

份力量。我今天讲的是中间科学——心理学，从考试的角度是理科考的，它属于理科。很大程度上它研究人，因此我们把它归于人文社会科学领域。今天我以中间科学的角度开始今天的汇报。党的十七大报告中的两段话，一段话是“提高自主创新能力，建设创新型国家”，另一段话是“进一步营造鼓励创新的社会环境”，我要说明，今天我们把创新，创造性 creativity，和创造力等同起来，今晚我们不涉及这几个概念的从属关系。我主要从我承担的一个教育部重大项目说起，因为人才是我国经济发展的重要资源，人才强国战略已经成为我国经济社会发展的重要国策，培养创造性人才是贯彻党的一系列文件精神的体现，全面地落实国家中长期人才发展规划纲要，和实施国家改革发展的迫切需求，是建设创新型国家，全面推进小康社会，建设社会主义和谐社会的必要条件。我和我的课题组承担了教育部首批重大科研项目“创新人才与教育创新”这个项目，并向党中央、国务院政协等送交了简报。我们的目的是为国家人才培养和教育改革提供依据。怎么样成为创新性人才是我们和广大青年学生共同面临的问题。

我们进行创新性人才研究来自于以下几个困惑：

困惑一：为什么中国公民没有得过诺贝尔奖？

美国有个心理学家叫 I. R. Jason 于 1965 年曾经研究不同民族智力特点，他提出，世界上两个民族智商最高。就是犹太人和华人。可是世人普遍认为创新能力的标志是得诺贝尔奖，犹太人是我们得奖华人的 28 倍，同样高智商却产生不同结果，我只能得出结论：高智商不等于高创造力。

困惑二：为什么中国学生考试分数很高，却缺乏创造力？我有位学生曾经在他的博士论文中研究中英两国学生的差异，我们的知识水平不比发达国家差，但是创造力比不上他们。结论：高知识不等于高创造性。

困惑三：我们怎样解决“李约瑟悖论”？中国有四大发明，但是近代科学，现代科学，东方和中国几乎没有贡献，比如量子理论，计算机技术，集成电路等。

思考一：当代科技突飞猛进，知识经济初见端倪，国际竞争日趋激烈，我们需要什么？我们需要一批又一批创新性人才。

思考二：为什么我们的科技界出现创新没有后劲？教育是基础和关键，我们通过中英青少年创造能力的比较研究，发现我们的教育思想，内容和方法的差距是主要原因。思考之后我得出结论，只能够从教育创新开始。

思考三：实施教育创新，培养创新型人才，将关系着我们民族的前途和命运，培养和创造数以亿计的高素质的创造性劳动者和数以千万计的专门人才以及一大批创新的拔尖人才是实现创新社会，提高综合国力的关键。

我们实施这个项目就来自于以上的三个困惑和三个思考。

我们的研究基础是1978—2003年的研究，整个研究工作包括以下三个方面：

第一，我们探索什么叫创新，什么叫创造性，什么叫创造力。对于这三个概念的定义国际上有三种提法：第一种观点是认为它们是一种过程，第二种观点认为它们是一种产品，第三种观点认为它们是人与人之间的个别差异，主要是智力上的差异。哪一种观点对呢？我认为三种定义全对，不过是从不同角度分析问题。我在20世纪80年代提出创造性的定义："根据一定的目的，应用一切已知的信息，产生出某种新颖独特的，有社会意义或者个人价值的产品或者智力品质。"

什么样的人才具有创造力和创造性？有人认为智力强的人创造性强。智力是创造性的必要条件，但不是充分条件。美国有一位心理学专家的研究结果表明，中等水平智力与创造力相关系数适中，而高水平智力和高水平创造力的相关系数就很小。高智商可能激发高创造力，但不能保证高创造力。

创新和创造性的实质是什么？心理学的研究结论是：人，作为主体，对知识、经验、思维材料进行高度概括之后集中而系统地迁移，进行新颖地组合分解，找出新意的层次和交界点。下面是我们的研究结论：一个概括能力超强，能够触类旁通，能够合并同类项的能力超强，知识系统性越强，能够把知识压缩，越能够迁移知识，迁移得越灵活，越有灵感的人，创造性就越突出。这就是我对

创造性实质的理解。

做任何事情都要以史为鉴，无论研究什么学问，懂历史是完全必要的。研究创造性心理学，就要研究创造性心理学简史，也就是它分为几个阶段，我认为分为以下五个阶段：

第一阶段 1869—1907 年，代表人物是英国心理学家、统计学专家高尔敦，他统计了 977 名天才人物的创造性思维，得出结论“遗传与创造性”，这个阶段没有实验性研究。先天后天争论。

第二阶段 1908 年，代表人物奥地利心理学家弗洛伊德，主要研究文艺创作，《诗人与白日梦》潜意识的作用。将创造性思维纳入到潜意识的作用中。美国心理学家华莱士划分“创造性思维”四个阶段：准备，酝酿，明朗，验证。中国同时代人物王国维对创新性的三种境界作了异曲同工的说明：准备阶段——“昨夜西风凋敝树，独上高楼，望尽天涯路”，酝酿阶段——“衣带渐宽终不悔，为伊消得人憔悴”，明朗阶段——众里寻他千百度，蓦然回首。有人问为什么没有验证阶段，中国人认为实践是检验真理的标准。

第三阶段是 20 世纪 30 年代以后，整个自然科学的结构主义影响到心理学，出现结构心理学。其创始人魏德姆的著作《创造性思维》，遗憾的是 30 年代的作品 1996 年才翻译成中文，且不说时代的耽误，仅仅解剖一下这本书的国际价值和世界意义，可以说这本书顶天立地。他解剖了当时能够获得诺贝尔奖的人的思维材料，加以全面分析，他联系实际提倡应用。他提出了一个今天看来连小学生都认为容易的问题，“六根火柴棍组成四个等边三角形”。

第四个阶段从 50 年代开始，美国创新之父吉尔伯特在美国创新大会上提出美国人的创造力落后于苏联，他号召整个美国加强创造力研究，1957 年苏联卫星上天成为推动美国创造力研究的一个动力。创新问题从来都是国际竞争的大问题。

第五个阶段，70 年代以后，创新问题越来越受到各国重视，创造性方法和创造性人才培养提高到各国教育日程上来。创造性学习和创造性教育都是在这一阶段的 80 和 90 年代提出的。

第二个方面我们研究了创造性人才的心理结构。创造性的智力因素——创造性思维，加上创造性的非智力因素——创造性的人格，跟大家分享我们的研究体会。创造性人才的思维表现，即智力。我曾经给研究生考试出题，让考生回答什么叫创造性思维。多数回答是发散思维。因为这句话是美国创造之父吉尔伯特提出的。但是它不够全面。它包括三个特点，流畅性，变通性，还有独特性。创新性思维从小学生问题到复杂的经济问题都有表现。

其实我并不同意把创造性思维等同于发散性思维。第一，创造性思维是一种创造性活动的思维，必须强调前所未有，价值独特；比如眼下的文艺界对于历史的篡改根本就算不上创新。诺贝尔奖获得者李政道先生有个观点，跟我十分相近，他认为“好”是关键问题，新不一定是好，创新要追求又新又好。第二，创造性思维的内容、材料是思维加想象，为了创新，培养想象能力十分重要。它取决于三个方面：现有景象，形象语言，个人价值观、思想意识。第三，灵感，灵感是指有意识地注意力集中，在这过程中爆发，其基础是受到有些原型启发。《海登法师》的创作过程就是一个明显的例子。第四，直觉思维与创造性思维的关系。爱因斯坦说过要“保护直觉思维”。直觉思维与灵感是有区别的，它来自于概括。

我们又研究了创造性人格。美国当今智力研究的代表人物施登伯格，1947 年出生，小学和中学阶段智商不及格。老师告诉他研究智商的学问叫心理学，于是他学习心理学，并以优异成绩考上了耶鲁大学。他想留在美丽的耶鲁工作，但美国的体制是禁止学术“近亲繁殖”，于是他又以优异的成绩考上斯坦福大学。他用三年时间完成了硕士和博士学位的学习，完全靠非智力因素。并被耶鲁大学录用，他总共花了五年时间成为耶鲁的教授。他把自己的智力理论命名为“成功智力”，其中谈到创造性人才的非智力因素：健康的情感、坚强的意志、积极的个性意识倾向性等方面，适度的冒险精神，渴望被社会认可等因素。

非智力因素的作用：动力作用，定性作用，勤能补拙的作用。

创造性人才的涌现需要一定的社会环境：民主的、和谐的社会，需要处理好以下几种关系：人与自我（首要因素是自信）、人与他人（团队精神）、人与社会（爱国主义）、人与自然（天人合一关系）、硬件与软件以及中国与外国这六大关系。

我们重大攻关项目取得了一定突破。项目研究的基本内容包括：第一，创新的基础理论；第二，研究文科三个领域：经济学、文学、艺术等领域创新拔尖人才；第三，制定了创造性人才的测量工具；第四，和美、英、德、日、新加坡合作进行了青少年创造性人格的比较；第五，提出了学校教育如何培养创新能力；第六，中小学课堂方面如何创新；第七，教育信息化和创新有什么关系；第八，研究了创造性与心理健康的关系。我们进行了统计抽样，提出了五个问题：第一，问题导向的知识结构，即不仅仅包括问题所包含的知识技能和策略，更主要的是要有发现问题的能力；第二，自主迁移问题的性格；第三，综合性的动机：内部兴趣，价值内化，与内在兴趣相联系的动机；第四，开放性的思维和研究风格；第五，强基础的智力，具有理解准确，思路清晰等特征。

我们通过对 30 多位的院士和资深教授的分析中发现，在思维成长过程中，民主和谐的社会环境对于创造性人才的培养意义重大。比如教育环境，家庭环境，学校环境，诸如导师或类似导师的指引，交流与合作的气氛等。

第二个突破是进行了创造性人格的比较。采用青少年创造性人格问卷对四个国家一千多名学生进行了统计，进行了创造性人格九个维度的测定：自信，好奇，内部动机，怀疑性，开放性，独立性，自我接纳，冒险性和坚持性。结果显示，中、英、日、德在创造性人格上既存在相同性，也存在差异性。首先好奇性和冒险性是共同点，坚持性是中、英、日是相对薄弱的环节。开放性是中国青少年较为突出特点，自我接纳是英国青少年突出特点，怀疑性是日本青少年突出特点，德国青少年的突出特点是坚持性和独立性。有没有个体差异？我们发现中日青少年在自信方面存在较大的个体差异，英国青少年则在自我接纳方面存在较大差异，德国青少年主要在怀疑性和自信性方面存在较大的个体差异。

第三，教育与创造性的发现，我们在研究中发现，创造性教育是三种群体产生五种结果的教育。创造性的校长养成一种民主和谐的环境，能够带动一批创造性教师。创造性的教师来引导学生进行创造，培养学生的创造性。创造性学习是 20 世纪 80 年代提出的，有四个特点：强调学者的主体性；重视学习策略；擅长新奇、灵活高效的学习方法；创造性的学习动机，追求创造性学习目标。

第四，心理健康与创造性人才培养的研究，大量实验研究发现大学生和高中生的创造力和心理健康存在显著的相关性，心理健康水平高的学生创造力高。

第五，创造性的发展问题，人人都有创造性，学校教育应面临所有学生。各个年龄阶段都有。数学家最佳创造年龄是30～34岁，化学家是26～36岁，物理学家是30～34岁，哲学家是35～39岁，发明家是25～29岁，艺术家是30～39岁，植物学家是30～34岁，心理学家30～39岁，生理学家35～39岁，油画家32～36岁，诗人是25～29岁，运动健将30～34岁。创造性表现为风华正茂的青年期。流体智力最高峰到16岁，34～50岁出现高原期。

建设创造性的国家，我国中长期科学技术规划纲要颁布，如果美国在创造力方面排第一，中国排26位，希望到2020年建成创新型国家，上升到12位。自主创新，关系到国家的命运和国民的生活水平。自主创新关键是科技创新，教育是基础。

我把我在国际教育大会上的发言作为演讲的结束语，就是"T"型人才。这一横代表知识面的宽度，一竖代表知识面的深度。我借用这个"T"，我把这一横作为西方的教育模式，这一竖作为东方的教育模式、教育理念、教育方法、教育思想。西方教育模式的培养目标是培养适应型人才。一位心理学家说过，智力的实质就是适应。为了更好地培养适应性，他们提倡知识面的宽度，强调独立性，把创造力的培养作为一条主线贯彻到教育活动中；我们国家提倡的是读书能力，东方的教育模式培养的是逻辑思维高水平人才，因此我们重视知识的深度。我们还强调统一规范，集体主义精神。两者各有千秋，因此我提倡扬长避短，融合东西方教育模式为一体，培养创造性人才是我们教育的最终目的。这就是我今天汇报的主要内容。并且提供大家四个参考文献：《有人说中国人》，施登伯格的《创造力手册》，还有我自己的两本书，一本是《创新人才与教育创新的研究》，另一本是《我的心理学观》。

谢谢大家！

社会科学：起源、特征、发展

◎谢 宇

谢宇教授，威斯康辛大学社会学博士，美国密歇根大学社会学系教授。1996年被授予John Stephenson Perrin讲座教授，1999年被授予Frederick G. L. Huetwell讲座教授，2004年被授予Otis Dudley Duncan学院讲座教授，2007年被授予Otis Dudley Duncan杰出大学讲座教授。兼任密歇根大学社会研究所调查研究中心和人口研究中心研究教授，调查研究中心量化方法组主任，统计学系正教授和密歇根大学中国研究中心教授。2004年当选为美国艺术科学院院士和台湾中央研究院院士，2009年当选为美国国家科学院院士。曾任美国社会学会方法学组主席，国际社会学会社会分层研究委员会理事会理事，美国社会学会《社会学方法论》主编，《美国社会学评论》执行编辑，《美国统计学刊》副主编。曾获多种学术荣誉，包括美国国家科学基金的“青年科研者奖”和“古根海姆奖”。

谢宇教授的研究领域包括社会分层、统计方法、人口学、科学社会学和中国研究。主要著作有《分类数据分析的统计方法》，《科学界的女性》，《美国亚裔的人口统计描述》，《定量社会科学》,《社会学方法与定量研究》及《婚姻与同居》。

本文是作者2011年6月2日在武汉大学老图书馆所作的珞珈讲坛第二十六讲学术报告。

谢谢大家来参加这个演讲,我今天要讲的是社会科学的起源、特征和发展。我这辈子很幸运能够到美国作为一个学习社会学的学者,我认识很多社会学家,我最崇拜的,我认为对社会学贡献最大的是 Otis Dudley Duncan,邓肯在他的一本很重要的书中提出“社会学不像物理学,世界上唯有物理学像物理学”(“But sociology is not like physics. Nothing but physics is like physics, because any understanding of the world that is like the physicist's understanding becomes part of physics…”),他这句话的重要性在于社会学是有其独特特征的,和物理学是不一样的,简单的把物理学方法用到社会学上我们会犯错。

一

我的讲座有三个部分,第一个部分社会科学的起源。讲到起源我们就要回顾科学史。

一般认为柏拉图对科学和西方哲学有着至为重要的、持久不衰的影响,柏拉图的思想是西方哲学和西方科学的基础。要理解西方文化就要了解柏拉图思想。有一个哲学家,他也是一位数学家,他说过一句话“欧洲哲学传统最可靠的特征都是关于柏拉图的一系列的注解所组成的”。就是我们所谓的科学,比如说牛顿力学、爱因斯坦的相对论、比如说马克思主义的学说,所有的西方哲学不过是对柏拉图思想所做的注解,科学是对柏拉图的一个回音。柏拉图做过什么使得西方的哲学、科学遵循他的思想呢?他不是一个科学家,是一位哲学家。他的贡献在于把世界——我们所研究的对象分成了两个部分,本质的世界和形成的世界。柏拉图是在说我们的哲学家和科学家所研究的是本质的世界,永恒的世界,不是看得见、摸得着的世界。形成的世界会变，不是真理所在，真理应该是永恒不变的，放之四海而皆准的。所以柏拉图对知识的要求，比我们一般的知识，或者中国传统哲学中的知识要高。不是一个人看到的，认知到的知识而为知识，而是对所有人都能够感觉到、不变的知识为知识。要知道真理，知道真正的科学就必须知道这个永恒的世界，就是我们经常讲的法则。真理的来源是柏拉图提出的一个挑战，柏拉图说我们要知道比如说“圆”，在生活中很常见，可是在生活中所见的圆都不是“圆”，柏拉图不承认你画得出圆，因为真正的圆是不存在的，没有面积、体积、颜色的，所有的圆都是有曲线的，而真正的圆是哲学家头脑中的圆，定义的圆，完美的圆。我们要对圆真正的理解，就不是了解一个具体的圆，而是一个抽象的圆，我们能够想象到它，真正的关于圆的知识是来自于想象中的圆而不是你所画出的圆。圆就是圆，圆的特征是永恒不变的。这就是柏拉图对科学的要求，要满足永恒不变的法则的要求。所以对柏拉图来讲，科学家或是哲学家的任务是超越形成的世界而获得对本质世界的理解，真正的知识是普遍存在的、永恒的，是法则性的，而不是在具体的物质当中。在科学中我们有个词叫“发现”，这个词是有其含义的，它的含义是：有样东西已经藏在那儿，在自然当中隐藏着，是存在的，科学家的责任就是把隐藏的东西发掘出来，“发现”已经假设了真理的存在。柏拉图的这种系统叫类型逻辑思维（Typological thinking），就是同类的现象它遵循的法则是同质的（Homogeneous）。在这个系统下，像刚才讲到的圆，这种便宜是可以忽略的，不是知识所在，应该找到真理的东西。世界的本质，是由抽象的、不连续的形式组成的，不是具体的东西。具体的东西是无穷尽的，但是你可以发现的东西其实是很少的。我们讲举一反三，真理一旦发现可以用无穷无尽次，而真理的个数并不是很多的，一类现象只有一个法则。我们可以看物理学中的伟大的成功都是遵循了柏拉图类型逻辑思维的结果。比如说哥白尼、伽利略、牛顿，他们都是认为世界是遵循有限的永恒不变的规则。

我今天会讲很多差异，按照柏拉图的类型逻辑思维，偏差是我们不愿看到的差异，偏差一定存在，是我们人为的、不理想化、不可避免的一种现实，但是我们通过抽象的逻辑的思维可以把这些偏差抛弃。我们透过现象看本质，把能看到的变异想象成是一样的，我们就能获得真正的知识。我们重视的不是差异，而是那些永恒的东西。

在统计学中有两个定理，大数定理和中心极限定理，是测量上用到的方法，为我们能够排除这些差异提供了依据。比如测量两点距离，我们由于各种原因得到的结果是不一样的，但是这是人为的差异，不是本质的，我们可以通过这两个定理可以减少或是消除这种差异。这就是在自然科学我们运用统计学的原理把一些测不准的数字测准，因为它们是恒量（常量）而不是变量。但是在社会科学中这样的方法就不是很适用，因为社会科学中每个个体都是具体的，他们之间的差异是实在性的差异。在物理科学中测量的差异可以叫做误差，但在社会科学中这种差异是具体的、现实的、实质性差异。

社会科学现象都有差异，但是不太容易用柏拉图的类型逻辑思维，因为我们知道这种差异是很大的。怎么办呢？有一位科学家叫阿道夫·凯特勒（Adolphe Quetelet），他是研究天文的，他认为我们可以运用测量原理，我们不要研究具体的人，要研究平均的人。他认为在社会中，平均人一定是稳定的，身高、教育、寿命、生育周期等，这样就能够解决柏拉图的难题，我们对平均人的知识就能解决柏拉图对真理的要求。当然，这个解决方案是失败的，他的这个学派——社会物理学是失败的，今天并不用这一套。因为它的重点是讲平均，而平均给我们的信息是有限的。

那么我们社会科学的来源是哪里呢？没有来自于柏拉图思想，因为他的要求太高了，实质上在社会科学找不到永恒的真理。我们社会科学的来源是来自于达尔文。柏拉图的思想很崇高，也是自然科学希望达到的，但是社会科学没有真正达到柏拉图提出的挑战。对达尔文来讲，差异是真实的，而不是观察者不愿看到的一种误差，这种思维叫做总体逻辑思维（Population thinking），不理解什么是总体，就不能理解什么是社会科学。读达尔文的《物种起源》你就会发现前两章都是讲遗传，它是说重要的是个体而不是类型。

达尔文的进化论的精华在于总体思维。比如说同样的父母生养的子女是不一样的，假如是一样的话就不可能有进化，进化的来源是变异。他认为这种差异是个体的差异，而且是可以遗传的。所以达尔文的贡献不仅仅是进化，而且在科学思想上到了一个新的高度，就是我们研究的对象不仅仅是类型，而是要具体到个体。我们现在知道变异是由于基因造成的，是自然选择的基础，个体对环境的适应能力是不一样的，只有少数能够生存和复制。这就是从变异到自然选择的过程，所以变异和整体思维对达尔文的进化论是非常重要的。

我是做统计的，就讲讲对我们统计有关系的。在柏拉图的类型逻辑思维中，我们用平均数，但是得到的是一个恒数，比如说声音在空气中的速度。但是你接受了达尔文的整体逻辑思维，这种误差就不是测量的误差，而是一种重要的事实，基因的差异是一个事实上的差异，你可以取一个平均值，但是它只是总体的一个特征。所以这两种思维对我们的含义是不一样的。第一种本来是常量，我们看到了很多虚假的值，通过平均得到本来是恒定的值；第二种的平均值只是一种数学工具，描述了总体的特征而已。所以两种平均值的工具是一样的，程序是一样的，但是其社会学含义是不一样的。把统计方法引入社会科学的是高尔顿，他是现代统计学、人类学、人口学、社会学的鼻祖。就是他把总体的思维、差异的重要性引入到了社会科学，以前的很多学者研究社会现象总是以平均数的角度，对高尔顿来讲，个体差异才是真正重要的。我今天要讲的就是高尔顿的这一套差异，就是社会现象的本质差异。对他来讲，社会物理学是没有意义的。他的研究告诉我们，我们社会学研究的重点在于变异和共变上。我会讲到高尔顿一个重大的发现。

看下面一个图，高尔顿说你可以把不同的个体给固定一个起点，起点是一样的，它的终点由于自然地分布会发散，这是必然的。比如2008年的奥运会，像田径的、游泳的项目，起点是相同的，一定要决出冠军、亚军，就是因为终点总是有差距。另一张图就不一样，定了一个起点，每个起点会围绕一个平均数分布，这样的话，假如说终点的分布是围绕着起点，那可以想象，比如说小孩的高度，那就得到一个荒谬的结论：父亲的高度是定的话，子女的高度也是有变化的，但是变化是以父亲的高度为起点的话，子女的总体分布就增加了，越来越发散。这是和我们对社会的了解相悖的，从上一辈到下一辈我们的高度平均数没变，差异性也没变。所以这个分部的轴心一定不是上一辈的值，而是在上一辈的值到平均数这一区间。这就是他的回归图，就是父亲的身高和子女的身高不会是一对一的，子女的身高平均而言是在父亲的高度和中值当中。我们所做的回归分析还有相关性都是高尔顿发明的。

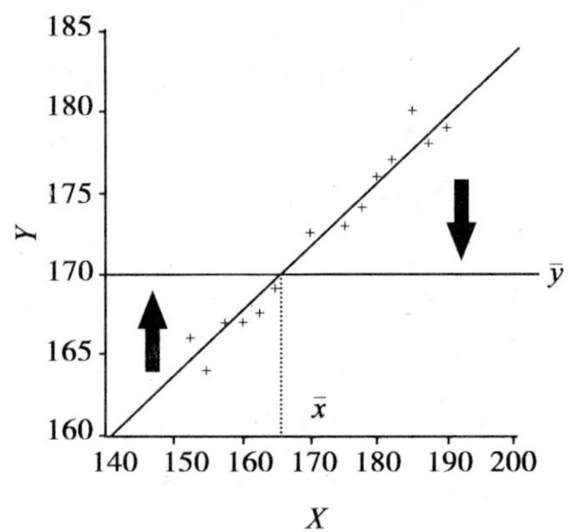

从高尔顿的图中我们得到什么启示呢？相关性，父亲的高度影响儿子的高度，但是这种相关不是绝对性的，所以这种回归趋向于均值。相关和回归似乎是矛盾的，所以高尔顿的分析十分的巧妙。回归和相关的关键在于变异，个体和个体不一样，而这个特征和那个特征又可能有相关性，相关性的变异就是一个回归。高尔顿后面又发起了一个人种改良运动，受到政治上的攻击，但他的科学是做得很好的。

我第一部分就讲完了，我认为自然科学是遵循了柏拉图思想，而社会科学的产生是从达尔文开始的，是通过高尔顿把达尔文思想借鉴到社会科学当中，我们才开始了真正的社会科学研究。

二

第二部分是讲社会科学的特征。和自然科学相比，首先我认为社会科学有更多的变异性，在社会科学当中，我们分析的不是个体，生物学当中研究的是个体，我们研究的是在一定时间内的个体行为，比如一个人一生是有行为的，而这种行为是有差异的。所以我认为社会学存在的差异比生物学更大，因为它不仅仅涉及基因的差异，还有其他的差异。第二点，人类行为的变异性，不一定要有物理因素，不一定要有载体，也不一定是遗传的，有时候是说不清的。第三点，人类不是一种被动的个体，是可以主动改变自身环境的。最后一点，人类是理性的，我们可以预期，而预期可能作为将来行为的基础，这是经济学对我们的帮助。经济学认为我们的行为是在我们对未来的期望理性的基础上作出的判断。再就是路径依赖的问题，就是人不仅为历史局限，也为我们以前所做的事情而局限。偶然发生的事情有可能造成一种不可逆转的结果，比如交通事故。

自然科学和社会科学的差别在哪里呢？我要讲三个方面。第一，实体论上的差别；第二，认识论上不一样；第三，方法论上不一样。

实体论上的差别。自然科学研究的是一个真正的事实，把真正的世界而不是我们看到的世界作为真正的事实；社会科学把未来的世界作为真正的事实。社会科学研究的是具体的问题，不是抽象的，因为在社会科学中，抽象的世界不存在，永恒的真理是不存在的。所以我们应该研究现实的事实、看得见的事实。

认识论的区别。在自然科学中，科学家关心的是典型的现象，为了找典型，用实验的方法把外来的因素全部屏蔽。只要知道一个现象，这一类现象都理解了。不需要知道具体的事情，只需要知道抽象的知识。而在社会科学中，典型是有限的，变异性是存在的，所以社会学关心的不在于典型现象。

方法论上差别。在自然科学是通过试验来隔离外在的因素，比如研究温度对分子运动的影响，我们就把其他因素像气压控制住。

但在社会科学中是做不通的，社会科学家只能运用在一定环境下得到的数据，观察到的数据。比如研究婚姻和幸福感，你不可能做实验。观察数据一定会受到其他外来因素的影响。

我做下总结，典型思维和总体思维是有差别的。典型思维中提倡的是柏拉图思想中真实的世界，这个思想应用到社会科学就是社会物理学，得到的信息是有限的。而总体思维来自于达尔文的自然选择，这种思想被高尔顿应用到社会研究，他关注的是变异和斜变异，这样的方法用统计的方法。我不是一个实证主义者，因为这种哲学认为社会科学和自然科学没有根本性的差别，社会科学和自然科学做得一样的准确。最近二三十年来对实证主义的方法做了很强烈的批评和抵制。我不认为自然科学和社会科学没有根本性的差别，相反我认为社会科学和自然科学有根本性的差别，我已经给出了三个很大的差别。我一些朋友问我，你说社会科学研究的目的不是找真理，那么为什么叫他科学呢？这个问题问得好，那么什么是社会科学所在呢？我觉得社会科学还是有科学的含义的，但不是真理性的。在我的思维当中社会科学的科学性在哪里？第一，我认为社会科学应该是客观的，就是社会现象不依赖于研究者的主观性。比如说我认为不平等是不好的，但不能说不存在不平等。也就是一个学术成果所下的结论不因为主观意志的改变而改变。各人有不同的思想、不同的政治倾向，但是不应该决定得到的结论。第二，我认为科学性在于经验性。我们的证据来自于事实，来自于实证。这样的证据比理论判断更重要。理论包含的内容很多，是一种推论，是一种思辨，但是理论不能包括我们所看到的还没有做研究的社会现象。当理论和我们的经验研究相矛盾的时候，我们应该尊重事实，而不是盲目地追求理论。我认为共产党所长期信仰的“以事实说话”，摸着石头过河，这就是相信事实，事实比理论更重要。这就是经验性，事实和理论之间我们应该更倾向于事实。理论可能是错的、空想的，事实是需要解释的。第三，我认为科学的东西是可以重复的。比如我说一个人的社会地位会影响到他的健康，社会地位高的人寿命更长，我做过的，你不相信可以再去做。如果你的方法相似，样本对象相似，如果我们的结果是一样的，这就是一种可重复性。

做社会科学有三个基本原理，我已经讲了很多，第一是变异性。变异性是社会科学研究的本质，做社会科学研究我们的重点在于变异，不在于同质。比如收入我们不仅仅关心平均收入，我们要知道收入的分布是怎样的。第二个原理是社会分组。社会现象是有变异的，这种变异是有一定的统计规律的，这个规律是具有相同社会特征的人他们之间的变异要小，比如收入具有相同的教育背景、性别、工作的人之间的差异更小，所以社会分组可以减小变异性。我们不可能解释所有的差异，但是通过社会分组可以解释一部分的差异。什么是社会分组，怎样进行社会分组？要了解社会分组就必须了解社会机制，什么样的人之间社会结果会具有一致性，比如教育对收入会有影响、对寿命会有影响，对我们来讲社会分组的意义是相对的，有没有意义必须等研究之后才知道。分组不一样，解释的程度也不一样，所以我们的分组是看它的解释度，这个解释度和你对社会现象的了解有关系。一个社会分组假如它能够解释社会结果的变异性，解释得越多这个分组越有意义。比如社会学谈阶级，那你对阶级进行划分，如果同一个阶级个人他们的收入、政治认同是不一样的，那么这样的划分就不是很有意义。从统计学的角度和解释变异性的角度，这样的阶级划分不具有说服力；另外一点就是组内的差异是永恒的，你可以解释组间的差异，永远不可能解释组内的差异。比如为了研究收入，你可以引进教育、性别、工作经历、父母的教育、父母的职业、爷爷的职业等无穷无尽的变量，但是永远有没有引进的。你只能通过能够测量到的变量来解释部分的变异性。这就需要一个平衡，我们为了解释变异性，引进很多变量，但是如果没有增加解释度，反而增加了模型的复杂性。一个好的模型应该建立在简洁的理论上。下面我讲一下具体的怎么通过社会分组来控制异质性，异质性是我们社会学研究的一个重点。我们通过社会分组来减少变异性，因为组内的差异总是小于总体的差异。这个假设就是我们经常做的回归分析，就是把能够测量的变量给控制住，这是引起我们重视的“因”，我们想知道对我们要求的“果”有什么影响。我们不在乎 X，它不是我们要知道的，但是我们不得不引进X，这是因为有太多的变异性，我们通过统计方法把X控制住。第三个原理是社会情境原理。变异性在组内是更小的，但是第一原理、第二原理会随着社会情境的变化而变化，社会情境是随时间和空间来变化。比如说在不同的技术条件下，教育对收入的影响的大小是不一样的。再比如男女之间寿命的差异，女性寿命更长，但是这种差异不是永恒不变的，在过去的绝大部分历史当中女性寿命是更短的，女性寿命长是现代化的结果，一方面生育率低了，因生育而死亡的的可能也降低了。我们不应该把我们看到的统计规律当做是一成不变的。

三

现在我讲第三部分——发展。社会科学已经发展150年了，这期间我们知道很多，比如差异性是我们研究的对象，并会对研究带来威胁，这是研究不够严谨。我讲发展主要讲方法上的发展。

中国社会现在面临一个很大的变化，这是历史上少有的，我认为中国现在的变化可以和历史上的工业革命、文艺复兴相提并论。我认为我们是很幸运的，可以用社会学的方法来研究这个历史上巨大的变迁。中国的社会科学也在变，我自己的看法，中国的社会科学正在从意见导向、充满意识形态和思辨的讨论，向以实证为基础的，可以讨论的来转型。我们慢慢地要向实证、数据的、可考证的转变，因为不同人的结论到底谁对谁错，这不是做价值观的判断，而是可以做科学的判断。那么我们再看其他的团体，社会公众、学术团体和政府部门，我认为他们也希望有实证为基础的，作出高质量的研究。另外从世界的角度来讲，世界的社会学界，也希望中国的社会科学作出贡献，中国是一个大国，有很多人才，正在发生翻天覆地的社会变化，中国应该在世界的社会科学界作出贡献，而不是被动的被研究，不仅要研究中国，而且要研究其他的国家。这是讲中国的发展，下面再讲方法上的发展。

在方法论上，社会科学最大的挑战来自于群体的变异性，这种不确定性是无法控制的，这种情况下作出推论是很难的，也是很危险的。在过去的五十年，做实证的、量化的学者都知道变异性是一大困难，我所欣赏的邓肯教授对社会科学也是很灰心的，因为变异性使我们做的研究不可信。在这五十年，几乎所有的社会科学研究方法的发展都是在处理变异性的问题。变异性在哲学意义上讲是永远不能解决的，所以我们讲的好的方法并不是讲能够彻底解决变异性的影响，而是能够在特定情况采取一定措施来克服变异性带来的危害，所以不同的设计都是有缺陷的，没有最好的方法。做社会科学最好的方法是针对具体问题，没有一个万能的方法，不同的方法对理解变异性提供了有限的帮助。下面我讲几个观点：第一个，我们讨论社会现象只能讨论总体特征，不应该讨论个体，个案可以研究，但是提供的信息是有限的，想在学术上做一个比较科学的结论，这必是总体的结论。所以我们要做抽样，而且应该是随机抽样，假如不是随机抽样，得出的结论对总体就没有代表性。统计方法是很不完美的，对社会学是有局限的，但是却是唯一能够刻画异质性的工具。所以统计方法我们不得不用，因为在个体上我们是得不到变异性的，只能得到共性。第二个，我们有时用社会情境原理，可以对变异性作出一些解释。怎么做呢？我们可以用嵌套的数据，比如说人的家庭是不一样的，所以就可以用嵌套的办法处理一些看不到的变异性，等一下我会讲一个多层次的模型。比如△K 是随 K 变化的，但是 K 内部是同质的，那么你做一个多级模型，相对来讲就可以解决一部分变异性。多层次模型现在用的很多，在不同学科有不同的名字，就是说我们怎么把一个看得见的常量在不同的情景分解。第三个，就是倾向值。倾向值的运用在因果分析中比较多，是讲我们将倾向干预的可能性做一个回归，用倾向值来代表。我们关心的就是是不是存在选择性偏差，它有可能反映在倾向值上。有时候倾向值来自于工具变量，工具变量有几十年的历史，这也是解决异质性的一个方法。在这个图中 Z 是一个工具变量，因为我们知道它可能影响 X，而 X 影响到 Y，X 影响到 Y 是理论上的，我们假设 U 是一个看不到的值，可能影响 X，也可能影响 Y，所以我们不能简单地做回归，把 Y 作为因变量，X 作为自变量，因为他们都受到 U 的影响。我们处理的方式就是找到 Z，它只影响到 X，不直接影响到 Y，通过 X 来影响 Y。我们能很好地找到 Z，就能很好地解决问题，就是选择性偏差。近几年工具型变量是用的很多的，特别是劳动经济学，因为工具变量是一个准实验的一个方法。最后一个，是讲固定效应的一个模型，这个实际上是多层次模型的一个变化。比如说两个兄弟来自于同样的家庭，a是兄弟之间共享的一个看不见的因素，比如说父母对小孩的影响、环境等，我们假设是一样的，这就是固定效应，做了这个假设，就可以用减法把这个影响去掉。

下面我讲下自己的结论：第一，社会科学用各种各样的方法来模仿自然科学，这是历史上很常见的现象，但是并没有真正的成功；第二，我认为社会科学和自然科学之间是有根本性的差别的；第三，模仿自然科学不成功的原因是异质性，它又是我们研究的对象，所以异质性是我们的长处，也是短处，使得我们的研究不可靠，也使得研究更有意义。

就讲这些，谢谢大家！

留住城市文化的“根”与“魂”

◎单霁翔

单霁翔，籍贯南京江宁。清华大学建筑学院城市规划专业研究生毕业，师从我国著名建筑大师与城市规划大师吴良镛先生，获工学博士学位。

1980年至1984年在日本留学期间，系统学习了历史性城市与历史文化街区的保护与规划工作。1994年至1997年担任北京市文物局局长。2002年担任国家文物局局长以来，积极倡导、推动并实施在城市化加速进程条件下的各项文化遗产保护工作，不遗余力。同时，积极推动乡土建筑、文化景观、文化路线、工业遗产等文化遗产保护新领域的研究和实践。2004年以来，已出版《城市发展与文化遗产保护》等学术专著7本、在建筑学和人文社科重要期刊发表相关学术论文28篇。

2005年3月，获美国规划协会授予的“规划事业杰出人物奖”。

本文是作者2011年6月20日在武汉大学老图书馆所作的珞珈讲坛第二十八讲学术报告。

尊敬的李健书记、尊敬的谢校长、尊敬的各位老师同学们：

今天来到我们国家著名的高等学府武汉大学，来到我们向往已久的最美丽的校园，来到我们近代优秀建筑武汉大学图书馆的珞珈讲堂，来向大家汇报感到非常荣幸！今天我汇报的题目是“留住城市文化的根与魂”。大家知道我们居住的城市，如果从新石器算起也只有6000年的历史，和300多万年的人类的历史相比是短暂的，300多万年人类的历史和我们这个有着40多亿年历史的蓝色星球相比就更为短暂。但人类一旦走入城市，生活发生了巨大的变化，就像这两张幻灯片所展示的。从几千年前的渔猎时代跨入今天的太空时代。当然我们还必须长期地生活在我们的城市中，城市既是人类文明的成果，又是人们日常生活的家园。各个时期的文化遗产像一部部史书，记录着城市的沧桑岁月，惟有保留下来具有特殊意义的文化遗产，才会使城市的历史绵延不绝，才会使今日人类发展的需求不断得到满足，也才会使城市永远焕发着悠久的魅力和时代的光彩。正因为如此，很多城市都在不遗余力地保存他们城市的文明成果，比如这个城市对他们有着400多年历史的老教堂的一个立面进行保护，同时还在精心保护一座正在使用的教堂。今天这座老教堂和新教堂一起被列入了世界文化遗产名录。

今天，我们没有必要担心列入保护的文化遗产数量太多，和全球人类共同的需要相比，和我们子孙后代的需要相比，可供我们选择保护的文化遗产已经不是太多，而是太少。我们应当争分夺秒地既为当代，更为后代，把更多珍贵的文化遗产抢救下来，列入保护之列。正因为如此，近些年在国务院领导下，我们的文物保护志愿者和工作者43000人进行了一场艰苦卓绝的文化资源信息的普查，也就是国务院领导的第三次全国文物普查。在祖国的荒漠、田野、高山、水下进行着资料的汇集，今年年底将向社会公布汇集成果，大约有80万处不可移动的文物。

当前，我国处于城市化快速发展阶段，城市建设以空前的规模和速度展开，文化遗产和城市文化特色保护处于最紧迫、最关键的历史阶段。我这么说有着充分的证据，对每个城市来说过去的二三十年间都是变化最大的阶段。其原因，一方面是我们正处于城市化加速的历史阶段。在我国城市化每增加一个百分点，就意味着1200万到1500万农村人口进入城市，这些农业人口进入城市后必然引发城市规模的急速扩张。另一方面是我们每个人生活习惯和支出结构的变化，我们很多家庭在人均国民生产总值1000美元以下的时候，支出主要是衣和食，但是在3000美元时，这种结构有了很大变化，主要体现在用，特别是电子设备。但是等突破3000美元，家庭支出主要用于住和行，就是每个家庭都期望用于自己的住宅、私家车，于是房地产开发规模、基础设施建设的速度都是超常规的。这次到武汉大学来，沿途看到的都是工地，特别是地下轨道交通和地面的高架桥。这一时期是文化遗产保护和城市建设矛盾最集中的时期，包括欧洲在20世纪六七十年代都曾有过这样的历史。面对种种问题和挑战，每一座城市都必须以文化战略的眼光进行审视，从全局的和发展的角度进行思考和分析，以期得出正确的创新理念。

这里有两组幻灯片可以看出我们城市化和城市规模变化的激烈程度。

近30年来，我国城市建设在众多领域取得了举世瞩目的辉煌成就，但是，一些城市在物质建设不断取得新的进展的同时，在城市文化建设方面重视不够。归纳起来涉及8个方面的问题或应该避免出现的情况。由此可以看出加强城市文化建设，避免城市文化危机加剧的紧迫性。

一是避免城市记忆的消失。城市记忆是在历史长河中一点一滴地积累起来，从文化景观到历史街区，从文物古迹到地方民居，从传统技能到社会习俗等，众多物质的与非物质的文化遗产，都是形成一座城市记忆的有力物证，也是一座城市文化价值的重要体现。比如这些历史街区、传统建筑、地下遗存、文化景观和非物质遗产都是城市记忆的有力凭证。但是，一些城市在所谓的“旧城改造”、“危旧房改造”中，采取大拆大建的开发方式，致使一片片历史街区被夷为平地；一座座传统民居被无情摧毁。由于忽视对文化遗产的保护，造成这些历史性城市文化空间的破坏、历史文脉的割裂，社区邻里的解体，最终导致城市记忆的消失。我们是非常反对危房改造和旧城改造这些词，我认为旧城改造的问题在于把我们有着千百年历史积淀的城市的核心地区仅仅定位成改造的对象，而没有强调它们也需要保护，有机的更新；危旧房的问题在于，如果危房需要改造，涉及人民安全的话，那旧房也一定需要改造吗？所以我认为这两个词都是没有文化的。就是这样成片的历史街区被夷为平地。

二是避免城市面貌的趋同。城市面貌是历史的积淀和文化的凝结，是城市外在形象与精神内质的有机统一，是由一个城市的物质生活、文化传统、地理环境等诸因素综合作用的产物。一个城市的文化发育越成熟，历史积淀越深厚，城市的个性就越强，品位就越高，特色就越鲜明。有很多人们看到具有独特风貌的历史性城市，比如平广开阔的北京，壮美的武汉，白墙灰瓦的苏州，平遥和丽江都已经被列入世界文化遗产名录。世界上还有很多城市给人深刻印象，比如罗马、维也纳、布达佩斯，欧洲这些城市有他们传统的文化理念，就是它们突出众多修建天际线的建筑一定是公共建筑，而不是因为某个公司有钱或者有实力就能突破城市控制而强迫市民观赏它的建筑。还有一些城市如丹佛、非洲的卡萨布兰卡、南美的库斯科古城都坚守着自己的文化理想。还有座城市很年轻，叫特拉维夫，103 年前 27 户犹太人到这里定居，开始采用当地可以取到的建材，按照一定规则和规律，慢慢扩大起来，1990 年以后，它被称做“白城”，列入了世界遗产名录。

但是，一些城市在规划建设中抄袭、模仿、复制现象十分普遍，城市面貌正在急速地走向趋同，导致“南方北方一个样，大城小城一个样，城里城外一个样”的特色危机。各地具有民族风格和地域特色的城市风貌正在消失，代之而来的是几乎千篇一律的高楼大厦，“千城一面”的现象日趋严重。

三是避免城市建设的失调。城市建设是为了创造良好的人居环境，既包括物质环境，也包括文化环境。而城市规划则是合理配制公共资源，保护人文与自然环境，维护社会公平，弥补市场失灵的重要手段，它的根本目的不仅是建设一个环境优美的功能城市，更

在于建设一个社会和谐的文化城市。南京把古老的明代城墙建成环城遗址公园后，市民每天都可以在这里娱乐、休息、锻炼；北京也在城市建设中发现了最后一点城墙遗址，作为弥补建了一个小型遗址公园；澳门精心保护了它们二十八组古建筑群和十几个广场，融入了城市生活，使城市充满了文化气息。

但是，一些城市在建设中缺少科学态度和人文意识，往往采取单一依赖土地经营来拉动经济的增长方式，导致出现“圈地运动”和“造城运动”。一些城市盲目追求变大、变新、变洋，热衷于建设大广场、大草坪、大水面、景观大道、豪华办公楼，而这些项目却往往突出功能主题而忘掉文化责任。

四是避免城市形象的低俗。城市形象是城市物质水平、文化品质和市民素质的综合体现。既表现出每个城市过去的丰富历程，也体现着城市未来的追求和发展方向。美好的城市形象不仅可以实现人们对城市特色的追求和丰富形象的体验，而且可以唤起市民的归属感、荣誉感和责任感。

很多城市都有引以为傲的历史建筑，比如罗马的万神庙、维也纳的金色大厅。锡耶纳的市民最骄傲的是它的广场，周围的建筑是不同时代，不同的经济基础的市民，根据不同需要，请不同的设计师设计建造的房屋，但是遵循着一定的规则，保存了一定的天际线，被联合国列入了世界遗产名录。伊斯布鲁克的每个家庭有着自己的文化追求和对色彩的理解，但是对于前面的水，后面的山保持着一些敬重。

但是，一些城市已经很难找到层次清晰、结构完整、布局生动、充满人性的城市文化形象。不少中小城市盲目模仿大城市，至今仍把高层、超高层建筑当作现代化的标志，寄希望于在短时间内能拥有更多“新、奇、怪”的建筑，以迅速改变城市的形象，结果反而使城市景观变得生硬、浅薄和单调。为什么呢？不是搞了很多新奇怪的建筑吗？殊不知我们上百座城市的领导人挖空心思的请国外的设计师来自己城市设计，请的就是那几十座城市的设计师。他们拿着同样的图纸奔波于各个城市，对于这些城市的历史文化、传统和地域特色没有理解，所以在很多城市都是雷同的建筑。

重庆曾经有一个人们印象最深刻的文化景观，朝天门码头。很多人到重庆都是从两江汇流之处的朝天门码头登上高高的台阶，看着两边的吊脚楼进入的重庆，但是在建设朝天门广场时把它拆掉了，我认为对重庆来说是一场文化灾难。开放的陕西欢迎你！陕西历史悠久，文化灿烂，但是在机场广告上却用曼哈顿的高楼大厦来欢迎来宾，令人费解。但是走了几步，看到泰国欢迎你的广告，欢迎陕西人民到泰国去看文物古迹，太荒唐了。

五是避免城市环境的恶化。城市环境是城市社会、经济、自然的复合系统。城市环境与城市的生态发展密切相关，具有高度的敏感性。好的城市环境不但可以保证人们的身体健康，而且可以激发人们的积极性和创造性。今天，研究城市环境的基点应是如何使城市既宜人居住，又宜人发展。

静静的河流，绿绿的草地，漫步其中，人与自然可以和谐地对话，不像很多城市刻意地把河流搞成水槽，两边建了汉白玉的栏杆，把人和自然隔得很远。这座城市一直坚持着自己的文化理想，今天无论漫步在瘦西湖畔，还是荡舟瘦西湖内，都看不到杂乱的建筑突进到历史园林中。出差的时候在格拉茨这个广场旁边住，发现这里每天不同的时间都有不同的人在活动，一个明显的特征就是这是一个为人建设的广场，是为人的生活丰富多彩而建的广场。

但是，一些城市以对自然无限制的掠夺来满足发展的欲望，致使环境面临突出问题：空气污染、土质污染、水体污染、视觉污染、听觉污染；热岛效应加剧、交通堵塞加剧、资源短缺加剧；绿色空间减少、安全空间减少、人的活动空间减少。不少文化遗产地也出现人工化、商业化、城市化趋势。

这是一张兰州的照片，照得有些模糊，但是沙尘暴一来就更模糊了。颐和园，世界文化遗产，在它的湖面上已经可以看到现代建筑突入了它的景观之中。遵义会议会址，曾经高耸于周围建筑，保存着一种尊严，但是今天周围建筑都比它高了。安徽宣城，当地政府和从九华山下来的和尚勾结在一起，破坏文化遗址，在上面建设丑陋无比的寺庙，经过六年整治，全面拆除。锦旗招展，锣鼓喧天，这是本应庄严肃穆的秦始皇陵，后来整治了。

六是避免城市精神的衰落。城市精神是城市文化的重要内核，是对城市文化积淀进行提升的结果。城市精神的形成是一个长期的过程，并在历史上和现实中发挥着异常重要的作用。通过对城市精神的概括和提炼，可以使更多的民众理解和接受城市的追求，转化为城市民众的文化自觉。

2006 年澳门历史城区被列为了世界遗产名录，在决议通过的当天，从澳门市民的手中寄出了 20 万张明信片，骄傲地写上澳门——一座文化古城。澳门给人们的印象是赌城，博彩业非常发达的城市，但是由于特区政府精心保护了三四百年来中西合璧的古建筑，使他们拥有这个神圣的称号。何厚铧特首坚持要亲自到人民大会堂接受证书，在机场他的第一句话说："我们澳门是座文化城市，不和我们旁边的那座城市一样。"

这个高地叫马萨达高地，2000 年前当耶路撒冷已经陷落，罗马军团把犹太人固守的最后一个阵地团团围住以后，970 名士兵和他们的家属在这里坚守了 3 年，最后弹尽粮绝自杀身亡。于是犹太人开始了上千年浪迹天涯的生活。以色列建国之后把这座高地当做爱国教育基地，以色列的年轻人都要服军役，服役之前都要到马萨达高地宣誓，誓词就是不使马萨达再次陷落。

这座城市有座古老的建筑，这里诞生了一个古老的宣言，就是美国的独立宣言。今天费城政府把它加以保护，申报世界遗产，作为一个爱国教育的基地。

这座城市有着武昌起义的旧址，也是城市的一段光荣历史。今年是辛亥革命 100 周年，武汉是首义之地。

这座城市有一条船，一条不简单的船，中国共产党在这里作出了建党的决定，今天嘉兴市把它加以保护，进行爱国主义教育。

这座城市是厦门，他们怀念为厦门教育作出贡献的陈嘉庚先生，把他的墓，捐赠建设的集美学村都申报成为全国重点文物保护单位，作为爱国教育的实物展示。

但是，一些城市追求物质利益，而忽视文化生态，在城市建设中存在盲目攀比、不切实际倾向。实际上是重经济发展，轻人文精神；重建设规模，轻整体协调；重攀高比新，轻传统特色；重表面文章，轻实际效果，表现出对文化传统认知的肤浅、对城市精神理解的错位和对城市发展定位的迷茫。

我爱看机场广告。哈尔滨的广告有一个广告词叫“1907—2007年，哈尔滨迎来第二个伟大建筑”，第一座肯定是指索菲亚教堂，第二座人们目光就集中到这座房地产商开发的楼了。我问哈尔滨市长，有了第二个伟大建筑，你们知道吗？他不知道，问规划局长也不知道。后来就赶紧取下来了。

领导说我们这里也要建成这样。

老师说我们看日出的最佳时间是中午11点到12点。

前任领导说我盖过很多标志性建筑，后任说我把它全炸掉。

七是避免城市管理的错位。城市管理是一项复杂的系统工程，应肩负起对未来城市的责任。通过城市管理不但要为人们提供工作方便、生活舒适、环境优美、安全稳定的物质环境，而且要为人们提供安静和谐、活泼快乐、礼让互助、精神高尚的文化环境，这就需要用文化意识指导城市管理。

旧金山在20世纪六七十年代建了一座高架桥，使得美丽的海岸和古老的旧城被人为地割裂。后来地震了，桥震坏了，于是市民就开展了一场讨论，绝大多数市民认为这座城市不需要这座桥，于是市政府采纳了建言，采用公交优先和步行路系统，交通更加畅通，美丽的海岸也回到了市民生活之中。

欧洲很多城市不是盲目扩大道路的宽度，拆除两边历史悠久的建筑来解决交通，而是采取那些运量大、准时、便宜的轨道交通来解决市民的出行问题。

根据不同的文化理念来建设城市，我认为可以分为大尺度的城市和小尺度的城市。这个争论已经存在上百年，从所建设的大尺度的高楼大厦、大片绿地和立交桥系统，到城市的一些理论，有很多研究。但从实践来看，小尺度城市逐渐显现出优势。首先是就业，遍布的小商店增加了就业机会。其次，市民生活方便，特别是汽车多了之后，大尺度城市往往汽车增加速度比立交桥建设速度快。北京现在叫首都，也叫首堵。小尺度城市可以很方便的多方案的组织单线行驶交通，反倒不堵车。这就是对于城市景观、环境、特色的不同理解。很多城市的广场都是市民活动和与自然沟通的空间。

但是，一些城市在管理内容上重表象轻内涵，在管理途径上重人治轻法治，在管理手段上重经验轻科学，在管理效应上重近期轻长远。不能从更高层次上寻求城市管理的治本之策，问题已然成堆，才采取应急与补救措施。“城市病”的病根在于城市管理缺乏长远的战略眼光，缺乏应有的文化视野。

很多的城市盲道都不能用，存在各种问题。

城市梅花桩，既影响交通，也影响观感。

遮羞墙，领导觉得路边的民居不好就建一堵墙遮起来。

宽马路，拆了很多建筑，却没有起到任何想要的效果。

新兴城市阿斯塔纳，建了很多气魄宏大的建筑，提前几十年建立交桥了。

八是避免城市文化的沉沦。城市文化是市民生存状况、精神面貌以及城市景观的总体形态，并与市民的社会心态、行为方式和价值观念密切相关。城市文化不断积淀与发展，形成城市的文脉。城市的文化资源、文化氛围和文化发展水平，在一定程度上体现出城市的竞争力，决定着城市的未来。

很多城市都有令人过目不忘的雕塑，比如兰州的黄河母亲、广州的五羊、厦门的郑成功、珠海的渔女、武汉的李白像、维也纳的贝多芬、芬兰的西贝柳斯，都传达着城市的文化气息。

但是，一些城市面对席卷而来的强势文化，不是深化自身的人文历史，而是浅薄化自己的文化内涵，使思想平庸、文化稀薄、格调低下的行为方式，弥漫在城市的文化生活之中，消解着人们对于优秀传统文化的理解和继承，究其深层次原因，是文化认同感和文化立场的危机。

北京四合院门前的雕塑。

很多城市的雕塑，钢板或是钢柱顶着五个七个球，看不出有什么意思，与历史与文化也没什么联系。

荷花市场历史街区的星巴克，隆福寺的肯德基，西安鼓楼下的麦当劳，华清池前的柯尼卡。

北京欢迎您！

1933年，诞生了关于“功能城市”的《雅典宪章》，是为了解决20世纪二三十年代在大工业城市出现的城市病，包括交通拥堵、环境污染、郊区蔓延的贫民区等，很多社会学家、规划学家、建设学家聚在一起研究如何建设美好的城市。《雅典宪章》主张以功能分区的观念规划城市，并指出城市的居住、工作、游憩和交通四大功能要协调、平衡发展。这一理念对各地城市规划和发展产生重要影响。但是，人们从实践中逐渐认识到，仅仅依靠功能分区无法解决城市的诸多复杂问题。

这一理念对当时没有规划的城市来说是一根救命草，很多城市，包括我国20世纪50年代在苏联专家指导下，大部分城市都是这种规划功能的城市。比如北京，通惠河以南都是化学化工工业区，河以北是纺织、机械制造工业区。西郊规划的是重金属、钢铁冶炼和发电厂，南部丰台是仓库群和交通枢纽，科研院校在北京的北部，大专院校在西北部，绿地在西郊。这样的规划问题在70年代就显现了，每天数百万市民要两三个小时在路上，因此，造成了交通拥堵、环境污染、休憩时间的减少。这就是因为只以功能规划城市，而没有以人为核心来规划家园。人们从实践中开始理解仅仅以功能分区无法解决众多的复杂问题。

如何解决城市生活和可持续发展问题呢？我认为：

第一，城市文化构建和谐城市。

城市文化是社会文明在城市的缩影，是社会和谐在城市的集中表现。“以人为本”和“科学发展观”既是治国谋略，更是城市文化的精髓，是实现社会和谐、诚信、责任、尊重、公正和关怀的保证。将这一文化精髓贯彻到城市发展的各项事业之中，才能实现文化与经济发展的良性循环。

这个城市的居民坚守着自己城市的特色，百年间没有让一辆机动车驶入这个城市，今天赢得了人们的尊敬的目光，不远千里到这里观光旅游。

这个城市把最中心的广场让给居民，经常举办各种活动，甚至把广场分为小片的田地，让他们种植蔬菜来体验战时的生活。

这个城市的广场亭是艺术家和艺术爱好者的天地。

菲律宾的拉瓦格市，几位老人把一栋旧公寓保护下来，把家里使用过的过去的东西搬到这里，成为民俗博物馆，这些老人在阁楼里唱着儿时的歌曲，这里也成了中学生、小学生爱去的地方，变成了他们的第二课堂。

适宜居住是和谐城市的重要特征，将城市目标定位为宜居城市，体现了城市建设和发展从以物为中心向以人为中心的转变，不是片面地追求“形象工程”，而是更关注文化的发展，关心人的发展成长，重视和发挥人的作用。这就对城市的管理者和决策者提出了更高的要求。

一个城市应该是年轻人挥洒激情的地方，也应该是老年人老有所乐的地方。

广州市把修路时发现的一条宋元的街道保护起来，今天人们可以同时在这条历史的街道和现实的街道漫步。

保加利亚的索非亚在修路时发现一座小教堂遗址，就在道路中心建了一座小博物馆。成为一座难得的在道路中心的博物馆。

第二，文化竞争力决定城市竞争力。

城市竞争力是一个综合概念，既包括经济竞争力，也包括文化竞争力。当前，文化竞争力的影响与作用越来越突出，成为推动城市可持续发展的重要力量。在物质增长方式趋同，资源与环境压力增大的今天，城市文化成为城市发展的驱动力，体现出更强的经济社会价值。

我前面谈到在人均国民生产总值超过3000美元以后，家庭支出将主要用于住和行。当超过8000美元时，支出结构又会有重大调整。有五方面支出：一是更多的家庭增加文化方面投入，去看歌剧，听交响乐，看博物馆等；二是在体育健身方面有更多投入，经常去健身房，打网球；三是旅游，到外地甚至国外；第四个是收藏，购买自己喜欢但不是生活必需的用品；五是参与慈善，捐赠、赞助。这种形势下，全国的文物古迹面临很大压力，比如故宫，每年突破千万，很多地方都是这种情况。

波恩贝多芬故居，在距其几个街区的地方就有引导，让你不自觉地就去他们历史名人的故居去学习。

肯尼亚文化资源很少，自然资源丰富，发掘自己的文化内涵，根据小说的作者的描述的卡伦故居，建成了一个到肯尼亚都会被引导去的有美丽的故事的地方。

武汉的詹天佑故居，展现一个爱国者、一个早期的工程师的生活。

文化软实力能够使人们潜移默化地接受文化价值观。当今经济活动依靠的是文化内核，科研创新依靠的是文化造诣，生产管理依靠的是文化修养，技术掌握依靠的是文化素质，更重要的是依靠民族的文化精神，文化对经济社会的发展起着越来越重要的作用。

对于文化传统，文物保护理念从娃娃抓起，要对幼儿园的孩子、小学生们讲。这是河内的中学生在他们的国家博物馆上历史课。

格拉茨对市民进行社区传统教育，他们就把上坡上座椅的背板上展示出社区变迁的情况，让他们不忘历史。

旧金山在路口的座椅上展示这个路口交通工具和景观的变迁。

第三，城市文化创新引领城市发展方向。

当前城市不仅面临文化遗产保护不力问题，也面临文化创造乏力问题。丧失保留至今的文化遗产，城市将失去文化记忆；没有新的文化创造，城市将迷失方向。城市文化必须承载历史，反映城市文化积淀；也要展现现实，反映城市文化内涵；还要昭示未来，反映城市文化创造。

正因为如此，欧洲的罗马剧场今天仍然是最高雅的艺术殿堂，很多歌剧、交响乐都在这些传统建筑里举行，并取得很好的效果。

维也纳把这些废弃的煤气罐进行保护性再利用，使之成为游客中心，这里既有宾馆、餐饮，同时还有文化馆、艺术馆。

宁波把一个老面粉厂变成了图书中心。

这个城市的决策者很有智慧，在你来到这里时，先将我们带到对面的山上，甚至给你一杯免费的咖啡，当你举目一望的时候，把佛罗伦萨最美的景观展现在你的面前。

城市文化不是化石，化石可以凭借其古老而价值不衰；城市文化是活的生命，只有发展才有生命力，只有传播，才有影响力，只有具备影响力，城市发展才有持续的力量。所以，城市文化不仅需要积淀，还需要创新。只有文化内涵丰富、发展潜力强大的城市，才是魅力无穷、活力无限的城市。

一些中西部城市有着悠久的历史，他们把大片的历史遗址加以保护，形成文化特区，比如西安、洛阳，我们就会发现这是城市最美丽的地方。

事实长期以来并非如此，比如西安的大明宫。大明宫是盛唐的政治中心，但是唐末被烧毁，逐渐沦为一片荒凉的土地。20 世纪三四十年代开始不荒凉了，来自河南黄泛区的百姓来到这里生活下来。后来西安其他地方发展起来，而这里因为大面积的文物保护单位而停止了发展。居住在这里的百姓开始和外面的人生活水平差距拉大。2005 年，中日合作，对于大明宫的第一层大殿，也是最大的大殿含元殿进行保护，然后进行保护性展示。

这件事我们认为是文化遗产保护理念的变化，就是怎样使我们城市里的文化遗产有尊严，使它成为民心工程。我们国家很多城市有这样的考古遗址，包括武汉。我们组织了一个高峰论坛，就是请这些城市的领导来看看这里发生了什么。

很多城市开始了遗址公园建设，比如圆明园遗址，原来是准备复建的，后来含经堂遗址发现，包含了很多文化信息，于是进行考古遗址展示，不再复建了。

周口店国家考古遗址公园，周口店把博物馆从山上搬到了山下。

集安高句丽国家考古遗址公园。把上面杂乱无章的乡镇企业清除，展现两座古城，7000 座墓葬，成为一个大型遗址公园。

鸿山国家考古遗址公园。

殷墟国家考古遗址公园。一个三千多年的遗址，通过几十种方法的展现，不但遗址公园得到好评，而且被列为世界文化遗产。

三星堆国家考古遗址公园。

金沙遗址。

阳陵国家考古遗址公园。

秦始皇陵国家考古遗址公园。

通过这些案例我们得出以下三点结论（学习实践科学发展观的三点体会）：

1. 新石器文化遗产应拥有自己的尊严。

今天我们的玉器、古玩已经升值了，人们十分珍爱。但是我们很多的古遗址、古墓葬等还受着不公正待遇，我们的传统民居、历史街区都应该是最受尊重的地方。

2. 文化遗产事业应融入经济社会发展，要成为促进社会经济发展的积极力量。后面我会讲，事实证明文化遗产保护对于经济社会发展起着巨大的支持作用。

3. 文化遗产保护成果应惠及广大民众。

只有文化遗产对现实生活的改善有促进作用，他们才会接受喜欢文化遗产，文化遗产才会有尊严，才能够促进经济社会发展，这就是一种良性循环。

文化遗产保护对国民经济的贡献方面，2008 年国务院发展中心第一次编制了《中国文化遗产事业发展报告》，我们从来没有做过经济发展方面的评价，以往都是关注思想文化方面的。显示了文物保护工程的成功实施，大大提高了文化遗产资源的利用效率，提升了文化遗产对于国家经济社会的贡献率。“文化遗产蓝皮书”显示：“十五”期间，占 GDP 仅 0.018% 的全国文物系统财政拨款对国民经济的贡献却达到了 GDP 的 0.143%，即国家对于文化遗产每投入 1，产出是 8.1。

这个结果出来之后，国家对于文化遗产保护的投入逐年加大。2006 年是 7.65 亿，去年达到了 97.7 亿，将近百亿。十二五期间将是十一五期间的五倍。就是说九年前我们的保护经费 2.5 亿多，九年后将达到 2 百多亿，增长 100 倍。

文物保护法规逐渐健全。从国务院，部委，省各个层面都在努力。2002 年《中华人民共和国文物保护法》修订公布实施以来，到现在已经有四百多部法规。其中最引人瞩目，影响最大的是 2005 年 12 月，《国务院关于加强文化遗产保护的通知》，是我国第一次以“文化遗产”为主题词的政府文件，表明开始了从“文物

保护”走向“文化遗产保护”的历史性转型，文化遗产保护的内涵逐渐深化，更加注重世代传承性和公众参与性；文化遗产保护的范围不断扩大，呈现出若干新的发展趋势。

其一，文化遗产保护内涵的深化。

强调两个方面：世代传承性和公众参与性。

世代传承性强调，文化遗产的创造、发展和传承是一个历史过程。每一代人都既有分享文化遗产的权利，又要承担保护的责任。作为当代人，并不能因为现时的优势而有权独享，甚而随意处置祖先留下的文化遗产，保护和利用的真正目的是传承，未来世代同样有权利与历史和祖先进行情感和理智的交流，吸取智慧和力量。

公众参与性强调，文化遗产保护不是各级政府和文物工作者的专利，而是广大民众的共同事业。必须尊重和维护民众与文化遗产之间的关联和情感，保障民众的知情权、参与权和受益权。只有当地居民倾心地自觉守护，才能实现文化遗产应有的尊严，有尊严的文化遗产才具有强盛的生命力。

我们一般的考古过程没有考虑过将文物保护作为全民的工作，只是将它看成是一项专业的、部门的、行业的工作，这是一个很大的误解。后来在工地上把考古的发现该告诉附近的百姓，使他们提高了认识，知道这里需要保护，自觉地成为文物的捍卫者和保护的宣传员。

其二，文化遗产保护外延的拓展。

文化遗产保护和文物保护有什么区别？我认为在外延方面有六个趋势。

一是在文化遗产的保护要素方面，从重视单一文化要素的保护，向同时重视由文化要素与自然要素相互作用而形成的“混合遗产”、“文化景观”保护的方向发展。下午座谈的时候我曾经说，文物保护就像我们过去保护泰山的摩崖石刻、庐山的别墅群、五台山的寺庙。但是今天在文化遗产保护的语境下，泰山、庐山、峨眉山、嵩山、五台山等这些名山大川整体的文化空间进入了保护的序列，并且都成为了世界文化遗产。我们国家自古以来崇尚“天人合一”、人与自然的共同创造，所以我国值得保护的人文景观特别多，比如现在申报世界文化遗产的正在审核的杭州西湖，有希望但是很难。《保护文化与自然遗产公约》是加入国家最多的一个公约，一共190个国家。每年要申报上百项的，但是每年只能通过大概20项。今年的西湖有希望，这是我国第九年连续的，没有国家连年申报，也没有国家连续通过的。申报的重要性，我认为是能够让他们的保护进入国际视野，进入更加权威的监控之下，同时在升级过程中解决了很多历史遗留问题。明年要申报元上都，还有藏羌碉楼、鼓浪屿、哈尼梯田，这些都是文化景观。

文化遗产的产生和发展与所处自然环境密不可分。我国自古以来崇尚人与自然和谐共处，形成文化与自然遗产相互交融的重要特性。

二是在文化遗产的保护类型方面，从重视“静态遗产”的保护，向同时重视“动态遗产”和“活态遗产”保护的方向发展。文化遗产并不意味着死气沉沉或者静止不变，她完全可能是动态的、发展变化的和充满生活气息的。许多文化遗产仍然在人们的生产生活中发挥着重要作用，充满着生机与活力。比如江南水乡，比如那些民俗村落、龙井茶园、盐田。

对于文物保护来说就面临着很大挑战，原来静态的保护还有问题，所以会引来文物保护学科建设的一些职能重大变化。

三是在文化遗产的保护空间尺度方面，从重视文化遗产“点”、“面”的保护，向同时重视“大型文化遗产”和“线性文化遗产”保护的方向发展。文化遗产保护的视野已经从单个文物点，或古建筑群、历史文化街区、村镇，扩大到空间范围更加广阔的“大遗址群”、“文化线路”、“系列遗产”等。比如西安的周秦汉唐这样的大遗址，洛阳的隋唐洛阳城，湖北的荆州到荆门的大遗址，占地288平方公里。我们还有三条文化保护的线路，大运河涉及包括三个直辖市的35座城市，准备2013年申报世界遗产。还有丝绸之路，包括佛教丝绸之路，沙漠绿洲丝绸之路，草原丝绸之路，海上丝绸之路，遍及98个国家，大半个地球。中国政府响应联合国教科文组织的呼吁，牵头来保护这个世界最大的文化遗产。

去年还启动了茶马古道，从云南到西藏，辐射青海、贵州、甘肃、四川的广大区域。

四是在文化遗产保护的时间尺度方面，从重视“古代文物”、“近代史迹”的保护，向同时重视“20 世纪遗产”、“当代遗产”的保护方向发展。当前，我国社会生活的各个方面都在发生急剧变化，如不及时对现代文化遗存加以发掘和保护，我们很可能将在极短的时间内忘却昨天的这段历史。

这不是危言耸听，越是现代的，我们司空见惯的，消失越快。全国博物馆保护的早期农民协会的牌子有六七十块，但是人民意识到人民公社也是当时一个重大的社会变革，但是全国上下就找到两块人民公社的牌子，其他都迅速的消失了。我们现在列入国宝的像大庆的第一座油井，大寨的梯田和村庄，还有克拉玛依的井架，女排的训练馆，学校建筑也是我们重点保护的对象，其中重要的就有武汉大学的近代建筑。

五是在文化遗产的保护性质方面，从重视重要史迹及代表性建筑的保护，向同时重视反映普通民众生活方式的“民间文化遗产”保护的方向发展。例如对“乡土建筑”、“工业遗产”、“老字号遗产”的保护。这些过去被认为是普通的、大众的而不被重视，但是它们是文化多样性的重要表现形式。

比如陕北的窑洞，工业厂房（江南造船厂）。江南造船厂走出了我国第一批产业工人，但是由于世博会的举办需要搬迁，我们写了一个全国政协的提案希望整体保护。经过研究，今天这里保留下了 75% 的建筑，世博会结束后我们呼吁这里建设为博物馆园区，这里将建起六座城市博物馆。今年我们又提案呼吁保护首钢，我们应该让孩子们知道钢铁是怎样炼成的，八平方公里的厂区将来做文化旅游，人们可以获得大量的科技的、文化的信息。

在吉林、长春我们就呼吁要保护长春电影制片厂和第一汽车制造厂，都是以前的老建筑，还有武汉的重型机械厂。这种工业遗产利用最好的是上海，上海保存了 400 万平米的这种建筑，供不应求，很多艺术家、创业者、建筑师等都喜欢这种能使他们产生灵感的这种工业厂房。

六是在文化遗产的保护形态方面，从重视“物质要素”的文化遗产保护，向同时重视由“物质要素”与“非物质要素”结合而形成的文化遗产保护的方向发展。物质与非物质文化遗产的区分只是其文化的载体不同，二者所反映的文化元素是统一和不可分割的。因此，必然是相互融合，互为表里。像羌笛、黎族的黎锦、傣族的泼水节、汉族的春节都是这样。

最后说一下今天的博物馆，现在是一个大发展时期，每三天有一座博物馆建成开放，对于博物馆文化我写了两本书，一本《从数量增长走向质量提升》，一本叫《从馆舍天地走向大千世界》，我认为今天应该有广义博物馆的概念，就是博物馆的概念涉及社会生活的方方面面，博物馆工作应该把博物馆文化带到社区、带到厂房、带到军营、带到学校。有五类我认为已经跳出馆舍走入大千世界，一是旧址博物馆，用老厂房老建筑建的博物馆，像青岛的啤酒博物馆；二是遗址博物馆，结合考古工作在遗址上建的博物馆；三是生态博物馆，在美丽的山村，老百姓自发的保护自己的文化和环境，像浙江的安吉；四是社区博物馆，城市的社区由于大规模的建设、开发，很多邻里已经解体了，要在邻里间重新构筑温馨；五是数字博物馆。

另外就是要大力发展民办博物馆，这种力量不可低估，建川博物馆本来准备建设30座博物馆，今天已经汇集800万件藏品了。

中国的文化遗产逐渐走向世界，比如在苏州召开28届世界遗产委员会的大会，西安召开国际遗址理事会15届大会，去年年底在上海召开国际博物馆协会22届大会，这些都是国际理念和我国的国情相融合，同时每年申报世界遗产，进入国际视野。

最后结语：

为什么要提出“从‘功能城市’走向‘文化城市’”？并不是认为现代化城市不应该重视城市功能，反而，城市必须不断努力满足全体市民的各种功能需求。但是，城市的发展不能仅仅关注经济积累以及建设数量的增长，更要关注文化的发展。城市不仅具有功能，而且应该拥有文化。

为什么要提出“从‘文物保护’走向‘文化遗产保护’”？并不是简单的词语转换，而是在原有基础上的继承与发展。从古物—文物—文化遗产，反映出人类认识由注重物质财富，向注重文化内涵、再向注重精神领域的不断进步。与文物的概念相比，文化遗产的概念更为宽广、更为综合、更为深刻。我们相信：21 世纪的成功城市必将是文化城市！中国特色文化遗产道路越走越宽广！关键是我们如何把我们悠久的历史和今天的文化创造有机结合起来，可持续的发展。

谢谢！

中国城市化向何处去?

◎陈望衡

陈望衡，武汉大学哲学学院教授，博士生导师。自1992年起，享受国务院特殊津贴。从事美学、文学艺术、中国哲学和中国传统文化等研究，主要方向为中国美学史。近年来开辟环境美学研究方向。

出版学术专著二十余部，主要有《当代美学原理》、《中国古典美学史》、《20世纪中国美学本体论问题》、《心灵的冲突与和谐——伦理与审美》、《狞厉之美——中国青铜艺术》、《玄妙的太和之道——中国古代哲人的境界观》、《占筮与哲理——周易蕴玄机》、《艺术创作之谜》等。

此文来源于在陕西西安、甘肃庆阳市等城市做过的演讲。

中国城市化建设是目前中国现代化建设一道炫目的景观。不少旧城已经变成或正在变成新城，同时，一些昔日的不毛之地，倏忽间矗起了一座新城。用日新月异来描述中国城市化现状不谓为过。与之相应，中国城市现代化也就存在诸多的问题，而且一些问题在

某种意义上愈演愈烈，这就引起不少有识之士注意，中国城市化的道路是不是值得反思？

一、中国城市建设目前的突出问题

中国城市化有两个突出特点，其一是工商业城市优先发展，经济成为城市发展的杠杆。

工业社会的生产方式主要是运用机器进行大批量的生产，为了创造最高的经济效益，一般将工厂适当地集中在一个地区。这样，便于行业之间的竞争，也便于行业之间的合作。对于经济的发展确实是必要的。工厂相对集中的工业园模式是工业社会的产物。中国改革开放三十年，许多城市建有工业园区，沿用的正是工业社会的模式，只不过，过去的工业园的产生是自然的，今日的工业园的产生是自觉的。

商业是制造业与消费者的桥梁。为了减少运输成本，也为了便于与制造业直接联系，因此，诸多的销售业就建在工业园附近。

工业社会追求效率，讲究成本核算，力求以最小的付出赚取最大的效益，因而，它希望能为它服务的政府部门，还有一些其他服务性行业与它们相隔不是太远，而政府部门为了指导、调控工业、商业运作，也不愿建立在距工业区、商业区较远的地方。

这样，工业社会必然制造出一个名之曰“工商业城市”的怪物。工商业城市，顾名思义以工业和商业为动力，这样的城市不能不凸显经济的地位，而当经济成为城市的杠杆时，人性的全面实现与满足就不可能得到重视，生活在这样城市中的人们普遍感到生活的严重压力，感到生活的过于紧张，其人性均不同程度上受到异化。

其二，中心城市成为社会的操纵者。中国是一个各级政府分级集权的国家，各级政府所在地均成为行政上辖区上的中心城市。这一中心城市成为辖区的诸多功能的集中地。其中最重要的是政治中心、经济中心和文化中心、教育中心四项。北京是中央政府所在地，是首都，它是全国的政治中心、经济中心、文化中心和教育中心。由行政地位决定着城市地位，这是中央集权国家的普遍现象，而以中国最为突出。政治为主导、经济为杠杆、文化为服务成为中国城市化的基本模式。几乎任何一个城市均为三位一体。三位：行政、经济和文教。这三位中，政治为主导，它是领导者；经济是杠杆，它是城市发展的最主要的动力，而文化是为它服务的，对于城市的发展不可能有太大的影响，如果要发生大一点的影响，必须依靠政治与经济。在中国，城市的发展最常见的口号是“文化搭台，经济唱戏”。而经济，又在相当程度上与当地官员的行政有很大的关系，是政府在实际上控制着、影响着经济。因此，决定城市发展方向根本的还是政治。

由于上面说的两个重要的因素存在，中国城市建设最为明显的问题是：

（1）城市规模过于庞大：在中国，人口超过千万的城市绝不只是上海、北京。世界上，特大城市集中在中国。城市人口多，必然占地面积大。除城区外，中国的城市还带了附近的农村，这样就更大了。

（2）城市功能过于集中：中国的城市集中着社会上一切优秀的资源，城市不仅是经济中心，还是政治中心、文化中心、教育中心、交通枢纽。

（3）城市环境日趋恶化：这里说的环境主要是自然环境，主要体现在城市中的原生态的自然遭到灭顶之灾。如果这城市原来有山，为了修路，这山或是被劈开，或是被打洞；为了盖房，这山或是被削平，或是被叠上高房。至于山上的树木，基本上被砍伐殆尽。如果这城市中有水，这水不是被严重污染，就是被填掉。至于城市中空气质量之差，噪音之可恶，那是不消说的了。

（4）城市个性日趋消泯：中国的城市老城应是有一定个性的，工业社会追求高利润，使用机器生产，必然追求标准化，这也影响到建筑和城市规划。产生于19世纪的国际主义的建筑风格是与工业社会相一致的，这种建筑风格强调功能，形式简洁，追求几何造形，基本上没有什么个性可言。城市规划重视纵横排列，多呈棋盘格，街道整整齐齐，同样也没有个性可言。西方的一些城市的街道，干脆用数字来命名。中国的现代化在相当程度上是在补工业社

会化这一课，因而很自然地按照工业社会的城市模式来建造城市，建筑也大多采用国际主义风格，城市规划基本上套用几何模式。刚刚富起来的中国人贪大求新，追求现代，这样，几乎所有的城市就给弄成一个风格了。到哪一个城市去，所见景观差不多一样，城市个性基本上泯灭了。

（5）城市生活质量下降：城市本来是可以让生活更美好的，但由于中国现在的城市普遍存在环境污染、交通紧张等严重问题，事实上，不仅没有让生活更美好，而且使生活质量在某些方面下降了。生活在城市中的人们普遍感到精神上的压力，心理健康受到损害。西方社会上个世纪严重存在的人性异化现象在当今的中国的城市普遍地存在着。

城市问题远不只是城市本身的问题，更不是城市规划和城市管理的问题。中国城市模式是中国社会模式的集中体现。中国城市化向何处去，在相当程度上决定着中国社会向何处去。

二、突出“生活”主题

人活着，基本上是两大使命：一、生活，二、工作。生活在某种意义上它可以涵盖工作，但是，在一定情况下，也可以将“生活”挑出来，与“工作”相对应。生活主要是消费性的，而工作主要是创造性的。用通俗的话来说，前者是花钱，后者是挣钱。当然，工作也不只是为挣钱，准确地说，它是事业，事业就含有为社会、为文明作出贡献的意义。

在当今社会，人们均向往城市，无疑，城市应该在生活和工作两个方面均优于农村。用上海世博会的口号来说，“城市使生活更美好”。但实际上，在城市，生活与工作并不是天然就能做到均衡发展的。在中国现代，城市在事业上无疑优于农村，不管是谋哪个方面的发展，政治的、经济的、文化的亦或是教育的，都得奔城市而来。城市的行政品级越高，工作的机会越多，发展的前景越大。但生活是不是也这样的呢？当然不是。北京、上海、天津尽管是行政级别很高的城市，但不是宜居的城市，相反，在中国，某些行政不高的乡镇倒是更适合于人居的。

与人活着的两大使命相适应，城市的功能也应分成两大块：生活功能和工作功能。无疑，城市仍然要重视工作功能，为各色人等在谋发展上创造优越的条件，让他们能在城市实现各自的梦。事实上，这个方面城市的管理者一直没有放松过，体现城市工作功能中经济功能最重要的标尺GDP，一直为主政者高度重视。这倒不是因为它直接给主政者带来了多少经济利益，而是因为我们国家现阶段对城市主管者的政绩考核其主要标尺就在这里。

城市的生活功能是不是也得到一样的重视呢？显然没有。在当前城市生活质量与工作质量严重不均衡的情况下，强调重视城市生活质量不仅是适时的，而且是必要的。从某种意义看，城市建设的主题也应是生活，原因其实也很简单，工作的目的是为了提高生活质量。即使是工作，也必须有一定的生活质量做支撑，没有一定的生活质量，也谈不上提高工作质量。人的一生，处在工作岗位上的时间其实不多，顶多也只占一生的1/3。25岁以前和60岁以后一般不在工作岗位上。

20世纪五十年代，某些城市建设曾提出过“先生产，后生活”的口号，这一口号，现在显然不适应这个时代了。城市的领导者在城市建设的指导思想上应该将城市的生活质量摆在首要位置，一切为了让生活更美好。

多少年来，关于环境建设提出的口号是“宜居”，“宜居”，顾名思义，宜于人居住。宜于人居住，重在环境的生态质量与社会治安，强调的是生命的健康和生命的保存。这当然是必要的，但只是人对环境的最基本的要求。

我们认为，对于环境建设只是提出“宜居”是不够的，根据国家现有的财力和人民日益提高的对生活的要求，应该提出“乐居”的口号来。乐居是环境的最高追求。

“乐居”关系到四个重要问题：

第一，“低碳”。低碳的基础是生态，但是低碳作为一种生活方式，它的意义超越了生态。如果说生态只是人面对着人与自然的日益紧张的矛盾不得不采取的一种生存策略，那么可以说，低碳则是将珍爱环境与珍惜自然统一起来，将尊重生态与尊重人相统一起

来的新的人生哲学。自觉地将低碳作为生活方式的人必然懂得如何处理人与物的关系以及与之相关人与人的关系。

第二，“文化”。人是文化的动物，当人在讲文化时，意味着已经从动物的“苟活”中超越了出来。虽然文化具有最大的普适性，但是，它的本质是精神的。因此，只有把精神上的追求当作最高追求时，它才是文化的。一个地区的人民在注重精神追求时，这个地区人民的生活质量定然是高的。有精神追求的人们必然会懂得珍惜历史，珍惜文物，珍惜艺术。

第三，“和谐”。和谐包含的内容很丰富，就人与环境的关系来说，它指的人与自然的友好相处，人与人的友好相处。和谐的社会必然是法制的社会，但绝不仅是法制社会。只有当一个社会不只是法制的社会，还是一个德馨的社会、审美的社会，它才是和谐的社会。对于一个和谐的社会，“法”、“德”、“美”三者缺一不可。和谐不是拿在嘴上说的，老在说和谐，说明它不和谐，只有当和谐成为社会的当然之义内化为社会的血肉以至于被社会忘掉了的时候，它才真正实现了和谐。

第四，“幸福感”。幸福是人对生活的最高追求，幸福以一定的物质生活质量为保障，但并不是物质越丰富越幸福。幸福重在幸福感，这种幸福感既以整个社会物质文明与精神文明成果作支撑，又以个人对人生意义的正确认识为支撑。我们活着，都在做一份工作，我们对于工作既是敬业的，也是乐业的。只有将敬业与乐业统一起来，不只是为了责任同时也为了快乐而工作着的时候，这工作才是幸福的工作。我们活着既是为自己，也是为他人，只有将为自己与为他人统一起来的人生，才是美好的人生。个人的幸福感与社会的幸福指数是相联系的。而社会就是环境，这个环境的诸多状况包括经济、政治、文化、审美如何关系着社会的幸福指数。

所有这一切都属于生活的质量的问题。生活质量需要有一定的“硬件”做支撑，所以关系生活质量的基础建设不可忽视，但是，生活质量更重要的属于“软件”的建设。

建设一个美好的社会即乐居的生活环境，当然不只是市长的责任，也是全体市民的责任。

三、突破“围城”的模式

考古学家将城市的出现看作是文明的开始，而城市的标志则是有一道围墙。据考古发现，距今4000年至3700年前的浙江良渚文化晚期有城墙。将一座城用墙围起来，这一传统一直维持到近代。在西方，大概是工业革命后，城墙就陆续被拆掉了，在中国则更晚，新中国成立后，各城的城墙才开始拆毁。有完整城墙的城市现在极少见了，能够保留一段或几段的城市也不多。出于旅游的需要，有些城市又在恢复部分城墙。

城墙的功能主要是防御，在冷兵器的时代，它是有效的防守设施。现在，它除了文物的价值和旅游的价值外，别无其他价值。因而没有哪一座城市，为了现代化去修建城墙的。但是，我们发现，另一种类似城墙的设施在许多城市进行建设，那就是所谓的“环线”。环线是公路，不是城墙，它没有防守功能，只有交通功能，在功能上，它与城墙是完全不同的，但在“环”这一点上，它与城墙有某种程度上的相似之处。

环，意味着有一个中心区，它是城市的首脑。环线的存在，一是便于人们进入这个中心区，二是区分城市地段的级别。一环以内当然是最高的，二环次之，三环又次之。北京城现在多达六环，环线的总长度达到431.3公里。

在中国，差不多每一个中等以上城市都有几条外环线。环线的存在，意味着城市是一个围城。围城不一定是工业社会的产物，却与集权制政治有着千丝万缕的联系。它俨然是过去王城的扩大或翻版。

这种城市格局的弊病主要体现在交通上，因为城市重要的公共资源配置是以从中心向外逐步减少的。生活在城市中心区的人们享受到的城市公共资源比较的多，也比较的好。这样，人们就尽量地向市中心区涌。选择住房，首选市中心区，因而市中心区的房价最贵。在某种程度上，离中心城区远近成了评断人们生活地位的一把标尺了。这是中国城市化独有的一种现象，西方国家的城市似乎没有，他们的有钱人倒是更乐意住在城外的。

尽管“围城”模式弊病丛生，中国的城市化目前仍然在按照这种模式进行着，似乎除了这种模式别无选择。那么，能不能换一种思路呢？比如，不取众星拱月的城市建设模式，而做星罗棋布的城市建设模式。

这里，我们可以分在若干个层面来思考：

（1）解构城市概念：城市这一概念是与乡村相对立的。在现代社会，城乡差别在缩小，并趋向消失。先进的国家，已经没有了乡村与城市的区别，所有的乡村均成为了城市，只是城市有大有小。既然城乡的差别不存在，或将不存在，有什么必要坚持城市这一概念呢？

（2）解构全能城市：全能城市垄断众多的社会资源：政治的、经济的、文化的、教育的……城市按其行政级别不仅是所管辖区域的政治中心，而且还是所管辖区域的经济中心、文化中心、教育中心。这样的城市由于集许多中心于一体，谋求不同的利益的人们均向其涌去，自然造成城市巨大的生活压力，严重影响人们的生活质量。

城市的功能不宜太集中。美国的首都华盛顿只是全国的政治中心，由于只是一个中心，这个城市也就建得不大。虽然城区不大，人口不多，生活质量却是绝对的一流，而且正是因为它城区不大，人口不多，也才能将生活质量建设成绝对的一流。美国的亚拉巴马州首府蒙哥马利是一个历史文化名城，极清幽，也极美丽。然如果就经济来说，它远不如这个州内另一个城市伯明翰繁荣，但这一点也没有因此影响到它的魅力。各个城市，各美其美，互不攀比，因为各有特色，各有功能。

（3）解构街道意识：讲到城市，首先联想到的是街道。人们常去的店铺、机构均排在街道两边，这样，便于人们寻找，也便于一次办很多事，比如看了电影，然后购物，购完物后，再上邮政局。街道也有缺点，街道最大的缺点是造成交通紧张——塞车。古时没有汽车，街道是让人步行的，现在主要用来走车，自然不适应。中国城市的塞车之严重也许为世界之冠。

能不能不将城市规划成一条条的街道而是规划成一个个的专业性较强的小区？做某类事，就到哪个小区去，比如，这是娱乐区，你来这里，就是玩，有各种不同的玩，可以挑选。在这里不能购物，购物要到别的区去。这样是不是一次办不了很多事了呢？也未必，因为城市的交通十分方便。由于人们不必挤在一条街上，塞车的现象就自然没有了。

（4）解构中心市区概念：中心的意义是多种的，有空间上的，也有功能上的。市中心通常综合二者，而以功能为主。所谓中心区，不同的社会是不同的，中世纪，在欧洲一般是教会所在地；王权兴起的时候，一般是王宫所在地。工业社会，又将银行区、大商店所在地做成中心区。我认为，现在城建应淡化中心区，而强调多功能区。一个城市，有商业区，也有文化区，教育区，行政区、名胜区、景观区……这些区中，是不是有一个是中心呢？我认为，不必。它们都是重要的，在建设上不再重此轻彼而能各具特色，这个城市就显得疏朗有致且张弛有度了。

（5）建构多元的城市规划理念：城市规划其实是可以有多种模式的，不宜恪守一种模式，过去的众星拱月模式虽然尚不能说全部抛弃，但至少不能成为唯一的模式，要根据不同的城市作出不同的城市规划来。

（6）建构社区群落的概念：我们现在讲的社区只是人们生活的一个小区，小区设立的居民委员会其功能重在服务。我们这里讲的新社区，实际上是一个个小镇。大城市没有了，它化成了一个个小镇。这些小镇是不是要归属于一个更高的城市管辖，那倒不一定。所有这些新社区，不管是否承担重要社会功能：政治的或经济的或文化的，它们在生活设施上都是高度完善的。其中必须有一定的绿化带，有风景区，便于人们与自然相接触。各个社区之间交通是极方便的，那种环绕着中心城区的环线成了网状结构道路，“围城”没有了，有的是一片星罗棋布的小镇。

这种由小镇构成的城市群在西方一些先进国家早就出现了，它越来越成为世界摹仿的对象。也许也是中国城市化的未来。

四、突出“美学主导”的原则

城市建设是一个综合工程，这一点没有分歧，但是城市建设用什么去做指导，则是有不同的看法的，这其中，政治主导说、经济主导说是最有影响的。

而在笔者看来，城市建设宜以美学为主导。为什么?

第一，只有美学主导，才能从根本上解决城市建设的理念问题。美学属于哲学，处于人生观与世界观的层次。在环境建设中，作为美学分支的环境美学将环境美的本质定位于家园感。将环境看成是我们的家。只要确定了这一点，城市建设中的许多问题并不难解决。

第二，只有美学主导，才能让城市的“生活”主题得到真正的实现。我们在上面谈到过城市建设要突出“生活”主题，生活主题中，我们强调的是生活的质量，是乐居。显然，这种主题的实现固然需要一定经济基础，也需要一定的政治条件，但是，这些条件只是实现乐居的必要条件，却不是充分条件，更不是唯一条件。而就美学来说，除开那种唯形式主义的美学，真正哲学意义的美学是将真善美看成一体的，真善美三者，比较一致的看法是美建立在真与善的基础之上，且涵盖真和善。因此，美学主导不仅不排除政治的良性干预和经济的良性支撑，而且将它们二者的作用实现优秀的整合，以发挥更大的作用。

第三，只有美学主导，才能真正解决城市建设中保护生态与发展人文的矛盾，实现生态与人文的统一。

严格来说，人文是对抗生态的，人文与生态是天敌，但是，人们又不能不将这二者统一起来。具体到城市，所有的市政工程都是人文，按其本质，它不可能不破坏生态，然而能不能让人文不仅不破坏生态，而且还构建生态，应该说是可能的。美国艺术家帕特丽夏·约翰松在这方面做了很好的尝试。“在旧金山，她的作品是一个下水道和一个可以使公众接近海水、为濒危物种提供栖息地的海滨大道。她的作品，吸引人们进入亚马逊雨林探幽揽胜，净化了一条被污染的非洲河流。”① 她在韩国首尔做了一个垃圾处理场，她将这个本来用于环保的工程做成了一个景观工程，命名为“千禧公园”。

约翰松的经验归纳到一点：就是工程艺术化，而艺术工程化。这里，实际上是两个革命：一是工程革命，工业社会的工程，以高功能、高效率为唯一追求，工业社会的许多工程包括许多工具，在审美上是很差的，虽然在科学上它称得上精确，在当时条件下也可以说是最佳造型。帕特丽夏·约翰松将艺术引入工程，让工程不仅在科学上称得上精确，在功能和效率上称得上优秀，而且在景观上也称得上美，这确实是一场工程的革命。同样，艺术向来讲究的是美，它是非功利的，基本上与应用性的物质功能不相干，而约翰松却大声呼吁艺术的功能化。那种只能在艺术馆中供人欣赏的纯艺术在当今的生活中其价值太可怜了。我们需要美化的生活，不仅是精神生活，而且还有物质生活，而物质生活的美化又不能不将艺术功能化。约翰松说：“艺术家有着充沛的精力和开阔的视野，但在逼仄狭小并受着严密保护的艺术世界里，这些精力和视野却白白浪费掉了。现在我们不再需要尸位素餐的艺术。我们需要那种与人们密切相关的艺术，需要使艺术与社会及自然界发生功能性联系的机制。”②

约翰松坚信“艺术可以拯救地球”③，他说的艺术即是那种能实现生态与人文相统一的艺术。她将这种艺术说成是“生存的艺术”④，所谓“生存的艺术”就是以自然为模式的艺术，也就是生

① 卡菲·凯丽：《艺术与生存——帕特丽夏·约翰松的环境工程》，湖南科学技术出版社2008年版，第2页。

② 卡菲·凯丽：《艺术与生存——帕特丽夏·约翰松的环境工程》，湖南科学技术出版社2008年版，第95页。

③ 卡菲·凯丽：《艺术与生存——帕特丽夏·约翰松的环境工程》，湖南科学技术出版社2008年版，第2页。

④ 卡菲·凯丽：《艺术与生存——帕特丽夏·约翰松的环境工程》，湖南科学技术出版社2008年版，第86页。

态的艺术。约翰松说：“生物的生存之道正是环境艺术的蓝图。”①作为艺术，这是人文；但是这种行为效法自然，因而它又是生态的。

城市建设是一个综合工程，系统工程，工程师要努力使自己成为艺术家，而艺术家也要努力多懂得一些工程方面的知识。工程师与艺术家的联手，方才可以建设一个生态与人文相和谐的城市。

第四，只有以美学为主导，才能从根本上解决城市的个性魅力问题。顾名思义，美学是讲审美的，审美的奥秘很大程度在于审美对象的个性魅力，艺术作为审美的典范形式，自始至终将艺术典型的独创性问题、艺术家的个性问题、风格问题看作艺术美创造的关键。真要将城市建成美的乐园，就一定要自觉地以美学为指导，按着艺术的基本原则来建设城市，将城市建设成一个精美的艺术品。如果能这样，城市也就必然会像优秀的艺术作品一样焕发出个性魅力。

---

① 卡菲·凯丽：《艺术与生存——帕特丽夏·约翰松的环境工程》，湖南科学技术出版社2008年版，第100页。

城市化、城市性与21世纪城市活动性的挑战

Urbanization, Urbanism and the Challenge of 21st Century Urban Mobility

◎斯科拉（Sclar）

斯科拉（Sclar）教授，美国霍夫斯特拉大学经济学学士学位，塔夫茨大学经济学硕士和博士学位。1984年至今，任哥伦比亚大学城市规划与公共事务教授。2005年在沃尔沃基金与洛克菲勒基金的资助下，成立了哥伦比亚大学地球学院可持续城市发展中心，并担任该中心主任至今。

斯科拉教授同时还担任和承担多项与城市发展相关的重要社会职务和研究工作，包括联合国千年发展目标改进城市贫民生活行动组主任，联合国人居署全球人居研究网顾问，世界经济论坛城市管理全球议程委员会委员，华盛顿经济政策研究院高级研究员等。曾获得了国际城市卫生学会杰出贡献奖，国际政治科学学会查尔斯·莱文最佳著作奖，美国公共管理学院路易斯·布朗洛杰出学术贡献奖，美国城市与区域规划史学会西奥多拉·金布尔·哈伯德奖最佳论文奖。

斯科拉教授的主要研究领域为城市规划的历史与理论，城市交通与土地利用，城市公共卫生与可持续发展，以及国际发展问题。主要著作和研究报告有《形成连接：将社会政策置

于基础设施建设的核心》，《城市中的一个家园》，《美国铁路的私有化：通向失败之路》，《不一定总能得到你想要的：关于私有化的经济学》，《公共服务的私有化：案例研究中得出的教训》。

本文是作者2011年7月4日在武汉大学老图书馆所作的珞珈讲坛第三十一讲学术报告。

The nation state is not the engine of contemporary economic dynamism. The crucial determinants of economic success and failure cities are the metropolitan regions contained within a nation's borders. It is the interaction between rapid urban population increases, the process we call urbanization, and the cultural processes of urban social diversity, that we call urbanism, that defines the potentials and limits of the contemporary global economy.

民族国家无法成为当代经济动力机制中的引擎。城市经济成败的根本决定因素是国家中的都会区域。这里我们引入一个概念，即“城市性”，它指的就是城市人口的快速增长，也就是我们所谓的“城市化”，和城市社会多样性的文化进程这两者之间的互相作用。这种互动关系定义了当代全球经济的潜能和局限。

If you peruse the pages of *The Economist*, the *Financial Times*, the *Wall Street Journal*, the *New York Times*, etc. , the global political economy that emerges is one in which nation states are the prime economic drivers. The physical and spatial dimensions of the actual economy are of little importance. The terms of engagement that matter are identified in the aggregated variables of derived from macroeconomic theory; consumption, investment, imports, exports, discount rates, money supply *et. al.*

如果你读《经济学人》、《金融时报》、《华尔街日报》、《纽约时报》诸如此类的刊物，会发现国家被视作逐渐形成的全球政治经济的首要经济动力，而现实经济的物理、空间尺度几乎没有任何重要性。至关重要的合作条款取决于宏观经济学理论中一些列变量的累计结果，比如消费、投资、进口、出口、折现率、货币供给等。

On the other hand if one were to look directly at the same political economy as an actual day-to-day reality; the reality of actual production and consumption of goods and services; the most striking and obvious realization would be that well over 70 percent of global GDP is produced in urban places. According to McKinsey and Company, just the 600 largest urban centers account for over 85 percent of that urban-based GDP①. By the middle of the present century approximately three quarters of the global population will be living and working in urban centers. Putting these two facts together, it is clear that the quality and efficiency of urban life is going to be a vital determinant of the level of global employment and global output. Viewed from this perspective the principal drivers of the global political economy are found in the millions of microscopic urban social intersections that aggregated upwards become the variables of macroeconomic policy making. These in turn depend critically on the factors, mainly urban public services that shape the physical and spatial efficiency of urban places.

但在另一方面，如果将同一政治经济直接视为真实发生的一天天的现实，商品和服务生产及消费的现实，那么人们将意识到一个震惊而显而易见的问题，就是超过70%的全球GDP来自于都市地区。根据麦肯锡公司的研究，全球最大的600个中心城市占据了全部城市GDP的85%以上。另外，在21世纪中叶，估计有约四分之三的世界人口将在都市中心居住和工作。将这两个事实叠加在一起，可以很清楚地判断，都市生活的质量和效率将成为影响全球就业和产出能力等级的决定性因素。从这一视角出发，世界政治经济

① http://www.mckinsey.com/mgi/publications/urban_world/index.asp accessed 24-06-2011. According to McKinsey 60 percent of all global GDP is produced in 600 cities. Hence 60 percent of 70 percent equals almost 86 percent.

的首要动力存在于大量微观的都市社会节点，它们的集成也成为了宏观经济政策制定的变量。反过来，这些都市社会节点严重依赖于某些因素，首当其冲的就是塑造城市物质空间效率的公共服务体系。

While the statistical correlation between national levels of GDP and GDP per capita with rates of urbanization is strong, there is also significant variance around the mean. Urbanization and urbanism per se are thus important drivers of GDP, but by themselves they are not the whole story. It is the quality of the urban culture that emerges in the process of urbanization, i. e. urbanism that is crucial determinant of the degree to which any given rate of urbanization hinders or advances economic efficiency. Urban efficiency in turn relates to how well or how poorly urban places perform in generating a satisfactory density of work and residence, with "satisfactory density" as the operable words in the last sentence. One only needs to contrast the economic and social outcomes of two high-density locations: the Island of Manhattan within the City of New York with a daytime density of about 55,000 persons per km^2 with Kibera, Nairobi Kenyas most famous slum, with a nighttime density of 68,000 persons per km^2. Although Kibera's residential population is about 24 percent denser than the daytime population that Manhattan accommodates, the important point here is that both numbers are high. At densities over 50,000 persons per km^2 the crucial issue for both economic efficiency and quality of life relates far more to the coverage and quality of their urban public services and urban transport in particular than it does to the absolute level of density.

虽然国家 GDP、人均 GDP 和城市化率之间有很强的统计学关联，但统计分布上围绕平均值的方差值也非常显著。所以，城市化和城市性的本质虽然是 GDP 的重要动力，但它们本身并不能说明全部问题。城市化进程中都市文化的质量反而显得更加举足轻重，例如，城市性在相当大的程度上决定了某一特定的城市化比例是阻碍还是促进了经济效率，以及这个作用的程度有多深。城市的效率关系到城市地区是否产生了适宜工作和居住的密度，我们可以称之为“令人满意的密度”。我们只需比较两个高密度地区的社会经济成果：一个是纽约市的曼哈顿岛，白天的人口密度为每平方公里55000人；另一个是肯尼亚那日比的著名贫民窟基贝拉，它在夜间的人口密度达每平方公里68000人。虽然基贝拉的居住人口密度比曼哈顿要高24%左右，但重要的一点是这两个数字都可以被归为高密度的范畴。一旦一个地区的密度超过每平方公里50000人，公共服务的覆盖率及质量对该地区经济效率和生活质量的影响力就显著提高，特别是对密集度起到分解作用的城市交通系统。

The Path Dependent Process of Urban Change
城市变化的路径依赖过程

In light of this, it becomes clear that the critical question that needs to be framed concerns understanding the factors that determine the ways that urban spatial arrangements emerge and change over time. As a general proposition it is always the case that future options are constrained by past choices. Social scientists refer to this obvious fact as "path dependency." Path dependency is perhaps nowhere a clearer reality than when we consider the options we face for improving the sustainability possibilities for our urban future. In a very literal sense past urban choices are set in the concrete forms of current urban life.

在这样一个情况下，我们清楚地意识到一个关键的问题就是理解城市空间安排的决定因素，包括这种是如何出现、又是如何随时间演变的。有一个普遍的论点，即相信未来的选项被过去的抉择所限制。社会科学家将这一明显事实指作“路径依赖”。当我们考虑如何提高城市未来发展的可持续性时，这种“路径依赖”无疑是再清晰不过的一个事实了。在一个非常具象的程度上，过去的城市选择根植在当今城市生活的具体形态之中。

Let me set the context a bit more clearly. At present, we are a little more than half way through the world's second major wave of rapid global urbanization. The first wave was connected with the industrial revolution and was largely a 19th century phenomenon that took place principally in Western Europe and North America. This current wave is commonly dated from approximately 1950 and is expected to crest around the middle of the present century. It is almost totally associated with the economic and social change now underway in China and Southeast Asia more generally as well as Sub Saharan Africa. In the one hundred year period that began around 1950 and is expected to crest around 2050, the world's urban population will have increased 6 or 7 times from around 1 billion people to somewhere between 6 and 7 billion. ①Because urbanization and urbanism are such inherently path dependent phenomena, urban planners are usually not granted the option of starting from scratch in any particular place. Moreover when we consider this on a global scale, the chance of an opportunity to start from scratch is virtually nil. Instead we face the daunting but surmountable challenge of reshaping our urban form from the configurations it is presently taking to ones that are better suited to the planet's 21st century needs for equity and sustainability. The choices we make in our work will be judged by how well we meet the challenge that history has thrust upon us.

让我把这个背景交代得更清楚一点。如今，在世界第二波全球性的快速城市化进程中，我们刚刚走过中点。第一波的全球城市化进程与工业革命紧密相连，主要发生在 19 世纪的西欧和北美地区。目前的第二波大致起始于 1950 年，预计在 21 世纪中叶达到顶峰。这一次城市化进程几乎完全与中国、东南亚和下撒哈拉非洲正在经历的经济和社会变化有关。以 1950 年作为起始端，并预计在 2050 年达到高峰的这 100 年，世界上的城市人口将增加 6 到 7 倍，从之前的 10 亿增加到 60 至 70 亿。考虑到城市化和城市性本质上都属于“路径依赖”的现象，城市规划人员一般无法像在白纸上作画一样对一个地点开始全新的安排。放在全球范围上来看，从零做起

① Depending on the assumptions made by demographers, it is estimated that by mid century the total world population is going to be between 9 and 10 billion people.

的可能性更加不存在。取而代之的是，我们面临一个巨大的却能够被超越的挑战，那就是重塑城市的现有形式，使之更符合21世纪中，我们生存的星球对公平性和可持续性的需求。评判我们在工作中作出的选择，要看我们是否很好地应对了历史遗留下来的挑战。

Urban spatial form emerges from the complex and dynamic intersection of technology, social values and structures of governance. More precisely, it is the menu of transport options and land use decisions emerging from this intersection that determine the physical layout of cities and metropolitan regions. Drilling down one step further in terms of values, that observation means that the ways in which our urban places evolve is a reflection of the ways in which we as a society value our different members in terms of their ethnicity, class and gender. This is so because when we make decisions about spatial layouts and locations we are making decisions about who we grant good access to and who we grant more difficult access. Where we place transport infrastructure and services and where we permit different urban activities to occur has far ranging implications for the diversity of groups that comprise an urban society.

城市空间形态生成于技术、社会价值体系和政府结构之间复杂而强有力的交集。更准确地说，正是基于这种交集而产生的交通选项和用地决定了城市和都会区域的物质布局。如果再就社会价值体系这一方面进一步挖掘，这个观点意味着城市地区进化的方式反映了社会对于不同种族、不同阶层、不同性别的社会成员的评价方式。之所以这么说是因为当我们对于空间布局作出决定时，就同时决定了给予哪一部分人好的通达性、又给了谁较差的通达性。我们将交通基础设施和服务放置在什么地方，将不同的城市活动安排在哪里发生，都从不同角度上暗示了城市社会构成群体的多样性。

As a general planning proposition, I assert that the broader the options for urban access across ethnicities, classes and genders the more vibrant and successful is any given urban place. It is in light of this proposition that we consider the strengths and weaknesses of the inherited urban form and that we consider the options for change that are before us.

作为一个总体的规划主张，我认为当城市中的不同种族、不同阶层和不同性别群体拥有更加宽泛的通达性选项时，这个城市会变得更加有活力、更加成功。我们正是在这一主张下来思考所继承的城市形态的优势和弱势，来思考在此基础上我们应该作出什么样的改变。

The Heritage of 20th Century Urban Spatial Form
20 世纪城市空间形态传统

The urban spatial form that emerged to dominate urban growth in the second half of the 20th century, the time when second wave urbanization was beginning, can be characterized as form intended to maximize the quest for individual mobility. Because ideas for the shape of newly urbanizing places are adapted from older ones, this has had a profound impact on the ways in which urban spatial form is now evolving in the rapidly expanding urban spaces of China, Southeast Asia and sub Saharan Africa. At this point in time I believe that it would be a massive strategic mistake for us to continue any further down that path. But if we are to change course as a matter of first steps it is important that we understand why and how those choices were made. Urban mobility as it evolved over the course of the 20th century initially evolved as a solution to the severe degenerative congestion of clogged streets and clogged lives that were the major negative by-product of urban industrialization. However as with the tale of the sorcerer's apprentice so too the story of urban mobility, as the century progressed the quest for urban mobility ceased being merely a solution to improved access with less congestion and became transformed into a self-sustaining quest for ever increasing personal urban mobility as an end in itself.

在第二波城市化开始的 20 世纪后半叶，城市空间形态逐渐起到了主导城市发展的作用，主要表现形式就是空间的扩展以满足个人对活动性的要求。由于新兴城市化地区的设计理念总是源于旧有的理念，这一传统对经历着城市快速扩张的中国、东南亚和下撒哈拉非洲地区的空间形态演变产生了深远影响。而就目前开来，我相信我们将犯下一个重大的错误。而如果我们想改变这一现状，第一步要做的就是理解我们为什么、又是如何作出了这种选择。20 世纪逐渐衍变的城市流动性最初的由来是为了缓解工业化所致的拥堵的街道和生活。但是就像《魔法师的学徒》这个故事所展示的，城市活动性已不再仅仅是减少拥堵、提高通达性的解决方案了，它已经转变成了以增强个人活动性为终极目标的诉求了。

Initially modes of urban transport were both collective and public, defined by the technologies of heavy and light rail lines that expanded urban living options in metropolitan regions while permitting workers to gather in concentrated employment centers. Over the course of the 20th century these collective and public transport systems were initially supplemented by, but eventually almost entirely supplanted by individual and private travel in automobiles. The promise of this transformation from public based urban transport to a privately dominated system was one of ever expanding personal freedom to come and go on the times and to the places dictated by individual preference. However in both the already urbanized high-income nations of the world and the rapidly urbanizing low- and middle-income countries, the promise of more personal freedom through more personal mobility has continually proven to be more fantasy than reality. The illusion of unlimited access via unlimited mobility inevitably comes to a screeching halt in the reality of urban circulation systems throughout the developing world where most people walk on the margins of roads that the luckier few who find themselves sitting in traffic that slowly drains away the hours of their lives as they inch closer to their destinations. At the same time it steals the productive promise of the urban economy that is struggling to grow around the congestion. This problem of urban circulation is only going to get worse as increasing numbers of urban dwellers gain the wherewithal to afford inexpensive new and second hand vehicles and attempt to put these increasing numbers of automobiles into the fixed spaces of roads and parking areas. The only way in which this is going to change is if we provide better options for urban circulation.

最初，城市交通方式具有集体性和公共性的双重特点，重轨和轻轨技术拓展了都市人的居住选择范围，使工人可以积聚到就业机会集中的地区。在20世纪，这些集体公共的交通系统被私人汽车为主的个体交通逐步、甚至完全取代。这种转变被视为个人自由性的提升，即人们可以根据自身的意愿，自由地选择出行的时间和目的地。但是，无论在城市化程度高的高收入国家，还是在仍处于城市化进程中的中低收入国家，这种个人活动性带来个人自由度的希望都被证明是脱离现实的。在发展中国家的道路系统中，绝大多数的行人走在马路边缘，少数的幸运者坐在车上，却将数小时耗费在一寸寸接近目的地的蜗行中。面对这样的现实，通过无限的活动性获得无限通达度的幻觉破灭了。拥堵也同时也威胁了城市经济增长的希望。当越来越多的城市居民具备负担私人汽车的经济能力，更多的车将涌进承载力相对固定的道路和停车设施系统，上面提到的问题将变得更加严重。我们改变这一趋势的唯一办法就是提供城市循环以更好的选择。

This will not happen if we insist on creating 21st century spatial forms that attempt to replicate those of the late 20th century. It will not work for the simple reason that both the economic costs and environmental costs of this urban form have become unacceptably high. Indeed even in the comparatively wealthier reaches of cities in the Global North this a price that we can no longer afford. The assumptions that undergirded the building of 20th century cities are now obsolete. 20th century urban spatial forms were built on the assumptions of relatively low cost energy to power our private vehicles and sustain scattered land uses and the idea that the extraction and use of energy and disposal of energy waste products was, relatively speaking, environmentally harmless. Neither of these assumptions is any longer valid if indeed they ever were. Moreover the extensive disruptions to urban spatial form required by all the road infrastructure that would be called for if we attempted to meet this mobility challenge in the 21st century in the ways that we did in the latter half of the 20th century would be too costly in social, political and economic terms, to be effectively viable options for sustainable urban spatial forms. All this of course says nothing of the environmental and economic costs for all the raw materials that would of necessity be consumed in the process of manufacturing automobiles on the scale called for if the 21st century is to replicate the 20th. If it is no longer possible to follow the 20th century trajectory of ever expanding urban personal mobility, what should we be striving to do in the 21st century?

如果我们执意坚持复制20世纪的空间形态，转变就不能发生。因为我们不能承受这种城市形态高昂的经济成本和环境成本。事实上，即使相对富裕的世界北部城市也不再负担得起这样的价钱了。支撑20世纪城市建造的假设条件现在已经过时。20世纪的城市空间形态基于两个假定条件：一是运行私人汽车和分散用地模式的能耗成本低廉，二是能源的开采、利用和废弃物处理对环境相对无害。无论是哪一个假定条件，现在看来都不能成立。如果我们继续用20世纪后期的方法来解决21世纪所面临的活动性问题，所需的道路设施对城市空间形态的影响无论在社会、政治还是经济层面都需要花费巨大的代价，所以这种做法既低效，又不可持续。请注意，我们这里所讲的复制20世纪的方式，还没有把获得汽车制造所需各种原材料的环境和经济成本考虑进来。既然20世纪的路无法继续走下去，我们在21世纪应该如何应对活动性的相关问题呢？

The Type I and Type II Urban Transport Errors
城市交通的两类错误

If we are to successfully answer this question there are two mistakes born of 20th century experience that we must avoid at all costs. The first is the already referenced mistake of confusing mobility with access. Urban places create value by creating access. The broader the base of urban

population with good access to important urban functions of living and working, the greater the value added and the greater the potential for good lives for all the inhabitants. We can call the mistake of confusing mobility with access a type I urban transport error. Type I errors result in too much inefficient private urban mobility with all of its social and economic costs.

如果我们要成功地回答这个问题，我们无论如何都要避免在20世纪曾经犯过的两个错误。第一个错误就是已经提到的对活动性和通达性二者的混淆。城市通过创造通达性来创造价值。城市人口中与居住和就业等城市功能有良好通达性的人群越大，城市的附加价值就越大，所有人距离好的生活也就更近了一步。我们将混淆活动性和通达性的错误称为第一类城市交通错误。它带来的后果就是在城市付出高昂的社会经济成本后，得到的却是过量而低效的个人活动性。

The second mistake to avoid is to think of urban transport as a private good. When we conceive of urban transportation as a private good we begin to push solutions in which we ration and under invest in public transport. The result is that we create far less of it than is necessary to meet the needs of good urban density. When this occurs we are faced with our type II urban transport error, too little efficient urban public transport mobility. It is therefore necessary that we think about urban public transport as a public good intended for the widest possible use by all urban inhabitants.

第二个需要避免的错误就是把城市交通看做私有财产。当把它设想成私有财产，我们就会提出限制和降低交通投资的解决办法。这将导致公共交通的能力远不能达到满足城市密度的需求。这种情况的发生带来了第二类城市交通错误，即公共交通所创造的有效活动性过少。所以，我们有必要把城市公共交通看做是为了所有城市居民最大限度使用的公共财产。

The guidelines that result from a concern with avoiding type I and type II errors as we meet the challenge of 21st century urban form present us with a hierarchy of transport priorities. The design of urban spaces must be undertaken in a manner that places its highest priority on creating mixed use land uses to minimize travel. Its second priority is to ensure that the spaces between various activities are easily reached along safe walkable pathways. To the extent that further distances are to be traversed these must be made suitable for non-motorized transport and compatible with good infrastructure for public transport and urban freight. Space for automobile travel in dense urban places should be afforded only a last priority in this schema.

为了避免以上两类错误，21 世纪城市形态问题的解决之道包括多种交通模式的优先排序。城市空间设计要遵循的第一优先是创造混合功能的用地模式以使活动量最小化。第二优先权是保证不同活动之间的空间能通过安全的步行路径到达。为了跨越更远的距离，这些空间必须适合非机动车交通，并与优质的公共交通和城市运输设施相协调。在城市密集地区安排服务机动车的空间处在这个优先排序的末端位置。

Urban Public Transport as a Public Good
作为公共财产的城市公共交通

Much has been written about the type I urban transport error (mistaking mobility for access). What I propose to do in the remainder of this lecture is to consider the dimensions of the type II problem, mislabeling a public good, urban transport, as a private good.

对于第一类错误的阐述已经很多，在接下来的时间我想着重谈谈第二类错误，即把本是公共财产的城市交通错认为私有财产。

It is absolutely vital that urban public transportation be considered a public good afforded the same status as services such as safe drinking water, sanitation, police and fire protection, emergency medical care, public health and public education. The problem however is that while it is easy to envision public transport as a public service when we think of it in the aggregate or macroscopic, it is far more difficult when we view it on the basis of individual users. From this latter perspective, public transport service can appear as nothing more than one more in a range of competing services offered in the urban market place.

我们必须将城市公共交通视为和饮用水、卫生设施、警察部门、防火、急救、公共健康和教育系统有同等地位的公共财产。然而问题在于，虽然我们能从宏观角度把公共交通想象成公共服务设施，却很难从个人视角获得相同的印象。从个体角度看，公共交通服务和市场提供的其他服务一样是具有竞争性的。

Moreover, because virtually anyone owning a motor vehicle of any sort could become a supplier the market takes on the characteristics of what is the gold standard for economists, a very competitive market. Ease of market entry for both buyers and sellers is extremely high. Buyers can choose to purchase a ride or not. Suppliers can offer to sell rides or not. In such a situation, why would it fall to government to be involved in the supply of public transportation?

因为任一拥有某种机动车的人都可以成为交通服务的供货方，这一市场就带有了经济学家视为重中之重的竞争特性。买卖双方都能够相当轻松地进入市场。买方可以选择购不购买乘坐权。卖方也可以决定出不出售。在这样一种情况下，为什么政府应该参与提供公共交通服务呢？

There are two sets of problems with treating urban travel as a private good, one set is on the supply side and the other on the demand side. On the supply side, it is imperative to understand that all forms of urban transport are not equal. To the extent that the vital quality of urban life is density and ease of access, the physical demands of automobile travel are diametrically opposite. Automobile travel is a space consuming mode of travel. It works best where locations can be spread out and where space is not an expensive commodity. It fosters patterns of dispersion and sprawl as the real price for the freedom of convenient travel that it promises to society. If density were not a valuable urban characteristic this would not be a problem.

视城市交通为私有财产的行为有两组弊端，一组在供应层面，另一组在需求层面。在供应层面，我们必须意识到各类城市交通是不均等的。虽然密度和通达性是城市生活必不可少的品质，他们和汽车需求量的关系恰恰相反。汽车交通是一种对空间需求极高的交通模式。它的功效在空间价格不高、各类地点分散的条件下最为显著。汽车像社会展示了不用太高的的代价，就能拥有方便出行的自由，这促进了无序分散蔓延的城市形态。如果密度不是重要的城市要素，汽车也不会成为如此严重的问题。

The second supply side problem concerns the nature of the market for urban transport service. To the extent that there is universal access to ownership of motorized vehicles, it is possible to conceive of a natural private market arising for transport services. But as we know from long experience in the older urbanized nations of Europe and North America such an unregulated urban transport market, contrary to the predictions of neoclassical microeconomics, does not lead to an efficient competitive equilibrium in which buyers and sellers settle the issues of quantity, quality and price via arms length marketplace negotiations. For a variety of reasons I will not go into here, instead what consistently emerges, largely as a result of low barriers to market entry for sellers is a low quality product, that while completely market driven tends to be unsafe, fails to alleviate congestion and is often governed by organized criminals for their advantage and not that of the general public. Moreover it is incapable of fostering the orderly expansion of the metropolitan area because competitive sellers can only afford to offer services where the market demand is already strong. These supply side problems are only solved by expensive and continuous intervention into the regulation of the product. This is an effort that can only work where government has both the resources and the capacity to effectively undertake such regulation. From a policy perspective however the question of whether governments should do this is really a question of the comparative costs and benefits of such regulation versus the costs and benefits of alternative public supply of transport service.

第二个供应层面的问题关系到城市交通服务市场的性质。机动车所有权的普遍性程度，使我们很容易想象到由此产生的私营交通服务市场。不过根据欧洲、北美等高度城市化国家的长久经验看来，这样未被规范的城市交通市场无法如新古典主义经济学所预言的那样，达到有效的竞争均衡使得买卖双方通过市场议价来解决数量、质量和价格方面的问题。这里有很多原因我不再细述，但始终如一的是由于卖方进入市场的低门槛导致了服务产品的质量不能保障，完全市场化的行为缺少安全性、不能减缓拥堵、并被有组织的罪犯所控制而置大众的权益于不顾。完全交给市场也不利于促进大都会区得有序扩张，因为有竞争力的卖方只会在已经具有强劲市场需求的地方提供服务。这些供应侧问题只能通过昂贵和持续不断地规范商品来解决。而这只有在政府既有足够资源又有充分规范能力的时候才能实现。从政策分析的角度看，政府是否应该这么做的问题其实是比较规范商品和提供公共交通服务两者间成本利益的问题。

There is also a demand side problem. This problem is acute when we consider the option of public transportation. It is important to begin our analysis by considering that the demand for urban transportation is mainly a derived demand. In the case of the typical goods and services that are the central concern of neoclassical microeconomics, the demand for them is direct; the more of the good or service an individual consumes, the higher their degree of intrinsic satisfaction. That is not the case with urban transportation. Virtually all of the demand for urban transportation is derived from a desire to achieve something else, visiting friends, getting to work or school, attending a concert, etc. If these could be done with less transportation the level of individual satisfaction would be higher. Consequently if we are to induce people to travel to fulfill urban functions the price that we can charge them has to be one within their ability to pay regardless of whether or not it covers the full cost of providing the service in question. Good urban public transportation systems are expensive to build and operate. It is never the case that well functioning urban transport systems cover the full costs of their operations from the revenues paid by riders. In every first rate system there must be some form of supplementary support from the public sector.

另外还有需求层面的问题。对公共交通选项的考虑使这个问题更加尖锐。在开始分析前，我们必须先认识到对城市交通的需求主要是一种衍生的需求。作为新古典主义经济学考虑的核心考虑对象，典型商品和服务的需求是直接的，一个人消费的越多，他获得的本质满意度就越高。城市交通的服务却不是这样。所有对城市交通的需求本质上都来自于做其他事情的需求，比如拜访朋友、上班、上学、看演唱会等。如果凭更少的交通就能完成这些事，个人满意度将会提高。所以如果要引导人们到一定距离外去执行这些功能，就要将路费控制在他们可以承受的范围之内，无论这笔费用能否支撑提供服务的成本。优质城市公共交通系统的建设和运营都需要很多钱。卖票所得的收入永远抵不上正常运行下城市交通系统的所有成本。任何一种新的票价系统都需要来自政府方的某种辅助支持。

Which brings us to the question of why should the public sector support urban transportation? The answer is that as a result of the fact that demand for urban transport is derived demand, it follows that its benefits redound to a wide range of non-users because the access value it grants the traveler also bestows a benefit on those with whom the traveler seeks to interact. This access is the source of the value that urban life creates for society. Economists call these benefits "external benefits" or "externalities" reflecting the notion that from an economic point of view they are external to or outside the transaction between the buyer and seller of the product, the central unit of conventional economic analysis. But from the point of view of the urban planner, these are what we could term the "internalities" or the values that are internal to the benefits that urban density bestows on society, the central unit of concern to the planner.

是什么让我们提出了“政府为什么应该提供城市交通”的问题呢？城市交通需求属于衍生需求的事实，使交通带来的利益会涉及大范围的非使用者，因为在给予乘客通达性价值的同时，也将收益带给那些处在目的地、将与乘客发生互动的人。通达性正是城市生活为社会创造的价值的来源。经济学家将这些收益称为“外部收益”或“外部性”，反映了从经济角度看，这些效应发生在传统经济分析核心单位，也就是交易双方之外。但是从城市规划人员的角度看来，我们反倒可以称这种效应“内部性”，或者是城市密度给社会带来的内部收益，因为整个社会才是规划语境下的核心单位。

If one accepts that a good public urban transport system is important for both the economic and environmental access benefits it bestows on urban spatial form, then the challenge that we face is one of creating finance systems that recognize both the private benefits of travel and charge the users in accordance with these benefits and at the same time recognize the public benefit and set public finance systems in place that are capable of sustaining these urban transport systems.

如果认同一个好的公共交通系统能给城市空间形态带来经济和环境的收益，我们接下来面临的挑战就是设计一个财政系统，一方面能反映交通带给个人的利益并就此制定票价，另一方面又要反映公共利益并设计足以支撑城市交通系统的公共财政系统。

There are only two ways to support this vital public good: direct user charges and public revenues. With regard to the latter there are two ways forward. The first is revenues from general public funds and the second is taxes that are intended to capture the value of urban transport access to the locations that most directly benefit. There are many ways to mix and match these three sources across modes and across time.

支持这一重要公共财产的手段只有两个：直接的用户收费和公共财政收入。而后者又分两种途径。第一种是一般性的公共资金，第二种就是为了捕捉城市交通通达性的价值而向最直接受益地区征收的税款。对于不同的交通模式，或在不同时间，这三种资源就有多种混合搭配的方式。

The goal of any given finance structure is to ensure that the full cost of the system are covered and that as many people as possible use the public system regardless of their income and wealth. The best systems in the world are systems in which the full diversity of the urban population uses the system. A system that is deliberately designed to only serve the urban poor quickly becomes a poor system. A system that excludes the poor does little to maximize the full value that urban locations can create. The problem that I see in too many places in the world as present is that we are not doing enough to ensure that systems are being put in place that everyone will use. When we fail in this regard we end up with metropolitan regions that are fragmented both socially and physically. Such places are not capable of developing the political will to solve their other problems.

任何一种特定的财政结构都是为了确保支付目标系统的全部成本，并尽可能让最多的人，无论收入财富，都可以使用该公共系统。世界上最好的系统就是被最多样化的城市人口使用的系统。一个专门为服务穷人而设计的系统会很快变成劣质的系统。而一个把穷人排斥在外的系统也无法将城市可能创造的价值最大化。我在全球各地所看到的现状显示我们没有把足够的系统安排在人人都能使用的位置上。而该不足导致的后果就是大都会地区在空间和社会属性上变得分裂、破碎。这样的地区也无法产生用以解决其他问题的政治意志。

Conclusion
结　论

I usually tell my students that cities are nothing more than solutions to transportation problems. We co-locate activities and people that we most prioritize and impose distance on activities and people we deem to be of second order priority. Cities that are most inclusive in their priorities are the most vibrant and healthy places in which to live. Cities in which there is more exclusion in their access priorities suffer from stagnation and poorer health outcomes. The key to creating urban spaces capable of giving us a sustainable and vibrant global economy are the same as the key to giving us sustainable cities. If we can ensure that urban public transport is a high quality public good and that the goal of urban transport policy is enhanced access and not enhanced mobility we will be well on our way to overcoming one of the greatest economic challenges we face in the 21st Century.

我经常对我的学生说，城市只是交通问题的解决手段。我们将最优先的活动和人安排在一起，并在它们和优先权次之的活动和人之间设置了一定距离。优先权选择最多样性的城市将是最生机勃勃而适宜居住的地点。反之，优先权单一的城市将会带来经济的不景气和居民健康的退步。创造与持续强劲的全球经济相匹配的城市空间的方法与创造可持续城市的方法相同。如果我们确保城市公共交通成为了高质量的公共财产，并把城市交通政策的制定目标设定为提高通达性而不是活动性，我们就已经踏上了解决 21 世纪最大经济问题之一的正途。

图书在版编目(CIP)数据

珞珈讲坛．第7辑/《珞珈讲坛》编委会编．—武汉：武汉大学出版社，2014.4

ISBN 978-7-307-12369-4

Ⅰ.珞…　Ⅱ.珞…　Ⅲ.社会科学—文集　Ⅳ.C53

中国版本图书馆CIP数据核字(2013)第312850号

责任编辑:田红恩　　责任校对:鄢春梅　　版式设计:马　佳

出版发行：**武汉大学出版社**　(430072　武昌　珞珈山)
(电子邮件：cbs22@whu.edu.cn　网址：www.wdp.com.cn)
印刷:武汉中远印务有限公司
开本：720×1000　1/16　印张:22　字数:313千字　插页:3
版次:2014年4月第1版　2014年4月第1次印刷
ISBN 978-7-307-12369-4　定价:46.00元